Der andere Jesus

Ketzer und Poeten,
Spötter und Philosophen
über Jesus

Alfred Läpple

Der andere Jesus

Ketzer und Poeten,
Spötter und Philosophen
über Jesus

Pattloch

Ich bin nur eine Tür,
aber vielleicht
deine.

Karl Lubomirski

Die Deutsche Bibliothek – CIP-Einheitsaufnahme

Der **andere Jesus** : Ketzer und Poeten, Spötter und Philosophen über Jesus / Alfred Läpple. – Augsburg : Pattloch, 1997
ISBN 3-629-00810-0

Pattloch Verlag, Augsburg

Einbandgestaltung:
Hempel/Langkau, Büro für Kommunikation, München
Satz: Cicero Lasersatz GmbH, Dinkelscherben
Druck und Bindung: Graph. Großbetriebe Pößneck
Printed in Germany

ISBN 3-629-00810-0

Inhalt

Und doch kein Ende …

Anhang

Vorwort

Das Thema „Jesus“ hat eine unendliche Geschichte, die mit dem letzten Tag der Weltgeschichte keineswegs an ihr Ende kommt. Dieses Buch stellt das Wagnis dar, sich in diese unendliche Geschichte einzumischen. Das Außergewöhnliche dieser Veröffentlichung besteht darin, mehr das Contra als das Pro, mehr das „Crucifige“ als das „Hosanna“ hörbar zu machen. Viele religiöse Wege, auf denen frühere Generationen Gott gefunden haben, sind heute verschüttet. Auf herkömmlichen Pfaden werden religiöse Suchbewegungen oft enttäuscht, mutlos, so dass sie abgebrochen werden oder in eine ganz andere Richtung abdriften. Vielleicht braucht so mancher Suchende unserer Epoche ganz andere, ungewohnte Wegmarkierungen, wie sie etwa Hubert Lenz in seinem kühnen Buch „Mut zum Nichts als Weg zu Gott“ (Freiburg – Basel – Wien 1989) angesprochen hat.

Vorliegendes Buch will auf ungewohnte Suchwege aufmerksam machen. Wer in Kindheit und Jugendzeit dem christlichen Glauben begegnete, hat weithin die „Haupttreppe“ des schulischen Religionsunterrichts beschritten. Er hat dabei neben der Bibel viele Gestalten des Glaubens kennengelernt. Die Suchbewegung dieses Buches beschreitet ganz bewusst die „Hintertreppe“. Gerade diese kann unbekannte, provozierende und schockierende Einsichten vermitteln, die als Irritationen auf der Haupttreppe meist verdeckt und verschwiegen werden.

Was sagen über Jesus aber „die Anderen“, die Atheisten, die Ketzer, die Kritiker? Verbergen sich hinter ihren Texten Einsichten, die man durchaus kennen sollte, um sich ein ganz persönliches Urteil auf breiter Basis bilden zu können? Wurden uns solche „heißen“ Texte bisher vorenthalten, um uns nicht zu belasten, nicht zu verunsichern? Manche Leserin, mancher Leser wird trotz der breit angelegten Dokumentation das eine oder andere Thema vermissen, das ihm besondere Probleme bereitet. Er hat damit ein Markenzeichen dieses Buches entdeckt: Es ist ein unvollendetes Buch, das auffordert und herausfordert zum ganz persönlichen Weiterbuchstabieren.

Der erklärte Schwerpunkt dieses Buches ist die Dokumentation einer Fülle wichtiger, aber selten aufzuspürender Texte mit der ungewöhnlichen Intention: Jesus, seine Persönlichkeit, seine Botschaft, sein Werk einmal ganz anders, nämlich im Urteil seiner Gegner und Kritiker zu sehen. Eine aufschlussreiche Entdeckung kann dabei gemacht werden. So manche kämpferische These, die heute als „letzter Schrei“ gegen Jesus, gegen seine Botschaft, gegen sein Werk publiziert wird und sich als Kassenschlager erweist, ist keineswegs neue und originell. Sehr häufig läßt sie sich als aufgewärmtes Plagiat geschichtlich weit zurückliegender, aber meist unbekannter Aussagen entlarven.

Jedes Kapitel beginnt mit einer hinführenden Information zur in groben Zügen chronologisch gereihten Text-Dokumentation und klingt aus mit Anregungen zur persönlichen Urteilsbildung. Eine knappe, themabezogene Literaturzusammenstellung beschließt jedes Kapitel.

Außergewöhnlich will dieses Vorwort bereits sein, in dem drei Zitate vorgestellt werden – von unterschiedlichen Schriftstellern und mit unterschiedlichen Zielsetzungen.

Vorwurf

Friedrich Nietzsche (1844–1900), der als evangelischer Pastorensohn sich selbst als Antichrist bezeichnete, hat den Jesus-Sympathisanten aller Zeiten ein hartes Wort ins Tagebuch geschrieben. Es stammt aus seinem Werk „Also sprach Zarathustra“ (Zweiter Teil: „Von den Priestern“):

> *„Bessere Lieder müßten sie mir singen,*
> *dass ich an ihren Erlöser glauben lerne:*
> *erlöster müßten mir seine Jünger aussehen!“*

Blasphemie

Nicht alle Attacken der Jesus-Gegner und Kirchenfeinde, so aufreizend und frivol sie auch klingen mögen, stehen wirklich quer zu Jesus. Sie zielen meist nicht auf den „wirklichen“ Jesus, sondern auf jenen ärgerlichen und verfälschenden Jesus-Kitsch, wie er in florierenden Devotionalienläden und knallig aufgemachten Broschürchen anzutreffen ist.

Ist es wirklich redlich und fair oder entlarvt es ideologische Befangenheit und unwissenschaftliches Barrieredenken gegen Jesus, wenn Arno Schmidt – zitiert bei K. Deschner (Hg.), Was halten Sie vom Christentum? München 1961, 64ff. – hinausschreit: „Was ein solcher Mann behauptet, ist für mich von vornherein indiskutabel!“ Wie ganz anders hat auf so manches Unchristliche der Christen seiner Zeit ein Heinrich Böll (1917–1985) reagiert! In einem Interview von 1967 mit Marcel Reich-Ranicki (veröffentlicht in H. Böll, Aufsätze – Kritiken – Reden. Köln 1967, 505) hat er sein innerstes Leid angedeutet und in dem kühnen Satz formuliert, dass Blasphemie nicht immer ein trotziges Nein gegen Gott, gegen Jesus ist, sondern aus blutendem Herzen in eine ganz andere, unerwartete Richtung zielen kann:

> *„Auch in der Blasphemie*
> *liegt eine Anerkennung Gottes.*
> *Manchmal ist Blasphemie*
> *die einzige Möglichkeit.“*

Einladung

Dichtung als Kleinkunst ist heute kaum gefragt, wird kaum gelesen. Karl Lubomirski, ein hochbegabter, kaum bekannter Lyriker unserer Zeit, versteht es, Hintergründiges in geradezu asketischer Sprachverknappung auszusagen und im Pianissimo lang nachwirkende Impulse zu geben. In seinem Gedichtband „Licht und Asche" (Wien 1987) findet sich ein Dreizeiler (zitiert nach G.-K. Kaltenbrunner, Welträtsel. Ansichten vom Wunderbaren. Herderbücherei Initiative 74. Freiburg 1988, 151), der als Motto über diesem Jesus-Buch stehen soll:

„Ich bin nur eine Tür,
aber vielleicht
deine."

Im ausgehenden 20. Jahrhundert sind viele Menschen nicht Suchende, sondern Konsumierende – nicht aus Gleichgültigkeit oder Desinteresse an den letzten Fragen, sondern wegen der Unüberschaubarkeit der immer neuen und verwirrenden Angebote. Es klingt wie ein Wort aus längst vergangenen Zeiten, wenn Theodor Haecker (1889–1945) vor einem halben Jahrhundert noch schreiben konnte: „Wo die wahre Theologie weggeworfen wird, entsteht nicht nur eine defekte Philosophie, sondern auch eine kranke oder verkrüppelte Kunst." (Vergil. Vater des Abendlandes. München ^{5}1947, 32)

Geschichtliche und literarische Grundlagen

1. *Jesus im geschichtlichen Kontext*

Es löst Verwunderung aus, wenn gesagt wird: Jesus von Nazaret sei etwa 7 Jahre vor der christlichen Zeitrechnung geboren worden. Allzu leicht können durch solche Informationen Person und Biographie Jesu in das Zwielicht der Legenden und Mythen geraten, mit denen etwas verdeckt oder kaschiert werden soll. Dass im Jahr der Geburt Jesu nicht alle Zeitberechnungen auf dieses Ereignis umgestellt und synchronisiert wurden, ist gewiss einsichtig. Aber kaum bekannt ist, wann und mit welchen erheblichen Problemen und Schwierigkeiten die Geburt Jesu zum trennenden Maßstab einer Geschichte vor und einer Geschichte nach der Geburt Jesu gemacht worden ist. Es musste die Zahl der Christen zahlenmäßig so stark angewachsen sein, dass sie in der Gesellschaft und Politik nicht mehr übersehen werden konnte. Sicherlich mussten auch christliche Kaiser an der Regierung gewesen sein, um das Ereignis der Geburt Jesu zum Richtmaß der Geschichte und der Gesellschaft zu machen und von einer Zeit vor Christus wie von einer Zeit nach Christus zu sprechen.

Das griechische Zeitmaß

rechnete nach Olympiaden. Ausgangsdatum war der Beginn der ersten Olympischen Spiele am 8. Juli 776 v. Chr. im griechischen Olympia (Elis). Der Zeitabstand der Olympiaden betrug 4 Jahre, wobei die damalige Woche zu 10 Tagen gezählt wurde.

Das römische Zeitmaß

wurde berechnet von der Gründung der Stadt Rom her (ab urbe condita). Als Gründungsdatum galt das Jahr 753 v. Chr. Im klassischen Rom wurde meist der 1. März als Jahresbeginn gefeiert, woran die heutigen Monatsnamen „September“ (7. Monat), „Oktober“ (8. Monat), „November“ (9. Monat) und „Dezember“ (10. Monat) noch erinnern.

Die jüdische Jahresordnung

knüpfte an dem im Alten Testament beschriebenen Sechstagewerk der Schöpfung und an dem Sabbat Gottes (Siebentageszyklus) an. Der jüdisch-biblische Kalender rechnet „seit der Schöpfung der Welt“ (z. B. 1997 = das jüdische Jahr 5758 „seit der Erschaffung der Welt“).

Die christliche Zeitrechnung

hat in der Reflexion und Rezeption eine lange Geschichte durchlaufen. In der kirchlichen Frühzeit wurde zunächst keine eigene Zeitrechnung eines christlich akzentuierten Kalenders entwickelt. Erst im 6. Jahrhundert ist nach dem Verfall der Olympischen Spiele der griechischen Antike und nach dem Ausklingen der antik-römischen Religions- und Stadtgeschichte der Wunsch nach einem christlichen Kalender verwirklicht worden.

Nach mühseligen Vorarbeiten und Vergleichen mit Listen der ägyptischen Pharaonen, der altorientalischen Regenten in Babylonien und Assyrien und der römischen Kaisertabellen, aber auch unter Einbeziehung von Naturkatastrophen, die sich im Gedächtnis der Völker fest eingeprägt hatten, vor allem auch des astronomisch gesicherten Datums der Sonnenfinsternis am 15. Juni 763 v. Chr. (in der Regierungszeit des assyrischen Königs Assurdan III., 771–745 v. Chr.) konnte die Erstellung einer christlichen Zeitrechnung gewagt werden. Der skythische, in Rom wirkende Mönch Dionysius Exiguus (um 470–550) legte in der Ostertafel von 525 eine „christliche Zeitrechnung" vor, indem er die Geburt Jesu in das Jahr 754 „ab urbe condita" der römischen Zeitrechnung setzte. Damit hat er auf dem Gebiet der Chronologie und der Geschichtswissenschaft „den Sieg der heilsgeschichtlichen Orientierung" (Hubert Jedin) bis zum heutigen Tag errungen.

Dem Kalendermacher Dionysius Exiguus war jedoch ein winzig kleiner Fehler unterlaufen. Wie sich erst später herausstellte, betrug dieser Fehler 7 Jahre. Dieser geringfügige Fehler wirkt sich bis heute aus, denn die geschichtliche Geburt Jesu (Lk 2,1) unter der Regierung des römischen Kaisers Oktavius Augustus (30 v. Chr. – 14 n. Chr.) ist 7 Jahre vor jener Epochenmarkierung anzusetzen, die Dionysius Exiguus errechnet hatte. Der christliche Kalender als Strukturierung des Jahres hat sich seit Beda Venerabilis (englischer Kirchenlehrer, 674–735) durchgesetzt (einschließlich der damals nicht bekannten Fehlerquelle von 7 Jahren).

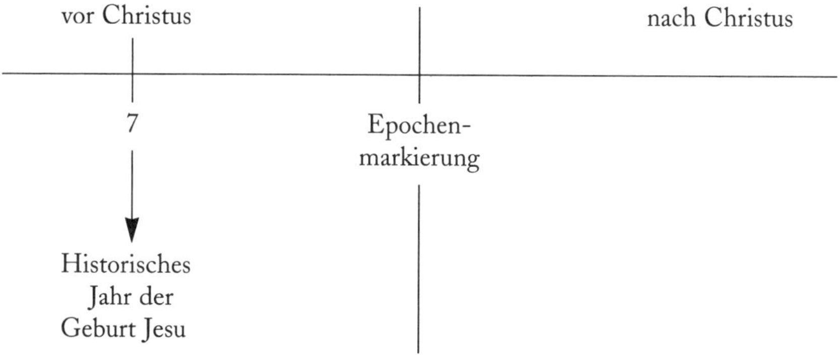

Die im 6. Jahrhundert festgelegte Epochenmarkierung (754 ab urbe condita = Jahr 1 der Geburt Jesu) hat sich bei späteren Nachprüfungen als unrichtig erwiesen, so dass das historische Datum der Geburt Jesu auf das Jahr 7 vor Christus anzusetzen ist. Daran hat auch die sogenannte Gregorianische Kalenderreform des 16. Jahrhunderts nichts geändert. Es zeigte sich nämlich, dass im Laufe von über tausend Jahren zwischen der natürlichen Jahreszeit und der Kalenderrechnung infolge ungenauer Messung des Jahres ein immer größer werdender Zeitraum von inzwischen 10 Tagen entstanden war. Papst Gregor XIII. (1572–1585) verfügte, dass auf den Donnerstag, den 4. Oktober 1582, unmittelbar der Freitag, der 15. Oktober 1582, folgte. Gleichzeitig wurde der Frühlingsanfang jedes Jahres auf den 21. März festgelegt. Bis zum heutigen Tag ist der Rechenfehler von 7 Jahren, der im 6. Jahrhundert dem Mönch Dionysius Exiguus unterlaufen ist, nicht korrigiert worden. Die Geschichtlichkeit der Geburt Jesu ist durch diesen Rechenfehler keineswegs gefährdet!

Herrscher um Jesu Geburt

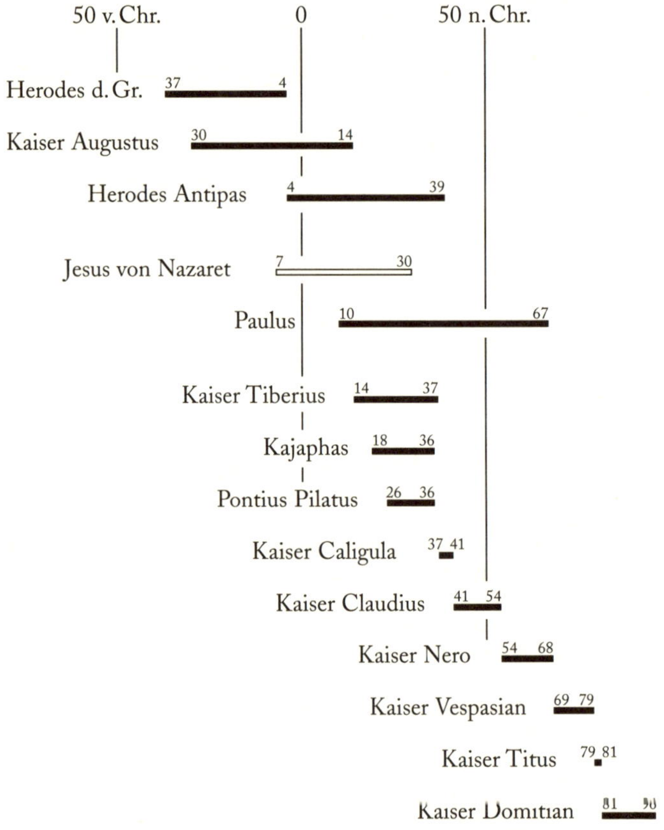

♦ Jesus, ein weiser Mensch – der Christus?

In jener Zeit lebte Jesus, ein weiser Mensch (wenn er überhaupt Mensch genannt werden darf). Er wirkte nämlich außerordentliche Dinge und war Lehrer derjenigen, die die Wahrheit mit Freuden aufnahmen. Er zog viele Juden an sich und auch viele Griechen. (Er war der Christus.) Nachdem ihn Pilatus, auf die Anklage unserer angesehensten Männer hin, dem Kreuzestod überantwortete, verschwanden doch die nicht, die ihn von Anfang an geliebt hatten. (Ihnen erschien er am dritten Tage, wieder lebendig geworden, wie schon die göttlichen Propheten diese und tausend wunderbare Dinge von ihm verkündet hatten.) Und noch heute hat die Schar derer, die nach ihm Christen heißen, nicht abgenommen."[1]

Der Hohepriester Hannas versammelte den Hohen Rat zum Gericht und stellte vor denselben den Bruder des Jesus, der Christus genannt wird, den Jakobus, nebst noch einigen anderen und ließ sie zur Steinigung verurteilen."[2]

Flavius Josephus (37–97 n. Chr.)

---

[1] Flavius Josephus (geboren in Jerusalem, Angehöriger des jüdischen Priesteradels, während des jüdischen Aufstands gefangengenommen, später begnadigt und freigelassen, in Rom lebend) hat in seinem in griechischer Sprache abgefassten Werk „Antiquitates" (Jüdische Altertümer – entstanden um 93 n. Chr.) in XVIII; 3,3 (§ 63–64) über Jesus und dessen Verurteilung und Kreuzigung berichtet. Er hat die christliche Urgemeinde von Jerusalem gekannt und sich als Angehöriger des jüdischen Priesteradels kritisch, aber durchaus fair mit der neuen Religion beschäftigt. Sein Bericht wurde später, wohl von christlicher Hand, ergänzt. Diese Ergänzungen (Interpolationen) sind in Klammer gesetzt.

[2] Flavius Josephus, Antiquitates (Jüdische Altertümer) in XX; 9,1 (§ 200). Hingewiesen ist auf den Apostel Jakobus den Jüngeren, der auch in Gal 1,19 „Bruder des Herrn" genannt wird. Er war erster Bischof von Jerusalem und wurde Ostern 62 gesteinigt. – Ergänzend sei hingewiesen auf das Zeugnis eines weiteren jüdischen Schriftstellers Philo von Alexandrien (13 v. Chr.–45/50 n. Chr.), Legatio ad Gaium (298–308), ursprünglich in griechischer Sprache. Philo beschreibt vor allem die Wirksamkeit des Pontius Pilatus überaus kritisch und will damit die von Pilatus provozierte Antipathie der Palästinajuden erklären.

♦ Jesus, ein exemplarischer Mensch

Was hatten die Athener für einen Nutzen, daß sie Sokrates töteten ... oder die Samier von der Verbrennung des Pythagoras ... oder die Juden von der Hinrichtung ihres weisen Königs, da ihnen von jener Zeit an das Reich weggenommen war? (Offenbar die Katastrophe vom Jahre 70) ... Die Athener starben Hungers. Die Samier wurden vom Meer verschüttet, die Juden umgebracht und aus ihrem Reich vertrieben; sie leben allenthalben in der Zerstreuung. Sokrates ist nicht tot wegen Plato, noch Pythagoras wegen der Herastatue, noch der weise König wegen der neuen Gesetze, die er gegeben hat."[3]

Mara bar Serapion (um 70 n. Chr.)

♦ Christus – ein Gott?

Ich habe es mir zum Grundsatz gemacht, mein Herr, alles, worüber ich im Zweifel bin, dir zu berichten. Denn wer könnte mich bei meiner Unentschlossenheit besser leiten und bei meiner Unerfahrenheit besser belehren? An Gerichtsverfahren gegen die Christen habe ich nie teilgenommen, daher weiß ich nicht, was und wie bestraft und untersucht zu werden pflegt ... Andere, von einem Angeber mit Namen genannt, gaben unumwunden zu, daß sie Christen seien, stellten es aber dann gleich wieder in Abrede; sie seien zwar Christen gewesen, seien es aber jetzt nicht mehr ... Sie

[3] Der Syrer Mara bar Serapion, ein sonst nicht näher bekannter Stoiker, schrieb bald nach 73 n. Chr. (wie Josef Blinzler festhält) einen Brief an seinen Sohn, der in Edessa am Schwarzen Meer studierte. Der besorgte Vater weist in diesem Schreiben darauf hin, dass die wahrhaft Großen und Weisen – er erinnert an Sokrates, an Pythagoras und an den weisen König der Juden (Jesus?) – oft von ihren Mitmenschen missverstanden, verfolgt und nicht selten getötet worden sind. Der Vater möchte seinem Sohn ans Herz legen, dass nicht äußerer Erfolg oder Misserfolg entscheidend ist, sondern die innere Haltung, die seelische Größe und Selbsttreue eines Menschen. – Der Gesamttext, der Sokrates und Pythagoras als Gestalten der Geschichte festhält, stellt neben diese als weitere historische Persönlichkeit den „weisen König" der Juden, unter dem niemand anderer als Jesus von Nazaret zu verstehen ist, der hingerichtet (gekreuzigt) wurde und der Menschheit in seiner Botschaft „neue Gesetze" gegeben hat. Der Text ist entnommen aus Cureton, Spicilegium Syriacum, 43ff.

versicherten aber, ihr ganzes Vergehen oder ihr Irrtum habe darin bestanden, daß sie gewohnt seien, an einem bestimmten Tage vor Sonnenaufgang zusammenzukommen und Christus als einem Gott im Wechselgesang Lieder zu singen.“[4]

Plinius der Jüngere (62–114 n. Chr.)

♦ Chrestianer – der Name stammt von Christus

Trotz alledem hielt sich das infame Gerede, daß der Brand (Roms) auf höheren Befehl angelegt sei. Um diesem Gerücht entgegenzutreten, schob Nero die Leute, die vom Volke Chrestianer genannt wurden und wegen ihrer Übeltaten allgemein verhaßt waren, als Schuldige vor und ließ sie unter den ausgesuchtesten Martern hinrichten. Der Name stammte von Christus, der unter der Regierung des Tiberius von dem Landpfleger Pontius Pilatus mit dem Tode bestraft war. Jetzt lebte der verderbliche, damals für den Augenblick unterdrückte Aberglaube wieder auf, und zwar nicht bloß in Judäa, dem Ursprungsland dieses Übels, sondern auch in Rom selbst, wohin ja alle Scheußlichkeiten und Gemeinheiten zusammenströmen und in Blüte stehen. Man verhaftete also zunächst die, die sich öffentlich dazu bekannten, und auf ihre Anzeige hin wurde dann eine ungeheure Menge nicht sowohl der Brandstiftung, sondern des Hasses gegen das Menschengeschlecht überführt. Noch im Tod wurden sie verspottet, indem man sie in Tierfelle einnähte und von Hunden zerreißen ließ (viele wurden ans Kreuz geschlagen und verbrannt), andere dienten, sobald der Tag zu Ende ging, zur nächtlichen Beleuchtung. Seine Gärten hatte Nero zu diesem Schauspiel hergegeben und zugleich veranstaltete er ein Zirkusspiel, wobei er in der Tracht eines Wagenlenkers bald sich unter die Menge mischte, bald auf seinem Wagen stehend zuschaute. Obwohl es sich nur um Schuldige handelte, die die schwerste Strafe verdient hatten, so regte

[4] Plinius, der Jüngere, bat 112 n. Chr. als Statthalter der Provinz Bithynien den Kaiser Trajan (98–117) um Weisung, wie er sich den Christen gegenüber verhalten solle. Die Textpassage entstammt seinem Brief (Epist. X, 96).

sich doch ihnen gegenüber das Mitleid, da sie nicht im Interesse des öffentlichen Wohles untergingen, sondern um die Grausamkeit eines einzelnen zu befriedigen.“[5]

Publius Cornelius Tacitus (55–120 n. Chr.)

♦ Der Anstifter Chresto

... die Juden (wurden) aus Rom vertrieben, da sie auf Anstiften von Christus (impulsore Chresto) häufig Unruhe stifteten.“[6]

Cajus Suetonius Tranquillus (75–150 n. Chr.)

♦ Das Märchen von Christus

Es bleibt wahr: das Märchen von Christus ist Ursache, daß die Welt noch 10 000 Jahre stehen kann und niemand recht zu Verstand kommt, weil es ebensoviel Kraft des Wissens, des Verstandes, des Begriffs braucht, um es zu verteidigen, als es zu bestreiten.“[7]

Johann Wolfgang von Goethe (1749–1832)

---

[5] Um 116 n. Chr. beschrieb Tacitus in seinen Jahrbüchern („Annales“ XV, 44) die Ereignisse der Jahre 14 bis 68 n. Chr., wobei er unter anderem die „Historien“ Plinius' d. Ä., eines Augenzeugen der Eroberung Jerusalems, benutzte. Bei der Schilderung des Brandes Roms im Jahr 64 n. Chr. kam er auch auf die Christen zu sprechen, denen der Kaiser Nero (54–68) die Brandstiftung Roms anlastete. Dabei erwähnte Tacitus auch den Gründer der christlichen Gemeinden, Christus, der unter Pontius Pilatus mit dem Tode bestraft wurde.

[6] Suetonius hatte als Kabinettsgeheimsekretär unter den Kaisern Trajan (98–117) und Hadrian (117–138) Zugang zu den kaiserlichen Archiven. Um 120 n. Chr. verfasste er Biographien der ersten zwölf römischen Kaiser, und in der über Kaiser Claudius (41–54 n. Chr.) steht die zitierte Stelle. – Dass unter der Bezeichnung „impulsore Chresto“ Christus zu verstehen ist, ergibt sich daraus, dass die Schreibarten „Chrestos“ und „Christus“ nebeneinander liefen. Auch Tacitus spricht von „Chrestiani“, womit nur die Christen gemeint sein können. – Auf die Vertreibung der Juden aus Rom weist übrigens auch die Apostelgeschichte (18, 2) hin.

[7] Johann Wolfgang von Goethe in einem Brief vom 4. September 1788 an Johann Gottfried von Herder.

♦ Jesus unter der Gewitterwolke Jehovas

Im Gleichnis gesprochen. – Ein Jesus Christus war nur in einer jüdischen Landschaft möglich – ich meine in einer solchen, über der fortwährend die düstere und erhabene Gewitterwolke des zürnenden Jehova hing. Hier allein wurde das seltene, plötzliche Hindurchleuchten eines einzelnen Sonnenstrahls durch die grauenhafte, allgemeine und andauernde Tag-Nacht wie ein Wunder der ‚Liebe' empfunden, als der Strahl der unverdientesten ‚Gnade'. Hier allein konnte Christus seinen Regenbogen und seine Himmelsleiter träumen, auf der Gott zu den Menschen hinabstieg; überall sonst galt das helle Wetter und die Sonne zu sehr als Regel und Alltäglichkeit."[8]

Friedrich Nietzsche (1844–1900)

♦ Wir wissen nichts über ihn …

Geschichtlich gesehen ist es ziemlich zweifelhaft, ob Christus überhaupt jemals gelebt hat, und wenn ja, so wissen wir nichts über ihn."[9]

Bertrand Russell (1872–1970)

♦ Jesus von Nazareth – indiskutabel!

Was würden wir heute sagen, wenn ein junger Mann aus irgendeinem Zwergstaat käme … keiner der großen Kultursprachen mächtig und sich vor uns hinstellte mit den dicken Worten: ‚Ich bin der Weg und die Wahrheit; und das Leben' … Genau dies war der Fall mit Jesus von Nazareth; er verstand weder Griechisch noch Römisch, die beiden Sprachen, auf denen seit viel hundert Jahren alle nennenswerte Kultur beruhte (und beruht!). Er war mit Homer und Plato ebenso

---

[8] Friedrich Nietzsche, Die fröhliche Wissenschaft (1881/86; Drittes Buch, Aphorismus 137).

[9] Bertrand Russell, Warum ich kein Christ bin. München 1963, S. 29.

unbekannt wie mit Phidias und Eratosthenes; was ein solcher Mann behauptet, ist für mich von vornherein indiskutabel.“[10]

Arno Schmidt (1914–1979)

Die gegenwärtig äußerst intensive Suche nach der Geschichte und Geschichtlichkeit des Jesus von Nazaret kann sicherlich als Reaktion auf die Enthistorisierung und Mythologisierung Jesu gewertet werden. Ohne Zweifel besitzt heute „das Historische“, das wissenschaftlich Belegbare und Nachweisbare eine ganz neue Qualität. Christlicher Glaube hat dadurch ein wichtiges Vertrauensfundament erhalten. Er kann sich auf historische Fakten berufen und stützen. Der neutestamentliche Text „... er (Jesus) hat unter uns gewohnt“ (Joh 1,14) ist alles andere als arrogante, aber geschichtlich unhaltbare Behauptung. Er ist durch die Geschichte bestätigt. Jesus ist nicht erfundene Märchenfigur. Jesus ist Gestalt der Geschichte. „Das Märchen von Christus“ (Johann Wolfgang von Goethe) ist wie ein Kartenhaus zusammengebrochen.

Der Nicht-Christ wird Jesus neben Buddha, Zoroaster oder Mohammed stellen, Jesus unter die großen Religionsstifter einreihen. Nach und mit Sören Kierkegaard (1813–1855) fragt in unserer Zeit Eugen Drewermann nach einer äußerst hart geführten Fehde mit der historisch-kritischen Methode der Bibelauslegung nach den hintergründigen, religiösen Ultraschallerfahrungen: Was ist über das Historische hinaus „das Eigentliche“ bei Jesus? Vor allem: Was ist „das Eigentliche“ zwischen Jesus und mir?

„Das Historische“ ist bei der Begegnung mit Jesus gewiß wichtig, aber nur das Vordergründige, die Außenseite. Die Türe zum „Eigentlichen“ und zum Anstößigen wird erst mit der Frage aufgestoßen: Ist Jesus „mehr“ als ein Mensch, mehr als ein glaubwürdiger Religionsstifter, mehr als eine ethische, hebräische Persönlichkeit par excellence? Ist Jesus in seiner Persönlichkeit wie vor allem in seiner Botschaft entscheidend und exklusiv vom jüdisch-palästinensischen Milieu geprägt? Würde er heute, im Kontext des 20. Jahrhunderts, ein ganz Anderer sein, würde auch seine Botschaft ganz andere Orientierungen und Motivationen besitzen? „Lebte Christus heute, er wäre Atheist“, glaubt Dorothee Sölle verkünden zu können.

Ist über „das Historische“ hinaus Jesus von Nazaret gerade deshalb jenes Anstößige und Ärgerliche, weil er mehr ist als ein Mensch? Warum ist Jesus von Nazaret über die Jahrhunderte hinweg immer wieder im Sturmzentrum der mannigfachen menschlichen Reflexionen der Mystiker wie der Ketzer, der Politiker wie der Historiker, der Psychologen wie der Mediziner, der Schriftsteller wie neuerdings auch der Filmregisseure – weit über den Bereich des christlichen Glaubens und der wissenschaftlichen Theologie – lebendig geblieben?

---

[10] A. Schmidt, Atheist? Allerdings! In: K. Deschner, Was halten Sie vom Christentum? München 1957, 67–69 (Kurzfassung).

Ist gerade bei der Begegnung mit Jesus sein „Mehr-Sein" als ein Mensch das Anstößige, die Reibfläche des Widerspruchs und des Protestes? Jesus ist die kühne, personale „Invasion des Jenseits" (Karl Pfleger) in die Dimension des Diesseits. Er ist die Entäußerung der Gottesgestalt, indem er die irdisch-geschichtliche Knechtsgestalt annahm (Phil 2,6–8). Der Mann aus Nazaret sprengt alle Rollen und Schemata (Georg Baudler). Er provoziert zu immer neuem Weiterbuchstabieren.

Literatur

J. B. Aufhauser, Antike Jesuszeugnisse. Bonn ²1925.
K. Berger, Historische Psychologie des Neuen Testaments. Stuttgart 1991.
E. Drewermann, Das Markusevangelium II. Olten 1988, 564.
H. P. Duerr (Hg.), Der Wissenschaftler und das Irrationale. 2 Bde. Frankfurt/M. 1981.
D. Flusser, Jesus in Selbstzeugnissen und Bilddokumentationen. Reinbek bei Hamburg 1968.
H. Fuchs, Tacitus über die Christen. In: Vigiliae Christianae 4 (1950) 65–93.
H. Grotefend, Taschenbuch der Zeitrechung des deutschen Mittelalters. Hannover ¹¹1971.
E. Husserl, Vorlesungen zur Phänomenologie des inneren Zeitbewusstseins. Herausgegeben von M. Heidegger. Tübingen ²1980.
R. Kassner, Das Staunen. In: Sämtliche Werke Bd. 3. Pfullingen 1976, 428–444.
H. Kessler, Das offenbare Geheimnis. Das Symbol als Wegweiser in das Unerforschliche. Freiburg i. Br. 1959.
J. Klausner, Jesus von Nazareth. Jerusalem ³1952.
A. und I. König, Der römische Festkalender der Republik. Feste, Organisationen und Priesterschaften. Stuttgart 1991.
E. Levinas, Wenn Gott ins Denken einfällt. Diskurse über die Betroffenheit von Transzendenz. Freiburg i. Br. 1985.
H. Maier, Die christliche Zeitrechung (Spektrum Bd. 4018). Freiburg – Basel – Wien 1991.
H. Rombach, Leben des Geistes. Ein Buch der Bilder zur Fundamentalgeschichte der Menschheit. Freiburg i. Br. 1977.
E. Stauffer, Jerusalem und Rom im Zeitalter Jesu. Berlin 1957.
E. Stauffer, Jesus. Gestalt und Geschichte. Bern 1957.
B. Sticker, Weltzeitalter und astronomische Perioden. In: Saeculum 4 (1953) 241–249.
P. Wust, Der Doppelaffekt von Staunen und Ehrfurcht als Faktor der Kulturentwicklung. In: Hochland (1924) 388ff., 515ff.

2. Geschichte Jesu und Jesus-Geschichten – Neues Testament und Apokryphen

Die Erlebnisse, die Einzelmenschen oder ganze Ortschaften (Jericho, Kafarnaum, Jerusalem usw.) mit Jesus von Nazaret, mit seinen Reden und bei seinen Wundern hatten, sind zunächst im familiären Kreis oder im dörflichen Gespräch in Erinnerung geblieben. Eine Wunderheilung durch Jesus war ein Highlight des Geheilten, aber auch ein Thema des Heilungsortes.

Vor allem die letzten Tage Jesu – Gefangennahme, Prozess, Verurteilung und Kreuzigung in Jerusalem – waren und blieben im Kreis der Jesus-Sympathisanten und bei seinen Aposteln das Zentralthema, das in vielen kleinen und kleinsten Details festgehalten wurde. Quälend war die Frage: Wie konnte so etwas geschehen? Wie konnte einer der „Zwölf" zum Verräter werden? Wenn Jesus wirklich „Sohn Gottes" war, warum hat er seine göttliche Macht nicht gezeigt, warum ist er so hilflos und gottverlassen am Kreuz gestorben? Hat der Skandal des Kreuzes dem Leben und Wirken Jesu jede Bedeutung genommen?

Es gab zunächst nur mündliche Jesus-Erzählungen, die von einzelnen Menschen (z.B. von den durch Jesus Geheilten), in einzelnen Familien oder Orten mit einem starken, durchaus stolzen Bewahrungsbewusstsein, ja mit einer der Wahrheit verpflichteten Bewahrungsverantwortung weitererzählt wurden.

Was man „Biographie" Jesu nennen könnte, ist nicht planmäßig und als klar festgelegtes Literaturkonzept entstanden. Es gab zunächst nur Einzelsplitter und Details einer Biographie Jesu. Man muss ferner zur Kenntnis nehmen: Jesus von Nazaret konnte zwar lesen und schreiben, aber die Menschheit hat keine einzige Zeile aus der Hand Jesu. Es gibt keine Autobiographie Jesu. Alle Nachrichten über Jesus, die uns heute zur Verfügung stehen, stammen von anderen.

Als zentrale Sammelstelle der verschiedenen Jesusfragmente, die in Palästina zunächst mündlich erzählt wurden, darf die Jesus-Gemeinde von Jerusalem angesehen werden. Der größte und älteste Erinnerungsblock der selbsterlebten Kreuzigung und der Erscheinungen des auferstandenen Jesus konnte durch Informationen über das öffentliche Wirken Jesu ergänzt werden. Man kann daher historisch durchaus feststellen: Die heutigen Evangelien sind von rückwärts her entstanden. Sie sind nach vorne vervollständigt worden und haben ihre letzte Ergänzung und Abrundung mit Berichten über die Geburt und Kindheit Jesu erhalten.

Weil aber auch dubiose „Geschichtchen" über Jesus erzählt und weitergegeben wurden, erwies es sich als notwendig, den „Weizen" der echten Geschichte Jesu von der „Spreu" der Jesus-Verkitschungen und -Verfälschungen deutlich und energisch zu trennen. Gerade diese seltsamen und ans Herz gehenden „Jesusgeschichtchen" provozierten die Christen, nicht bloß die Wahrheit über Jesus mündlich zu verbreiten, sondern sie auch schriftlich niederzulegen.

Wo war aber die Entscheidungsinstanz in dieser für die Überlebenschance der Jesusbewegung so fundamentalen Frage? Es konnte niemand anderes sein als jene „Jesusbewegung", die als Urgemeinde von Jerusalem die Apostel und Jünger Jesu und viele Augen- und Ohrenzeugen des Leben Jesu umfasste. Mit welchem überzeugenden Kriterium konnte aber Wahrheit von Desinformation, Verehrung von Blasphemie unterschieden werden? Nur was im christlichen Gemeindeleben von Anfang an bekannt war und durch Augen- und Ohrenzeugen bezeugt worden war, was auch bei den Versammlungen der Christen, vor allem bei den Wortgottesdiensten und eucharistischen Feiern zuerst verkündet, sehr bald auch schriftlich niedergelegt wurde, konnte als authentisch und unverfälscht anerkannt werden. Was aber nur in geheimen Zirkeln christlicher Extremisten, antikirchlicher Juden oder Gnostiker, meist raffiniert verpackt in der antikirchlichen Propaganda bekannt war und das Tageslicht der öffentlichen Kontrolle scheute, war verdächtig. Es waren Geheimschriften und weil sie nur in der Verborgenheit von Hand zu Hand weitergereicht wurden, erhielten diese Texte die Bezeichnung „Apokryphen".

In dem Verschriftungs- und Abgrenzungsprozess (Ende des 1. und Anfang des 2. christlichen Jahrhunderts) flossen nicht alle mündlichen Jesus-Traditionen in die Schriften des „Neuen Testaments" ein. Sie blieben auch nach Abschluss der neutestamentlichen Evangelien und des Kanons des Neuen Testaments lebendig (vgl. Joh, 20,30; 21,25 und die Logien des apokryphen Thomas-Evangeliums).

Mit dem schwer durchschaubaren Prozess der Entstehung der mündlichen Jesus-Traditionen und der Vermittlung dieser mündlichen Jesus-Traditionen an neugegründete Christengemeinden und schließlich mit dem Prozess der Schriftwerdung dieser vielfältigen mündlichen Jesus-Traditionen und der gleichzeitigen Ausgrenzung von Jesus-Traditionen (mit welchen Kriterien und durch welche Autorität?), die später Apokryphen bezeichnet wurden, haben sich in allerjüngster Zeit mehrere Konferenzen internationaler Neutestamentler (Jerusalem 1984, 1989 und 1990) beschäftigt. Das dort behandelte Thema „Mündliche Tradition vor, in und außerhalb der Evangelien" („Oral tradition before, in and outside the Gospels") mit hochinteressanten Hypothesen und Ergebnissen hat Henry Wansbrough als Herausgeber in dem Buch „Jesus and the Oral Gospel Tradition" (Sheffield 1991) vorgelegt.

Die Gemeinschaft der Christen, also die „Kirche" war es, die älter als das Neue Testament ist, so dass das Neue Testament Botschaft Gottes, „Heilige Schrift" und Buch der Kirche ist. Dieser wichtige Sicherungs- und zugleich Ausgrenzungsprozess lässt sich in vielen Einzeletappen heute noch mit einer

Fülle von Dokumenten nachvollziehen, z. B. als kirchliche Reaktion auf ein seltsam verkürztes und „gereinigtes" Neues Testament eines gewissen Marcion von Sinope (um 150 n. Chr.), als Umgrenzung des Neuen Testaments im sogenannten Muratorischen Fragment (um 180), als von Irenäus von Lyon erstellte Liste der neutestamentlichen Schriften (um 185), als Bericht des Klemens von Alexandrien über die verbindlichen Schriften des Neuen Testaments (um 200) und als Bestätigung der Überlieferung im offiziellen Kanon der neutestamentlichen Schriften durch die römische Synode (382).

Die Bücher des Neuen Testaments

Das Neue Testament enthält 27 Bücher und zwar in folgender Reihenfolge:

Evangelien:	Matthäus-Evangelium	Mt
	Markus-Evangelium	Mk
	Lukas-Evangelium	Lk
	Johannes-Evangelium	Joh
Apostelgeschichte:	Apostelgeschichte	Apg
Briefliteratur:	Römerbrief	Röm
	1. Korintherbrief	1 Kor
	2. Korintherbrief	2 Kor
	Galaterbrief	Gal
	Epheserbrief	Eph
	Philipperbrief	Phil
	Kolosserbrief	Kol
	1. Thessalonicherbrief	1 Thess
	2. Thessalonicherbrief	2 Thess
	1. Timotheusbrief	1 Tim
	2. Timotheusbrief	2 Tim
	Titusbrief	Tit
	Philemonbrief	Phlm
	Hebräerbrief	Hebr
	Jakobusbrief	Jak
	1. Petrusbrief	1 Petr
	2. Petrusbrief	2 Petr
	1. Johannesbrief	1 Joh
	2. Johannesbrief	2 Joh
	3. Johannesbrief	3 Joh
	Judasbrief	Jud
Apokalyptische Schrift:	Offenbarung des Johannes	Offb

Trotz Christenverfolgungen, in denen nicht nur Christen verfolgt, gequält und getötet, sondern auch ihre „heiligen Schriften" konfisziert und verbrannt wurden, sind aus sehr früher Zeit Papyri (aus der Papyrusstaude wurde das Schreibmaterial „Papyrus" gewonnen) wie auch Pergamentrollen und -codices (erstellt aus gebleichter und sorgfältig geglätterter Tierhaut) mit neutestamentlichen Texten erhalten geblieben und heute in Bibliotheken der ganzen Welt zu sehen.

Papyri mit neutestamentlichen Texten

Unter den rund 4700 Handschriften mit neutestamentlichen Texten, die uns heute zur Verfügung stehen, befinden sich etwa 70 Papyri. Die ältesten und damit bedeutsamsten sind:

Bezeichnung	Fundort und -zeit	Entstehungszeit	Inhalt
P 52 (Papyrus Rylands Greek)	Mittelägypten, 1920	um 125	Joh 18,31–33; 18,37f.
P 66 (Papyrus Bodmer II)	Ägypten	um 150	Joh 1,1–14,26 (24 Verse fehlen)
P 75 (Papyrus Bodmer XIV - XV)	Ägypten	um 200	Lk 3,18–18,18; 22,4–24,52; ferner Joh 1,1–15,8
P 64	Ägypten	Ende 2. Jahrh.	Einige Verse aus Mt 27
P 45 (Papyrus Chester Beatty I)	100 km südlich Kairo, 1930	um 200	Große Teile der Evangelien u. der Apostelgeschichte
P 46 (Papyrus Chester Beatty II)	wie P 45	Anfang 3. Jahrh. (etwa 220)	Große Teile der Paulusbriefe 86 (Blätter)
P 47 (Papyrus Chester Beatty III)	wie P 45	Anfang 3. Jahrh. (etwa 220)	Apokalypse 9,10–17,2 (10 Blätter)
P 37 (Papyrus Michigan 1570)	Ägypten	3. Jahrh.	Mt 26,19–52 (10 Blätter)
7 Q4	Qumran Höhle 7	um 60	1 Tim 3,16–4,3
7 Q5	Qumran Höhle 7	um 60	Mk 6,52–53

Pergamenthandschriften mit neutestamentlichen Texten

Außer den Papyri sind die Pergamenthandschriften zu erwähnen, die neben Teilen des Alten Testaments fast den vollständigen griechischen Originaltext des Neuen Testaments übermitteln. Es sind dies:

Bezeichnung	Entstehungszeit	Inhalt
Codex Vaticanus (B)	Mitte 4. Jahrh.	Neues Testament (es fehlen Hebr 9, 15–13, 25 sowie 1. und 2. Tim, Tit, Phlm und Offb)
Codex Sinaiticus (Aleph)	2. Hälfte 4. Jahrh.	Neues Testament (vollständig, dazu der Barnabasbrief)
Codex Alexandrinus (A)	Mitte bis Ende 5. Jahrh.	Neues Testament (mit wenigen Lücken)
Codex Ephraemi rescriptus (C)	Mitte 5. Jahrh.	Bruchstücke aller Bücher des Neuen Testaments, ausgenommen 2 Thess und 2 Joh
Codex Bezae Cantabrigiensis	5./6. Jahrh.	Evangelien und Apostelgeschichte (mit einigen Lücken)
Codex Claramontanus	6. Jahrh.	Briefe des Apostels Paulus

Die Apokryphen

verdienen wenigstens eine kurze Erwähnung, weil sie im Prozess der Buchwerdung der zuerst mündlichen Berichte über Leben und Wirksamkeit Jesu mehr und mehr an den Rand des christlichen Lebens gedrängt wurden, wenn sie nicht von vornherein schon aus glaubenskritischer Haltung in Gegnerschaft zum Glauben der Christengemeinden standen (Gnosis, Doketismus, Manichäismus). Auch wenn es „andere" Jesuserzählungen sind, als sie in der Liturgie der christlichen Urgemeinden verkündet wurden, so ist es doch durchaus möglich, dass sich in den Apokryphen – sie wurden mit Recht als „Literatur des kleinen Mannes" bezeichnet – auch Goldadern echter Jesusworte entdecken lassen.

Neutestamentliche Apokryphen im Überblick

Apokryphe Evangelien

Name des apokryphen Evangeliums	Zeit der Entstehung	Ort bzw. Gegend der Entstehung
Nazaräer-Evangelium (syrisch bzw. aramäisch?)	erste Hälfte des 2. Jahrhunderts	Syrien
Ebionäer-Evangelium (griechisch)	erste Hälfte des 2. Jahrhunderts	Ostjordanland
Hebräer-Evangelium (griechisch)	erste Hälfte des 2. Jahrhunderts	Ägypten
Ägypter-Evangelium	erste Hälfte des 2. Jahrhunderts	Ägypten
Jakobus-Evangelium (griechisch)	Mitte des 2. Jahrhunderts	außerhalb Palästinas
Das Evangelium der Wahrheit (griechisch)	Mitte des 2. Jahrhunderts	Rom
Petrus-Evangelium (griechisch)	2. Jahrhundert	Syrien
Thomas-Evangelium (griechisch)	2. Jahrhundert	Ägypten
Philippus-Evangelium (griechisch)	2. Jahrhundert	Ägypten
Kindheitsgeschichte des Herrn von Thomas, dem Israeliten (griechisch)	Ende des 2. Jahrhunderts	
Geschichte Josefs, des Zimmermanns (griechische Urschrift)	4./5. Jahrhundert	Ägypten
Nikodemus-Evangelium oder Pilatusakten (griechisch)	5. Jahrhundert	
Arabisches Kindheitsevangelium (syrische Urschrift)	6. Jahrhundert	Syrien
Armenisches Kindheitsevangelium (syrische Urschrift)	6. Jahrhundert	Syrien
Pseudo-Matthäus-Evangelium (griechisch)	8./9. Jahrhundert	

Apokryphe Apostelgeschichten	
Petrusakten Paulusakten Johannesakten	Andreasakten Thomasakten
Apokryphe Briefe	
Briefwechsel zwischen Abgar von Edessa und Jesus Epistola Apostolorum Dritter Korintherbrief	Laodicenerbrief Briefwechsel zwischen Paulus und Seneca Barnabasbrief

Das große Interesse an Jesus-Geschichten und Jesus-Biographien beschränkte sich nicht auf den Vorderen Orient und Europa. Bereits 640 entstanden auf Anregung des chinesischen Kaisers Tai-Tsung (626–649) zwei chinesische „Leben Jesu", die auf syrischer Tradition fußen und Jesus-Informationen enthalten, „die höchstwahrscheinlich aus außerchristlichen Quellen stammen", wie Ethelbert Stauffer in seinem Werk „Jesus. Gestalt und Geschichte" (Dalp-Taschenbücher Bd. 332), Bern 1957, 16 zu berichten weiß (vgl. dazu P. Y. Saeki, The Nestorian Documents and Relics in China. Tokyo ^{2}1951). Ergänzend weist E. Stauffer (Novum Testamentum I, Leiden 1956, 96ff.) darauf hin, dass die chinesischen Jesusviten aus jüdischen Tholedoth Jeschu Anregungen empfangen haben.

Das chinesische Interesse an Jesus-Geschichten gerade unter dem Kaiser Tai-Tsung ist sicherlich ausgelöst worden durch die Macht und Ausdehnung Chinas, die unter seiner Regierung ihren Höhepunkt erreichte. Tai-Tsung konnte in den militärischen Auseinandersetzungen mit den Türken sein Reich nach dem Westen erweitern. Er ist dabei auch der nach dem Fernen Osten strebenden nestorianischen Mission und ihrer Jesus-Verkündigung begegnet, die schon im 4./5. Jahrhundert zur See die westindische Malabarküste erreicht hatte.

♦ Das Evangelium nach Markus

„Auch dies hat der Presbyter (‚Der Alte' = Johannes) gesagt: ‚Markus hat als Dolmetscher (Berichterstatter?) des Petrus nach seiner Erinnerung Worte und Taten des Herrn genau, freilich nicht der Reihe nach aufgeschrieben.' Denn er hatte den Herrn nicht gehört, noch war er ihm (als Jünger) nachgefolgt; jedoch später dann dem Petrus. Dieser richtete seine Predigten nach den Bedürfnissen ein, ohne eine zusammenhängende Darstellung der Worte des Herrn zu geben. Es ist daher keineswegs ein Fehler des Markus, wenn er einiges so aufzeichnete, wie es ihm das Gedächtnis eingab. Denn nur für eines trug er Sorge, nichts von dem, was er (von Petrus) gehört hatte, wegzulassen und in seinem Bericht keine Unwahrheiten zu sagen."[1]

Papias († um 130 n. Chr.)

„Als Petrus in Rom das Wort öffentlich verkündete und die Heilsbotschaft ausrief, sollen seine zahlreichen Zuhörer den Markus als einen Mann, der schon lange den Petrus begleitete und sich an seine Lehrvorträge erinnerte, gebeten haben, das gesprochene Wort (des Petrus) aufzuzeichnen. Als Markus das getan hatte, habe er das Evangelium denen mitgeteilt, die ihn um die Abfassung gebeten hatten. Als Petrus das erfahren hatte, hat er ihn weder mahnend gehindert noch dazu ermuntert."[2]

Klemens von Alexandrien († um 215 n. Chr.)

---

[1] Papias, Bischof von Hierapolis in Phrygien († um 120/130), „Hörer des Johannes und Zeitgenosse des Polykarp" (Irenäus, Adv. haer. V 33,4), verfasste in griechischer Sprache das verlorengegangene Werk „Erklärungen der Herrenworte". Glücklicherweise hat Eusebius in seiner „Kirchengeschichte" (III 39,15) daraus einige Exzerpte zitiert, so dass eines der ältesten Zeugnisse über neutestamentliche Schriften erhalten geblieben ist.

[2] Es ist Eusebius (Kirchengeschichte VI 14,6) zu verdanken, dass die von Klemens von Alexandrien bezeugte, altkirchliche Überlieferung über das Markus-Evangelium festgehalten wurde und uns zur Verfügung steht.

Nach deren Tod (der Apostel Petrus und Paulus) hat Markus, der Schüler und Dolmetscher des Petrus, ebenfalls uns die Predigt des Petrus in einer Schrift hinterlassen."[3]

Irenäus († um 220 n. Chr.)

♦ Das Evangelium nach Matthäus

„Matthäus setzte nach hebräischer Darstellungsweise die Reden zusammen. Es stellte sie eben ein jeder so dar, wie er dazu in der Lage war."[4]

Papias († um 130 n. Chr.)

Matthäus hat, bei den Hebräern weilend, in ihrer Sprache ein schriftliches Evangelium herausgegeben, während Petrus und Paulus in Rom predigten und die Kirche gründeten."[5]

Irenäus († um 220 n. Chr.)

---

[3] Irenäus (Eirenaios), Schüler des Polykarp und Bischof von Lyon, kommt in seinem fünf Bücher umfassenden und in griechischer Sprache abgefassten Werk „Entlarvung und Widerlegung der falschen Gnosis" (das Originalwerk ist verlorengegangen, jedoch ist eine ausgezeichnete lateinische Übersetzung unter dem Titel „Adversus haereses" erhalten geblieben) auf die Tradition und Schriften der Apostel (III 1,1) zu sprechen und erwähnt dabei auch Markus und sein Evangelium. Die Aussage des Irenäus ist in griechischer Sprache durch Eusebius (Kirchengeschichte V 8,3; vgl. dazu III 10,6) festgehalten worden.

[4] J. Kürzinger hat deutlich machen können, dass Papias in seiner Gegenüberstellung von Markus und Matthäus nicht die Sprachen, sondern die Kompositionstechnik der beiden Evangelien verglichen hat. Während Markus ohne besondere literarische Kunstform schrieb, hat der griechisch schreibende Verfasser des Matthäus-Evangeliums (ein hellenistischer Judenchrist) die Reden Jesu in einer Stil- und Darstellungsform aneinandergereiht, wie sie jüdischer Denk- und Schreibtechnik eigentümlich ist. Eine Eigenart der hebräischen Darstellungsart ist z. B. die Gliederung der Botschaft Jesu in eine Fünfzahl von Reden, die jedesmal mit einer gleichen Redewendung abgeschlossen werden (Mt 7,28; 11,1; 13,53; 19,1 und 26,1).

[5] Irenäus, Schüler des heiligen Polykarp und Bischof von Lyon, verfasste gegen die Gnosis ein fünfbändiges, griechisch geschriebenes Werk, das meist nach der lateinischen Übersetzung „Adversus haereses" zitiert wird. In diesem Werk (III 1,1) weist er auf die Bedeutung der apostolischen Überlieferung hin und kommt dabei auf Matthäus und dessen Evangelium zu sprechen.

♦ Das Evangelium nach Lukas

Das dritte Evangelienbuch nach Lukas. Dieser Lukas, ein Arzt, verfaßte es, als ihn Paulus nach der Himmelfahrt Christi als einen Rechtsbeistand (Wissenschaftsbeflissenen) mit sich nahm, vermutlich in seinem Namen (auf sein Geheiß). Doch hat auch er nicht den Herrn im Fleisch gesehen; trotzdem beginnt er, soweit er es erreichen konnte, von der Geburt des Johannes an zu erzählen."[6]

Muratorisches Fragment (um 180 n.Chr.)

Auch Lukas, der Begleiter des Paulus, legte das Evangelium, das dieser gepredigt hatte, in einem Buch nieder."[7]

Irenäus († um 200 n.Chr.)

Lukas, der Herkunft nach aus Antiochien, dem Beruf nach Arzt, blieb am längsten bei Paulus, verkehrte jedoch auch mit anderen Aposteln, und zwar nicht bloß vorübergehend. Von der Wissenschaft der Seelenheilung, die er von diesen gelernt, hinterließ er uns einen Beweis in zwei von Gott gegebenen Büchern: dem Evangelium, das er, seiner Mitteilung nach, auf Grund der Angaben niederschrieb, die ihm die gemacht hatten, die von Anfang Augenzeugen und Diener des Wortes gewesen und bei denen er, nach seinem Zeugnis, auch von Beginn an nachgeforscht hat; ferner

---

[6] Das „Muratorische Fragment" (benannt nach dem italienischen Gelehrten Ludorico Antonio Muratori, der dieses Schriftstück aus der Zeit um 180 n.Chr. in der Ambrosianischen Bibliothek in Mailand im Jahre 1740 entdeckte), dessen Anfang fehlt, beginnt die Aufzählung der biblischen Bücher mit dem Evangelisten Lukas. Es handelt sich um ein Fragment mit 85 Zeilen, das am Anfang wie auch am Ende verstümmelt war. Es dürfte kurz nach der Regierung des römischen Bischofs Pius I. (142–155) entstanden sein und stellt das bisher älteste, in lateinischer Sprache abgefasste Verzeichnis der Schriften des Neuen Testamentes dar.

[7] Das Zeugnis über das Lukas-Evangelium aus der Hand von Irenäus, dem Bischof von Lyon, findet sich in seiner Schrift „Adversus haereses" (III 1,1; vgl. III 14,1; III 15,1).

(schrieb er) die Apostelgeschichte. Hier stützte er sich nicht mehr auf bloß Gehörtes, sondern auf Miterlebtes."[8]

Eusebius (265–339)

Lukas, ein Syrer, aus Antiochien gebürtig, Arzt von Beruf, Apostelschüler, folgte später dem Paulus bis zu dessen Bekenntnis (Martyrium), indem er Gott ohne Fehl diente. Ohne je Frau oder Kinder gekannt zu haben, starb er 74 (84) Jahre alt, in Bithanien (Böotien?) voll des Heiligen Geistes. Nachdem bereits Matthäus in Judäa und Markus in Italien ihr Evangelium geschrieben hatten, verfaßte auch er in der Landschaft Achaia (= Griechenland) auf Antrieb des Heiligen Geistes dieses Evangelium, worin er zu Beginn ebenfalls mitteilt, daß die anderen (Evangelien) schon geschrieben worden waren. Es war notwendig, den Gläubigen aus den Heiden eine genaue Erzählung der Heilsveranstaltung vorzutragen, damit sie nicht durch jüdische Mythologien hin- und hergezerrt würden noch, getäuscht durch die ketzerischen und nichtigen Phantastereien, die Wahrheit verfehlten."[9]

Antimarcionitischer Prolog zum Lukas-Evangelium (4. Jahrhundert)

♦ Das Evangelium nach Johannes

Gerne bin ich bereit, alles, was ich einst von den Presbytern (den Alten?) genau erlernt und genau im Gedächtnis behalten habe, für dich in meine Auslegungen aufzunehmen, mich für deren Wahrheit

[8] In seiner Kirchengeschichte (III 4,6) hat Eusebius von Caesarea die altkirchliche Überlieferung zusammengefasst. Er bietet keine neuen Informationen, sondern vermittelt jenen Kenntnisstand, der in seiner Zeit vorlag.

[9] Die Aussagen des „antimarcionitischen" Prologs zum Lukas-Evangelium, dessen Abfassungszeit man bisher in das 2. christliche Jahrhu ndert verlegte, haben auf Grund der Ergebnisse der neuesten Forschung erheblich an Gewicht verloren: Er stammt erst aus dem 4. christlichen Jahrhundert. Auch am antimarcionitischen Charakter dieses Prologs (er sei geschrieben gegen Marcion, † um 160 n. Chr., der in sein Neues Testament nur das Lukas-Evangelium aufnahm, jedoch die anderen drei Evangelien als verfälscht abgelehnt habe) wird heute nicht mehr festgehalten. Trotzdem ist diese Information des 4. Jahrhunderts nicht uninteressant.

verbürgend (III 39,3) … Kam einer, der den Presbytern gefolgt war, so forschte ich nach den Worten der Presbyter, was Andreas oder was Petrus gesagt hat oder was Philippus oder was Thomas oder Jakobus oder was Johannes oder Matthäus oder ein anderer von den Jüngern des Herrn (gesagt hat) und was Aristion und der Presbyter Johannes, Jünger des Herrn, sagen. Denn ich war der Meinung, daß das, was aus Büchern kommt, für mich nicht den gleich großen Wert haben könnte wie das, was von lebendiger und bleibender Stimme kommt“ (III 39, 4).[10]

Papias († um 130 n. Chr.)

Das vierte Evangelium ist das des Jüngers Johannes. Da ihn die Mitjünger und seine Kirchenvorsteher ermahnten, sagte er: ‚Fastet mit mir drei Tage und laßt uns einander erzählen, was einem jeden auch immer offenbar werden wird.‘ In derselben Nacht wurde von den Aposteln dem Andreas offenbart, daß aus der Erinnerung aller Johannes alles unter seinem Namen aufschreibe. Und daher, mögen auch verschiedene Richtlinien (Anfänge) in den einzelnen Büchern der Evangelien gelehrt werden, so besteht doch in nichts ein Glaubensunterschied, da durch den einen grundsätzlichen (herrschenden) Geist alles in allem klargelegt ist. Über die Geburt, das Leiden, die Auferstehung, über den Verkehr mit seinen Jüngern, über die zweifache Ankunft, zuerst in verächtlicher Niedrigkeit, die gewesen ist, die zweite mit königlicher Pracht, die noch sein wird. Was ist also daran merkwürdig, daß Johannes so beständig einzelnes in seinen Briefen vorbringt mit den Worten, die sich auf ihn selbst beziehen: was wir mit unseren eigenen Augen gesehen und mit eigenen Ohren gehört und was unsere Hände berüht haben, das schreiben wir euch. So bekennt er sich nämlich nicht nur als Augen- und Ohrenzeuge, sondern auch als Aufzeichner aller Wundertaten des Herrn der Reihe nach.“[11]

Muratorisches Fragment (um 180 n. Chr.)

---

[10] In seiner „Kirchengeschichte“ (III 39,3 f) hat Eusebius einen Text aus der Hand des Bischofs von Hierapolis, Papias († um 130 n. Chr.), zitiert, der als ältestes Zeugnis über den Verfasser des Johannes-Evangeliums angesprochen werden muss.

[11] Bericht über das Johannes-Evangelium aus dem „Muratorischen Fragment“ (siehe Anmerkung 6).

Alle Presbyter, die in Asien bei Johannes, dem Jünger des Herrn, zusammengekommen waren, bezeugen, daß Johannes dies (nämlich das höhere Alter Jesu zwischen 40 und 50 Jahren) überliefert hat. Denn er blieb bei ihnen bis in die Zeit Trajans“ (Adv. haer. II 33,3; zitiert auch bei Eusebius, Kirchengeschichte III 23, 3).

Danach (d. h. nach Matthäus, Markus und Lukas) hat Johannes, der Schüler (Jünger) des Herrn, der auch an seiner Brust lag, während seines Aufenthaltes in Ephesus in Asien seinerseits ein Evangelium herausgegeben“ (Adv. haer. III 1,2; vgl. II 22,5).

Die Gemeinde von Ephesus „wurde von Paulus gegründet, und Johannes ist in ihr geblieben bis in die Zeit Trajans“ (Adv. haer. III 3,4).[12]

Irenäus (um 200 n. Chr.)

Damit bewahrheitet sich also der Bericht, daß in Asien zwei Jünger des gleichen Namens gelebt hätten und daß in Ephesus zwei Grabmäler errichtet worden wären, von denen noch jetzt jedes den Namen Johannes trüge … Papias gesteht offen, daß er die Worte der Apostel von ihren Schülern übernommen, sagt aber, daß er Aristion und den Presbyter Johannes selbst gehört habe; daher erwähnt er sie in seinen Schriften öfter mit Namen und gibt ihre Überlieferung wieder.“[13]

Eusebius (265–339)

Johannes, der Apostel, den Jesus am meisten geliebt, der Sohn des Zebedäus, der Bruder des Apostels Jakobus, den Herodes nach dem Tod des Herrn enthauptet, hat als Letzter von allen ein Evangelium geschrieben, von den Bischöfen Asiens darum gebeten“ (c. 9).[14]

Hieronymus (347–420)

---

[12] Hinweis auf das Johannes-Evangelium aus dem bereits zitierten Werk „Adversus haereses“ des Bischofs von Lyon, Irenäus.

[13] Zitat aus der „Kirchengeschichte“ (III 39,6 f) des Eusebius.

[14] Hinweis auf das Johannes Evangelium aus dem Werk „De viribus illustris“ (einem Schriftstellerkatalog der Kirche) des Eusebius Hieronymus.

♦ Briefe der Apostel

Die Briefe des Paulus sagen allen, die sie verstehen wollen, selbst, von wo und zu welchem Zwecke sie geschrieben sind. Zuerst von allen schrieb er an die Korinther und untersagte ihnen den Irrweg des Schismas, dann verbot er den Galatern die Beschneidung, die Römer aber lehrte er, daß Christus die Erfüllung und der Anfang der Heiligen Schriften sei. Über diese einzeln zu sprechen, brauchen wir nicht, da der selige Paulus selbst sich seinem Vorgänger Johannes anschloß und an sieben Kirchen namentlich in dieser Reihenfolge schrieb: den ersten an die Korinther, den zweiten an die Epheser, an die Philipper den dritten, an die Kolosser den vierten, den fünften an die Galater, den sechsten an die Thessaloniker, an die Römer den siebenten. Aber mag auch für die Korinther und Thessaloniker zur Besserung noch ein zweiter Brief geschrieben sein, so weiß man, daß die Kirche über den ganzen Erdkreis verbreitet ist. Mag auch Johannes in der Geheimen Offenbarung nur an sieben Kirchen geschrieben haben, so redet er doch zu allen. Aber der an Philemon und der andere, der an Titus, und die zwei, die an Timotheus aus Anhänglichkeit und Zuneigung geschrieben sind, wurden dennoch zu Ehren der Kirche und zur Erhaltung der Kirchenzucht sanktioniert (geheiligt). Es sollen auch ein Brief an die Laodizenser, ein anderer an die Alexandriner unter Pauli Namen erdichtet worden sein zu Gunsten der Irrlehre des Markion und vieles andere, was in die katholische Kirche nicht aufgenommen werden kann; denn Galle mit Honig zu mischen geht nicht an. Gewiß sind in der katholischen Kirche der Brief des Judas und zwei Briefe des obengenannten Johannes aufgenommen, und das Buch der Weisheit, das von Freunden des Salomon zu seiner Ehre geschrieben ist. Auch die Offenbarungen des Johannes und Petrus haben wir nur insoweit angenommen, inwieweit gewisse von uns nicht wünschen, daß sie in der Gemeindeversammlung gelesen werden“.[15]

Muratorisches Fragment (um 180 n. Chr.)

---

[15] Älteste Überlieferung der Briefe der Apostel im „Muratorischen Fragment“ (siehe Anmerkung 6).

Vom Neuen Testament (lies) nur die vier Evangelien; die übrigen sind pseudoepigraph und schädlich … Nimm aber auch die Akten der zwölf Apostel, dann die sieben katholischen Briefe von Jakobus und Petrus und Johannes und Juda, endlich … die vierzehn Briefe des Paulus.“[16]

Cyrill von Jerusalem (315–386)

♦ Offenbarung im Neuen Testament

Wir sehnen uns nach Offenbarung,
Die nirgends würdiger und schöner brennt
Als in dem Neuen Testament.
Mich drängt's, den Grundtext aufzuschlagen,
Mit redlichem Gefühl einmal
Das heilige Original
In mein geliebtes Deutsch zu übertragen“
(V. 1217–1223).[17]

Johann Wolfgang von Goethe (1749–1832)

♦ Nicht das Vergangene, nur das Gleichzeitige ist Wirklichkeit für mich

Der Unterschied zwischen Poesie und Geschichte besteht darin, daß die Geschichte das wirklich Geschehene ist, die Poesie nur das Mögliche, das Erdachte, das Erdichtete. Doch ist das, was geschehen ist, lediglich in der Entgegensetzung zum Dichtwerk ein Wirkliches. Es fehlt ihm die Bestimmung, welche die der Wahrheit und die aller Religiosität ist, nämlich die Bestimmung ‚für dich'. Nicht das Vergangene, nur das Gleichzeitige ist Wirklichkeit für mich. Womit du

[16] Bericht über den Umfang des neutestamentlichen Kanon (es fehlt darin nur die Apokalypse des Johannes) aus der vierten Katechese, die Bischof Cyrill von Jerusalem 348 in der Grabeskirche in Jerusalem gehalten hat.

[17] Johann Wolfgang von Goethe, Faust. Erster Teil: Studierzimmer.

gleichzeitig lebst, ist Wirklichkeit ‚für dich'. Auf diese Weise kann jeder Mensch mit der Zeit, in der er lebt, gleichzeitig werden – und dann noch mit dem Einen, mit Christi Leben auf Erden; denn Christi Leben auf Erden, diese heilige Geschichte, steht für sich allein da, außerhalb der Geschichte."[18]

Sören Kierkegaard (1813–1855)

♦ Die Jesuslegende

Die Jesuslegende ist die freie Schöpfung einer begeisterten Masse und unter dem Eindruck der Persönlichkeit Jesu schon bei seinen Lebzeiten entstanden. Jedes große Ereignis der Geschichte ist bisher Mittelpunkt eines Sagenkreises geworden, und Jesus hätte, wenn er auch gewollt hätte, jene Gebilde der Volksphantasie nicht vernichten können. Vielleicht hätte damals ein scharfes Auge den Keim der Erzählungen erkennen können, welche den Zweck hatten, ihm übernatürliche Geburt zuzuschreiben, sei es, weil man die im Altertum häufige Ansicht hegte, daß außergewöhnliche Menschen ihre Entstehung nicht der natürlichen Verbindung beider Geschlechter verdanken können, sei es, weil man eine mißverstandene Stelle im Jesaia erfüllt wissen wollte ..., sei es endlich, weil man den Geist Gottes, welchen man bereits zu einer göttlichen Person gemacht hatte, für ein Prinzip der zeugenden Fruchtbarkeit hielt. Schon gab es vielleicht mehr als eine Anekdote aus seiner Kindheit, welche man erzählte, um zu zeigen, wie sich in seinem Leben die Stellen in den Propheten, die man auf den Messias bezog, erfüllten. In anderen Erzählungen wiederum brachte man ihn von klein auf in Verbindung mit berühmten Menschen, mit Johannes dem Täufer, mit Herodes dem Großen, mit chaldäischen Sterndeutern, welche damals eine Reise nach Jerusalem gemacht haben sollten, und mit einem alten Ehepaar Simon und Anna, die nach ihrem Tode in dem Rufe großer Heiligkeit standen. Es waltete eine ziemlich lockere

[18] S. Kierkegaard, Einübung im Christentum I, IV (Das Christentum als das Unbedingte – Die Gleichzeitigkeit Christus).

Chronologie in diesen Zusammenstellungen, die zum größten Teil auf wirklichen, nur entstellten Tatsachen beruhten. Aber ein eigentümlicher Geist der Milde und Güte und eine echt volkstümliche Stimmung durchdrang alle diese Erzählungen und machte sie zu einem willkommenen Hilfsmittel der Predigt. Besonders nach dem Tode Jesu fanden solche Geschichten große Verbreitung; doch darf man annehmen, daß sie schon zu seinen Lebzeiten in Umlauf waren, ohne übrigens mehr als fromme Leichtgläubigkeit und naive Bewunderung zu finden. Daß Jesus selbst niemals daran gedacht hat, sich für eine Verkörperung Gottes auszugeben, ist nicht zu bezweifeln."[19]

Ernest Renan (1823–1892)

♦ Wer ist wichtiger – Sokrates oder Jesus?

John Stuart Mill hat einmal gesagt, die Menschheit könne nicht oft genug daran erinnert werden, daß es einst einen Mann namens Sokrates gegeben hat. Er hat recht; aber wichtiger ist es, die Menschheit immer wieder daran zu erinnern, daß einst ein Mann namens Jesus Christus in ihrer Mitte gestanden hat."[20]

Adolf von Harnack (1851–1930)

♦ Gott in der Bildgeschichte der Menschen

Gott wandelt sich nicht; es wandeln sich nur die Bilder, unter welchen er den Menschen erscheint, und die Gefühle, mit denen er aufgenommen wird!"[21]

Paul Ernst (1866–1933)

---

[19] E. Renan, Das Leben Jesu (Volksausgabe, herausgegeben von Franz Lüdtke. S. 153f.).

[20] A. von Harnack, Das Wesen des Christentums (1900). Mit der angeführten Stelle begann von Harnack seine Vorlesung „Das Wesen des Christentums" im Wintersemester 1899/1900 an der Universität Berlin.

[21] P. Ernst, Erdachte Gespräche. Gütersloh 1951.

♦ Die Evangelien – mythische Geschichte des Menschen und seiner Erlösung

Die Evangelien als Schriften sind in einem ganz tiefen, letzten Sinn mythische Geschichte des Menschen und seiner Erlösung; sind der Wahrheitsmythus des geoffenbarten Gott-Menschen. In den Evangelien ist Erlösung in zweifacher Hinsicht verkündet: die des Einzelnen und seines Eingehens in das Gottesreich in der Zeitlichkeit durch den Glauben; sodann eine eschatologische Erlösung des Menschen als solchen durch Eingehen Gottes in das Fleisch und seine endliche Enthüllung. Durch die letztere wird das Gesamturbild Mensch, das als Adam aus dem Paradies getreten ist, in Christus nicht nur wiederhergestellt, sondern es wird ein neuer Mensch, der Gott-Mensch sein, der sich enthüllt. Beides, repräsentiert durch die geschichtliche Gestalt Jesu von Nazareth, ist doch zugleich schon mythische Gewißheit gewesen, seit es eine diesseitige Menschheit gab. Der kommende Gottessohn, der lichte Heiland lebte als Hoffnung mehr oder weniger deutlich, freilich immer verhüllt durch den Nichtseinsollenden, zu allen Zeiten in der Menschheit. Durch das Leben Jesu hat diese uralte, ahnende Glaubenshoffnung ihre Gewißheit gefunden, und aus diesem Grunde heißt der irdische Mensch Jesus von Nazareth Jesus Christus. Christós aber heißt: der von Gott zum König Gesalbte. Dieses Christós ist der mythische Name Jesu, also der Name für sein eigentliches, übergeschichtliches Wesen, also für das, was er jenseitig verwirklicht, gewissermaßen seine „Urform". Sind wir diesem Erlöser zu Gott, dem Vater, zum Gott der Mitte nicht auch in der heidnischen Weltzyklenlehre begegnet? Ist das Evangelium also doch vielleicht nur Fortsetzung und Verklärung des Heidnischen und in ihm enthalten, so wie man wohl meint, es sei auch in Israel enthalten gewesen und eben nur die Fortsetzung von dessen Religiosität? Das ist eine grundsätzliche Frage."[22]

Edgar Dacqué (1878–1945)

---

[22] E. Dacqué, Das verlorene Paradies. Zur Seelengeschichte des Menschen. Tübingen ³1952, 314.

♦ Christus, die Achse der Weltgeschichte

Für das Bewußtsein des Abendlandes ist Christus die Achse der Weltgeschichte … Das Studium der Bibel war in der Tat eine der Grundlagen fast aller abendländischen Philosophie bis heute … Noch keiner der großen Philosophen ihres Bereichs bis Nietzsche einschließlich hat ohne gründliche Kenntnis der Bibel philosophiert.“[23]

Karl Jaspers (1883–1962)

♦ Jesus ging an unserer Zeit vorüber

Es ist der Leben-Jesu-Forschung merkwürdig ergangen. Sie zog aus, um den historischen Jesus zu finden, und meinte, sie könnte ihn dann, wie er ist, als Lehrer und Heiland in unsere Zeit hineinstellen. Sie löste die Bande, mit denen er seit Jahrhunderten an den Felsen der Kirchenlehre gefesselt war, und freute sich, als wieder Leben und Bewegung in die Gestalt kam und sie den historischen Menschen Jesus auf sich zukommen sah. Aber er blieb nicht stehen, sondern ging an unserer Zeit vorüber und kehrte in die seinige zurück.“[24]

Albert Schweitzer (1875–1965)

♦ Paulus – Weg ins Neue Testament

Wer in die Welt des Neuen Testamentes einläßt, sind weder die Synoptiker noch Johannes – überhaupt keines der Evangelien, sondern Paulus. Und zwar deshalb, weil dieser sich in der gleichen Situation befindet wie wir. Paulus ist der einzige Apostel, der Jesus nicht gesehen hat – den irdischen Jesus, der auf den Straßen des heiligen Landes gegangen war, der in den Dörfern und Städten

---

[23] K. Jaspers, Der philosophische Glaube. München 1948, 34. 86.
[24] A. Schweitzer, Geschichte der Leben Jesu Forschung. München – Hamburg 1966, 620.

gelehrt und geheilt hatte, der gestorben war und auferstanden. Von ihm hat Paulus nur in der Weise Kunde erhalten, wie auch wir sie erhalten können: Einmal äußerlich, durch die Botschaft derer, die von ihm berichteten, und durch die Wirkungen, die von ihm in der Geschichte weiterliefen; dann innerlich, als der Herr ihn anrief und sich seinem Geist und Herzen zu erfahren gab. Wenn Paulus sein Christusbild aufbaut, schöpft er also grundsätzlich aus den nämlichen Quellen wie wir: aus Botschaft und Erfahrung. Was uns fehlt, ... das hat auch ihm gefehlt, und wir irren wohl nicht, wenn wir annehmen, daß er darunter sehr gelitten hat ... Eben deshalb aber, weil es mit seinem Wissen um Jesus so stand, ist er unser Mann – und wenn jemand behauptet, er verstehe das Neue Testament ohne Paulus, so steht zu fürchten, daß er vom wirklichen Christus noch nicht viel gespürt hat."[25]

Romano Guardini (1885–1968)

♦ Bedeutung der historisch-kritischen Methode

Das Christentum steht und fällt mit der Bindung an einen einmaligen historischen Ursprung; es ist eine geschichtliche Größe. Zugleich betrachtet es diesen geschichtlichen Ursprung, genauer die Person Jesu Christi, als die Offenbarung Gottes und den Ort des Heils für die Menschen. Daraus ergibt sich die Notwendigkeit, beide Seiten festzuhalten: die Historizität und den Offenbarungscharakter ...

Die Arbeit der historisch-kritischen Exegese kam zu einem ‚Bild' des historischen Jesus, das selber kritisch zu vielem steht, was im Lauf der Geschichte in den Kirchen geschah und geschieht. Vieles von dem, was Jesus verworfen hatte, kam in der Kirche wieder durch Hintertüren herein. Historische Kritik zwingt das kirchliche Bewußtsein dazu, das Verhältnis zu Jesus Christus immer neu zu überprüfen. Darin würde ich einen wesentlichen theologischen Beitrag der Frage nach dem historischen Jesus erblicken. Es geht darum, das Gegen-

[25] Romano Guardini, Das Bild von Jesus dem Christus im Neuen Testament. Würzburg ³1953, 38f.

über zwischen Jesus Christus und der Kirche festzuhalten, ihrer unkritisch-naiven und autoritären Identifizierung entgegenzutreten, desweiteren aufzuzeigen, daß die Kirche unter dem beständigen Gericht ihres Herrn steht, daß ihre Berufung auf Jesus nur dann überzeugt, wenn sie auch ihr nicht nur beiläufiges, sondern fortwährendes Versagen dem Wort ihres Meisters gegenüber ‚bis auf den heutigen Tag' einbekennt."[26]

Josef Blank (1926–1989)

♦ Der recht unbefangene Umgang mit historischen Methoden

Der Historiker vom Fach muß feststellen, daß viele, und zwar auch bekannte und anerkannte Theologen in einer recht unbefangenen Weise mit historischen Methoden umgehen und dabei zu Ergebnissen kommen, die merkwürdig anmuten. Der Historiker wird also durch die Argumentation und die Behauptungen der Theologen herausgefordert. Denn er kann zu vielem, was da angeblich mit historischen Methoden in einer für den ersten Blick durchaus geistreichen Weise herausgearbeitet wird, im Grunde genommen nur den Kopf schütteln."[27]

Hugo Staudinger

♦ Dem Revolutionär Jesus zum Geburtstag

„Zweitausend Jahre sind es fast,
seit du die Welt verlassen hast,
du Opferlamm des Lebens!

[26] J. Blank, Das politische Element in der historisch-kritischen Methode. In: P. Neuenzeit (Hg.), Die Funktion der Theologie in Kirche und Gesellschaft. München 1969, 48f., 57.

[27] H. Staudinger, Historische Glaubwürdigkeit der Evangelien. Gladbeck – Stuttgart 1969, 8. Vgl. F. Cornelius, Die Glaubwürdigkeit der Evangelien. Philologische Untersuchungen. München – Basel 1969.

Du gabst den Armen ihren Gott.
Du littest durch der Reichen Spott
Du tatest es vergebens!

Du sahst Gewalt und Polizei.
Du wolltest alle Menschen frei
und Frieden auf der Erde.
Du wußtest wie das Elend tut
und wolltest allen Menschen gut,
damit es schöner werde!

Du warst ein Revolutionär
und machtest dir das Leben schwer
mit Schiebern und Gelehrten.
Du hast die Freiheit stets beschützt
und doch den Menschen nichts genützt.
Du kamst an die Verkehrten!

Du kämpftest tapfer gegen sie
und gegen Staat und Industrie
und die gesamte Meute.
Bis man an dir, weil nichts verfing,
Justizmord, kurzerhand, beging.
Es war genau wie heute.

Die Menschen wurden nicht gescheit.
Am wenigsten die Christenheit,
trotz allem Händefalten.
Du hattest sie vergeblich lieb.
Du starbst umsonst. Und alles blieb
beim Alten.“[28]

Erich Kästner (1899–1974)

[28] E. Kästner, Dem Revolutionär Jesus zum Geburtstag. In: Gesammelte Schriften. Bd. I (Gedichte). Köln 1959, 207f. Dieses Gedicht ist bereits vor 1945 entstanden.

Von Kritikern Jesu, vor allem in der historisch interessierten Neuzeit, wird häufig darauf hingewiesen, dass die Handschriften, die dessen Leben und Wirken, dessen Kreuzestod (wohl am 7. April 30) und nachösterliche Erscheinungen berichten, etwa 50000 Textvarianten aufweisen und daher als historische Unterlagen abzulehnen seien. Sie wollen nicht zur Kenntnis nehmen: Kein Werk der europäischen Antike ist in seinem Textbestand besser überliefert als ausgerechnet das aus vielen Einzelschriften bestehende Neue Testament.

Man beachte ferner, daß in der Zeit vor Johannes Gutenberg (1400–1468) mühsam und zeitraubend jedes Opus von geschulten Schreibern abgeschrieben werden musste und dadurch der Nachwelt überliefert werden konnte. Dass sich dabei da und dort Schreibfehler eingeschlichen haben, versteht jeder, der mit der heutigen Buchherstellung vertraut ist und den Schreib- und Druckfehlerteufel kennt. Trotz dieser vorhandenen Textvarianten konnte als wissenschaftlicher Experte Rudolf Thiel (Jesus Christus und die Wissenschaft, Berlin 1938) schreiben: „Kein Buch des Altertums ist reiner, sicherer, genauer überliefert als die Bibel."

Aussagen der Zeitzeugen

Während sich die Niederschrift des Alten Testaments in einem Zeitraum von fast 1000 Jahren vollzog, wurden die Schriften des Neuen Testaments innerhalb von knapp 100 Jahren (nach dem Tod Jesu) aufgezeichnet.

Gewiss gibt es weder von Jesus selbst noch von seinen Jüngern oder Zeitgenossen vorösterliche Aufzeichnungen. Es hat aber kein Jahrzehnt nach der Kreuzigung gedauert, bis mündliche Überlieferungen mit einem sich festigenden Wortlaut, vor allem wegen der Verwendung in den urchristlichen Wortgottesdiensten und Eucharistiefeiern, sich im Gedächtnis der Urgemeinden so eingeprägt hatten, dass sie sichere Basis der schriftlichen Aufzeichnungen werden konnten.

Bereits die erste christliche Generation der Augen- und Ohrenzeugen des Lebens und Wirkens Jesu wusste sich in der Verantwortung, die mündliche Überlieferung durch die Schriftwerdung vor ungebührlichem und neugierigem „Weitererzählen" zu schützen. Da es außerdem einen mächtigen antichristlichen Block der jüdischen Synagoge gegen die immer stärker werdende christliche „Konkurrenz" gab, standen die christliche Zeugen unter der zusätzlichen Kontrolle, die Wahrheit über Jesus und nichts anderes als die Wahrheit über Jesus zu verkünden und auch schriftlich festzuhalten. Sie mussten die Wahrheit sagen. Die urchristlichen Wortverkünder und Schriftsteller hätten Jesus und seinem Werk den tödlichen und alles zerstörenden Dolchstoß versetzt, hätten sie die Wahrheit über Jesus auch nur im kleinsten Detail verändert, verfälscht, emporstilisiert.

Evangelien – mehr als eine Biographie Jesus

Zunächst muss vor einem schwerwiegenden Missverständnis gewarnt werden. Die Evangelien werden häufig als Aufzeichnungen der Geschichte Jesu angesehen. Dies ist nur zum Teil richtig. Die vier neutestamentlichen Schriftsteller Matthäus und Markus, Lukas und Johannes haben gewiss das Leben Jesu in den Rahmen der damaligen Zeitgeschichte und der Geographie Palästinas eingefügt. Aber sie wollten keine Biographie Jesu aufzeichnen. Allein schon die von ihnen gebrauchte Literaturgattung „Evangelium" (Frohbotschaft) signalisiert ihre neue und andere Intention.

Ihr Ziel war nicht, eine historische Information über Jesus festzuhalten, die man zur Kenntnis nimmt, um sie dann ad acta zu legen. Sie wollten über die historische und geographische Information hinaus ein Ereignis dem Gedächtnis der Menschen einprägen, das zwar in Zeit und Raum sich vollzog, aber zutiefst zeitlich-ewiges Achsenereignis ist. Der Einbruch des Jenseits ins Diesseits, des Ewigen in das Zeitliche ist einzigartige und einmalige personale Wirklichkeit. Die Mitglieder und Schriftsteller der Jesusbewegung konnten über das nicht schweigen oder nur mit eingeklammertem Ich darüber schreiben, was sie gesehen und gehört hatten und was ihrem Leben eine ganz neue Wende und Orientierung gegeben hatte. „Wir können unmöglich von dem schweigen, was wir gehört und gesehen haben" (Apg 4, 20). Gerade der eigenartige und überzeugende Zusammenklang von nachweisbarer Geschichte und existentieller Ergiffenheit, von Jesus-Erfahrung und Jesus-Werbung macht das typische und unverwechselbare Flair der neutestamentlichen Evangelien aus.

Die Evangelien des Neuen Testaments wollen aus dem geschichtlichen Objekt „Jesus" die Erfahrung eines „Du" werden lassen. Sie zielen auf existentielle Betroffenheit, auf Verklammerung von Vergangenheit und Gegenwart in existentieller Verheutigung und „Gleichzeitigkeit" (Sören Kierkegaard). Wer sich auf Jesus einlässt, steht nicht auf dem schwankenden Boden erfundener Märchen, Legenden und Mythen. Das Historische wird zum Ereignis, zum Heilsereignis.

Literatur

G. Bauer, „Geschichtlichkeit". Wege und Irrwege eines Begriffs. Berlin 1963.

W. Bauer, Das Leben Jesu im Zeitalter der neutestamentlichen Apokryphen. Tübingen 1909 (Nachdruck: Darmstadt 1967).

E. C. Blackman, Marcion and his Influence. London 1948.

R. Bultmann, Das Verhältnis der urchristlichen Christusbotschaft zum historischen Jesus. Heidelberg ^{3}1962.

H. von Campenhausen, Die Entstehung der christlichen Bibel. Tübingen 1968.

0. Cullmann, Die Tradition als exegetisches, historisches und theologisches Problem. Zürich 1954.

H. Haag, Die Buchwerdung des Wortes Gottes in der Heiligen Schrift. In: Mysterium Salutis. Grundlagen heilsgeschichtlicher Dogmatik. Bd. I. Einsiedeln – Zürich – Köln 1965, 289–428.

A. von Harnack, Wie sind Schriften zu „heiligen Schriften" geworden? In: Reden und Aufsätze. Neue Folge. 4. Bd. Gießen 1923, 65–76.

E. Hennecke – W. Schneemelcher (Hg.), Neutestamentliche Apokryphen in deutscher Übersetzung. I. Bd.: Evangelien. Tübingen [5]1987; II. Bd.: Apostolisches, Apokalypsen und Verwandtes. Tübingen [5]1971.

J. Knox, Marcion and the New Testament. Chicago 1942.

J. Kürzinger, Schriftenverzeichnis. Hg. von H. Holzbauer. Eichstätt 1983.

A. Läpple, Jesus von Nazaret. Kritische Reflexionen. München 1972.

A. Läpple, Von der Exegese zur Katechese. Werkbuch zur Bibel (Neues Testament). Bd. 3 München [2]1982; Bd. 4 München 1977.

A. Läpple, Außerbiblische Jesusgeschichten. Ein Plädoyer für die Apokryphen. München 1983.

P. Lapide, Ist die Bibel richtig übersetzt? Bd. 1 Gütersloh 1986; Bd. 2 Gütersloh 1994.

G. Lohfink – R. Pesch, Tiefenpsychologie und keine Exegese. Eine Auseinandersetzung mit Eugen Drewermann. Stuttgart 1987.

G. Lüdemann, Ketzer. Die andere Seite des Christentums. Stuttgart 1995.

H. von Mendelssohn, Jesus – Rebell oder Erlöser. Die Geschichte des frühen Christentums. München 1987.

K. H. Ohlig, Woher nimmt die Bibel ihre Autorität? Zum Verhältnis von Schriftkanon, Kirche und Jesus. Düsseldorf 1970.

O. Paret, Die Bibel. Ihre Überlieferung in Druck und Schrift. Stuttgart [2]1950.

A. Paus (Hg.), Die Frage nach Jesus. Graz – Wien – Köln 1973.

L. A. Schökel, Sprache Gottes und der Menschen. Düsseldorf 1968.

K. Schubert (Hg.), Der historische Jesus und der Christus unseres Glaubens. Wien 1962.

O. Schwankl, Auf der Suche nach dem Anfang des Evangeliums. In: Biblische Zeitschrift NF 40 (1996) 39–60.

G. Stachel, Die neue Hermeneutik. Ein Überblick. München 1968.

W. Trilling, Fragen zur Geschichtlichkeit Jesu. Düsseldorf [2]1967.

H. Vogels, Handbuch der Textkritik des Neuen Testaments. Bonn [2]1955.

E. Weidinger, Die Apokryphen. Die verborgenen Bücher der Bibel. Augsburg 1988.

M. Wise – M. Abegg – E. Cook, Die Schriftrollen von Qumran. Übersetzung und Kommentar. Hrsg. von A. Läpple. Augsburg [2]1997.

Lebensanfang

3. Die Geburt Jesu

Der in Betlehem Geborene wurde erstaunlicherweise Jesus von Nazaret genannt. Es scheint in Betlehem jede Erinnerungsspur an ein Baby namens Jesus verlorengegangen zu sein. Selbst die Hirten von den Fluren Betlehems (Lk 2,8) tauchen im späteren Leben Jesu nicht auf. Keiner der Hirten erinnerte sich beim späteren Auftreten Jesu, dieser war es, der vor einigen Jahrzehnten in einer unvergesslichen Nacht von ihnen in einem Stall aufgefunden wurde. Es ist auffallend, dass im Leben Jesu niemand aufgetreten ist, der sich auf Erstbegegnungen berufen hat.

Als Jesus mit ungefähr 30 Jahren (Lk 3,23) aus der Anonymität von Nazaret auf die politische und religiöse Bühne Palästinas trat, gab es keine einzige Rückmeldung über Erlebnisse seiner Geburt oder seiner ersten Kinderjahre. Kein Vater, keine Mutter beklagte später die Ermordung eines Sohnes durch die Häscher des Königs Herodes des Großen (37–4 v. Chr.) anlässlich einer rätselhaften Tötungsaktion „aller Knaben bis zum Alter von zwei Jahren" (Mt 2,16), als in einem neugeborenen Baby ein gefährlicher Kronprätendent vermutet wurde. Geburt und Kindheit Jesu waren vollkommen ausgeblendet, unbekannt, bedeutungslos.

Auch in der nachösterlich-nachpfingstlichen Anfangszeit haben die Geburt Jesu und die besonderen Umstände seiner biologischen Entstehung wie auch seiner Herkunft aus einem ganz bestimmten Stamm des Volkes Israel keine Rolle gespielt. Diese scheinbare Interesselosigkeit am Beginn des Lebens Jesu hat unübersehbar ein literarisches Vakuum bei der Schriftwerdung der mündlichen Jesus-Traditionen hinterlassen. Das älteste der vier Evangelien des Neuen Testaments, nämlich das um 65 n. Chr. niedergeschriebene Markus-Evangelium, spiegelt diese Überlieferung eindeutig wieder. Es hat keine Kindheitsgeschichte Jesu.

Es muss sehr heftige Gründe gegeben haben, die Geburt- und Kindheitsgeschichte Jesu ins Zentrum des urchristlichen Interesses zu rücken. In judenchristlichen Kreisen drängte sich die Frage auf: Aus welchem der zwölf jüdischen Stämme kam Jesus? Gibt es eine Genealogie Jesu, die seine geschichtlich-biologische Herkunft und seine Verwurzelung im jüdischen Volk belegt? Dazu kamen Provokationen als Auslösemomente aus einer ganz anderen Richtung, nämlich antichristliche Attacken und Verdächtigungen der jüdischen Synagoge wegen der Verdunklung der Herkunft Jesu, wegen der Geheimnistuerei um die Mutterschaft Marias und um den „Pflegevater" Josef.

Es fällt auf, dass in der Vorgeschichte des Matthäus-Evangeliums ein Satz zu lesen ist, der offensichtlich eine ganz bestimmte Intention hat, nämlich gegenüber irritierenden und verleumderischen Klatschgeschichten klipp und klar die Wahrheit mitzuteilen, wenn es heisst: „Mit der Geburt Jesu Christi war es so"

(Mt 1,18) und nicht so, wie da und dort hinter vorgehaltener Hand gemunkelt wird. Die verantwortlichen Leiter der palästinensischen Christengemeinden mussten die Wahrheit sagen, wenn sie nicht mitschuldig werden wollten an der Unglaubwürdigkeit Jesu und seiner Gemeinde. Man brauchte für diese wichtige Aufgabe der Offenlegung nicht um Sonderoffenbarungen zu beten. Die wichtigste Informantin über die bisher nicht bekannten Ereignisse der Geburt und Kindheit Jesu lebte ja noch – Maria, die Mutter Jesu.

Es muss in den letzten Jahrzehnten des apostolischen Zeitalters die Frage nach der Geburt Jesu so herausfordernd gewesen sein, dass eine Verkündigung über Jesus nicht mehr mit dem Auftreten des Täufers Johannes und mit der öffentlichen Wirksamkeit beginnen konnte. Christen und auch Nichtchristen wollten mehr über Jesus erfahren. Es musste der bisher bekannten Jesus-Geschichte eine „Vorgeschichte" über die Geburt und Kindheit Jesu vorgeschaltet werden.

Die beiden zeitlich nach dem Markus-Evangelium (aufgezeichnet vor 70 n. Chr. – Umfang 661 Verse) niedergeschriebenen Evangelien nach Matthäus (aufgezeichnet um 80 n. Chr. – Umfang 1068 Verse) und nach Lukas (aufgezeichnet um 85 n. Chr. – Umfang 1149 Verse) haben daher der bisherigen Geschichte Jesu eine notwendig gewordene „Vorgeschichte" vorgeschaltet. Jeder dieser beiden Evangelisten hat einer anderen Quelle und Tradition das literarische Material entnommen, denn die Vorgeschichte des Matthäus-Evangeliums besitzt eine josefinische, die des Lukas-Evangeliums eher eine marianische Akzentuierung.

Übersicht

Matthäus		Lukas	
1,1-17	Stammbaum Jesu	(3,23-28	Stammbaum Jesu)
		1,26-28	Verkündigung der Geburt Jesu
		1,39-56	Besuch Marias bei Elisabet
1,18-25	Josef und das Geheimnis der Geburt Jesu		
		2,1-7	Geburt Jesu
		2,8-20	Verkündigung an die Hirten
		2,21-38	Beschneidung und Darstellung Jesu im Tempel
2,1-12	Huldigung der Weisen aus dem Morgenland		
2,13-15	Flucht nach Ägypten		
2,16-18	Kindermord		
		2,39-40	Rückkehr nach Nazaret
2,19-23	Rückkehr nach Nazaret		
		2,41-52	Der zwölfjährige Jesus im Tempel

Robert Morgenthaler konnte nach wortstatistischen Untersuchungen feststellen, „daß Lukas in den beiden ersten Kapiteln seines Evangeliums (= Vorgeschichte) eine andere Quelle verwendet als in den Kapiteln 3 bis 24". Auf eine längere und intensive Reflexionsphase weisen hin die vielen eingestreuten alttestamentlichen Zitate, die sich in den Vorgeschichten nach Matthäus und Lukas entdecken lassen. Außerdem lässt sich gerade in den christologischen Hoheitstiteln eine deutlich gereifte Präzisierung und vereinzelt, so beispielsweise in Lk 2,11, sogar eine bewusst gewollte Konzentration feststellen: Retter (sotér) – Messias (christós) – Herr (kyrios).

In den neutestamentlichen Geburtsgeschichten finden sich historische Aussagen vernäht mit ihren Deutungen. Gegenwart wird verkündet als Ziel und Erfüllung der Vergangenheit (= messianischer Weissagungen des Alten Testaments). Das Heilsereignis der Menschwerdung des Gottessohnes wird außerdem in der Dimension seiner futurischen Konsequenzen gesehen. Durch die Fenster der Geburtsgeschichte leuchten die Konturen zukünftiger Geschehnisse, vor allem seiner Leidensgeschichte: „... er wird ein Zeichen sein, dem widersprochen wird" (Lk 2,34). Selbst Maria wird in ihrer Rolle als Schmerzensmutter (mater dolorosa) gesehen, denn ihr „wird ein Schwert durch die Seele dringen" (Lk 2,35).

♦ Dann kommt der Gesandte des Herrn

Einst – wenn Romas Bann auch über Ägypten gebietet,
Rom und Ägypten regiert: dann wird das größte der Reiche
unter den Menschen erstehn: das Reich des unsterblichen Königs!
Sieh, dann kommt der Gesandte des Herrn, der die Lande der Erde
alle beherrscht, allzeit, wie auch die Jahre verrinnen.“[1]

Drittes jüdisches Sibyllenbuch (um 35 v. Chr.)

♦ Die Jungfrau steigt hernieder

Die letzte Zeit ist's der Sibyllenlieder:
Ein neues Weltjahr weist der Sterne Stand –
das Jahr Saturns: die Jungfrau steigt hernieder,
ein Knabe bringt, aus Himmelshöhn gesandt,
der Welt von Eisen gold'ne Zeiten wieder.
Lucina, keusche, hilf mit linder Hand –
er drängt zum Licht, am Himmel ward uns Kunde:
Sieh, dein Apoll regiert die Weltenstunde!
(...)
Sieh, wie alles sich freut
des kommenden Weltenjahrhunderts!“[2]

Publius Vergilius Maro (70–19 v. Chr.)

---

[1] Das dritte jüdische Sibyllenbuch enthält Texte aus unterschiedlichen Epochen; die ältesten dürften aus der Zeit des Ptolemäus VII. Euergetes II. (147–117 v. Chr.) stammen. Der zitierte Text (Vers 46–50) dürfte in der Zeit um 35 v. Chr. aufgezeichnet worden sein. Vgl. P. Rießler, Altjüdisches Schrifttum außerhalb der Bibel. Übersetzt und erläutert. Augsburg 1928, 1015.

[2] Der römische Dichter Vergil hat in der 4. Ekloge (Ecl. 4,4ff.) seiner Bucolica ein Hirtenlied vorgelegt, in dem er nach jahrzehntelangen Bürgerkriegen die Sehnsucht nach der Pax Romana, nach einem Friedensfürsten ausgesprochen hat. Vielleicht dachte er an das Kind der Oktavia (40 v. Chr.) von ihrem verstorbenen Gatten. „Vergil war kein Prophet wie Isaias, er hat nicht die Geburt des Heilandes prophezeit ... Aber er hat einen mythischen Stoff gestaltet, der Beziehung zur ewigen Wahrheit der Engel und Erzväter und Propheten hatte ... Er war ein Auserwählter, zu Christus hin ... ein adventistischer Heide“ (Theodor Haecker). Vgl. Th. Haecker, Vergil. Vater des Abendlandes. München [5]1947; O. B. Roegele, Die Botschaft des Vergil. Heidelberg 1947.

♦ Mit der Geburt des Kaisers beginnt …

„Mit der Epiphanie (Geburt) des Kaisers (Augustus) sind die Hoffnungen (und Gebete) der Vorzeit überschwenglich erfüllt. Denn er hat nicht nur die Segensbringer, die vor ihm waren, in den Schatten gestellt, sondern auch den kommenden Segensbringern alle Aussicht genommen, ihn zu übertreffen. Für den Kosmos aber begann mit dem Geburtstag des Gottes (Augustus) die Reihe der Evangelienfeste, die ihm zu Ehren gefeiert werden.“[3]

Beschluss des Landtages von Asia in Smyrna (23. September 9 v. Chr.)

♦ Ein Säugling ist kein Gott

„Ein in Windeln gewickelter Säugling ist kein Gott, den ich anbeten kann.“[4]

Markion (85–160)

♦ Eine gewaltige Kraft kam vom Himmel

„Als Christus auf die Erde zu den Menschen kommen wollte, erwählte der Vatergott eine gewaltige Kraft im Himmel, die Michael hieß, und vertraute Christus ihrer Fürsorge an. Und die Kraft kam

---

[3] Auf Antrag des Statthalters von Asia (Kleinasien), Paulus Fabius Maximus, hat der Landtag von Asia diesen Beschluss gefasst. Der Geburtstag des Kaisers Oktavian (23. September), der 30 v. Chr. bis 14 n. Chr. regierte, sollte zur zeitlichen Markierung der Menschheitsgeschichte erhoben werden. Bereits 29 v. Chr. hat der römische Senat den 34jährigen Kaiser Oktavian in die Liste der Nationalgötter aufgenommen. Vgl. dazu E. Stauffer, Jerusalem und Rom im Zeitalter Jesu. Bern 1957, 31 (Zitat aus dieser Stelle).

[4] Markion, aus Sinope (Kleinasien) stammend, hat sich von seinem gnostisch-leibfeindlichen Standpunkt aus entschieden gegen die Menschwerdung und Menschheit Jesu gewendet. Durch „sein“ um 140 n. Chr. veröffentlichtes Neues Testament, das auf Grund seiner leibfeindlichen und antijüdischen Tendenzen massiv eingegrenzt war, zwang er die Kirche zur Klärung eines kritischen Kanonprinzips. Vgl. A. von Harnack, Markion. Das Evangelium vom fremden Gott. Leipzig ^{2}1924.

in die Welt, und sie wurde Maria genannt, und Christus war sieben Monate in ihrem Leibe."[5]

Hebräer-Evangelium (Anfang des 2. Jahrhunderts)

Die Geburt Jesu

Es ging ein Befehl aus vom Kaiser Augustus, alle Einwohner Betlehems in Judäa aufzuschreiben. Josef sprach: ‚Ich werde meine Söhne aufschreiben lassen, aber was soll ich mit dieser Jungfrau anfangen? Wie soll ich sie aufschreiben lassen? Als meine Frau? Da müßte ich mich schämen. Oder als meine Tochter? Aber es ist ja bei allen Kindern Israels bekannt, daß sie nicht meine Tochter ist. Doch am Tage des Herrn wird es geschehen, wie Gott will.'

Er sattelte seine Eselin und ließ Maria aufsitzen; sein Sohn führte das Tier, und er selber schritt hinterdrein. Als sie etwa drei Meilen zurückgelegt hatten, wandte er sich Maria zu. Da sah er sie traurig und sprach bei sich: ‚Vielleicht quält sie, was in ihr ist!' Als er sich ihr abermals zuwandte, sah er sie lachen. Er sprach zu ihr: ‚Maria, was ist nur mit dir, daß dein Gesicht bald lacht und bald traurig ist?' Maria sprach zu Josef: ‚Ich habe zwei Völker vor Augen; das eine weint und beklagt seine Schuld; das andere ist glücklich und jubelt vor Fröhlichkeit.'

Als sie auf halbem Wege waren, sprach Maria: ‚Laß mich von der Eselin steigen, denn das Kind in mir schmerzt mich und will herauskommen.' Da ließ er sie absteigen und sprach zu ihr: ‚Wo soll ich dich hinbringen? Wo soll ich deinen Zustand verbergen? Denn die Gegend ist einsam.'

---

[5] Das Hebräer-Evangelium (Anfang des 2. Jahrhunderts) entstammt griechisch sprechenden Judenchristen Ägyptens. Es liegt heute nur in Bruchstücken vor. Der angeführte Text (Nr. 5) ist ein Zitat, das einer in koptischer Sprache überlieferten Homilie entnommen ist, die Cyrill von Jerusalem (315–386) zugeschrieben wird. Auffallend ist, dass in diesem kurzen Fragment nicht Gabriel (Lk 1,26), sondern Michael als Verkündigungsengel mit der Menschwerdung Jesu in Verbindung gebracht wird. Zitiert aus Hennecke – Schneemelcher, a.a.O. I, 107.

Er fand dort eine Felsenhöhle und führte Maria hinein. Er ließ seinen Sohn bei ihr. Er selber machte sich auf, um eine jüdische Hebamme in der Gegend von Betlehem zu suchen.

Ich aber, Josef, da ich umherging, blieb auf einmal stehen. Ich blickte hinauf in die Luft und sah die Luft erstarrt. Ich blickte empor zum Himmelsgewölbe und sah es stillstehen und die Vögel unbeweglich in ihrem Fluge. Ich schaute auf den Boden, sah einen Backtrog und Arbeiter nach vorn geneigt, die Hände im Backtrog: denn jene, die kneteten, hatten mit dem Kneten aufgehört, jene, die den Teig rührten, hatten mit dem Rühren aufgehört, jene, die ihn zum Munde führen wollten, brachten ihn nicht zum Munde, und alle blickten nach oben.

Und siehe, Schafe, die des Weges zogen, kamen nicht vorwärts. Der Hirte, der seinen Stab erhoben hatte, um sie zu schlagen, blieb mit der Hand in der Luft. Als ich auf den Fluß schaute, sah ich Böcke beim Trinken, denen das Maul offen blieb und die nicht mehr tranken. Dann aber nahm auf einmal alles wieder seinen Lauf.

Doch siehe, da kam eine Frau vom Berg herab und sprach zu mir: ‚Mann, wohin eilst du?' Ich antwortete: ‚Ich suche eine jüdische Hebamme.' Sie sprach zu mir: ‚Bist du von Israel?' Ich antwortete: ‚Ja.' Sie sprach wiederum: ‚Wer ist sie, die in der Höhle niederkommt?' Ich erwiderte: ‚Meine Braut.' Da fragte sie: ‚Ist sie nicht deine Frau?' Ich sprach zu ihr: ‚Es ist Maria, die im Tempel des Herrn aufgezogen wurde, und die man mir durch Losentscheid als Gattin gab, doch ist sie nicht meine Frau; sie hat vom Heiligen Geist empfangen.' Die Hebamme fragte: ‚Sprichst du die Wahrheit?' Ich antwortete: ‚Komm und sieh!' Da ging die Hebamme mit Josef.

Sie hielten an vor der Höhle, und siehe, eine lichte Wolke verhüllte sie. Da rief die Hebamme aus: ‚Heute ist meine Seele überglücklich, denn meine Augen haben Wunderbares gesehen: Das Heil ist Israel geboren!' Plötzlich war die Wolke über der Höhle verschwunden und es erschien ein so mächtiges Licht, daß Augen es nicht ertragen konnten. Dann entschwand dieses Licht langsam, bis das Kind sichtbar wurde und die Brust seiner Mutter Maria nahm. Die Hebamme rief aus: ‚Das ist ein großer Tag für mich, denn ich habe ein wirkliches Wunder gesehen!'" (17,1–19,2)[6]

Jakobus-Evangelium (um 150 n. Chr.)

♦ Jesus (Isa), der Sohn der Maria

Und es überkamen sie (Maria) die Wehen der Geburt am Fuße eines Palmenstammes. Sie sprach: ‚Was bin ich nicht vor diesem gestorben! Und was bin ich nicht ein Geschöpf geblieben von wenig Wert, das man vergißt!' / Und es rief sie von unter ihr jemand an: ‚O, verfalle nicht in Trauer! Gott hat zu deinen Füßen ein Bächlein fließen lassen; / und schüttele nur den Stamm des Palmbaumes, so werden erfrischende und reife Datteln auf dich herniederfallen. / So iß und trink und sei kühlen Auges, und wenn du einen der Menschen siehst, so sprich: Ich habe dem Herrn ein Fasten gelobt, deshalb werde ich heute auch zu niemandem reden.'

Und sie ging zu den Ihren, ihn tragend. Diese sprachen: ‚O Maria, du hast da etwas Abscheuliches getan. O Schwester Aarons, dein Vater war kein lasterhafter Mann, und deine Mutter war nicht unzüchtig …' / Und sie verwies auf ihn. Sie sprachen: ‚Wie sollen wir mit dem reden, der da in der Wiege liegt und noch ein Neugeborener ist?' / Er sprach: ‚Ich bin der Diener des Herrn. Er hat mir das Heilige Buch gegeben und mich zum Propheten gemacht. / Er hat mich als einen Gebenedeiten erschaffen, wo ich auch immer sei. Er hat mir Gebet und Reinheit anbefohlen, solange ich lebe. / Und lieb zu meiner Mutter / hat er mich gemacht, und

[6] Das Jakobus-Evangelium, präziser auch bezeichnet als „Proto-Evangelium des Jakobus" (Mitte des 2. Jahrhunderts entstanden), setzt die beiden kanonischen Kindheitserzählungen nach Matthäus und Lukas voraus, erwähnt aber, dass Josef bei der Wanderung nach Betlehem von seinen Söhnen (aus erster Ehe?) begleitet wurde. Kanonisch unbekannt ist der Bericht über die „kosmische Stille" (18,2ff.) in der Geburtsnacht, den Josef selbst in der Ichform erzählt.

nicht zum hoffärtigen Tyrannen. / Und Frieden dem Tage meiner Geburt und dem Tage, da ich sterbe, und dem Tage, da ich auferstehen werde zum Leben.‘

Dies ist Jesus, Sohn der Maria, Wort der Wahrheit, dessentwegen sie in Streit sind. Nicht steht es Allah an, jemand zum Sohn zu nehmen. Preis Ihm! Wenn er etwas beschließt, so spricht er: ‚Es sei!‘ Und es ist“ (Sure 19, Vers 24–35, „Maryam“).[7]

Koran (um 650)

♦ Ochs und Esel an der Krippe

Am dritten Tage nach der Geburt unseres Herrn Jesus Christus verließ Maria die Höhle. Sie ging in einen Stall, legte das Kind in eine Krippe, und Ochs und Esel beteten es an. So wurde das Wort des Propheten Jesaja erfüllt: ‚Der Ochs kennt seinen Herrn, der Esel die Krippe seines Besitzers.‘ Beide hatten das Kind zwischen sich und beteten es ständig an. So wurde das Wort des Propheten Habakuk erfüllt: ‚Zwischen zwei Tieren wirst du dich offenbaren‘“ (14. Kapitel).[8]

Pseudo-Matthäus-Evangelium (8./9. Jahrhundert)

---

[7] Der Koran enthält die Offenbarungen, die Mohammed (569–622) erhalten hat und die nach seinem Tod, angeregt durch seinen ersten Nachfolger in der Leitung der jungen islamischen Gemeinde, Kalif Abu Bekr (632–634), aufgezeichnet und später durch den dritten Kalifen Othman (644–656) endgültig redigiert und kodifiziert wurden. Der Koran enthält 114 Suren mit unterschiedlichen Längen. Jesu (Isa) wird in 15 Suren des Koran erwähnt. Insgesamt sind es 93 Verse, die ihm gewidmet sind. Ausführlich wird in Sure 19 mit der Überschrift „Maryam“ (= die Dienende) von der Geburt Jesu aus Maria gesprochen. Der Koran verteidigt den guten Ruf Marias gegen die Juden, „die nicht an Jesus glaubten und die gegen Maria große Lästerungen ausgestoßen haben“ (Sure 4,157). Vgl. C. Schedl, Muhammed und Jesus. Die christologisch relevanten Texte des Koran. Neu übersetzt und erklärt. Wien – Freiburg – Basel 1978.

[8] Das Pseudo-Matthäus-Evangelium (sein Verfasser wurde lange Zeit mit dem des kanonischen Matthäus-Evangeliums gleichgesetzt) entstand wohl um das 8./9. Jahrhundert. Seine Aussagen haben ein erhebliches Echo in Volksfrömmigkeit, Literatur und Kunst gehabt.

Die heilige Maid Maria

Da war von Romaburg des reichen Herrschers
über all dies Erdenvolk, Oktavians,
Bann und Botschaft über sein breites Reich
gekommen, von dem Kaiser zu den Königen allen,
die da herrschten in der Heimat,
soweit seine Herzoge dort über die Lande alle der Leute walteten.
Man hieß die Ausheimischen alle zu ihrem Odal ziehen,
jeden Helden zu seinem Handgemale, vor seines Herren Boten
zu der Sippe sich gesellen, deren Sohn er wäre,
geboren von dieser Burg. Das Gebot ward verkündet
über diese weite Welt: es wallte das Volk
alsbald zu all den Burgen. Es zogen die Boten überall,
die von dem Kaiser dorthin gekommen waren,
schriftkluge Leute. Sie schrieben in eine Liste
gar sorgsames Sinnes sämtliche Namen,
Land wie Leute, daß es nicht gelänge einem Mann,
zu entziehen den Zins, wie er ihn zahlen sollte,
jeder Held von seinem Haupte. Da zog mit seinem Hausstand auch
Joseph, der gute, wie es Gott in seiner Macht,
der waltende, wollte, suchte die weitglänzende,
die Burg zu Bethlehem, wo sie beide hatten,
der Held, sein Handgemale, und auch die heilige Maid,
Maria, die gute. Dort war des Mächtigen Stuhl
in alten Tagen, des Adelskönigs,
Davids, des hehren, solange er die Herrschaft dort,
der edle, unter den Ebräern zu eigen hatte,
seinen Hochsitz hielt. Seinem Hause waren sie,
seinem Stamm entsprossen, der stolzen Sippe,
die Hausgenossen beide. Da erfuhr ich, daß sie die hehren Fügungen,
Maria, gemahnten und die Macht Gottes:
ihr werde auf dem Wege gewonnen ein Sohn
in Bethlehems Burg, geboren als stärkster,
aller Könige kräftigster, gekommen als ein herrlicher,
mächtig zur Menschenwelt, wie vor manchen Tagen
Vorzeichen waren und viele Verheißungen

geworden in dieser Welt. Nun ward alles zur Wahrheit so,
wie es wissende Männer geweissagt hatten,
mit welcher Demut er in diese Welt
durch seine eigne Kraft kommen wollte,
der Menschen Muntwalt. Die Mutter nahm ihn,
umwickelte ihn mit Gewanden, der Weiber schönstes,
mit herrlichem Schmucke; und mit ihren Händen beiden
legte sie sorglich den geliebten Sohn,
das Kind in eine Krippe. Doch er hatte die Kraft Gottes,
der Menschen König. Da saß die Mutter vor ihm,
das wachende Weib: sie wartete selber
das heilige Kind. Nicht war im Herzen ihr Zweifel,
der Magd in ihrem Mute" (v. 339–386).[9]

Heliand (9. Jahrhundert)

♦ Wunder über Wunder

„... willst auch du erleuchtet und warm werden,
so daß dein Herz erbrennt und andächtig und fröhlich werde,
so gehe hin zur Krippe,
wo du stille seist,
und das Bild dir tief ins Herz fassest.
DANN WIRST DU FINDEN WUNDER ÜBER WUNDER."[10]

Martin Luther (1483–1546)

---

[9] Heliand ist eine in altsächsischen Stabreimversen überlieferte Bibeldichtung des 9. Jahrhunderts. Von ihrem Entdecker und ersten Herausgeber Johann Andreas Schmeller (1785–1878) wurde sie „Heliand" (1830) genannt. Bezeichnend ist die mutige Eindeutschung, wenn etwa der Sitz des römischen Kaisers „Romaburg" (v. 399) und jede Stadt, jedes Dorf (wie Bethlehem) als „Burg" bezeichnet wird. „Odal" (v. 359) ist Erbhof, Stammgut; „Handgemale" (v. 360) ist Erbbesitz, wo der Gerichtssitz ist. Auffallend ist die genauere Angabe des römischen Kaisers Oktavian (v. 340) gegenüber Augustus (Lk 2,1). Maria wird genannt „die heilige Maid" (v. 360), der neugeborene Jesus wird gerühmt als „stärkster, aller Könige kräftigster" (v. 370/71). Vgl. dazu W. Huber, Heliand und Matthäusexegese. München 1967; J. Rathofer, Der Heliand. Theologischer Sinn als tektonische Form. Köln 1961. Die zitierten Verse sind entnommen: Heliand und Bruchstücke der Genesis. Stuttgart 1989, 13f.

♦ Ein lebendiges, himmlisch anmutendes Geschöpf

Das Kind liegt in der Krippe,
die Tiere schauen hinein, verwundert,
statt ihres trockenen Futters
ein lebendiges, himmlisch anmutendes
Geschöpf zu finden.
Engel verehren den Ankömmling,
die Mutter sitzt still dabei;
St. Joseph aber sitzt abgewendet
und kehrt unmutig den Kopf
nach der wunderbaren Szene."[11]

Johann Wolfgang von Goethe (1749–1832)

♦ Der größte und bedeutungsvollste Anthropomorphismus

Man eifert so sehr gegen Anthropomorphismen und erinnert sich nicht, daß Christi Geburt der größte und bedeutungsvollste ist."[12]

Sören Kierkegaard (1813–1855)

---

10 Der Blick Martin Luthers geht eindeutig auf das Jesuskind in der Krippe, die anderen Gestalten, Maria und Josef, stehen deutlich im Hintergrund seiner Betrachtung. Vgl. zur Marienfrömmigkeit Luthers (WA 7, 544ff.) M. Luther, Das Magnifikat. Mit einer Einführung von A. Brandenburg (Herder-Bücherei 175); H. Düfel, Luthers Stellung zur Marienverehrung. Göttingen 1968.

11 In der Geburtsschilderung Goethes mischen sich biblische mit apokryphen Überlieferungen. Die am Rand des Geschehens stehende Gestalt des „unmutigen" Joseph hat eine eigenständige, aber doch ähnliche Schilderung erhalten durch Rainer Maria Rilke in seinem Werk „Das Marien-Leben" (siehe den Rilke-Text in Kapitel 5. Jesus und Josef).

12 Sören Kierkegaard, Die Tagebücher 1834–1855. Auswahl und Übertragung von Theodor Haecker. Leipzig ^{2}1941, 82 (Eintragung am 15. Juli 1837). Anthropomorphismus bedeutet Vermenschlichung Gottes. Vgl. H. M. Kuitert, Gott in Menschengestalt. Eine dogmatisch-hermeneutische Studie über die Anthropomorphismen der Bibel. München 1967.

♦ Jesus, Hülle des Christus

In Jesus trat der Christus als Mensch in die Erdenwelt. Jesu Geburt auf Erden ist eine Wirkung des Heiligen Geistes, der, um die Sündenkrankheit an dem Leiblichen der Menschheit geistig zu heilen, den Sohn der Maria zur Hülle des Christus bereitete.

Der Christus-Jesus hat unter Pontius Pilatus den Kreuzestod erlitten und ist in das Grab der Erde versenkt worden. Im Tode wurde er der Beistand der verstorbenen Seelen, die ihr göttliches Sein verloren hatten. Dann überwand er den Tod in dreien Tagen.

Er ist seit dieser Zeit der Herr der Himmelskräfte auf Erden und lebt als Vollführer der väterlichen Taten des Weltengrundes. Er wird sich einst einen zum Weltenfortgang mit denen, die er durch ihr Verhalten dem Tode der Materie entreißen kann. Durch ihn kann der heilende Geist wirken. Gemeinschaften, deren Glieder den Christus in sich fühlen, dürfen sich vereinigt fühlen in einer Kirche, der alle angehören, die die heilbringende Macht des Christus empfinden. Sie dürfen hoffen auf das Fortbestehen des Menschenwesens und auf ein Erhalten ihres für die Ewigkeit bestimmten Lebens.“[13]

Christusverständnis der anthroposophischen Christengemeinschaft

♦ Dies sollst du dir merken …

Dies sollst du dir merken,
denn es ist so wahr,
wie ich dich sehe und du mich siehst.
Nicht auf Lichter und Lampen kommt es an,
und es liegt nicht an Mond und Sonne,

[13] Zitiert aus: K. Hutten, Seher – Grübler – Enthusiasten. Sekten und religiöse Sondergemeinschaften. Stuttgart 1953, 288.

sondern was not tut, ist, daß wir Augen haben,
die Gottes Herrlichkeit sehen können."[14]

Selma Lagerlöf (1858–1940)

♦ Sie erschracken beide

Nicht, daß er eintrat, aber daß er dicht,
der Engel, eines Jünglings Angesicht
so zu ihr neigte, daß sein Blick und der,
mit dem sie aufsah, so zusammenschlugen,
als wäre draußen plötzlich alles leer
und, was Millionen schauten, trieben, trugen,
hineingedrängt in sie: nur sie und er;
Schaun und Geschautes, Aug und Augenweide
sonst nirgends als an dieser Stelle –: sieh,
dieses erschreckt. Und sie erschracken beide.
Dann sang der Engel seine Melodie".[15]

Rainer Maria Rilke (1875–1926)

Die Wende der vorchristlichen zur nachchristlichen Zeit war im abendländisch-antiken Raum eine Epoche hochgespannter Zukunftshoffnungen, die sich in der politischen wie in der religiösen Dimension, in den führenden Schichten wie auch beim einfachen Volk markant abzeichneten (siehe die Texte des Sibyllenbuches und des römischen Dichters Vergil, gewiss auch den Landtagsbeschluss von Smyrna vom 23. September des Jahres 9 v. Chr.).

„Ein Urpostulat der antiken Religionen ist das Verlangen nach der Menschwerdung Gottes. Die antike Reichsmetaphysik verkündet: Dies Postulat ist erfüllt" (E. Stauffer, Jerusalem und Rom im Zeitalter Jesu Christi. Bern 1957,

[14] S. Lagerlöf, Die Heilige Nacht. In: S. Lagerlöf, Christuslegenden. München 1949.
[15] Aus: Das Marien-Leben (geschrieben 1912, erschienen im Juni 1913). In einem „Weltinnenraum" wird das Gnadenereignis (Lk 1,26–38) zu einem Tête-à-Tête unter vier Augen zwischen dem unbekannten Engel als Jüngling und Maria.

20). Nach einem „Eisernen Weltjahr" (Vergil) wird, freudig begrüßt, ein „Goldenes Weltjahrhundert" mit der Geburt des Kaisers als Weltenheiland und Friedensfürst kommen.

Völlig unabhängig von diesen römisch-politischen Erwartungen gab es im Brennpunkt dieser fiebrig-nervösen Achsenzeit im Volk Israel alttestamentlich-messianische Weissagungen, die in religiösen Sondergruppen wie den Essenermönchen mit heißen Herzen gelesen wurden: Qumran – Zentrum und Praktikum der orthodox-jüdischen Heilserwartung. Selbst der jüdische König Herodes der Große (37–4 v. Chr.) wurde mit der Frage konfrontiert: „Wo ist der neugeborene König der Juden? Wir haben seinen Stern im Morgenland gesehen und sind gekommen, ihn anzubeten" (Mt 2,1-2).

In der Spätphase des apostolischen Zeitalters, in der die Geburtsgeschichte Jesu in die urchristliche Reflexion geriet, waren die hochgesteckten, römisch-politischen Erwartungen bereits merklich abgeklungen, desillusioniert. Sie waren kein brauchbares Interpretationsraster, kein literarisches Paradigma für die Darstellung und Deutung der Geburt Jesu. Es drängten sich ganz andere Darstellungs- und Deutungsmuster, nämlich aus dem Alten Testament auf, die für die Verkündigung und vor allem für die schriftliche Formulierung des Lebensbeginns Jesu bereits zur Verfügung standen. Die politische und auch religiöse Entwicklung war bereits so weit vorangeschritten und abgeklärt, dass die Alternative: Augustus oder Jesus? (nur für die Bewältigung der apokalyptischen Deutung der Christenverfolgungen!) für die Niederschrift des Christuslebens völlig bedeutungslos geworden war.

Die Völker des Römischen Reiches hatten im „Augusteischen Goldenen Zeitalter" in einem erschütternden Lernprozess erfahren müssen, dass die römischen Kaiser alles andere waren als Götter (Divus Augustus), selbst wenn der römische Senat sie mit dieser Würde heuchlerisch auszeichnete. Ihr Leben und Wirken strotzte von Ehebrüchen und Morden, von Intrigen, Heucheleien und Gemeinheiten, so dass man ihnen mit gutem Gewissen weder die Kniebeuge noch den Weihrauch der Verehrung zollen konnte.

Die Vergottungsfeiern der römischen Kaiser waren eine Farce. Die ursprüngliche Alternative (etwa zur Zeit Vergils): Augustus oder Jesus, hatte keine Zugkraft mehr. Wissenswert war und blieb die Frage: Ist vielleicht Jesus – wenn auch völlig anders – der einzige Weltenheiland, der richtige Friedensfürst? Die neutestamentliche Geburtsgeschichte nach Matthäus und Lukas ist alles andere als ein konkurrierender Abklatsch der römischen Kaisertheologie und Kaiserliturgie. Die Geburtsgeschichte Jesu ist gewiss in den geschichtlichen Horizont des Römischen Reiches (Lk 2,1) eingefügt. Es waren die vom Verkündigungsengel auf den Fluren Betlehems (Lk 2,11) ausgesprochenen Hinweise „Retter" (sotér) und „Herr" (kyrios) gewiss Hoheitstitel der römischen Kaiser. Aber die Zeit einer möglichen Konfrontation war längst vorbei.

Die Motivation, vor allem die Argumentation in den beiden Geburtsgeschichten nach Matthäus und Lukas mit einer Überfülle alttestamentlicher Zitate, zeigt ebenso die Distanz zu den römischen Kaisern wie das Fehlen jedes

Vergleichsansatzes mit den römischen Kaisern. Die neutestamentliche Geburts- und Vorgeschichte Jesu ist alles andere als eine Konkurrenzgeschichte zur Geburtsgeschichte der römischen Kaiser. Ihr unverwechselbares Flair, ihre geistes- und religionsgeschichtliche Atmosphäre sind das Alte Testament und seine messianischen Weissagungen.

Es ist unserer Zeit vorbehalten gewesen, eine (um es milde auszudrücken) ganz neue, ungewohnte, von nicht wenigen als „verrückt" empfundene Variante der Geburtsgeschichte vorzulegen. Ein gewaltiger Sturm des bibeltheologischen Feminismus hat die Geburtsgeschichte Jesu in Bewegung und gründlich durcheinander gebracht.

Der erstgeborene, in Windeln gewickelte und in einer Krippe liegende Sohn Marias (Lk 1,31.35; 2.7.11f.) wurde plötzlich als „Christusmädchen in der Krippe" verstanden (Teresa Berger, Vom Christusmädchen in der Krippe und der Frau am Kreuz. In: Stimmen der Zeit 213 (1995) 251–260; vgl. R. Brandt, Die „Frau am Kreuz" – ein Beispiel kontextueller Theologie? In: Stimmen der Zeit 214 (1996) 555–566).

Ausgehend von den neutestamentlichen Aussagen (Phil 2,7f.; Hebr 2,17-18; 4,15), dass der Sohn in seiner Menschwerdung uns in allem gleich geworden ist (die Sünde ausgenommen), wie auch von der kühnen Selbstverständlichkeit internationaler Krippendarstellungen, in denen uns ein Negerbaby oder ein schlitzäugiges Christkind begegnet, glaubte man, nicht nur die Hautfarbe und Rasse, sondern auch das Geschlecht des neugeborenen Jesus unter dem Aspekt der Inkulturation verändern zu können.

Hier werden die Grenzen der Inkulturation überdeutlich sichtbar, die weder das Judesein des geschichtlichen Jesus noch sein Mannsein überspielen darf. Die Kritik am „männlichen Erlöser" in der feministischen Theologie muss die bereits von Anselm von Canterbury (1033–1109) aufgeworfene Frage „Warum ist Gott Mensch geworden?" (Cur deus homo?) weiterbuchstabieren: Warum ist Gott als Mann Mensch geworden? Wie soll aber die Antwort auf die ebenfalls vorgelegte Frage lauten: „Kann ein männlicher Erlöser Frauen befreien?" (Doris Strahm)

Die Antwort hat Gott selbst gegeben: Aus den vielen Erlösungsmöglichkeiten hat Gott eine einzige realisiert. Durch den Mann gewordenen Gott-Menschen ist der göttliche Heils- und Erlösungsplan heilsgeschichtliche Wirklichkeit geworden.

Literatur

O. Betz – T. Schramm, Perlenlied und Thomasevangelium. Texte aus der Frühzeit des Christentums. Zürich – Einsiedeln – Köln 1985.

H. Braun, Jesus. Der Mann aus Nazareth und seine Zeit. Stuttgart – Berlin 1969.

R. Bultmann, Jesus. Tübingen ²1961.
H. Daniel-Rops, Die apokryphen Evangelien des Neuen Testaments. Zürich 1956.
M. Dibelius, Jungfrausohn und Krippenkind. In: Botschaft und Geschichte. Bd. I. Tübingen ⁴1961.
A. Drews, Die Leugnung der Geschichtlichkeit Jesu in Vergangenheit und Gegenwart. Karlsruhe 1926.
G. Erdmann, Die Vorgeschichte des Lukas- und Matthäus-Evangeliums und Vergils vierte Ekloge. Göttingen 1932.
P. Hayek, Le Christ de l'Islam. Paris 1959.
E. Hennecke – W. Schneemelcher (Hg.), Neutestamentliche Apokryphen. I. Bd.: Evangelien. Tübingen 1968.
T. Holtz, Untersuchungen über die alttestamentlichen Zitate bei Lukas. Berlin 1968.
W. Huber, Heliand und Matthäusexegese. München 1967.
J. Jeremias, Unbekannte Jesusworte. Gütersloh ⁴1965.
P. J. Jomier, Bible et Coran. Paris 1959.
W. G. Kümmel, Jesusforschung seit 1950. In: Theologische Rundschau 31 (1966) 15–46.
W. G. Kümmel, Das Neue Testament im 20. Jahrhundert. Ein Forschungsbericht. Stuttgart 1970.
A. Läpple, Außerbiblische Jesusgeschichten. Ein Plädoyer für die Apokryphen. München 1983.
J. Leipoldt – W. Grundmann, Umwelt des Christentums. Bd. I: Darstellung des neutestamentlichen Zeitalters. Berlin ²1967; Bd. II: Texte zum neutestamentlichen Zeitalter. Berlin ²1970; Bd. III: Bilder zum neutestamentlichen Zeitalter. Berlin ²1967.
R. Morgenthaler, Statistik des neutestamentlichen Wortschatzes. Frankfurt/M. 1958.
E. Pagels, Versuchung durch Erkenntnis. Die gnostischen Evangelien. Frankfurt/M. 1987.
R. Pesch, Leben-Jesu-Forschung. In: Sacramentum Mundi III (1969) 168–173.
M. Rese, Alttestamentliche Motive in der Christologie des Lukas. Gütersloh 1969.
J. Roloff, Das Kerygma und der irdische Jesus. Historische Motive in den Jesus-Erzählungen der Evangelien. Göttingen 1970.
K. Schubert (Hg.), Der historische Jesus und der Christus des Glaubens. Wien – Freiburg – Basel 1962.
E. Stauffer, Jerusalem und Rom im Zeitalter Jesu Christi. Bern 1957.
E. Stauffer, Jesus. Gestalt und Geschichte. Bern 1957.
E. Weidinger, Die Apokryphen. Verborgene Bücher der Bibel. Augsburg 1988.

4. Jesus und Maria

Das Thema „Jesus und Maria" hat – solange sich Menschen in Zeit und Raum damit beschäftigen – eine unendliche Geschichte. Es ist ein Reiz- und Streitthema, das auch bei Frommen für beträchtliche Unruhe und Unsicherheit sorgt. Warum muss alles so kompliziert, so ungewohnt und legendär sein und auch außerhalb jener Möglichkeiten liegen, die der Schöpfer-Gott selbst seiner Schöpfung mitgegeben hat, nämlich in biologisch-zweigeschlechtlicher Kreativität menschliches Leben durch Mann und Frau weiterzugeben? Nur dann wäre für viele das Thema entschärft und annehmbar, wenn man auf das Paradox „jungfräuliche Mutter" wie „Gottesmutter" verzichtete und sich mit „Mutter" zufriedengäbe. Solche und ähnliche Lösungsvorschläge werden nicht erst seit heute zur Streitbeseitigung und Glaubensberuhigung vorgelegt.

Es wird darauf hingewiesen, dass die neutestamentlichen Aussagen keineswegs einheitlich sind, sogar unsicher und widersprüchlich erscheinen. So gibt es neutestamentliche Aussagen, die gegen die Jungfrauengeburt gerichtet scheinen, wenn etwa der Apostel Paulus in seinem 54/57 abgefassten Galaterbrief schreibt, Jesus sei in der Fülle der Zeit „von einer Frau geboren" (Gal 4,4). In keinem seiner Briefe erwähnt Paulus den Namen „Maria" (Mirjam) noch wird von der „Jungfrauschaft" Marias gesprochen.

Eine unscharfe und schwankende Formulierung ist auch in den Kindheitsgeschichten nach Matthäus und Lukas festzustellen. Unbekümmert wird geschrieben von Jesus, dem „Sohn des Zimmermanns" (Mt 13,55; Mk 6,3), dem „Sohn Josefs" (Lk 3,23). Bei der Begegnung mit dem weggelaufenen zwölfjährigen Sohn in Jerusalem nennt Maria selbst Josef im Gespräch mit Jesus „dein Vater" (Lk 2,48).

In den letzten Jahrzehnten des 20. Jahrhunderts hat das Marienbild aufregend neue Akzente erhalten, in denen sozialethische und kirchenkritische Geistesströmungen sichtbar werden. Die lateinamerikanische Befreiungstheologie hat Maria als „Mutter der Armen und Unterdrückten, der Proletarier und Campesinos" auf das Podest gehoben. Als neutestamentlicher Provokations- und Argumentationstext diente das Marienwort aus dem Magnifikat: „... er stürzt die Mächtigen vom Thron und erhöht die Niedrigen" (Lk 1,52). Noch aggressiver ist das Marienverständnis der feministischen Theologie. Hier wird Maria aus der Rolle der „demütigen und gehorsamen Magd" befreit. Maria kämpft gegen die Unterdrückung der Frau, gegen die Männerkirche, gegen die Männertheologie, gegen einen Männergott.

Durch Fragen und Anfragen unserer Zeit ist sicherlich der Horizont der herkömmlichen Mariologie kühn erweitert, verfremdet worden. Was aber an und in und mit Maria geschehen ist, ist letztlich eine Frage an Gott. Viele Fragen werden hier auf Erden keine Antwort erhalten. Da und dort aber soll wenigstens der stammelnde Versuch einer Antwort gewagt werden. Hat nicht Gott selbst angesichts der Fülle von Erlösungsmöglichkeiten sich an sein eigenes Wort, an ein fest zugesagtes Verwirklichungsmodell gebunden und gehalten: „... Seht, die Jungfrau wird ein Kind empfangen, einen Sohn wird sie gebären und ihm den Namen Immanuel geben“ (Jes 7,14; vgl. Gen 17,19; Mt 1,23)?

Wenn Gott wirklich „allmächtig“ ist und wenn das Bekenntnis zum „allmächtigen Gott“ mehr als eine Floskel ist, kann ein solcher allmächtiger Gott ohne Zutun des Mannes (Joh 1,13) und „ohne Samen“ eines Mannes (649 Kirchenversammlung im Lateran/Rom unter Papst Martin I.; Canon 3) Leben in und aus einer Jungfrau ins Dasein rufen.

Die Frage an Gott, den Allmächtigen, wird unversehens zur Anfrage an den Menschen: Glauben wir wirklich an den allmächtigen Gott? Oder möchten wir Gott vorschreiben, wie er die Menschwerdung des Erlöser realisieren darf oder wie es nicht zu geschehen hat? Hier zeigt sich, dass das Marienthema keineswegs ein religiöses Randthema ist. Unlösbar ist es mit Fundamentalfragen des christlichen Glaubens verbunden.

♦ Marias Kindheit im Tempel

Als Maria zweijährig war, sprach Joachim zu Anna: ‚Wir wollen sie hinaufbringen in den Tempel des Herrn, damit wir das Versprechen erfüllen, das wir gegeben haben, und der Herr nicht etwa zu uns sende und unsere Gabe unwillkommen werde!‘ Aber Anna entgegnete: ‚Warte (noch) das dritte Jahr ab, damit das Kind (dann) nicht mehr nach Vater und Mutter begehre.‘ Und Joachim sagte: ‚Einverstanden.‘ Und als das Kind dreijährig geworden war, sagte Joachim: ‚Wir wollen die unbefleckten Töchter der Hebräer rufen, die mögen jede eine Fackel nehmen, und diese sollen brennend sein, auf dass sich das Kind nicht zurückwende und sein Herz nicht vom Tempel des Herrn weggelockt werde!‘ Und er verfuhr in dieser Weise, bis sie hinaufkamen zum Tempel des Herrn. Und der Priester empfing es, küsste und segnete es mit den Worten: ‚Der Herr hat deinen Namen groß gemacht unter allen Geschlechtern; an dir wird der Herr am Ende der Tage seine Erlösung für die Söhne Israels offenbaren!‘ (7,1–2)
Maria aber wurde im Tempel wie eine Taube gehegt und empfing Nahrung aus der Hand eines Engels.“ (8,1)

♦ Maria und Josef unter dem Zeichen Gottes

Als Maria zwölf Jahre alt war, fand eine Beratung der Priester statt, die sprachen: ‚Siehe, Maria ist im Tempel des Herrn zwölf Jahre alt geworden, was sollen wir nun mit ihr tun, damit sie nicht den Tempel des Herrn [unseres Gottes] beflecke?‘ Und sie [die Priester] sprachen zum Hohenpriester [zu ihm]: ‚Du stehst am Altar des Herrn, geh’ (ins Heiligtum) hinein und bete ihretwegen, und wir wollen dann das tun, was dir der Herr offenbaren wird.‘ Und der Hohepriester nahm das Amulett mit den zwölf Glöckchen und begab sich ins Allerheiligste und betete ihretwegen. Und siehe da, ein Engel des Herrn stand (plötzlich) vor ihm und sprach zu ihm: ‚Zacharias, Zacharias, gehe hinaus und versammle die Witwer des Volkes, [die sollen jeder einen Stab tragen] und welchem der Herr ein (Wunder-)Zeichen geben wird, dessen Weib soll sie sein!‘ Und die Boten gingen aus und verbreiteten sich über die ganze Umgegend Judäas; die Posaune des Herrn erscholl, und alle liefen herzu." (8,2–3)

Josef aber warf die Axt weg und ging auch seinerseits hinaus, um ihnen zu begegnen. Und als sie versammelt waren, nahmen sie die Stäbe und gingen zum Hohenpriester. Der Priester nun nahm die Stäbe von ihnen und ging in den Tempel und betete. Nach der Beendigung des Gebets nahm er die Stäbe, trat (wieder) hinaus und gab sie ihnen; ein (Wunder-)Zeichen war indessen nicht an ihnen. Den letzten Stab bekam Josef, und siehe, eine Taube kam aus dem Stab hervor und flog auf das Haupt Josefs. Da sprach der Priester zu Josef: ‚Joseph, du hast durchs Los die Jungfrau des Herrn zugeteilt bekommen; nimm sie in deine Obhut!' Josef (aber) entgegnete ihm: ‚Ich habe (schon) Söhne und bin alt, sie aber ist ein junges Mädchen. Ich fürchte, ich werde zum Gelächter für die Söhne Israels!' Da sprach der Priester zu Josef: ‚Fürchte den Herrn, deinen Gott, und denke an alles, was Gott Dathan, Abiram und Korah (Num 16,1–33) getan hat, wie die Erde gespalten ward und sie um ihrer Auflehnung willen alle verschlungen wurden. Fürchte dich nun, Josef, daß dies nicht (auch) in deinem Haus geschehe!' Und Josef fürchtete sich und nahm sie in seine Obhut. Und Josef sprach zu ihr: ‚Maria, ich habe dich aus dem Tempel des Herrn empfangen und lasse dich nun in meinem Hause und gehe fort, um [meine] Bauten zu errichten; (danach) werde ich (wieder) zu dir kommen; der Herr wird dich bewahren!'" (9,1–3)

♦ Du wirst gesegnet sein unter den Frauen …

Maria nahm ihren Krug und ging hinaus, um Wasser zu schöpfen. Und siehe, eine Stimme sprach: ‚Gegrüßet seist du Maria, voll der Gnade; der Herr ist mit dir. Du bist gebenedeit unter den Frauen.' Da schaute sie zur Rechten und zur Linken und ringsumher, um festzustellen, woher diese Stimme kam. Zitternd kehrte sie in ihr Haus zurück, stellte ihren Krug nieder, nahm den Purpur zur Hand, setzte sich und begann von neuem zu spinnen.

Da erschien ihr ein Engel des Herrn und sprach: ‚Fürchte dich nicht, Maria, denn du hast Gnade beim Allerhöchsten gefunden. Du wirst von seinem Wort empfangen.‘ Als sie diese Worte hörte, antwortete Maria mit starken Bedenken: ‚Wenn ich vom lebendigen Gott empfangen soll, muß ich wie jede Frau gebären?‘

Der Engel des Herrn sprach: ‚Nicht so (wie andere Frauen), Maria, denn die Kraft des Herrn wird dich überschatten, darum wird auch das Heilige, das von dir geboren wird, der Sohn des Allerhöchsten genannt werden. Du sollst ihm den Namen Jesus geben, denn er wird sein Volk von seinen Sünden erlösen.‘ Maria antwortete: ‚Siehe, ich bin des Herrn Magd: mir geschehe, wie du gesagt hast.‘

Maria spann den Purpur und das Scharlachrot fertig und brachte sie dem Priester. Dieser segnete Maria und rief aus: ‚Gott der Herr hat deinen Namen groß gemacht. Du wirst gesegnet sein, unter allen Geschlechtern der Erde‘“ (11,1–12,1).[1]

Jakobus-Evangelium (um 150 n. Chr.)

[1] Dem apokryphen Jakobus-Evangelium, nach 150 n. Chr. wohl außerhalb Palästinas entstanden, sind die drei Texte entnommen: 7,1-2; 8,1: Maria als Tempeljungfrau; 8,2–3: Maria und Josef unter dem Zeichen Gottes; 11,1–12,1: Du wirst gesegnet sein unter den Frauen. Deutlich zu spüren ist die verhaltene Diskretion und die fromme Respektierung, wie über Maria als Tempeljungfrau und auch über Josefs Begegnung mit Maria gesprochen wird. Der Text nimmt sich wie eine Folie aus, die über die kanonische Kindheitsgeschichte gelegt ist und geradezu mitgelesen werden kann. Auffallend ist die Unkenntnis der Geographie Palästinas wie auch der jüdischen Verhältnisse (Entstehung außerhalb Palästinas). Einem älteren Grundstock (Kap. 1–20) scheinen später weitere Abschnitte (Kap. 22–24) angefügt worden zu sein.
Die Namen der Eltern Marias, Joachim und Anna, werden nicht im Neuen Testament, sondern nur in den Apokryphen genannt. Im Spätmittelalter gab es eine reiche Anna-Literatur und eine große Anna-Verehrung (siehe Martin Luther WA TR 4,440, 9–10). Vgl. dazu A. Dörfler-Dierken, Die Verehrung der heiligen Anna in Spätmittelalter und früher Neuzeit. Göttingen 1992, 13: „Wenn Gott ganz Mensch geworden ist, dann muß er – nach Menschenart – nicht nur eine Mutter, sondern auch eine Großmutter gehabt haben. Die Verehrung der Großmutter Jesu gehört zu den auffälligsten Erscheinungen des religiösen Lebens der Jahrzehnte vor der Reformation.“

♦ Eine böswillige Klatschgeschichte

Mirjam wurde von ihrem Gatten, einem Zimmermann von Beruf, verstoßen, nachdem er sie des Ehebruchs überführt hatte. Sie wanderte in ihrer Schande von Ort zu Ort und gebar im geheimen Jesus, dessen Vater ein Krieger namens Panthéra war."[2]

Kelsos (2. Jahrhundert)

♦ Das Lebensalter Marias

Die Zahl der Jahre, die (Maria) die Jungfrau, die Mutter Gottes, auf Erden gelebt hatte, betrug neunundfünfzig Jahre: Von ihrer Geburt bis zu ihrem Eintritt in den Tempel waren drei Jahre vergangen. Elf Jahre und drei Monate blieb sie im Tempel. Den Herrn Jesus hat sie neun Monate in ihrem Schoße getragen. Dreiunddreißig Jahre hatte sie mit dem Herrn Jesus verbracht, als er auf Erden lebte, und nach seiner Himmelfahrt waren elf Jahre vergangen: insgesamt neunundfünfzig Jahre" (Kap. 6).[3]

Buch vom Heimgang der allerseligsten Jungfrau, der Mutter Gottes
(4./5. Jahrhundert)

---

[2] Kelsos, ein Philosoph, berichtet um 160 n.Chr., dass es bereits von der Mitte des apostolischen Jahrhunderts an eine harte, antichristliche Polemik mancher Juden gab. Aus seinem verloren gegangenen Werk zitiert Origenes (um 195–254) in seinem Werk „Contra Celsum" (I, 32) diesen Kelsos-Text, der uns deshalb erhalten blieb. Ohne Zweifel wollte man letztlich Jesus Christus und die junge christliche Kirche treffen, wenn man Maria in Misskredit brachte. Die Klatschgeschichte wollte man dadurch glaubhaft machen, dass der unbekannte, biologische Vater Jesu als römischer Legionär „Panthéra" (Jesus ben Panthéra) entlarvt wurde. Vgl. Th. Klein, Celsus gegen die Christen. Aus dem Griechischen. München 1984; K. Pichler, Streit um das Christentum. Der Angriff des Kelsos und die Antwort des Origenes. Frankfurt 1980.
In einem Jahrhunderte später verfassten, jüdischen „Toledoth Jeschua" (= Geschichte Jesu) wurde der Kelsos-Text nochmals aufgegriffen. Der römische Legionär heisst jetzt „Joseph Pandera", der als falscher Prophet getötet wird. Diese spätere Schrift einer jüdischen Polemik wird erstmals erwähnt bei Agobard, dem aus Spanien stammenden Bischof von Lyon (769–840). 1681 wird sie erstmals gedruckt (vgl. dazu das Stichwort

♦ Das Wort Gottes ging durch Marias Ohr

Im gleichen Augenblick, als die heilige Jungfrau diese Worte (des Engels) demütig sprach, ging das Wort Gottes durch ihr Ohr in sie ein. So wurde die innerste Natur ihres beseelten Leibes geheiligt mit all ihren Sinnen und geläutert wie Gold im Feuerofen. Sie wurde zu einem heiligen, unbefleckten Tempel und zur Wohnung des göttlichen Wortes. Zugleich begann die Schwangerschaft der heiligen Jungfrau. Denn als der Engel Maria die frohe Botschaft brachte, zählte man den 15. Nisan, was dem 6. April entspricht; es war ein Mittwoch in der dritten Stunde des Tages …

Als der heiligen Jungfrau die Verkündigung des Engels zuteil geworden war, erhob sie sich, küßte den Boden und sprach: ‚O Herr meines Geistes und meines Leibes, es steht in deiner Macht, alles zu vollbringen, was deine Schöpferliebe erstrebt. Du entscheidest über alles in Freiheit, wie es dir gut dünkt. Jetzt geruhe, den Gebeten deiner Magd zu willfahren: Erhöre mich und erlöse meine Seele, denn du bist der Gott, mein Heiland, und dein Name, o Herr, wird Tag für Tag von mir angerufen. Bis zum heutigen Tage habe ich Heiligkeit, Gerechtigkeit und Reinheit behütet, und blieb entschlossen um deinetwillen, o Herr, mein Gott, meine Jungfräulichkeit standhaft und unversehrt zu bewahren, ohne jede fleischliche Begierde. Jetzt geschehe dein Wille!'" (5, 9.11)[4]

Armenisches Kindheitsevangelium (6. Jahrhundert)

„Toledoth" von Rudolf Schnackenburg im Lexikon für Theologie und Kirche². Bd. X, Sp. 239. Heranzuziehen ist auch S. Krauß, Das Leben Jesu nach jüdischen Quellen. Berlin 1902, sowie vor allem G. Schlichting, Ein jüdisches Leben Jesu: Die verschollene Toledot-Jeschu-Fassung. Tübingen 1982).

[3] Das apokryphe Werk „Buch vom Heimgang der allerseligsten Jungfrau, der Mutter Gottes" (Transitus Mariae), abgefaßt im 4./5. Jahrhundert, steht offensichtlich in der Ausstrahlung des Konzils von Chalzedon (451), auf dem die Glaubenswahrheit der Gottesmutterschaft (theotókos) Marias verkündet wurde. Vgl. dazu den feierlich, geradezu dogmatisch klingenden Titel: Heimgang „der allerseligsten Jungfrau, der Mutter Gottes".

[4] Das Armenische Kindheitsevangelium dürfte auf eine syrische Grundlage zurückgehen. Es enthält weithin das Protoevangelium des Jakobus (Hennecke – Schneemelcher I, 277), wenn auch beträchtlich erweitert (Hennecke – Schneemelcher I, 303).

♦ Heilungswunder durch Maria

Es lebte dort (in Kana in Galiläa: Joh 21,2) eine Frau, die Zwillinge hatte. Beide erkrankten. Der eine starb, der andere lag im Sterben. Seine Mutter nahm ihn weinend mit sich und brachte ihn zur hochseligen Maria, unserer lieben Frau. Zu ihr sagte sie: ‚O Maria, hohe Frau, kommt mir zu Hilfe; steht mir bei! Ich hatte zwei Söhne. Soeben habe ich den einen begraben, der andere liegt im Sterben. Seht das Gebet und das Verlangen, das ich an Gott richte.‘ Darauf begann sie zu beten: ‚O Herr, du bist mildtätig, barmherzig und von großer Güte: zwei Söhne hattest du mir geschenkt; den einen hast du mir wieder genommen, laß mir den anderen!‘

Beim Anblick dieser heißen Tränen erbarmte sich die hochselige Maria und sprach zu ihr: ‚Legt euer Kind auf das Bett meines Sohnes und bedeckt ihn mit dessen Kleidern.‘ So legte sie ihn auf das Bett Christi. Seine Augen waren schon geschlossen, als wollte das Leben ihn verlassen. Als aber der Knabe den Geruch der Kleider des Herrn Jesus Christus einatmete, im gleichen Augenblick öffnete er die Augen, stieß einen lauten Schrei aus, wandte sich an seine Mutter und sagte: ‚Mutter, gib mir Brot!‘ Sie reichte es ihm und er aß es. Da sprach seine Mutter zur hochseligen Maria, unserer lieben Frau: ‚Jetzt weiß ich, daß Gottes Kraft so sehr in euch wohnt, daß euer Sohn durch die bloße Berührung seiner Kleider zu heilen vermag.‘ Der so geheilte Knabe ist jener Bartolomäus, den das Evangelium erwähnt“ (30,1-2).[5]

Arabisches Kindheitsevangelium (6. Jahrhundert)

[5] Das Arabische Kindheitsevangelium dürfte auf einen syrischen Text zurückgehen. Es enthält drei Zyklen: Geburt Jesu, Wunder in Ägypten und Wunder des Jesusknaben. Diese arabische Überlieferung hatte eine ungeheuere Ausstrahlung. Sie ist auch Mohammed vertraut gewesen und wurde vielfach in den Koran aufgenommen. In der arabischen Form sind diese Kindheitserzählungen auch nach Indien gelangt (Hennecke – Schneemelcher I, 302).

♦ Jesus, Ibn Maryam

Und gedenke des Augenblicks, da die Engel sprachen: ‚O Maria, Gott verkündet dir die frohe Botschaft eines Wortes von Ihm, dessen Name ist ‚Messias', Sohn der Maria, ‚Prinz' (das heißt: ausgezeichnet, geachtet, angesehen) in dieser Welt hienieden und in der anderen, und einer der Gott Nahen. Und er wird zu den Menschen reden, in der Wiege und als Erwachsener, und er wird einer der Heiligen sein.' Sie sprach: ‚Herr, wie werde ich einen Sohn haben, hat mich doch kein Mann berührt.' Er sprach: ‚Auf diese Weise erschafft Gott, was Er will; wenn Er etwas beschlossen hat, so sagt Er bloß: ‚Es sei!', und es ist. Und Er wird ihn das Buch lehren und die Weisheit und die Thora und das Evangelium. Und (er wird) den Kindern Israels ein Gesandter (sein), (indem er ihnen sagt:) ‚Hier bringe ich euch ein Zeichen eures Herrn'
(Sure III, Vers 43–49).

Da sie sich weit von den Ihren entfernte, gen Osten. / Sie stellte eine Trennung von ihnen her. Wir sandten unsern Geist zu ihr; und er erschien ihr als vollendeter Mann. / Sie sprach: ‚Ich nehme Zuflucht zu Gott, weit weg von dir, … wenn du Ihn fürchtest …' / Er sprach: ‚Ich bin nur ein Gesandter deines Herrn zu dir, um dir einen reinen Sohn zu bescheren.' / Sie sprach: ‚Woher wird mir ein Sohn kommen? Hat mich doch kein Mann berührt, und bin ich doch keine Dirne.' / Er sprach: ‚Also sei's. Gesprochen hat dein Herr: Mir ist es ein Leichtes. Auf daß wir daraus ein Zeichen für die Menschen machen und ein Erbarmen von uns. Und es wurde eine beschlossene Sache. / Und so empfing sie ihn und zog sich mit ihm an einen entlegenen Ort zurück'
(Sure XIX, Vers 15–21).[6]

Koran (um 650)

---

[6] Übersetzung von Johannes-Mohammed ABD-EL-JALIL, Maria im Islam. Werl 1954, 50f. (Sure III, 43–49) , 34f. (Sure XIX, 15–21). Vgl. dazu G. Rißе, „Gott ist Christus, der Sohn der Maria." Eine Studie zum Christusbild im Koran. Bonn 1989.

♦ Gar viel verdanken wir dir …

Da gebarst du das Gotteskind,
das uns dann alle erlöste
mit seinem heiligen Blute
von der ewigen Pein.
Dafür wird er immer gepriesen werden.
Gar viel verdanken wir dir,
Heilige Maria.

(…)

Ein Kind brachtest du, Jungfrau,
aller Welt Adel,
gleich der Sonne,
die in Nazareth aufgegangen ist,
Ruhm Jerusalems,
Israels Freude,
Heilige Maria.

Königin des Himmels.
Pforte des Paradieses,
du erwähltes Gottes-Haus,
Heiligtum des Heiligen Geistes,
du sei uns allen gnädig
zuletzt im Tode,
Heilige Maria.“[7]

Melker Marienlied (um 1125)

---

[7] Zitiert aus: A. Salzer, Illustrierte Geschichte der Deutschen Literatur von den ältesten Zeiten bis zur Gegenwart. Erster Band. Regensburg 1926, 84ff. (8., 13 und 14. Strophe – siehe Beilage 21). Es handelt sich um ein Marienlied mit vierzehn sechszeiligen Strophen, die jeweils mit der lateinischen Anrufung: „Sancta Maria“ abschließen. Das Original befindet sich im österreichischen Benediktinerstift Melk.

♦ Wie die Sonn durch das Glas dringt …

„Alle Zungen, o Frau,
können nicht nach Gebühr
dein Lob sagen noch singen.
Der himmlische Hof
singet dein Lob,
dich preisen die Cherubim,
dich ehren die Seraphim,
die heiligen Engel alle,
die vor Gottes Angesicht
stehen vom Anbeginn,
die Propheten und Apostel
und alle die Gottesheiligen
freuen sich über dich,
königliche Magd.

(…)

Wie die Sonne
durch das Glas dringt,
ohne es zu verletzen,
so ward Maria Mutter
und blieb dennoch Jungfrau.“[8]

Arnsteiner Marienlied (12. Jahrhundert)

♦ Marien-Reliquien in Wittenberg

Drei Stücke von der Stadt, in der die Jungfrau Maria geboren wurde. Ein Stück von den Fäden, die sie gesponnen hat. Ein Stück vom Haus, in dem sie wohnte, als sie vierzehn Jahre alt war … Zwei Stücke von der Kammer (in Nazaret), darin Maria von dem

---

[8] Zitiert aus A. Salzer, a.a.O. 85. Dieses von einer Ordensfrau gedichtete Lied wurde in Arnstein an der Lahn gefunden.

Engel (Gabriel) gegrüßt wurde. Fünf Stücke von der Milch der Jungfrau Maria, ein Stück von dem Baum, unter dem Maria den Herrn gesäugt hat bei dem Balsamgarten ... Vier Stücke von den Haaren Marias, drei Stücke von dem Hemd Marias ... Zwei Stücke vom Schleier Marias, besprengt mit dem Blut Christi unter dem Kreuz ... Ein Stück von dem Wachslicht, das unserer lieben Frau (Maria) in die Hand gegeben wurde, als sie gestorben war."[9]

Wittenberger Heiligthumsbuch (1509)

♦ Die Fürbitte seiner lieben Mutter Maria

Um diesen heiligen Lobgesang (des Magnifikats) seiner Ordnung nach zu verstehen, ist zu beachten, daß die hochgelobte Jungfrau Maria aus der eigenen Erfahrung heraus redet, in welcher sie durch den Heiligen Geist erleuchtet und gelehrt worden ist. Denn es kann niemand Gott oder Gottes Wort recht verstehen, er habe es denn unmittelbar von dem Heiligen Geist; niemand kann's aber von dem Heiligen Geist haben, wenn er es nicht erfährt, versucht und empfindet. In dieser Erfahrung lehrt der Heilige Geist als in seiner eigenen Schule; außerhalb dieser wird nichts gelehrt als nur auf Schein bedachtes Wort und Geschwätz ...
Sei darauf bedacht, daß Gott auch bei dir sein Werk treibe und daß du deine Seligkeit nur auf die Werke, die Gott in dir allein wirkt, und auf keine anderen stellst, wie du hier die Jungfrau Maria tun siehst. Wenn du aber durch andrer Fürbitte dir dazu helfen läßt, so ist's recht und wohlgetan: füreinander sollen wir alle beten und etwas tun ...
Damit lassen wir's diesmal bewenden und bitten Gott um ein rechtes Verständnis dieses Magnifikat, daß es nicht allein leuchte und

---

[9] Lukas Cranach d. Ä. (1472–1553) veröffentlichte für die umfangreiche Reliquiensammlung des Landesfürsten von Sachsen, Friedrich des Weisen (1486–1525), einen Katalog „Wittenberger Heiligthumsbuch" (mit 117 Holzschnitten und einem Kupferstich von Lukas Cranach, gedruckt in Wittenberg 1509). Dieser Cranach-Katalog gibt einen umfassenden Einblick in die kurfürstliche Reliquiensammlung in der Schlosskirche zu Wittenberg, die zugleich die Universitätskirche Martin Luthers war. Seltsam sind allein schon die ausgewählten Marien-Reliquien! Vgl. dazu A. Läpple, Martin Luther. Leben – Bilder – Dokumente. München – Zürich 1982, 112f.

rede, sondern brenne und lebe in Leib und Seele. Das verleihe uns Christus durch die Fürbitte und den Willen seiner lieben Mutter Maria. Amen."[10]

Martin Luther (1483–1546)

Viel hab' ich deines Sohnes wegen gelitten …

Viel hab' ich dein
Und deines Sohnes wegen
Gelitten, o Madonna,
Seit ich gehört von ihm
In süßer Jugend."[11]

Friedrich Hölderlin (1770–1843)

Lukas, der Marienmaler

Sankt Lukas sah ein Traumgesicht:
Geh, mach dich auf und zögere nicht
Das schönste Bild zu malen!
Von deinen Händen aufgestellt,
Soll einst der ganzen Christenwelt
Die Mutter Gottes strahlen!"[12]

August Wilhelm von Schlegel (1767–1845)

---

[10] Unmittelbar vor dem Reichstag zu Worms hat Martin Luther die Verdeutschung und Kommentierung des Magnifikat (Lk 1,47–55) 1521 veröffentlicht (WA 7, 544ff.). Vgl. M. Luther, Das Magnifikat. Mit einer Einführung von A. Brandenburg (Herder-Bücherei 175); H. Düfel, Luthers Stellung zur Marienverehrung. Göttingen 1968; R. Schimmelpfennig, Die Geschichte der Marienverehrung im deutschen Protestantismus. Paderborn 1952.

[11] Aus dem Entwurf einer Hymne an die Madonna.

[12] Der deutsche Dichter August Wilhelm vom Schlegel greift eine alte Legende auf, die Lukas als Madonnenmaler schildert. Die überlieferten Madonnen der „Lukasbilder" haben sich in zwei unterschiedliche Grundtypen entwickelt: in die Hodegetria („Wegweiserin" hin zu Christus – Maria trägt auf ihrem linken Arm den meist aufrecht sitzenden und segnenden Jesusknaben) und in die Eleusa („Erbarmende" bzw. „Rührende": das Gesicht des Jesuskindes schmiegt sich eng an die Mutter oder seine Hände greifen an den Hals der Mutter). Vgl. dazu D. Klein, St. Lukas als Maler der Maria. Ikonographie der Lukasmadonnen. Berlin 1933.

♦ Maria in tausend Bildern …

Ich sehe dich in tausend Bildern,
Maria lieblich ausgedrückt;
Doch keins von allen kann dich schildern,
Wie meine Seele dich erblickt.

Ich weiß nur, daß der Welt Getümmel
Seitdem mir wie ein Traum verweht,
Und ein unnennbar süßer Himmel
Mir ewig im Gemüte steht.“[13]

Novalis – Friedrich von Hardenberg (1772–1801)

♦ Laß Madonna, laß dich grüßen …

Ich leg' mein Flehen dir zu Füßen,
o trag's empor zu Gottes Thron.
Und laß Madonna, laß dich grüßen
mit des Gebetes frommen Ton.
Ave, ave Maria!

Madonna, ach in deine Hände
leg' ich mein letztes, heißes Flehn:
Erbitte mir ein gläubig Ende
und dann ein selig Auferstehn!
Ave, ave Maria!“[14]

Karl May (1842–1912)

[13] Novalis (eigentlich Friedrich von Hardenberg) hat nach menschlichen Schicksalsschlägen und einem langen Weg der Wahrheitssuche die Themen Liebe und Tod in den Mittelpunkt seines Denkens und Schreibens gestellt. Er, der wohl bedeutendste Dichter der Frühromantik, hat seine Heimat im christlichen Glauben gefunden. Sein Seele hat sich ausgesungen in seinen geistlichen Liedern und in der intensiven, existentiellen Beschäftigung mit religiösen Fragen.

[14] Kaum bekannt ist jenes schlichte, auch vertonte Marienlied, das Karl May in seinem Hauptwerk „Winnetou“ hinterlassen hat. Eine detaillierte Aufschlüsselung, was den populären Schriftsteller und Lutheraner Karl May bewogen hat und befähigte, ein Madon-

♦ Die Urmutter Maria

„Der Marienkult in der christlichen Kirche ist ein großer, tiefer Mythus, der in den heidnischen Mythen seine Vorbilder hat. Ein solches altes Madonnenvorbild ist in Ägypten Isis mit dem Kind Horus auf dem Schoße, das sie in der Einsamkeit gebar. Danach herrscht Horus auf Erden, und sein lebendiges Abbild sind die Pharaonen. Nach der sumerischen Lehre ist der Urgrund außer aller Spaltung in die polare Zweiheit der Geschlechtlichkeit. Erst durch den „Sohn" wird Gott zum Schöpfer und Vater, und damit steht ihm als gewordene Schöpfung der Urmuttergrund der Natur gegenüber. Auch nach dem Johannesevangelium ist erst durch den Logos, den „Sohn", der später Mensch ward, alles geschaffen. Die ältesten sumerischen Tempel aber sind nach Jeremias die der Muttergöttin, die geradezu Madonna, nämlich „meine Herrin", heißt. Die Urmutter ist in der Astralmythologie selbst das Sternenall, das Sternenmeer, aber sie kann auch als Venusstern spezifiziert und so der Stern des Sternenmeeres sein. Und nun heißt in der Gotik die Maria selbst Stella maris, der Stern des Sternenmeeres. Die Schöpfung in ihrer Vielgestaltigkeit ist diese Urmutter Maria, und in späten Hymnen noch wird in einer Götterversammlung beschlossen, Ischtar, die Göttermutter, allein zur mächtigsten Göttin zu erheben, damit sie die Zügel von Himmel und Erde halte und das Volk sie anbete. Was ist das anderes als der christliche Marienkult? Wir sehen, worauf Laiblin hinweist, die christliche Überkleidung der Frau Holle. Diese nämlich erscheint in mannigfaltiger Abwandlung, sogar als Mondgöttin. Wir kennen in der Marienbilddarstellung aber auch die Gestalt der Himmelskönigin, die auf der Mondsichel vor dem Sternhimmel steht."[15]

Edgar Dacqué (1878–1945)

---

nenlied zu schreiben, kann nachgelesen werden im Marienlexikon Bd. IV (St. Ottilien 1992). Über religiöse Grundhaltungen und schwierige Lebensphasen informiert H. Wohlgeschaft, Große Karl-May-Biographie. Leben und Werk (837 Seiten). Paderborn 1994. Bei dem zitierten Madonnenlied ist die Frage durchaus angebracht: Kam es aus der innersten Überzeugung des Autors oder gehört es zum Ich-Ton des geschilderten Helden, in den sich Karl May meisterhaft einzufühlen vermochte? Die Werke von Karl May erscheinen im Karl-May-Verlag (Bamberg/Radebeul) und sind mit Band 80 komplett.

15 E. Dacqué, Das verlorene Paradies. Zur Seelengeschichte des Menschen. Tübingen 1952, 318.

♦ Verkitschung des Heiligen

Kaum hatte Maria dem Engel eine Antwort gesagt, da verschwand die Zimmerdecke, von Maria bis zum Gottesthrone erhob sich eine breite Lichtstraße. Weiße Rosenblüten und Lilienkelche sanken zu Boden auf Marias Betteppich, Blumenduft aus dem Paradies füllte das Zimmer und das ganze Haus. Maria aber war im Himmel … Sie betete bis zum Morgen, bis die Sonne kam. Dann ging sie ein Stündlein schlafen und träumte selig vom Jesuskindlein."[16]

H. Kautz

♦ Maria ist für uns tot …

Maria ist für uns tot, sie ruht jetzt hoffentlich in Gott bis zum Jüngsten Tag."[17]

Reinhard Frieling

♦ und Maria …

und maria trat
aus ihren bildern
und kletterte
von ihren altären herab
und sie wurde
das mädchen courage

---

[16] H. Kautz, Der Neubau des katholischen Religionsunterrichtes. Bd. I. Kevelaer 1923. „Verkündigung" in dieser kitschigen Verfremdung wird allzu schnell zur Gottes- und Glaubensvergiftung. Es gibt auch eine „Verführung" zu neuen Apokryphen, siehe A. Läpple, Außerbiblische Jesusgeschichten. Ein Plädoyer für die Apokryphen. München 1983, 15f. und 126–128.

[17] Zitiert aus Publik-Forum Nr. 22 vom 6. November 1987, S. 64. Es handelt sich um ein Zitat aus einem Vortrag, den Reinhard Frieling am Reformationstag 1987 im Frankfurter Dom gehalten hat: Luther, Maria und der Papst. Ein Marianisches Jahr und die Ökumene.
Neben dem Chor jener, von denen es (durch Maria) heisst: „Seht, von nun an werden mich selig preisen alle Geschlechter" (Lk 1,48), gibt es auch Verstummende!

die heilig kecke jeanne d'arc ...
und sie war
die kleine therese
aber rosa luxemburg auch
und sie war
simone weil ‚la vierge rouge'
und zeugin des absoluten ...
und sie war und sie ist
vielleibig vielstimmig
die subversive hoffnung
ihres gesangs."[18]

Kurt Marti

Ein aufregendes Thema

Maria ist ein aufregendes Thema – auch für gläubige Christen. Menschen, in deren Selbstverständnis Erotik und Sexualität eine Spitzenposition einnehmen, haben kaum eine innere Antenne, wohl auch kaum eine angemessene Sprache für die zarten Schwingungen des biblisch-christlichen Marienbildes. Es ist dem Marienbild kein guter Dienst erwiesen worden, wenn marianische Maximalisten Maria mit immer neuen Titeln und Privilegien überhäuft haben und dadurch ihr Glaubenswagnis und ihre Menschlichkeit zugedeckt werden. Nicht Märchen und Legenden ebnen den Weg zum Marienverständnis, sondern die zwar wenigen, aber unsagbar kostbaren Sätze, die sich im Neuen Testament über Maria finden.

Was Rainer Maria Rilke als griechisches Motto (hier in deutscher Übersetzung) über sein „Marien-Leben" gesetzt hat, ist ungewohnt und gerade deshalb anregender als ein allzu süßes Geplauder: „Sturm im Herzen tragend."

Eine unerhörte Perspektive

Das Thema „Maria" will nicht isoliert gesehen und gedeutet werden. Es öffnet eine unerhörte Perspektive – weit über sich hinaus –, in der zutiefst Gott ent-

[18] Kurt Marti, Werkauswahl in fünf Bänden. Aus: Namenszug mit Mond, Gedichte („und maria" gekürzte Fassung). Zürich/Frauenfeld 1996. In bewusst provozierender Verfremdung lässt Kurt Marti Maria lebendig bleiben in einer durchaus problematisch ausgewählten Revue geschichtlicher Identifikationsgestalten wie Jeanne d'Arc, die kleine Theresa von Lisieux, Simone Weil und ...

deckt wird. Was der Mensch Gott bedeutet und wie der Mensch sogar in die geschichtliche Verwirklichung der Heilspläne Gottes einbezogen wird bei aller Wahrung seiner freien Entscheidung, kann im Leben Marias in fundamentalen Konturen erfahren werden: „Großes hat an mir getan der Allmächtige" (Lk 1,49).

Literatur

J. Auer, Unter deinen Schutz und Schirm. Das älteste Mariengebet der Kirche. Leutersdorf 1967.

St. Beissel, Geschichte der Verehrung Marias in Deutschland während des Mittelalters. Darmstadt 1972.

Sch. Ben-Chorin, Bruder Jesus. Der Nazaräer in jüdischer Sicht. München [3]1970.

Sch. Ben-Chorin, Mutter Mirjam. Maria in jüdischer Sicht. München 1982.

J. Blinzler, Brüder und Schwestern Jesu. Stuttgart 1967.

H. von Campenhausen, Die Jungfrauengeburt in der Theologie der Alten Kirche. Heidelberg 1962.

J. Chambon, Maria, Herbstreife eines Menschenkultes. Essen 1950.

M. Dibelius, Jungfrauensohn und Krippenkind. In: Botschaft und Geschichte. Bd. I. Tübingen 1953, 1–78.

J. Dirnbeck (Hg.), Marienlob durch die Jahrhunderte. Wien – München 1983.

A. Dörfler-Dierken, Die Verehrung der heiligen Anna in Spätmittelalter und früher Neuzeit. Göttingen 1992.

K. S. Frank, Geboren aus der Jungfrau Maria. Zum Thema der Jungfrauengeburt. Stuttgart 1970.

E. Gössman, Die streitbaren Schwestern. Was will die Feministische Theologie? Freiburg 1981.

R. Guardini, Die Mutter des Herrn. Würzburg [2]1956.

C. J. M. Halkes, Gott hat nicht nur starke Söhne. Grundzüge einer feministischen Theologie. Gütersloh 1980.

D. Haugg, Das erste biblische Marienwort. Eine exegetische Studie zu Lukas 1,34. Stuttgart 1934.

Cl. M. Henze, Anna Katharina Emmerich schaut Maria. Gesichte über Heimgang und Himmelfahrt Unserer Lieben Frau im Rahmen der Zeugnisse von 15 Jahrhunderten. Wiesbaden 1954.

J. Karrer, Maria in Dichtung und Deutung. Berlin – Frankfurt/M. 1962.

R. Kilian, Die Verheißung Immanuels Jes 7,14. Stuttgart 1968.

D. Klein, St. Lukas als Maler der Maria. Ikonographie der Lukasmadonnen. Berlin 1933.

A. Läpple, Außerbiblische Jesusgeschichten. Ein Plädoyer für die Apokryphen. München 1983.
A. Läpple, Maria in der Glaubensverkündigung. St. Ottilien 1988.
A. Läpple, Kindheitsgeschichte Jesu. Kanonische und außerkanonische Überlieferungen. Schwerte 1993.
A. Läpple, „Klatschgeschichten" über Jesus. In: Betendes Gottesvolk Nr. 162 (1990), Heft 2, S. 7.
P. Lippert, Ein Kind wird uns geboren. München 1956.
G. L. Müller, Was heißt: Geboren von der Jungfrau Maria? Eine theologische Deutung (Quaestiones disputatae 119). Freiburg – Basel – Wien 1989.
K. Rahner, Maria, Mutter des Herrn. Theologische Betrachtungen. Freiburg 1956.
I. Raming, Frauenbewegung und Kirche. Bilanz eines 25jährigen Kampfes für die Gleichberechtigung und Befreiung der Frau seit dem 2. Vatikanischen Konzil. Weinheim 1991.
J. Riedl, Die Vorgeschichte Jesu. Die Heilsbotschaft von Mt 1–2 und Lk 1–2. Stuttgart 1968.
W. Rothfuchs, Die Erfüllungszitate des Matthäus-Evangeliums. Eine biblisch-theologische Untersuchung. Stuttgart – Berlin – Köln – Mainz 1969.
R. R. Ruether, Maria – Kirche in weiblicher Gestalt. München 1980.
A. Schimmel, Jesus und Maria in der islamischen Mystik. München 1996.
O. Semmelroth, Maria oder Christus? Christus als Ziel der Marienverehrung. Frankfurt/M. 1954.
W. von Soden, Muttergottheiten. Tübingen ^{2}1960.
W. Tappolet, Das Marienlob der Reformatoren. Tübingen 1962.
M. Thurian, Maria. Mainz – Kassel 1965.
A. Vögtle, Die Kindheitsgeschichte des Matthäusevangeliums. Düsseldorf 1966.

5. *Jesus und Josef*

Josef, der Verlobte Marias (Mt 1,18; Lk 1,27), ist eine Gestalt ganz eigener Prägung mit nicht wenigen Seltsamkeiten. Ein heißes Thema hat die Diskussion über Josef nicht zur Ruhe kommen lassen. Ist Josef der biologische Vater Jesu? Jesus wird wiederholt in den Evangelien als „Sohn des Zimmermanns" (Mt 13,55) bezeichnet. Außerdem wird die Formel gebraucht, Josef und Maria seien „die Eltern Jesu" (Lk 2,22.41.43). Es werden Josef und Maria „sein Vater und seine Mutter" (Mt 13,5; Lk 2,33) genannt. Wird durch solche Aussagen nur die Meinung der Mitbürger von Nazaret wiedergegeben?

Das Neue Testament ist äußerst wortknapp, wenn über Josef berichtet wird. Während von Maria das eine oder andere Wort überliefert ist, findet sich im ganzen Neuen Testament kein einziges Josefswort. Aus der Josef-Biographie wird nur ein winzig kleiner Ausschnitt sichtbar. Es fehlt ebenso der Anfang wie auch das Ende. In der aufgezeichneten Genealogie heißt es mit unüberbietbarer Knappheit: „... von Jakob stammt Josef, der Mann Marias. Von ihr wurde Jesus geboren, der Christus genannt wird" (Mt 1,16; Lk 3,23). Josef wird zwar in den Evangelien eingeführt als „Verlobter Marias". Weil aber in den Evangelien von „Brüdern und Schwestern" Jesu (Mt 13,55–56) die Rede ist, wird in Apokryphen zur theologischen Erklärung und zugleich zur Entschärfung erzählt, Josef habe als Witwer Kinder aus erster Ehe in seine zweite Ehe mit Maria mitgebracht.

Alle vier Evangelien schweigen sich über das Lebensende Josefs aus. Josef tritt in der offiziellen Berichterstattung des Neuen Testamentes zum letzten Mal bei der Rückkehr vom Tempelbesuch mit dem zwölfjährigen Jesus auf: „Dann kehrte er mit ihnen (Josef und Maria) nach Nazaret zurück und war ihnen gehorsam." (Lk 2,51; vgl. Mt 2,19–23) Mit diesem Schweigen haben sich offensichtlich die ur- und frühchristlichen Gemeinden nicht zufrieden gegeben. In immer neuen Variationen ist über das Lebensende Josefs gerätselt, erzählt und geschrieben worden. Jedoch hat keine dieser vielfältigen „Geschichten" sich durchgesetzt und andere verdrängt.

Hippolyt vom Rom († 235) lässt Josef noch bei der Himmelfahrt Jesu gegenwärtig sein, während Ambrosius († 397) überliefert, Josef habe bei der Kreuzigung Jesu noch gelebt, aber seine Aufgabe, Beschützer Jesu zu sein, dadurch beendet gesehen, dass der gekreuzigte Jesus seine Mutter Maria dem Apostel Johannes anvertraut hat (Joh 19,26–27). Johannes Chrysostomus († 407) wiederum setzte den Tod Josefs vor der Wahl des Apostels Matthias (Apg 1,15–26) an.

Auch in der abendländischen Kunst- und Rechtsgeschichte hat Josef ein sehr starkes und doch kaum bekanntes Echo gehabt. Es fällt auf, dass Josef nicht als junger Liebhaber und Verlobter, sondern immer häufiger und später fast ausschließlich als Greis mit gepflegtem weißen Bart, gestützt auf einen Stab oder mit einer Lilie in der Hand dargestellt wird. Diese künstlerischen Darstellungen in Bild und Plastik haben in den Apokryphen wie in der einfühlsamen Volksfrömmigkeit ihre Wurzel. Sie haben auch ein bis zum heutigen Tag hörbar und lesbar gebliebenes Echo in manchen Kanones des kirchlichen Eherechts.

Josef als ehrwürdiger Greis scheint die Jungfräulichkeit Marias weniger zu gefährden als ein jugendlicher Verlobter. Im kirchlichen Eherecht hat die sogenannte „Josefsehe" für heftige Debatten gesorgt, aber auch einen Lichtblick in Eheschwierigkeiten und bei Ansuchen um Nichtigkeitserklärung von kirchlichen Ehe eröffnet. Es galt, die juristische Frage zu beantworten, wodurch entsteht eine wahre Ehe? – Durch die beiderseitige Willenseinigung (consensus facit matrimonium). Weil bei Maria und Josef ein solcher consensus vorlag, war ihre Ehe eine wahre und gültige Ehe (auch bei freiwilliger, beiderseitiger Enthaltsamkeit). In den juristischen Diskussionen ist die weitere Frage, die durch das Thema der Josefsehe ausgelöst wurde, immer brennender geworden: Ist eine Ehe, basierend auf der beiderseitigen Willenserklärung (consensus), unauflöslich oder auflöslich? Man stellte eine durch Willenseinigung geschlossene, aber sexuell nicht vollzogene Ehe (matrimonium ratum, non consumatum) einer in gleicher Weise geschlossenen und auch vollzogenen Ehe (matrimonium ratum et consumatum) gegenüber. Auf die oft und immer häufiger und immer dringlicher gestellte Frage, wie auflöslich die unauflösliche Ehe ist, gibt das Kirchenrecht die Antwort: Unter ganz bestimmten Umständen und Voraussetzungen kann eine zwar geschlossene, aber nicht vollzogene Ehe aufgelöst werden.

Auch Christen ist die Rolle, die der bescheidene „Greis" Josef in der Kunst, in der Literatur und vor allem in der Jurisprudenz hat, kaum bekannt. Sicherlich kommt Josef im Himmel gelegentlich ein Lächeln über sein Gesicht, weil er einerseits in der christlichen Kunst als ehrwürdiger Greis lebendig geblieben ist und weil er andererseits in kirchlichen Eheprozessen im Hintergrund der „Josefsehe" zum Retter aus so mancher Not geworden ist.

♦ Jesus, Sohn des Arbeiters Josef

„Jesus wurde am Jordan für den Sohn des Arbeiters Josef gehalten und erschien unansehnlich, wie die Schriften es voraussagten, ja wurde selbst als Arbeiter betrachtet; er machte nämlich, als er noch auf Erden weilte, solche Handwerksarbeiten, Joche und Pflüge, und lehrte dadurch auch eine hervorragende Gerechtigkeit und ein tätiges Leben.“[1]

Justin, der Märtyrer († um 165)

♦ Brüder Jesu?

„Einige behaupten, die Brüder Christi seien Söhne Josefs aus einer früheren Ehefrau, die er vor Maria genommen hatte, hierzu veranlaßt durch die Erzählung des nach dem hl. Petrus benannten Evangeliums oder des Buches des Jakobus.“[2]

Origenes (185–254)

♦ Täglich über das Kreuz nachdenken

„Du bist der Sohn des Lebendigen und Menschensohn, bist der Sohn unseres Schöpfers, o Herr, weil er durch dich alles schuf, und bist auch der Sohn des Zimmermanns Josefs, der von dir lernte. Durch dich erschuf ohne Belehrung der Schöpfer, durch deine Finger bildete er all seine Schöpfungen; durch dich hat auch Josef seine Zimmermannsarbeit gebildet, weil er sah, daß du sein Meister warst. O Sohn des Schöpfers, o Sohn des Zimmermanns, der da erschaffend alles nach dem geheimnisvollen Vorbild des Kreuzes schafft! Er sann wohl auch im Hause Josefs des Zimmermanns täglich über das Kreuz nach.“[3]

Ephraem, der Syrer (306–373)

---

[1] Justin, Dialog mit dem Juden Tryphon (PG 6,687).
[2] Origenes, In Matthaeum 10,7 (PG 13, 875).
[3] Ephraem, Gegen die Grübler über die Glaubensgeheimnisse (Ende des 17. Gesanges).

♦ Maria eine Ehebrecherin?

Wenn Josef geglaubt hätte, daß Maria aus ehebrecherischem Samen schwanger geworden, hätte er sie keineswegs entlassen wollen, sondern hätte sie dem Gesetze und der Todesstrafe überliefert, da er gerecht war; aber er tat dies nicht. Andererseits glaubt er auch nicht daran, daß sie infolge göttlichen Wirkens schwanger sei; denn dieses Werk war über alles menschliche Denken."[4]

Johannes Chrysostomus (354–407)

♦ Jesus – aus einer Jungfrau geboren

Wir leugnen nicht, was geschrieben ist, aber wir weisen zurück, was nicht geschrieben ist. Daß Gott aus einer Jungfrau geboren ist, glauben wir, weil wir es lesen; daß Maria nach der Geburt die Ehe vollzogen habe, glauben wir nicht, weil wir es nicht lesen. Und dies sagen wir nicht etwa deswegen, weil wir die Ehe verachten – ist doch die Jungfräulichkeit selbst eine Frucht der Ehe –, sondern weil es uns nicht freisteht, über heilige Männer leichtfertig uns Meinungen zu bilden."[5]

Sophronius Eusebius Hieronymus (347–419)

♦ Alle Güter der Ehe

Alle Güter der Ehe sind also bei den Eltern Christi voll vorhanden: Nachkommenschaft, Treue, Sakrament. Die Nachkommenschaft erkennen wir in unserem Herrn Jesus Christus selbst, die Treue, weil kein Ehebruch vorlag, das Sakrament, weil keine Auflösung erfolgte; nur der eheliche Beischlaf fand nicht statt, weil er im sündigen Fleische nicht erfolgen konnte ohne jene beschämende Begierlich-

---

[4] Johannes Chrysostomus, Ecloga in diem nativitatis Christi (34. Homilie – PG 63, 826).
[5] Hieronymus, Adversus Helvidium: De Mariae virginitate perpetua (Über die beständige Jungfrauschaft Marias, abgefasst 383, Kap. 19; PL 23,203).

keit des Fleisches, die aus der Sünde kommt; ohne diese wollte empfangen werden, der ohne Sünde sein sollte."[6]

Aurelius Augustinus (354–430)

♦ Seltsame Hilfe bei der Zimmermannsarbeit

Eines Tages ließ der König von Jerusalem ihn (Josef) rufen und sprach zu ihm: ‚Josef, ich möchte, daß du mir ein Prunkbett anfertigst, dessen Maße dem Saal entsprechen, in dem ich Sitzung halte.' Josef antwortete ihm: ‚Ich stehe Euch zu Diensten!' Sogleich begann er an diesem Bett zu arbeiten. Er blieb zwei Jahre im königlichen Palaste, bis er es vollendet hatte. Als er es aber an seinen Platz stellen wollte, bemerkte er, daß es an allen Seiten um zwei Spannen zu kurz war. Bei diesem Anblick geriet der König in Zorn über Josef. Josef fastete die Nacht über, in Furcht und Bangen vor dem König, und nahm keine Speise zu sich.
Da sprach der Herr Jesus zu ihm: ‚Wovor fürchtet ihr Euch?' Josef antwortete ihm: ‚Siehe, die ganze Arbeit zweier Jahre war umsonst.' Der Herr Jesus sprach zu ihm: ‚Fürchte nichts und verzage nicht. Nimm dieses Bett an der einen Seite, damit es ins rechte Maß kommt, ich fasse es an der anderen.' Josef tat, wie ihm der Herr Jesus gesagt hatte. Jeder zog an seiner Seite. So kam das Bett zustande, wie es die Maße des Raumes verlangten. Beim Anblick dieses Wunders staunten alle, die zugegen waren, und lobten Gott. Das Material, das Josef für dieses Bett verwendet hatte, bestand aus Hölzern verschiedener Art und Güte, die zur Zeit König Salomos, des Sohnes Davids, gewachsen waren" (Kap. 39, 1-3). [7]

Arabisches Kindheitsevangelium (6. Jahrhundert)

[6] Augustinus, De nuptiis et concupiscentia ad Valerium comitem (1,13).

[7] Das Arabische Kindheitsevangelium (Evangelium de infantia Salvatoris), eine Apokryphe des 6. Jahrhunderts, wurde aus verschiedenen Quellen durch einen syrischen Kompilator zusammengestellt. Der erste Verfasser dürfte aus dem 6. Jahrhundert stammen, die späteren Redaktionen sind wohl erst im 7. oder 8. Jahrhundert entstanden.

♦ Der Tod Josefs

Meine Mutter, die reine Jungfrau, (so erzählte Jesus) erhob sich, trat an mich heran und sprach zu mir: ‚Mein lieber Sohn, so muß er also sterben, der fromme alte Josef!‘ Ich sagte ihr: ‚O meine geliebte Mutter, alle in dieser Welt geborenen Geschöpfe müssen sterben, denn der Tod ist dem ganzen Menschengeschlecht auferlegt. Du selbst, o Jungfrau, meine Mutter, mußt sterben wie alle Menschen. Doch wie der Tod dieses frommen Greises wird euer Tod kein Tod sein, sondern ein Leben, das fortdauert in alle Ewigkeit.
Auch ich muß in diesem Leibe sterben, den ich von euch empfangen habe. Doch erhebt euch, o meine Mutter, du Allerreinste; kommt herein zu Josef, dem gesegneten Alten, um zu sehen, was sich während seiner Himmelfahrt ereignen wird.‘
Er stöhnte sehr. Ich hielt ihm abwechselnd die Hände und die Füße, während er mich anschaute und mir andeutete, ich möge ihn nicht verlassen. Ich legte meine Hand auf sein Herz und erkannte, daß seine Seele schon nahe dem Hals war und sich anschickte, vom Leibe zu scheiden.
Als meine Mutter, die Jungfrau, sah, wie ich seinen Leib befühlte, da befühlte sie die Füße und erkannte, daß sie schon erstorben waren, denn alle Wärme war aus ihnen gewichen. Sie sprach zu mir: ‚O mein geliebter Sohn, sieh, seine Füße fühlen sich kalt an und sind wie Schnee geworden.‘ Sie rief die Söhne und die Töchter (Josefs) und sprach zu ihnen: ‚Kommt alle zu eurem Vater, denn seine Stunde ist gekommen.‘ Assia (die Tochter Josefs) antwortete und sprach zu ihr: ‚Unglück über mich, meine Brüder! Das ist die Krankheit meiner geliebten Mutter.‘ Sie schrie und weinte, und alle weinten. Ich und Maria, meine Mutter, wir weinten mit ihnen.
Ich blickte nach Süden und sah den Tod heranrücken, gefolgt von der Hölle und seinem Gefolge sowie seinen Dienern. Ihre Gewänder, ihre Gesichter, ihre Münder verbreiteten Feuer um sich. Als mein Vater Josef sah, wie sie auf ihn zukamen, füllten sich seine Augen mit Tränen. In diesem Augenblick stöhnte er heftig. Ich bemerkte sein tiefes Seufzen. Daher drängte ich den Tod zurück und alle Diener in seinem Gefolge, dann rief ich meinen (göttlichen)

Vater und sprach zu ihm: ‚O Herr, du Allgnädiger, Auge, das sieht, Ohr, das hört, vernimm meinen Ruf und meine Bitte für den greisen Josef. Sende Michael, den Obersten deiner Engel, und Gabriel, den Boten des Lichts, und alle Heerscharen deiner Engel und ihre Chöre, damit sie die Seele meines Vaters Josef geleiten und sie zu dir bringen. Jetzt ist die Stunde, wo mein Vater der Barmherzigkeit bedarf. Ich sage dir, daß alle Heiligen und alle Menschen, die in dieser Welt geboren werden, Gerechte oder Sünder, unweigerlich den Tod erfahren müssen.'
Michael und Gabriel kamen dann zur Seele meines Vaters Josef. Sie nahmen sie in Besitz und hüllten sie in ein leuchtendes Leichentuch. In den Händen meines guten Vaters, der ihm das Heil des Friedens schenkte, gab er den Geist auf. Keines der Kinder [Josefs] bemerkte, daß er gestorben war. Die Engel behüteten seine Seele vor den Geistern der Finsternis, die den Weg säumten. Die Engel aber priesen Gott, bis sie ihn in die Wohnung der Gerechten geleitet hatten" (Kap. 18–23).[8]

Geschichte Josefs des Zimmermanns (6./7. Jahrhundert)

[8] Die apokryphe koptische „Geschichte Josefs des Zimmermanns" (Historia Joseph fabri lignarii) entstand wohl in Ägypten, und zwar im 6. oder 7. Jahrhundert; sie ist deshalb bemerkenswert, weil sie den genauen Todestag Josefs (26. Tag des Monats Abib = Juli) und sein erreichtes Lebensalter von 111 Jahren mitteilt. Diese ägyptische Josefsgeschichte versucht dadurch ihre Glaubwürdigkeit zu belegen, dass sie vorgibt, Jesus selbst habe diese Geschehnisse seinen Aposteln auf dem Ölberg erzählt. Außerdem wird für die geschichtliche Nachprüfbarkeit hinzugefügt, diese Aussagen Jesu seien von den Aposteln aufgezeichnet und in der Bibliothek in Jerusalem hinterlegt worden. – Der äußere Anlass für die Niederschrift dieser Apokryphe dürfte die Einführung eines Josefsfestes in der koptischen Kirche Ägyptens gewesen sein. Dabei dürfte großer Wert auf den Todestag Josefs gelegt worden sein: Josef habe mit 40 Jahren geheiratet; seiner ersten Ehe sollen sechs Kinder abgestammt sein. Nach 49 Jahren sei seine erste Frau gestorben; im folgenden Jahr sei ihm Maria anvertraut worden. Er selbst sei am 26. April des Monats Abib (= Juli) im Alter von 111 Jahren gestorben. Im ersten Teil der „Geschichts Josefs des Zimmermanns" (Kap. 1–11) wird sehr ausführlich vom Leben und von der ersten Ehe Josefs gesprochen. Als Witwer habe er sich mit Maria verlobt. Im zweiten Teil (Kap. 12–32) wird überaus breit der Tod Josefs berichtet.

♦ Das Herz Josephs war betrübt …

Da ward das Herz Josephs,
sein Gemüt betrübt, da die Magd ihm zuvor
angelobt war, des Edelgebornen Weib,
erkoren zur Braut: er merkte, daß sie mit einem Kinde ging.
Nicht wußte er fürwahr, daß das Weib sich immer
bewahrt und behütet, nicht kannte er des waltenden Herren
gnädige Botschaft. Nicht wollte er sie da als Braut behalten,
sie holen in sein Haus. Er begann da im Herzen zu sinnen,
wie er sie verließe, ohne daß ein Leid ihr deshalb
angetan würde. Nicht wollte als ungetreu er sie
melden vor der Menge. Er bangte, daß ihr die Männer sonst
das Leben nähmen. So war es jener Leute Brauch
nach altem Gesetz des Ebräervolkes,
daß wenn da zu Unrecht mit einem andern sich vereinte ein Weib,
alsbald sie diese Buhlschaft büßen sollte,
sie sühnen mit ihrem Leben. War sie auch sonst noch so trefflich,
nicht konnte sie länger bei den Leuten leben hinfort,
weilen im Volke. Da begann der weise Mann,
der gute Geselle, in seinem Sinne Joseph
diese Dinge zu bedenken, wie er die Dirne nun
mit List verließe. Doch war es nicht lange danach,
da kam zu ihm im Traume des Königs Engel,
des Himmelsvaters Bote, und hieß ihn sie halten gut,
sie minnen in seinem Gemüt. „Nicht sei“, sprach er, „Marien gram,
deiner trauten Maid! Sie ist ein treffliches Weib;
mach ihr nicht harten Vorwurf! Du sollst sie halten wohl,
ihrer warten in dieser Welt. Bewahre das Verlöbnis
hinfort, wie du tatest, und halt euern Treubund fest!
Nicht lasse es dir ein Leid sein, daß sie in ihrem Leibe trägt
ein Kind, in ihrem Körper. Das ist gekommen von Gott
durch den Heiligen Geist von der Himmelsaue;
es ist Jesus Krist, das Kind Gottes,
des Waltenden Sohn. Fürwahr, du sollst sie
heilig halten. Nicht laß dein Herz zweifeln,
dein Gemüt dich beirren.“ So ward des Mannes Sinn

gewendet durch diese Worte: er nahm sie als Weib zu sich,
in Minne diese Magd; er kannte die Macht Gottes,
des Waltenden Befehl. Er war festes Willens,
daß er sie so heilig halten müsste,
betreute sie in seinem Haushalt“ (v. 295–334).[9]

Heliand (9. Jahrhundert)

Wir lesen, daß beim Tod Christi viele Leiber der Heiligen auferstanden sind, in die heilige Stadt Jerusalem gekommen und vielen erschienen sind. Wohl im Anschluß daran sagt der Apostel Paulus: ‚Frauen erhielten durch Wiedererweckung ihre Toten zurück‘ (Hebr 11,35). Ein frommer Sinn legt nahe, ob man nicht annehmen soll, daß auch Josef einer von diesen gewesen ist, seiner lieben Braut erschien und sie tröstete, daß er endlich bei der Himmelfahrt Christi verherrlicht mitauffahren werde – zweifellos der Seele nach, ob auch dem Leibe nach, weiß ich nicht. Josef erhalte dann zur Rechten Jesu selbst, d. h. in dessen größter Herrlichkeit seinen Platz.“[10]

Johannes Gerson (1363–1429)

Josef, dessen Vater Jakob hieß, war der dritte von sechs Brüdern. Seine Eltern wohnten in einem großen Gebäude vor Bethlehem, dem ehemaligen Stammhause Davids, dessen Vater Isai oder Jesse es besessen hatte. Es war jedoch bis auf die Zeit Josefs nicht mehr vieles außer den Hauptmauern von dem alten Gebäude übrig. Es hat eine recht luftige, wasserreiche Lage. – Ich weiß dort schier

[9] Äußerst einfühlsam wird im „Heliand“ der neutestamentliche Text (Mt 1,18–25) nacherzählt, wie Josef, „der gute Geselle“, aus Engelsmund die Wahrheit über „Jesus Krist, das Kind Gottes“ erfährt.

[10] In einer Rede über die Geburt der glorreichen Jungfrau, die Johannes Gerson am 8. September 1416 auf dem Konzil von Konstanz gehalten hat, kam er auf ein Privileg Josefs im Zusammenhang mit geheimnisvollen Ereignissen beim Tod Jesu zu sprechen (Mt 27,51–53). Einer dieser Erweckten sei Josef gewesen, der Maria, seine Witwe, tröstete und ihr mit Jesus seine Himmelfahrt ankündigte.

besser Bescheid als in unserem Dörfchen Flamske (Geburtsort von A. K. Emmerich bei Coesfeld) …
Josef, den ich in dieser Betrachtung etwa acht Jahre alt sah, war in seinem Wesen von seinen Brüdern sehr verschieden. Er hatte viel Talent und lernte sehr gut, aber er war einfältig, still, fromm und ohne Ehrgeiz. Seine Brüder spielten ihm allerlei Possen und stießen ihn hin und her. Die Knaben hatten abgeteilte kleine Gärten …
In den Gärten der Knaben sah ich Kräuter, Büsche und Bäumchen. Ich sah, wie die Brüder im Gärtchen Josefs oft heimlich etwas zertraten und ausrissen. Sie taten ihm viel Kummer an. Ich sah ihn oft unter den Säulengängen des Vorhofs gegen die Wand gekehrt, kniend mit ausgebreiteten Armen beten, und wie seine Brüder heranschlichen und ihn in den Rücken stießen …
Die Eltern waren auch nicht recht mit Josef zufrieden, sie wollten, er möge bei seinen Talenten auf irgendein weltliches Amt hinarbeiten, aber er hatte gar keine Neigung dazu. Er war ihnen zu einfach und schlicht; beten und still eine Handarbeit treiben, war sein einziger Trieb. – Um sich den steten Neckereien seiner Brüder zu entziehen, sah ich ihn oft, da er etwa schon 12 Jahre alt sein mochte, an der anderen Seite von Bethlehem, nicht weit von der nachmaligen Krippenhöhle, bei einigen frommen Frauenspersonen verweilen, die zu einer kleinen Genossenschaft von Essenerinnen gehörten, welche an einer ausgebrochenen Stelle des Hügels, worauf Bethlehem liegt, in einer Reihe von Felsenkammern wohnten, kleine Gärten bei ihrer Wohnung bauten und Kinder anderer Essener unterrichteten …
Die Feindseligkeit seiner Brüder machte es ihm endlich unmöglich, länger im elterlichen Hause zu bleiben; ich sah, daß ihm ein Freund aus Bethlehem, das von seinem Vaterhaus durch einen kleinen Bach getrennt war, andere Kleider gab, in welchen verkleidet er sich nachts vom Haus entfernte, um seinen Lebensunterhalt an einem anderen Orte durch sein Zimmerhandwerk zu verdienen. Er mochte damals 18–20 Jahre alt sein.
Ich sah ihn zuerst bei einem Zimmermann in Libonah arbeiten, wo er eigentlich sein Handwerk zuerst recht lernte …
Josef war sehr fromm, gut und einfältig, es liebte ihn jedermann. Ich sah ihn gar demütig seinem Meister alle Dienste tun, ich sah ihn Späne auflesen, Holz sammeln und auf dem Rücken herbeischlep-

pen. Später ist er einmal mit der heiligen Jungfrau hier vorübergereist, und wie ich meine, hat er mit ihr seine ehemalige Arbeitsstätte besucht …

Josef betete eifrig um die Ankunft des Messias. Er war soeben damit beschäftigt, sich einen noch einsameren Raum zum Gebet an seiner Wohnung zu errichten, als ihm ein Engel erschien und zu ihm sagte, er solle dieses nicht tun, denn wie der Patriarch Josef einstens um diese Zeit der Verwalter des Getreides in Ägypten durch Gottes Willen geworden sei, so solle auch ihm jetzt das Kornhaus des Heiles anvertraut werden.

Josef in seiner Demut verstand dies nicht und begab sich in fortgesetztes Gebet, bis er den Ruf erhielt, sich nach Jerusalem zum Tempel zu begeben, wo er durch göttliche Entscheidung der Gemahl der heiligen Jungfrau ward.

Ich habe ihn nie früher verheiratet gesehen, er war sehr zurückgezogen und mied das weibliche Geschlecht.“[11]

Anna Katharina Emmerich (1774–1824)

♦ Merkst du's noch nicht …

Und der Engel sprach und gab sich Müh
an dem Mann, der seine Fäuste ballte:
Aber siehst du nicht an jeder Falte,
daß sie kühl ist wie die Gottesfrüh.

---

[11] Anna Katharina Emmerich, Leben der hl. Jungfrau Maria. Nach den Betrachtungen der gottseligen Anna Katharina Emmerich, aufgeschrieben von Clemens Brentano. Augsburg [9]1989, 138–143 (erzählt am 18. März 1820 und 18. März 1821). War der biblisch-geschichtliche Josef wirklich so, wie ihn A. K. Emmerich in ihren Visionen gesehen und wie es der romantische Dichter Clemens Brentano aufgezeichnet hat? In dem Textausschnitt wird ein gutmütiger, eher tollpatschiger junger Josef geschildert, der sich von seinen Geschwistern alles gefallen ließ, fast nie seine Rechte verteidigte und kaum eigene Entscheidungen zu treffen hatte. Es ist ein Josef, der recht gut in die Kindheitsgeschichte nach Matthäus passt und die Botschaft Gottes hört und ausführt (Mt 1,24; 2,13.19–21.22.23). Erstaunlich ist, daß A.K. Emmerich von einer „Genossenschaft von Essenerinnen“ spricht! Vgl. W. Hümpfer, Clemens Brentanos Glaubwürdigkeit in seinen Emmerich-Aufzeichnungen. Würzburg 1923.

Doch der andre sah ihn finster an,
murmelnd nur: Was hat sie so verwandelt?
Doch da schrie der Engel: Zimmermann,
merkst du's noch nicht, daß der Herrgott handelt?

Weil du Bretter machst, in deinem Stolze,
Willst du wirklich den zur Rede stelln,
der bescheiden aus dem gleichen Holze
Blätter treiben macht und Knospen schwelln?

Er begriff. Und wie er jetzt die Blicke,
recht erschrocken, zu dem Engel hob,
war der fort. Da schob er seine dicke
Mütze langsam ab. Dann sang er lob."[12]

Rainer Maria Rilke (1875–1926)

♦ Den Beruf an seinen Sohn weitergeben

Für die Juden der biblischen Zeit ... ist die Handarbeit etwas Geheiligtes. Zunächst, weil jede Arbeit geheiligt ist: ‚Wer seinen Lebensunterhalt durch seiner Hände Arbeit verdient, ist größer als der, der sich träge in seine Frömmigkeit einschließt', sagen die Rabbinen. Und sie sagen das noch deutlicher: ‚Ein Handwerker braucht sich vor dem größten Gelehrten bei seiner Arbeit nicht zu schämen.' ... Es genügt nicht, einen Beruf auszuüben, man muß ihn auch seinen Söhnen weitergeben. Der Talmud spricht auch hierin ziemlich deutlich: ‚Genauso wie man zum Lebensunterhalt seines Sohnes verpflichtet ist, muß man ihn auch einen handwerklichen Beruf lehren ...' So versteht, man, daß Josef Jesus als Lehrling eingestellt hat ... Josef ist Zimmermann nach alter Familientradition, er lehrt ihn (Jesus) den gleichen Beruf."[13]

Robert Aron

---

[12] Aus „Das Marien-Leben" (Gedicht „Argwohn Josephs"), geschrieben 1912, erschienen in Leipzig, Juni 1913 (vgl. Mt 1,18–25).

[13] R. Aron, Die verborgenen Jahre Jesu. Frankfurt/M. 1962, 47f.

♦ Das Holz hat Jesus geprägt

Das Holz, nicht der Stein haben Jesus geprägt ... Jesus kannte das Holz und liebte es, so wie jeder Handwerker das Material liebt, mit dem er von Jugend an ein ganzes Leben lang zu tun hat ... Jesus war in dieser Welt groß geworden und hatte in ihr gelebt. Er war ein Handwerker seiner Zeit ... Als Zimmermann liebte er das schwere und rauhe Holz, das sich, wenn auch widerstrebend, unter den Händen des Handwerkers formte. Je älter er freilich wurde, desto stärker spürte er, daß seine Bestimmung über die Arbeit am Holz hinausging ... Allmählich ging ihm auf, daß es seine Bestimmung war, ein anderer Zimmermann zu werden: einer, der diesen armen und verängstigten Menschen neue Räume des Lebens erschloß, hohe und weite Räume, mit schattigen, ins Freie geöffneten Höfen ... Da verließ er das Handwerk, das er von Jugend an gelernt und ausgeübt hatte ... Seine Botschaft schuf Raum für alle, selbst für Frauen und Kinder."[14]

Georg Baudler

Den knappen Textbefund der Evangelien über Josef haben die Apokryphen überquellend und phantasievoll ergänzt und weiterbuchstabiert. Hat dies dem Josefsverständnis der Menschen, auch der Christen genützt oder geschadet? Wäre weniger besser gewesen?

Das heutige Selbstverständnis

Josef passt äußerst schlecht in die Anforderungen der heutigen Leistungsgesellschaft, auch wenn man ihm am 1. Mai das Fest „Josef der Arbeiter" eingeräumt hat. Josef dürfte sicherlich ein guter und zuverlässiger Handwerker gewesen sein. Aber ein „Arbeiter" im Gewerkschaftsverständnis war er nicht. Er hat sicherlich nicht viel geredet, aber man konnte sich „auf sein Wort verlassen". Wir sollten Josef in seinem dörflichen, vorindustriellen Milieu belassen und ihn nicht modernisieren und verheutigen.

[14] G. Baudler, Wahrer Gott als wahrer Mensch. Entwürfe zu einer narrativen Christologie. München 1977, 78–80.

Auch das „Ersatzfest" für eine ältere politisch-sozialistische Feier am 1. Mai hat Josef unter den Arbeitern keineswegs populärer gemacht. Josef war sicherlich bekannt, ein sachkundiger und zuverlässiger Zimmermann zu sein. Der Umgang mit Holz dürfte das Leben Josefs mehr geprägt haben, als wir weithin annehmen. Er hat Holz, dem nachwachsenden Material der Schöpfung, Form und Gestalt gegeben. Er konnte sich einfühlen in das unterschiedliche Wachstum wie in die unterschiedliche Härte des Holzes.

Rainer Maria Rilke (1875–1926), der sich in seinem „Marienleben" in den „Argwohn Josephs" (siehe Dokumentation dieses Kapitels) so erstaunlich gut eingefühlt hat, gibt ein weiteres Stichwort für das Verständnis des Zimmermanns Josef:

„...
ob einer malte oder mähte,
schon aus dem Ringen der Geräte
entfaltete sich Frömmigkeit."

Was oft nicht beachtet wird

Hinter der Kürze der neutestamentlichen Berichte über Josef tut sich ein mächtiges Schweigen auf. Josef war ein Mann mit Fleisch und Blut. Man sollte ihn nicht zu einem Greis emporstilisieren. Er liebte gewiss seine Verlobte. Und doch steht ein seltsames Schweigen zwischen Maria und Josef. Maria hat vom Rätsel ihrer Schwangerschaft Josef nichts gesagt, vielleicht nichts sagen können, obwohl sie vielleicht öfter zum Sprechen ansetzte. „Er (Josef) war gerecht und wollte sie (Maria) nicht bloßstellen" (Mt 1,19).

An Josef stellen wir Fragen, die nicht beantwortet werden. Josef war, wie die Heilige Schrift es ausdrückt, „der Richtige", auf den Gott sich verlassen konnte. Er muss erkannt haben, dass dort, wo Gott selbst einen Menschen in Beschlag genommen hat, auch der Verlobte die Weitergabe des Lebens und biologische Vaterfreuden in einer ganz neuen Dimension zu sehen hat. Bei den Mitbürgern von Nazaret und sicherlich auch im Denken der Apostel (etwa bis zur Kreuzigung) war Josef „der Vater" (Lk 2,32.48) und Jesus „der Sohn der Zimmermanns" (Mt 13,55).

Josef war „der Richtige", der das Geheimnis der Menschenwerdung des Gottessohnes als kühne, fast übermenschliche persönliche Herausforderung seines Leben erkannte, annahm, verwirklichte. Es gehört sehr, sehr viel Tapferkeit, Selbstbescheidung und Mut zur totalen Verfügbarkeit dazu, um wie Josef eigene Lebenspläne in den Plan Gottes einmünden zu lassen.

Literatur

W. Bauer, Das Leben Jesu im Zeitalter der neutestamentlichen Apokryphen. Tübingen 1909.

G. Dalman, Arbeit und Sitte in Palästina. I–VII. Gütersloh 1923/41.

H. Daniel-Rops, Die apokryphen Evangelien des Neuen Testamentes. Zürich [2]1958, 89–94 (= Geschichte Josefs des Zimmermanns).

J. Felten, Neutestamentliche Zeitgeschichte. Regensburg 1925.

E. Hennecke – W. Schneemelcher, Neutestamentliche Apokryphen in deutscher Übersetzung. I. Band: Evangelien. Tübingen [4]1968, 320–321 (= Geschichte Josefs des Zimmermanns).

J. Klausner, Jesus von Nazareth. Stuttgart 1956.

A. Läpple, Außerbiblische Jesusgeschichten. Ein Plädoyer für die Apokryphen. München 1983.

P. Lapide, Ist das nicht Josephs Sohn? Jesus im heutigen Judentum. Gütersloh [3]1988.

A. Mitterer, Dogma und Biologie der Hl. Familie. Wien 1952.

J. Müller, Der hl. Josef. Die dogmatischen Grundlagen seiner besonderen Verehrung. Innsbruck 1937.

O. Pfülf, Die Verehrung des hl. Joseph in der Geschichte. In: Stimmen aus Maria-Laach 38 (1890) 137–161; 282–302.

H. Rondet, Joseph von Nazareth. Freiburg 1956.

J. Seitz, Die Verehrung des hl. Joseph in ihrer geschichtlichen Entwicklung bis zum Konzil von Trient. Freiburg i. Br. 1908.

J. Seitz, Deutschlands Anteil an der Verehrung des hl. Josef. Ein Rückblick und Ausblick. Freiburg 1912.

G. Sinibaldi, La grandezza di S. Guiseppe. Rom 1927.

D. Sölle, Das Recht ein anderer zu werden. Berlin 1971.

6. *Die Kindheit und Jugend Jesu*

Eindeutiger Schwerpunkt der apostolisch-urchristlichen Verkündigung war „das Finale" des Lebens Jesu: Kreuz, Auferstehung, Himmelfahrt. Für „die Ouvertüre" des Lebens Jesu bestand wenig Interesse, wie das vor 70 n. Chr. aufgezeichnete Markus-Evangelium bestätigt, das ohne Geburts- und Kindheitsgeschichte Jesu auskommt. Erst bei den später schreibenden Evangelisten Matthäus, Lukas und Johannes schlägt die ursprüngliche Unkenntnis über Geburt und erste Lebensjahre Jesu in ein zunehmendes Interesse um.

Trotzdem scheint der Prozess dieses aufgeweckten Interesses erst am Anfang zu stehen, denn auch bei Matthäus und Lukas liegt keineswegs eine detaillierte Schilderung der Geburt und Kindheit Jesu vor. Es sind lediglich beachtliche, aber unverbundene Fragmente. Bei den Evangelisten Matthäus und Lukas tut sich ein garstiger, fast 20 Jahre umspannender Graben auf zwischen dem 12jährigen Jesus und dem mit 30 Jahren in der Öffentlichkeit auftretenden Jesus.

Das aufwachende Interesse der urchristlichen Gemeinden für die Ereignisse der Geburt und Kindheit Jesu wird sichtbar im außerkanonischen Raum, in den Apokryphen. In der christlichen Frömmigkeitsgeschichte hat es zwei Epochen eines spürbar gesteigerten Interesses an der Geburt und Kindheit Jesu gegeben: in der Zeit vom 3. bis einschließlich 6. Jahrhundert und in der Zeit des 17. und 18. Jahrhunderts (vor allem in Frankreich).

Neben dem erbitterten, auf hohem wissenschaftlichen Niveau stehenden christologischen Ringen der ersten Konzilien gab es für die Frömmigkeit des „kleinen Mannes" eine sich steigernde Produktion apokrypher Kindheitsgeschichten. Bereits gegen Ende des ersten christlichen Zeitalters sahen sich die Vorsteher der urchristlichen Gemeinden veranlasst, Antworten auf die immer heftiger werdende jüdische Polemik gegen Maria, Jesus und letztlich gegen die Kirche zu geben. Hineingemischt in die antichristliche Polemik der Juden muss es auch Stimmen gegeben haben, die als angebliche Augen- und Ohrenzeugen der Kindheit Jesu (in Nazaret) recht eigenartige Informationen über das Kind Jesus verbreiteten: Jesus, ein unangenehmer Mitbürger, ein durch Zauberstückchen sich präsentierender Imponier-Jesus, ein Jesus, der seine Mitbürger ärgert, niederschlägt, ein Jesus, der seinen Zeitgenossen „auf die Nerven geht". Es ist erstaunlich, dass sich auch solche Negativ-Bilder Jesu in außerkanonischen Apokryphen finden.

Während die ökumenischen Konzilien das Geheimnis des Gott-Menschen in dogmatischer Begrifflichkeit (unio hypostatica) zu umschreiten und abzusichern versuchten, äußerte sich die Volksfrömmigkeit auf ihre Weise auf einer ganz anderen, ihr angemessenen Ebene. Die Göttlichkeit Jesu in seiner Geburt und Kindheit hat sie in der Allmacht eines wunderwirkenden Jesusknabens, in der Allwissenheit seiner die Schriftgelehrten übersteigenden Gelehrsamkeit anschaulich festgehalten. Nicht der Begriff, sondern das Bild, nicht die scharfgeschliffene Ratio, sondern die einfühlsame Emotio waren in der Vielzahl apokrypher Texte federführend. Jesus beginnt seine Wundermacht nicht erst mit seiner öffentlichen Wirksamkeit zu offenbaren. Auch das Jesuskind ist wahrer Gott und wahrer Mensch und daher fähig, Wunder zu wirken und um Zukunftsereignisse zu wissen.

Der zweite Höhepunkt einer Kindheit-Jesu-Frömmigkeit hatte eine lange Inkubationszeit – angefangen von dem stark personal-emotionalen Interesse an der Kindheit Jesu durch Origenes (um 185–254) über den mittelalterlichen Theologen und Mystiker Bernhard von Clairvaux (1090–1153), über die Krippenfrömmigkeit eines Franziskus von Assisi (1181–1226), über die Mystik einer Mechtild von Hackeborn (1241–1299) und eines Johann Tauler (1300–1361) bis zu Pierre de Bérulle (1575–1629). Damals überblendete die Kindheit-Jesu-Frömmigkeit (l'Enfant Jesus; S. Bambino Jesu in Rom!) die Passionsfrömmigkeit. Maler und Liederdichter überflügelten sich gegenseitig mit einem spürbaren Kraftaufwand, dem Kind Jesus ihre Reverenz zu erweisen. Wie im Umgang der Adeligen die Titel eine Steigerung erfuhren – aus „fürstlich" wurde „hochfürstlich" –, so genügten in Gedichten und Liedtexten nur noch Superlative für die Preisung der Kindheit Jesu: Der Süßeste, Liebste, Schönste … Aus dem „liebsten" Jesus wurde ein „allerliebster Jesus". Es ist daher nicht verwunderlich, wenn in der Epoche des 17. und 18. Jahrhunderts eine Vielzahl von Kindheit-Jesu-Frauenorden entstanden. Im 20. Jahrhundert hat diese manchmal allzu süße Kindheit-Jesu-Begeisterung in Bildern und Porzellanfigürchen von M. Spötl, B. Hummel und I. Weidinger eine fragwürdige Renaissance erfahren.

♦ Der Jesusknabe als Wunderheiler

Nach wenigen Tagen entglitt einem jungen Manne, der in einem Winkel Holz spaltete, die Axt. Sie spaltete ihm seinen ganzen Fuß entzwei. Er verblutete und lag im Sterben. Als Lärm und Menschengedränge entstanden, lief auch der Jesusknabe dorthin. Mit Gewalt drängte er sich durch die Menge, faßte den verletzten Fuß an und sogleich wurde er geheilt. Er aber sagte zu dem jungen Mann: ‚Steh jetzt auf, spalte das Holz und gedenke meiner.' Als die Menge sah, was geschehen war, fiel sie vor dem Knaben nieder und sagte: ‚Wahrhaftig, der Geist Gottes wohnt in diesem Knaben'" (10,1–2).[1]

♦ Ersatz für den zerbrochenen Krug

Als er (Jesus) sechs Jahre alt war, gab ihm seine Mutter einen Krug und schickte ihn fort, um Wasser zu schöpfen und nach Hause zu bringen. Im Gedränge stieß er an, und der Krug zerbrach. Jesus aber breitete das Oberkleid, das er trug, aus, füllte es mit Wasser und brachte es seiner Mutter. Als seine Mutter das Wunder sah, küßte sie ihn und behielt die geheimnisvollen Dinge, die sie von ihm gesehen hatte, für sich" (11,1–2).[2]

---

[1] Die Kindheitserzählung des Thomas (Ende des 2. Jahrhunderts) ist zu unterscheiden vom Thomas-Evangelium, einer Sammlung von 114 Logien Jesu, die aus dem 4./5. Jahrhundert stammt und 1945 bei Nag Hamadi (etwa 100 km nördlich von Luxor/Ägypten) als Band einer koptisch-gnostischen Bibliothek gefunden wurde. Auffallend in der Kindheitserzählung des Thomas ist das ungewöhnliche, fast rabiate Auftreten des Jesusknaben in seiner Heimatstadt Nazaret. Vgl. W. C. van Unnik, Evangelien aus dem Nilsand. Frankfurt/M. 1960. Nicht wenige apokryphe Aussagen wollen verständlich machen, warum Jesus später von den Bewohnern seiner Heimatstadt abgelehnt wurde (Mk 6,1–6 ; Mt 13,53–58; Lk 4,16–30) und äußerst kritisch beobachtet wurde.

[2] Bezeichnend für die Wunderberichte der Kindheitserzählung des Thomas ist das Sensationelle. In diesem Fall liegt kein Heilungswunder an einem Kranken vor. Jesus wirkt für sich selbst ein Wunder, um seinen Auftrag erfüllen zu können. Ein Wunder als Zeichen, ein Wunder als Anregung des Staunens und des beginnenden Glaubens liegt hier nicht vor.

Jesus in der Synagogenschule

Als Josef den Verstand des Knaben und sein Alter sah, daß er heranreifte, beschloß er, daß er der Schrift nicht unkundig bleiben sollte, und er führte ihn hin und übergab ihn einem Lehrer. Der Lehrer aber sprach zu Josef: ‚Zuerst will ich ihn im Griechischen unterrichten, dann im Hebräischen.' Denn der Lehrer wußte von der Kenntnis des Knaben und hatte Angst vor ihm. Trotzdem schrieb er das Alphabet auf, übte es mit ihm einige Zeit, und er entgegnete ihm nichts. Dann aber sprach Jesus zu ihm: ‚Wenn du wirklich Lehrer bist und die Buchstaben recht kennst, so sage mir die Bedeutung des Aleph, und ich will dir die des Beth sagen.' Der Lehrer ärgerte sich und schlug ihn auf den Kopf. Der Knabe, dem das weh tat, verfluchte ihn. Sofort wurde er (der Lehrmeister) ohnmächtig und fiel zu Boden aufs Gesicht. Der Knabe kehrte ins Haus Josefs zurück. Josef wurde traurig und ermahnte seine Mutter: ‚Daß du mir ihn nicht hinaus vor die Türe gehen läßt! Denn alle, die ihn ärgern, sterben'" (14,1–3).[3]

Totenerweckung in Nazaret

Einmal starb in der Nachbarschaft Josefs ein krankes Kind, und seine Mutter weinte sehr. Jesus hörte lautes Klagen und Lärmen und eilte hin. Er fand das Kind tot, berührte seine Brust und sprach: ‚Ich sage dir, stirb nicht, sondern lebe und gehe zu deiner Mutter.' Sogleich schlug es die Augen auf und lachte. Er aber sprach zu der Frau: ‚Nimm es, gib ihm Milch und denk an mich.' Als das umherstehende Volk sah, was geschehen war, wunderte es sich und sagte: ‚Wahrlich, dieses Kind ist entweder ein Gott oder ein Engel Gottes. Denn jedes Wort aus seinem Mund ist eine fertige Tat.' Jesus aber ging weg von dort und spielte mit anderen Kindern" (17,1–2).[4]

Kindheitserzählung des Thomas (Ende des 2. Jahrhunderts)

---

[3] Das Auftreten Jesu in der Synagogenschule ist seltsam, keineswegs nachahmenswert.
[4] Eine Totenerweckung in Nazaret, auf die sich keines der vier Evangelien des Neuen Testamentes bezieht.

♦ Jesu Sprechen auf Menschenart

Jesus aber machte Fortschritte in der Weisheit. Er lernt also und eignet sich das Wissen an, nicht das der Großen, sondern das der Geringeren und Kleineren. Und so wie ich lerne zu stammeln, mir Gewalt antuend, wenn ich mit kleinen Kindern rede (denn ich verstehe es sozusagen nicht, kindisch zu reden, ich muß mir dazu als Erwachsener Gewalt antun), so redet auch der Erlöser, wenn Er in der Majestät der Herrlichkeit Gottes ist, nicht auf Menschenart und kann nicht zu denen, die unten sind, sprechen. Da Er also in den Menschenleib kam, sagte Er anfangs: ‚Ich verstehe nicht zu reden, ich bin noch zu jung.' Jung ist Er gemäß der Geburt im Fleische, alt, sofern Er der ‚Erstgeborene vor aller Schöpfung ist', jung weil Er in der Vollendung der Zeiten kam und erst am Ende ins Leben eintrat."[5]

Origenes (um 185–254)

♦ Jesus – ein Zauberer?

Am Tage nachdem Jesus sein siebtes Lebensjahr vollendet hatte, spielte er mit seinen kleinen Kameraden. Sie vergnügten sich mit Lehm und kneteten Figürchen, die Esel, Ochsen, Vögel und andere Tiere darstellten ... Jeder von ihnen war stolz über sein Geschick und rühmte sein Werk. Da sprach der Herr Jesus zu den anderen Spielkameraden: ‚Seht diese Figürchen, die ich geknetet habe; jetzt werde ich sie sich bewegen lassen.' Die Knaben sagten zu ihm: ‚Bist du denn der Sohn des Schöpfers?'
Der Herr Jesus befahl seinen Figürchen, sich zu bewegen. Alsbald begannen sie zu hüpfen. Dann rief er sie zurück, und sogleich kehrten sie um. Jesus hatte Figürchen geknetet, die Vögel und kleine

[5] Origenes, Homilie zu Jeremia 1,8 (PG 13, 265 AB). Zitiert aus: Origenes, Geist und Feuer. Ein Aufbau aus seinen Schriften von H. U. von Balthasar. Salzburg – Leipzig 1938, 191f. (Nr. 282). Eine bemerkenswerte sprachpsychologische Überlegung, um das Hineinwachsen des menschgewordenen Gottessohnes in die Menschensprache verständlich zu machen!

Sperlinge darstellten. Er hieß sie fliegen, und sogleich flogen sie. Er hieß sie sich niedersetzen, und sogleich setzten sie sich auf seine Hände. Er gab ihnen zu essen, und sie fraßen. Er gab ihnen zu trinken, und sie tranken. Da gingen die Knaben zu ihren Eltern und erzählten ihnen, was sie erlebt hatten. Sie aber sprachen zu ihnen: ‚Kinder, kommt nicht mehr mit ihm zusammen. Er ist ein Zauberer. Hütet euch vor ihm, kommt ihm nicht mehr nahe und spielt fortan nicht mehr mit ihm!'“. (26,1–2)[6]

♦ Jesus, ein mutwilliger Junge

Eines Tages kam Jesus, als er mit Kindern herumlief und spielte, an der Werkstatt eines Färbers vorbei, der Salem hieß. In der Werkstatt waren viele Tücher, die er zu färben hatte. Der Herr Jesus trat in die Werkstatt des Färbers ein, nahm all diese Tücher und warf sie in einen mit Indigo gefüllten Kessel. Als nun Salem kam und bemerkte, daß die Tücher verdorben waren, begann er laut zu schreien, fuhr den Herrn Jesus an und sprach: ‚Was hast du mir angetan, Sohn der Maria? Bei allen Leuten der Stadt hast du mich in schlechten Ruf gebracht. Jeder hat sich eine passende Farbe bestellt. Du aber kommst daher und hast alles verdorben!'
Da antwortete der Herr Jesus: ‚Welches Tuches Farbe du verändert haben willst, die will ich dir verändern,' und er begann sogleich, die Tücher aus dem Kessel herauszuholen, alle einzeln in der Farbe gefärbt, die der Färber wollte, bis er sie alle hervorgeholt hatte.
Als die Juden dieses Wunder und Zeichen sahen, lobten sie Gott“ (Kap. 37).[7]

---

[6] Das arabische Kindheitsevangelium (6. Jahrhundert), wohl eine Übersetzung eines älteren Berichtes in syrischer Sprache, vereint drei Zyklen: Geburt Jesu – Wunder in Ägypten – Wunder des Jesusknaben. Der dritte Teil ist mithin der Kindheitserzählung des Thomas entnommen. Durch die arabische Übersetzung ist die apokryphe Kindheitsgeschichte auch Mohammed vertraut gewesen und durch den Koran heute noch den Moslems bekannt. Die Geschichte der Vögelchen ist aufgenommen im Koran, Sure 3, Vers 50.

[7] Die apokryphe Geschichte stellt einen ganz anderen Jesus vor als etwa der neutestamentliche Text: „... er war ihnen (Maria und Josef) untertan ... und fand Wohlgefallen bei Gott und den Menschen“ (Lk 2,51–52).

♦ Heilung von Schlangengift

Leute trugen einen Knaben herbei, der mit anderen ins Gebirge gegangen war, um Holz zu sammeln. Da biß ihn eine giftige Schlange. Als seine Gefährten herbeieilten, sahen sie ihn wie tot auf dem Boden liegen. Sie trugen ihn fort, um ihn in die Stadt zu bringen …

Als sie beim Herrn Jesus angekommen waren, sagten sie zu ihm: Eine Schlange hat ihn gebissen. Da sprach der Herr Jesus zu den Kindern: Kommt mit uns, damit wir die Schlange töten! …

Als sie im Gebirge angekommen waren, wo der Biß der giftigen Schlange erfolgt war, sprach der Herr Jesus zu den Kindern: ‚Befindet sich hier die Schlange?', Sie antworteten: ‚Ja.' Da rief der Herr Jesus die Schlange, die sogleich hervorkam und sich vor ihm verneigte. Er sprach zu ihr: ‚Geh und sauge das Gift ab, das du diesem Knaben eingeflößt hast!' Die Schlange saugte dem Knaben das Gift wieder aus. Da verfluchte sie der Herr Jesus, und es verendete die Schlange. Jesus legte seine Hand auf den Knaben, und er war gesund". (42,1–3)[8]

Arabisches Kindheitsevangelium (6. Jahrhundert)

♦ Verwandlung von Kindern in Tiere

Eines Tages ging der Herr Jesus durch die Straßen. Da sah er Kinder, die miteinander spielten. Deshalb folgte er ihnen. Doch die Knaben, die ihn erkannt hatten, versteckten sich, als er herankam. Da blieb der Herr Jesus vor einer Haustür stehen, wo er Frauen erblickte, und fragte sie, wohin die Jungen gegangen seien. Die Frauen antworteten: ‚Hier ist kein einziger!' Er fragte sie nochmals: ‚Wer sind die, die dort im Backofen sitzen?' Die Frauen antworteten ihm: ‚Das sind dreijährige Böckchen.' Da rief der Herr Jesus: ‚Böckchen, kommt

---

[8] Arabisches Kindheitsevangelium (siehe Anmerkung 6). Bezeichnend für die späte (6. Jahrhundert) Niederschrift dieser Apokryphe ist der Titel „Herr", wie die Herausstellung Jesu als Herrscher und Beherrscher der kosmischen Welt.

heraus, hierher zu eurem Hirten!‘ Sogleich kamen die Knaben in Gestalt von Zicklein heraus und begannen, um ihn herumzuspringen. Die Frauen, die Zeugen dieses Schauspiels waren, wurden von Staunen erfüllt. Vor Angst eilten sie herbei, warfen sich demütig bittend vor dem Herrn Jesus nieder und sprachen zu ihm: ‚O unser Herr Jesus, Sohn Marias! Du bist in Wahrheit Israels guter Hirte! Habe Erbarmen mit deinen Dienerinnen, die vor dir stehen und niemals an dir gezweifelt haben. O unser Herr, du bist nur erschienen, um zu heilen, nicht um zu verderben!‘

Der Herr Jesus antwortete ihnen: ‚Die Kinder Israels stehen unter den Völkern auf der gleichen Stufe wie die Neger.‘ Da sprachen die Frauen zu ihm: ‚Herr, du weißt alle Dinge und nichts bleibt dir verborgen. Jetzt bitten und erflehen wir von deiner Güte, daß du diesen Knaben, deinen Dienern, ihre ursprüngliche Gestalt zurückgibst.‘ Der Herr Jesus sprach: ‚Kommt hierher, Kinder, und laßt uns spielen!‘ Im gleichen Augenblick nahmen die Zicklein ihre frühere Gestalt wieder an und wurden vor den Augen jener Frauen in Knaben zurückverwandelt“ (40,1–2).[9]

♦ Eine unverständliche Bestrafung

An einem anderen Tag war der Herr Jesus mit Josef unterwegs. Er begegnete einem laufenden Knaben. Dieser stieß so gegen ihn, daß der Herr Jesus niederfiel. Da sprach Jesus zu ihm: ‚So wie du mich umgestoßen hast, wirst auch du zu Boden stürzen und dich nicht mehr erheben.‘ Im gleichen Augenblick stürzte das Kind zu Boden und starb“ (Kap. 47).[10]

---

9 Der gütige und menschenfreundliche Erlöser und Wundertäter (Tit 3,4) wird hier zur abstoßenden Farce!

10 Dieser Jesusknabe ist ein furchterregendes, abstoßendes Geheimnis (mysterium tremendum).

♦ Jesus, der Alleswisser

„(Im Tempel befindet sich auch ein in der Medizin bewanderter Philosoph. Er fragt Jesus): ‚Mein liebes Kind, weißt du etwas von Medizin?' Der Herr Jesus antwortete ihm durch eine gelehrte Rede über die Physik und die Hypophysik, die Metaphysik und die Hyperphysik, über die Kräfte der Körper und der Temperamente, über ihre Wahrnehmungen und ihre Fähigkeiten, über das Verstandesvermögen, über die Akte der reizbaren und der lüsternen Begierde, über die Zusammensetzung und die Auflösung und andere Dinge, die den menschlichen Verstand übersteigen. Jener Philosoph erhob sich, warf sich vor dem Herrn Jesus nieder und sprach zu ihm: ‚Herr, von jetzt an bin ich dein Jünger und dein Diener.'"[11]

Arabisches Kindheitsevangelium (6. Jahrhundert)

♦ Er wird in der Wiege schon reden …

Die Engel sprachen: O Maria, Gott hat dich erhoben, geheiligt und bevorzugt über alle Frauen der Welt. O Maria, sei deinem Herrn ganz ergeben, verehre ihn und beuge dich mit denen, die sich vor ihm beugen … O Maria, Gott verkündet dir das von ihm kommende Wort, sein Name wird sein: Messias Jesus, Sohn Marias … Er wird in der Wiege schon und auch im Mannesalter zu den Menschen reden und wird sein ein frommer Mann.

Maria erwiderte: Wie soll ich einen Sohn gebären, da mich ja kein Mann berührt? Der Engel antwortete: Der Herr schafft, was und

---

[11] Der im Lukas-Evangelium (Lk 2,41–52) überlieferte Bericht über den zwölfjährigen Jesus „mitten unter den Lehrern" (Lk 2,46) ist in außerbiblischen Texten begierig aufgegriffen worden. Vor allem das Wissen Jesu, über das selbst die Schriftgelehrten nur staunen konnten, wird präzisiert und Jesus als unerreichter Experte der Medizin und aller Wissenschaften der ausgehenden Antike geschildert. Eine fast unerträgliche Spannung dieser apokryphen Berichte liegt zwischen der Bezeichnung „der Herr" (kyrios) Jesus und seiner Härte, Lieblosigkeit und Unversöhnlichkeit (siehe Dokumente 9 und 10).

wie er will; so er irgend etwas beschlossen und spricht: Es werde! – so ist es. Er wird ihn auch unterweisen in der Schrift und Erkenntnis, in der Thora und dem Evangelium und ihn senden zu den Kindern Israels.

Er spricht: Ich komme zu euch mit Zeichen von eurem Herrn. Ich will aus Ton die Gestalt eines Vogels euch machen und ihn anhauchen, und er soll, mit dem Willen Allahs, ein lebendiger Vogel werden. Die Blinden und die Aussätzigen will ich heilen und, mit dem Willen Allahs, Tote lebendig machen und euch sagen, was ihr eßt und bewahrt in euren Häusern. Dies alles wird euch ein Zeichen sein, wenn ihr nur gläubig seid“ (Sure 3, Verse 43–50).[12]

Koran (um 650)

♦ Jesus, der Jüngling

Jüngling worden ist der Knabe,
Wandelt stattlich, schlank aufragend
Und geschmückt mit jeder Gabe,
Sich in Würd’ und Anmut tragend;
Seine Scheitel ringt sich reinlich,
Mit des Bartes zarten Keimen
Kinn und Wangen sich besäumen,
Und sein Antlitz färbt sich bräunlich.“[13]

J. A. Pangkofer

---

[12] Im Koran wird in Sure 3 (Verse 43–50) deutlich der neutestamentliche Hintergrund (Lk 1,26–38) sichtbar. Das Wunderwirken Jesu bereits „in der Krippe“ und während seiner Kindheit und Jugendzeit dürfte mit Sicherheit den neutestamentlichen Apokryphen entnommen sein. Die Sure 3 trägt die Überschrift „Die Familie Amrans“ (Al-Imran). Mohammed nannte den Vater Marias „Amran“ (vgl. Sure 19 – Maria/Maryam – Vers 29).

[13] Das Gedicht eines sonst Unbekannten mit dem Titel „Jesus der Jüngling“ ist veröffentlicht worden in dem von Eduard von Schenk herausgegebenen Almanach „Charitas“ (1842, 287). Vgl. A. L. Mayer, Die Liturgie in der europäischen Geistesgeschichte, Darmstadt 1971, 291.

♦ Auch ein gutes Gläschen Wein …

Christkindelein, Christkindelein,
Komme doch zu uns herein!
Wir haben frisch Heubündelein
Und auch ein gutes Gläschen Wein;
Das Bündelein fürs Eselein,
Fürs Kindelein das Gläselein,
Und beten können wir auch.“[14]

Christoph von Schmid (1768–1854)

♦ Ihn anschaun ist mir Seligkeit

Ich liebe einen Königssohn,
Ihn lieb' ich ganz allein;
Er trägt die allerschönste Kron'
Von rotem Edelstein.

Ihn schmückt ein silberweiß Gewand,
Ein Purpurmantel weht;
Er hält zwei Rosen in der Hand,
Sein Fuß auf Rosen steht.

Ihm blüht ein Strauß an treuer Brust
Von Rosen, weiß und rot;
Ihn lieben, das ist meine Lust,
Ihn lassen wäre Tod.

---

[14] Christoph von Schmid, Priester, Religionspädagoge und Volksschriftsteller, war sicherlich von tiefer Gottinnigkeit erfüllt. Der vorliegende Text hat jedoch inhaltlich wie formal das Niveau einer naiven Romantik weit unterschritten. Allein schon die Verniedlichungen „Christkindelein … Heubündelein … Eselein … Gläselein … Kindelein“ sind heute untragbar. Gerade dieser „süße Kitsch“ hat bei nicht wenigen Menschen das ausgelöst, was Tilmann Moser als Glaubens- und Gottesvergiftung bezeichnet hat. Vgl. T. Moser, Gottesvergiftung. Frankfurt/M. ^{3}1977; L. Zellner, Gottestherapie. Befreiung von dunklen Gottesbildern. München 1995.

Ihn anschaun ist mir Seligkeit,
Ein' andre kenn' ich nicht;
Ihm dienen ist mir Trost und Freud'
Und ganze Lebenspflicht ..."[15]

Luise Hensel (1798–1875)

♦ Das Kindsein des Gottmenschen

Da Gott einmal Mensch werden wollte, um unter uns zu wohnen, da wollte er auch die ganze Entwicklung eines Menschenwesens durchmachen und mit dem Kindsein beginnen.

Und er hat diese lange Entwicklung gar nicht als zeitraubenden Umweg betrachtet und die Zeit der Kindheit nicht als Wartezeit, deren Abfluß man mit Geduld erwartet. Seine Kindheit war ihm ebenso wichtig wie sein Mannestum, seine Unmündigkeit so bedeutungsvoll wie die Reife, das erste unsichere Tasten seiner Kinderhändchen war ihm so wertvoll und leistungsfähig wie die Hilflosigkeit seiner selben Hände, da sie an das Holz des Kreuzes genagelt wurden."[16]

Peter Lippert (1879–1936)

♦ Maria im Gespräch mit ihrem heiratsfähigen Sohn

Ist es nicht Zeit, eine Frau zu nehmen?" fragte sie. „Die Leute zerreißen sich schon die Mäuler."
„Ich werde darüber nachdenken."

[15] Das Lied der romantischen Dichterin Luise Hensel ist nach Auskunft von Anton L. Mayer, a.a.O. 294 noch in der Zeit vor dem Ersten Weltkrieg in Landkirchen gesungen worden. Von der gleichen Dichterin stammt das Abendgebet: „Müde bin ich, geh' zur Ruh, / Schließe beide Äuglein zu", das jahrzehntelang das „Standard"-Abendgebet gewesen ist. Vgl. F. Spiecker, Luise Hensel als Dichterin. Freiburg 1936; H. Schiel, Clemens Brentano und Luise Hensel. Aschaffenburg 1956.

[16] P. Lippert, Ein Kind ist uns geboren. München 1956, 5.

„Hast du ein unerreichbares Mädchen im Kopf?"
„Nein."
„Sagt dir denn keines der Mädchen zu, die man dir zur Frau anbot?"
„Sie sagen mir alle zu, aber ich will nicht heiraten."
„Selbst die Propheten haben geheiratet."
„Die Essener nehmen sich keine Frau."
„Die Essener?" fragte Maria verdutzt zurück.[17]

Gerald Messadié

Das neutestamentliche Defizit

Es ist Faktum: Die Biographie Jesu, wie sie in den vier Evangelien des Neuen Testaments vorliegt, weist die erhebliche Lücke von fast 20 Jahren auf. Aus Texten des Neuen Testamentes kann kein lückenloses Leben Jesu erstellt werden.

Man beachte aber den Entstehungsprozess des neutestamentlichen Schriftenkomplexes! Die innerkirchliche Abgrenzung jener Schriften, die im ur- und frühchristlichen Bereich vor allem in den Wortgottesdiensten, bei Eucharistiefeiern und bei der Spendung der Sakramente verwendet wurden, hatte zur Folge einen spürbaren Stillstand des bis dahin legitimen, mündlichen „Weitererzählens" und des narrativen „Auffüllens" des Lebens und Wirkens Jesu.

Es wäre durchaus möglich gewesen, dass bei einem länger dauernden Prozess der Kanonbildung Berichte über die Kindheit und Jugendzeit Jesu ihren geläuterten, kirchlich legitimen Platz im Neuen Testament hätten einnehmen können. Die Schriftwerdung des gesprochenen Wortes hat einen zunächst offenen Prozess abgebrochen. Nicht wenige Erzählungen über die ersten Lebensjahrzehnte Jesu wanderten in den Untergrund christlicher Geheimzirkel (z. B. der Gnostiker und Doketen; vgl. Offb 2,1–3,22) ab.

Dass bis in das 4. und 5. christliche Jahrhundert die heutige scharfe Scheidung von kanonisch-neutestamentlichen und außerbiblisch-apokryphen

[17] G. Messadié, Ein Mensch namens Jesus. Roman. München 1989, 164. In einem mehr als amüsanten Gespräch versuchen Romanschreiber, weil die Bibel sich ausschweigt, in die Intimsphäre Jesu einzudringen! Wer die Apokryphen nicht kennt, hat in seinem Glauben und Leben nichts versäumt. Wer die Apokryphen kennt, weiß die Nüchternheit und Schlichtheit des Neuen Testamentes zu schätzen. Was würden heutige Religionslehrer und Prediger sagen, wenn Apokryphen Grundlage ihrer Verkündigung wären? Für Kritiker und Atheisten wären Apokryphen eine üppige Fundgrube, um daraus ihre Giftpfeile zu schärfen und christlichen Glauben, der dann wahrlich auf Märchen und Legenden aufgebaut wäre, ad absurdum zu führen und Christus wie Christen als indiskutabel zu bezeichnen!

Schriften nicht strikt gehandhabt wurde, bestätigen z.B. die apokryphen Johannes-Akten (wohl in Kleinasien im 3. Jahrhundert entstanden – vgl. E. Hennecke – W. Schneemelcher, Bd. II, 125–176), die in Kleinasien nicht nur in häretischen Gruppen, sondern an Apostelfesten auch in christlich-orthodoxen Gemeinden gelesen wurden und auch in syrischer Sprache im Umlauf waren.

Seither muss sich mit den Christen die ganze Menschheit, so weit sie sich überhaupt für Jesus interessiert, mit diesem fragmentarischen Leben Jesu in den Schriften des Neuen Testaments zufrieden geben. Über diesen Zustand und Umfang könnte ein Christ jenen Satz schreiben, der in der Apostelgeschichte über die Beschlüsse des sogenannten Apostelkonzils in Jerusalem in einem kühnen Wissen um eine geheimnisvolle Kooperation gesetzt wurde: „Der Heilige Geist und wir haben beschlossen, euch keine weitere Last aufzuerlegen" (Apg 15,28).

Sollte der Mensch in seinem ohnehin angefochtenen und durchlöcherten Glauben an Jesus nicht mit zusätzlichen Informationen überfordert werden? Um in der Nachfolge Jesu zu stehen, um als denkender und durchaus kritischer Christ seinen eigenen Standort und Standpunkt zu bedenken, zu klären und zu vertiefen, und um auch in zahlreichen Diskussionen mit Zeitgenossen im Beruf oder in der Nachbarschaft seine Meinung gut zu vertreten, genügen durchaus jene, wenn auch fragmentarischen Texte über Jesus von Nazaret, die im Kanon des Neuen Testaments zur Verfügung stehen.

Der Röntgenschirm der Psychologie

Albert Görres (1918–1996) hat selbstkritisch die Frage aufgeworfen: „Kennt die Psychologie den Menschen? Fragen zwischen Psychologie, Anthropologie und Christentum" (München – Zürich 1978). Der Mensch, jeder Mensch ist für ihn ein mysterium ineffabile, ein unaussprechliches und unerforschliches Geheimnis. Mit dieser Vorgabe der Behutsamkeit und der Ehrfurcht sollten Menschen jenem Jesus von Nazaret begegnen, von dem Pontius Pilatus (unwissend hintergründig) gesagt hat: „Ecce homo! Seht, da ist der Mensch!" (Joh 19,5)

Es verwundert nicht, wenn heute Jesus auf die Couch der Psychologen gesetzt wird, um aus ihm bisher Unbekanntes in einem geschickt geführten „Lossprechungstraining" hervorzuholen. So werden immer häufiger die Fragen gestellt: Wie sind die Entwicklungsjahre Jesu verlaufen? Wie hat er Sexualität, Eros und Geschlechtsbeziehung erlebt? Hat es in seinen Lebenserfahrungen Ängste, Enttäuschungen gegeben, und wie ist er mit ihnen umgegangen? Es gibt keineswegs leicht zu interpretierende Schrifttexte, die das Gefühlsleben Jesu enthüllen und gleichzeitig neue Fragen aufwerfen: „Als er (Jesus) auf Erden lebte, hat er mit lautem Schreien und unter Tränen Gebete und Bitten vor den gebracht, der ihn aus dem Tod retten konnte, und er ist erhört und aus seiner Angst befreit worden. Obwohl er der Sohn war, hat er durch Leiden den Gehorsam gelernt" (Hebr 5,7–8).

Viele Menschen erwarten im grellen Gegensatz zum Chaotischen und Ausgeflippten des heutigen Menschseins in Jesus ein intaktes, harmonisches, ausgeglichenes, apathisches, exemplarisches Gegenbild. Weil Jesus „in allem“ (Hebr 2,17) „den Menschen gleich“ (Phil 2,7) war und „selbst in Versuchungen geführt wurde“ (Hebr 2,18; 4,15), suchen nicht nur die Frommen mehr als früher „das Menschliche“ in Jesus. Sie fragen: Hat es bei Jesus Aggressivität gegeben? Hat sich sein Temperament in Freude und Zorn, im Lachen und Weinen geäußert, oder war er ein völlig beherrschter, disziplinierter Mann, der nie aus seiner Rolle gefallen ist?

Jesus hat sich nicht gescheut, mit den Pharisäern zu streiten. Er hat seine Freunde wie auch seine Feinde sehr genau unter die psychologische Lupe genommen. Gerade „das Humanum“, dem Freundschaft und Liebe zuzurechnen sind, hat in jüngster Zeit immer wieder Film-Regisseure animiert, einen menschlichen, liebebedürftigen Jesus vorzustellen, der seine „letzte Versuchung“ am Kreuz erlebte, er könne Maria von Magdala und dann Maria von Betanien heiraten und in Kindern weiterleben, wie es der Film „Die letzte Versuchung Christi“ (Regie: Martin Scorsese/USA 1988) unternahm. Wünsche der Gegenwart untermischt mit Blasphemie werden mit gnostischen und apokryphen Jesusdeutungen vermengt. Es kommt heraus ein Jesus als einer von uns, der nicht besser ist als wir!

Wenn schon das Geheimnis eines Menschen nicht ganz aufgebrochen und enträtselt werden kann (worauf Albert Görres nachdrücklich hinweist) und das Tiefste und Intimste sich jedem Zugriff entzieht, dann steigt die Quote des Unerforschlichen und Unantastbaren in gigantische Höhen, wenn das Untersuchungsobjekt Jesus ist, den Bibel und christlicher Glaube als den Gott-Menschen bezeugen. Wenn Dimensionen des Ewigen zu messen sind, erweisen sich alle aus Zeit und Raum gewonnenen Maßstäbe als zu kurz.

Literatur

R. Aron, Die verborgenen Jahre Jesu. Frankfurt/M. 1962.

Sch. Ben-Chorin, Bruder Jesus. Der Nazarener in jüdischer Sicht. München ³1970.

G. Bichlmair, Der Mann Jesus. Luzern ²1947.

H. Bonnet, Reallexikon der ägyptischen Religionsgeschichte. Berlin – New York ²1971.

G. Bornkamm, Jesus. Der Mann aus Nazareth und seine Zeit. Stuttgart ²1970.

R. Guardini, Die menschliche Wirklichkeit des Herrn. Beiträge zu einer Psychologie Jesu. Würzburg 1958.

L. J. M. Hermanns, Jesu Geburt und Jugend im Zeugnis der Bibel. Salzburg 1968.
A. Holl, Jesus in schlechter Gesellschaft. Stuttgart 1971.
H. Junker, Die Geschichte der Ägypter. Freiburg 1933.
A. Läpple, Jesus von Nazaret. Kritische Reflexionen. München 1972.
K. Ledergerber, Die Auferstehung des Eros. Die Bedeutung von Liebe und Sexualität für das künftige Christentum. München 1971.
W. Marxsen, Das Neue Testament als Buch der Kirche. Gütersloh 1968.
H. Ranke (Hg.), Koptische Friedhöfe bei Karara und der Amon-Tempel Scheschonks I. bei El Gibe. Berlin – New York 1926.
H. Riedlinger, Geschichtlichkeit und Vollendung des Wissens Christi. Freiburg – Basel – Wien 1966.
F. J. Schierse (Hg.), Jesus von Nazareth. Mainz 1972.
N. Scholl, Jesus – nur ein Mensch? München 1971.
H. Wolff, Jesus, der Mann. Stuttgart 1975.
H. Zahrnt (Hg.), Jesus und Freud. München 1972.
M. Züfle-Renggli, Mensch gesucht, z. B. Jesus. Meditationen zur nachchristlichen Literatur. Stuttgart 1972.
Zeitschrift:
film-dienst. Das Magazin für Kino, Fernsehen, Video (Herausgegeben vom Katholischen Institut für Medieninformation e. V., Köln), November 1992 (das ganze Heft beschäftigt sich anregend und kritisch, unterstützt durch ein hervorragendes Bildmaterial, mit Jesusfilmen).

7. *Jesus in Ägypten*

Jeder Jude im Zeitalter Jesu wusste um die Doppelwurzel, aus der die jüdische Geschichte und der jüdische Glaube gewachsen sind: die Osterfahrung in Mesopotamien – Ur in Chaldäa (Gen 11,31) war die Heimat des Stammvaters Abraham –, die Westerfahrung in Ägypten (Gen 12,10; 39,1; 36,7; Ex 12,51), an die alljährlich das am 14. Nisan begangene Paschafest (Ex 6,6–8; Ps 113–118), erstmals gefeiert beim Auszug aus Ägypten, erinnerte. Über die am Mittelmeer verlaufende Seestraße (via maris) gab es einen lebhaften Handel in beide Richtungen.

In Zeiten der Verfolgungen und der militärischen Bedrückung war Ägypten immer wieder ein Zufluchtsort. In Hungersnöten, wenn in Palästina eine schlechte Ernte eingebracht wurde, war Ägypten eine stets übervolle Kornkammer. Seit Anfang des 5. vorchristlichen Jahrhunderts ist urkundlich (Papyri von Assuan) eine jüdische Kolonie in Ägypten bezeugt.

Jüdische Gelehrte (Auslandsjuden bzw. hellenistische Juden, später oft ausgestattet mit römischem Bürgerrecht) hatten sehr früh schon in Alexandrien ein wissenschaftliches Zentrum errichtet, in dem die welthistorische Leistung des hellenistischen Judentums, die Septuaginta (LXX), die griechische Übersetzung der hebräischen Bibel, um 250 v. Chr. erarbeitet worden ist. Philo von Alexandrien (25 v. – 50. n. Chr.) bezifferte die Zahl der in Ägypten angesiedelten Juden auf eine Million. Allein in Alexandrien lebten etwa 200 000 Juden mit eigener Gemeindeordnung und einem von Jerusalem unabhängigen Kultzentrum in Leontopolis.

Man braucht keineswegs die Apokryphen zu Hilfe zu rufen, um Jesus mit Ägypten in Verbindung zu bringen, denn das Neue Testament berichtet von der Flucht nach Ägypten (Mt 2,13–15) und von der Rückkehr aus Ägypten (Mt 2,19–23). Weder der Aufenthaltsort noch nähere Einzelheiten noch die Aufenthaltsdauer werden im Neuen Testament berichtet. Man sollte jedoch festhalten, dass von den vier Evangelien nur Matthäus vom Ägypten-Intermezzo erzählt. Für die literarische Fassung dieses Matthäus-Berichtes könnte eine sogenannte „Mose-Legende" benützt worden sein. Äußerst geschickt ist das Hosea-Zitat (Hos 11,1) in die Erzählung eingefügt, das in seinem Wortlaut heisst: „Als Israel jung war, gewann ich ihn lieb, ich rief meinen Sohn (die Septuaginta übersetzt „Söhne") aus Ägypten." Der Hosea-Text zielt ursprünglich auf das ganze Volk Israel, der Verfasser des Matthäus-Evangeliums hat ihn jedoch in radikaler Rezeption und Interpretation auf Jesus allein zugespitzt.

Es fällt auf, dass Jesus in seinen späteren Reden nie auf das Ägypten-Erlebnis zurückkommt. Dies ist jedoch keineswegs verwunderlich oder gar ein Argument gegen einen Ägyptenaufenthalt Jesu. Jesus war in Ägypten kaum älter als ein Lebensjahr; außerdem dauerte der Ägyptenaufenthalt kaum länger als ein Jahr. Wenn daher in der antichristlichen Polemik der Juden wie auch in manchen Apokryphen wiederholt auf den Ägyptenaufenthalt Jesu Bezug genommen und behauptet wird, Jesus habe sich seine Weisheit (vgl. Spr 22,17–23,12; Apg 7,22; 18,24) in Ägypten angeeignet und sein „Wunderwirken" bei einem ägyptischen Zauberer gelernt, dann bieten für solche Aussagen die neutestamentlichen Schriften nicht die geringste Grundlage.

Josef und Maria mit dem Jesuskind könnten zur Flucht den alten Karawanenweg der Seestraße benutzt haben – das apokryphe Evangelium des Pseudo-Matthäus (Kap. 22) berichtet von der „Straße am Meeresufer" –, die damals wie heute bei Beer Sheba (Hauptstadt des Negevgebietes) beginnt. Dann könnte die Reise über die damalige Grenzstadt Rhinocula und Pelusium einen Ort in der Nähe von Kairo erreicht haben, an dem die Flüchtlingsfamilie wohnte. Im heutigen Alt-Kairo umschließt die Krypta der alten koptischen Kirche Abu Serge (nach der Überlieferung) jene Stätte, die Jesus, Maria und Josef während ihres Ägyptenaufenthaltes bewohnten. An der heutigen Bus-Haltestelle Al-Matarija (10 km nordöstlich von Kairo) wird beim alten On (das Heliopolis des Alten Testaments: Gen 41,50) ein Feigenbaum (auch „Marienbaum" genannt) gezeigt, unter dem die Heilige Familie auf der Flucht vor Herodes gerastet haben soll (heute im Garten bei der „Kirche der Heiligen Familie im Exil"). Der heutige „Marienbaum" wurde um 1670 an die Stelle eines alten, verdorrten Baumes gepflanzt (Der Große Polyglott: Ägypten. München ^{3}1978, 171).

Nach ihren Visionen hat Anna Katharina Emmerich (Das arme Leben unseres Herrn Jesu Christi. Augsburg ^{11}1989, 52–60.62–64) folgende Orte bzw. Raststätten des Fluchtweges nach Ägypten angegeben: Nazara (zwischen Legio und Massaloth), Anim oder Engannim, Ephraim (in der Nähe von Mambre), Mara (letzter Ort von Judäa) und schließlich Heliopolis, wo Jesus, Maria und Josef lebten. Am Ort oder im Umfeld von Helipolis könnte auch bei Benutzung der alten Karawanenstraße der kurzfristige Aufenthalt der Heiligen Familie gewesen sein.

♦ Jesu angelernte Zauberkräfte aus Ägypten

(Jesus) hat sich aus Armut als Taglöhner nach Ägypten verdungen und dort an einigen Zauberkräften versucht, auf die die Ägypter stolz sind. Er ist dann (nach Palästina) zurückgekehrt und hat sich viel auf diese Kräfte eingebildet und sich (wegen dieser Zauberkräfte) öffentlich als Gott erklärt."[1]

Kelsos (2. Jahrhundert)

♦ Ein Räuber, der spätere rechte Schächer auf Golgota

Als sie von dort weiterzogen, gelangten sie in eine Einöde und erfuhren, daß diese Gegend unsicher sei. Josef und die allerseligste Maria beschlossen, sie während der Nacht zu durchqueren. Als sie weiterzogen, trafen sie auf zwei schlafende Räuber. Bei ihnen befand sich eine ganze Bande weiterer Räuber, ihre Gefährten, die gleichfalls schliefen. Die beiden Räuber, denen sie begegneten, waren Titus und Dumachus. Titus sprach zu Dumachus: ‚Gib diesen Leuten den Weg frei, damit sie vorbeiziehen können und unsere Gefährten sie nicht bemerken!' Dumachus wollte davon nichts wissen. Titus sprach zu ihm: ‚Ich gebe dir vierzig Drachmen, und nimm dies als Pfand!' Dann reichte er ihm den Gürtel, den er um seine Lenden trug, um ihn zu bewegen, zu schweigen und kein Wort zu sagen.

---

[1] Der Platoniker Kelsos hat um 178 eine Schrift „Wahres Wort" gegen die Christen und ihre Glaubenslehren geschrieben und ihren Glauben als Religion der Ungebildeten bezeichnet. Das Originalwerk ist zwar verloren gegangen, aber Origines (um 185–254) hat in einer Gegenschrift „Contra Celsum" (8 Bücher) darauf geantwortet und in ausführlicher Weise Kelsos zitiert. Das Zitat stammt aus dem ersten Buch dieser Gegenschrift. Kelsos gibt wohl eine Meinung wieder, die in der antichristlichen Polemik der Juden zu hören war, dass Jesus nicht nur als Kleinkind, sondern in der Zeit zwischen seinem 12. und 30. Lebensjahr ein zweites Mal in Ägypten war. Damals habe er ägyptische Zauberstückchen gelernt, die er in Palästina als „Wunder" „verkauft" habe. Vgl. C. Andresen, Nomos und Logos. Die Polemik des Kelsos wider das Christentum. Berlin 1955; Origenes, Geist und Feuer. Ein Aufbau aus seinen Schriften von H. U. von Balthasar. Salzburg – Leipzig 1938; A. Miura-Stange, Celus und Origenes. Gießen 1926; A. Wifstrand, Die wahre Lehre des Kelsos. Lund 1942; H. O. Schroeder, Celsus und Porphyrius als Christengegner. In: Die Welt als Geschichte 17 (1957) 190–202.

Als unsere liebe Frau, die allerseligste Maria, bemerkte, wie edel sich dieser Räuber ihnen gegenüber verhalten hatte, sprach sie zu ihm: ‚Gott der Herr wird dich zu seiner Rechten behüten und dir die Verzeihung deiner Sünden gewähren.' Da ergriff der Herr Jesus das Wort und sprach zu seiner Mutter: ‚O Mutter, in dreißig Jahren werden die Juden in der Stadt Jerusalem mich ans Kreuz schlagen. Mit mir werden sie diese beiden Räuber kreuzigen, Titus zu meiner Rechten, Dumachus zu meiner Linken. Nach diesem Tage wird mir Titus ins Paradies vorausgehen.' Sie antwortete ihm: ‚Möge dir das erspart bleiben, mein Sohn!'" (23,1–2)[2]

Arabisches Kindheitsevangelium (6. Jahrhundert)

♦ Anbetung des Jesuskindes durch Löwen und Leoparden

Da kamen sie zu einer Höhle und wollten sich dort ausruhen. Maria stieg von der Eselin und setzte sich nieder; Jesus hielt sie auf ihrem Schoß. Josef wurde nun aber von drei Knaben und Maria von einem jungen Mädchen begleitet. Doch siehe, auf einmal krochen aus der Höhle mehrere Drachen hervor. Bei ihrem Anblick schrien die Kinder laut vor Entsetzen. Da sprang Jesus von Marias Schoß und richtete sich auf vor den Drachen; die aber beteten ihn an, worauf sie verschwanden. So wurde das Wort des Propheten David (Ps 98,7) erfüllt: ‚Lobpreiset den Herrn, ihr Ungeheuer und Abgründe!'
Das Jesuskind schritt auf die Drachen zu und befahl ihnen, den Menschen kein Leid mehr anzutun. Maria und Josef aber fürchteten

[2] Das aus dem 6. Jahrhundert stammende Arabische Kindheitsevangelium zeigt nicht nur den großen Abstand von den Schriften des Neuen Testaments an. Es sind auch spürbare Impulse des Konzils von Chalzedon 451 zu erkennen, auf dem die Glaubenswahrheit der Gottesmutter Maria (theotókos) verkündet wurde. Formulierungen wie „unsere liebe Frau" und vor allem „die allerseligste Jungfrau" wären in den neutestamentlichen Evangelien nicht denkbar. Auffallend ist der Hoheitstitel „der Herr (kyrios) Jesus" und die betonte Herausstellung der Allwissenheit des Kindes Jesus (Titus, einer der Räuber, wird der rechte Schächer auf Golgota sein!). Die bewusste Verknüpfung von Kindheit und Passion Jesu bezeugt eine späte Reflexionszeit.

sehr, das Kind könne durch die Ungeheuer verletzt werden. Doch Jesus sprach zu ihnen: ‚Ängstigt euch nicht, und betrachtet mich nicht als ein Kind. Denn ich bin immer ein fertiger Mensch gewesen. Es schickt sich, daß die wilden Tiere der Wälder zahm werden, wenn sie mich sehen.'
Ebenso beteten ihn die Löwen und Leoparden an und begleiteten ihn in die Wüste. Sie schritten Maria und Josef voraus, wohin sie auch gingen, wiesen ihnen den Weg und neigten ihren Kopf in Anbetung vor Jesus. Am ersten Tage aber, an dem Maria die Löwen und allerlei wilde Tiere um sich sah, erschrak sie sehr. Doch das Jesuskind blickte sie freudig an und sprach zu ihr: ‚Mutter, fürchte dich nicht; denn sie umdrängen dich nicht, um dir ein Leid anzutun, sondern um dir zu dienen.' Durch diese Worte verscheuchte er allen Schrecken aus ihrem Herzen.
Die Löwen wanderten mit ihnen, mit den Ochsen, den Eseln und den Saumtieren, die ihre Lasten trugen, und fügten ihnen kein Leid zu, vielmehr waren sie voller Sanftmut inmitten der Schafe und Widder, die Josef aus Judäa mitgeführt hatte, ja hüteten sie mit ihm. Die Schafe und Widder schritten inmitten der Wölfe und fürchteten sich nicht, und keinem geschah etwas Böses. So erfüllte sich das Wort des Propheten Jesaja (Jes 65,25): „Die Wölfe werden mit den Lämmern weiden, Löwe und Rind werden das gleiche Futter teilen. Denn sie hatten zwei Ochsen, die zogen ihren Hausrat auf einem Wagen, und die Löwen behüteten sie auf ihrem Wege" (18,1–3; 19,1–2).[3]

♦ Das Geheimnis des Palmbaumes

Am dritten Tag ihrer Wanderung war Maria durch die Glut der Sonne in der Wüste ermattet. Da sah sie eine Palme und sprach zu Josef: ‚Ich will etwas unter ihrem Schatten ruhen.' Josef führte sie

[3] Der Text aus dem Evangelium des Pseudo-Matthäus (8./9. Jahrhundert) lässt einen typischen Akzent erkennen: alttestamentliche Zitate (Ps 98,7; Jes 65,25) haben Anregungen für narrativ-szenische Gestaltung gegeben.

eilends zur Palme und ließ sie von der Eselin absteigen. Als Maria unter der Palme saß, blickte sie zu ihrem Wipfel empor und sah ihn von Früchten schwer. ‚Wenn es möglich ist', sprach sie zu Josef, ‚würde ich gerne von diesen Früchten kosten.' Josef antwortete ihr: ‚Ich wundere mich über deine Rede; siehst du nicht, wie hoch die Palmen sind, und da willst du von ihren Früchten essen? Mich bedrängt weit mehr, daß es an Wasser fehlt, denn es ist keines mehr in unseren Schläuchen. Wir und unsere Tiere können nicht unseren Durst löschen.

Da sprach der kleine Jesus, der still auf dem Schoß seiner Mutter ruhte, zum Palmbaum: ‚Baum, neige dich herab und speise meine Mutter mit deinen Früchten!' Der Palmbaum gehorchte diesen Worten und neigte seinen Wipfel zu Marias Füßen herab, damit sie alle Früchte pflücken konnten, an denen sie sich sättigten. Als die Früchte gepflückt waren, neigte der Baum sich immer noch und wartete auf den Befehl dessen, der ihm solches geboten hatte. Da sprach Jesus zu ihm: ‚Erhebe dich, Palmbaum, komm' wieder zu Kräften! Fortan wirst du das Los meiner Bäume teilen, die in meines Vaters Paradies sind. Öffne mit deinen Wurzeln den tief in der Erde verborgenen Quell, damit Wasser emporquelle, um unseren Durst zu stillen!' Sogleich richtete sich die Palme wieder auf und zwischen ihren Wurzeln begann ein Wasser zu fließen; das war klar, mild und frisch. Als sie den Quell erblickten, überkam sie große Freude; sie tranken alle, Mensch und Tier und lobten Gott. Am anderen Morgen brachen sie wieder auf. Als sie weiter des Weges zogen, wandte sich Jesus zum Palmbaum und sprach zu ihm: ‚Ich verleihe dir das Vorrecht, Palmbaum, daß einer deiner Zweige von meinen Eseln davongetragen und in meines Vaters Paradies gepflanzt werde. Ich spende dir diesen Segen, damit es von allen heiße, die im Kampfe siegen: Ihr habt die Palme des Sieges erlangt!' Und siehe, während er das sagte, erschien ein Engel des Herrn und schwebte über dem Baume. Er ergriff einen der Zweige und flog zum Himmel empor, während er ihn in der Hand hielt. Als sie das sahen, fielen sie auf ihr Gesicht und blieben dort liegen wie tot.

Da sprach Jesus zu ihnen: ‚Warum erschreckt ihr in eurem Herzen? Wißt ihr nicht, daß diese Palme, die ich ins Paradies habe tragen lassen, an diesem Ort der Freuden für alle Heiligen bereitstehen wird, so wie sie für euch in dieser Wüste bereitstand?‘ Da erhoben sich alle wieder fröhlichen Mutes“ (20,1-2; 21).[4]

♦ Die Götter Ägyptens zerbrechen vor Jesus

Als sie ihres Weges zogen, sprach Josef zu ihm (Jesus): ‚Herr, die Hitze verzehrt uns. Wenn es dir recht ist, wollen wir die Straße am Meeresufer entlangziehen, damit wir in den Seestädten rasten können!‘ Jesus antwortete: ‚Verzage nicht, Josef. Ich werde euern Weg so abkürzen, daß ihr die Strecke, für die man sonst dreißig Tage braucht, an einem Tage durchqueren werdet.‘ Wie sie noch so redeten, sahen sie bereits die Berge Ägyptens und seine Städte vor sich liegen. Freudig und frohlockend erreichten sie das Gebiet von Hermopolis und betraten eine der Städte Ägyptens mit Namen Sotinen. Da sie niemand kannten, der sie hätte aufnehmen können, suchten sie einen Tempel auf, den man das Kapitol Ägyptens nannte. In diesem Tempel waren 365 Götzenbilder aufgestellt. Tag für Tag wurden ihnen in schändlichen Feiern göttliche Ehren erwiesen. Als die gottselige Jungfrau Maria mit ihrem kleinen Sohn den Tempel betrat, ereignete es sich, daß alle Götzen herabstürzten und zerbrochen, mit zerschlagenem Gesicht auf dem Boden lagen. So erwies sich deren Nichtigkeit. Es erfüllte sich das Wort des Propheten: ‚Seht, der Herr reitet auf einer leichten Wolke; er kommt nach Ägypten. Bei seiner Ankunft zittern die Götter Ägyptens‘ (Jes 19,1).
Als aber Aphrodosius, der Gouverneur der Stadt, die Nachricht erfahren hatte, kam er mit seinem ganzen Heere in den Tempel. Da ihn die Priester des Tempels mit all seinen Kriegsleuten kommen sahen, meinten sie, er wolle an denen Rache nehmen, die den Sturz der Götter bewirkt hatten. Doch als er den Tempel betreten hatte und alle Götzen auf ihrem Gesicht liegen sah, grüßte er Maria und betete das Kind auf ihrem Schoße an. Als er gebetet hatte, sprach er

[4] Der Palmbaum hat in der christlichen Kunst und Krippenfrömmigkeit bis zum heutigen Tag eine erstaunliche Lebendigkeit behalten. Überaus geschickt ist die „Verewigung“ der Palme eingebracht, die zur „Palme des Sieges“ in den Händen der Engel und Heiligen wird.

zu seinem Heere und zu seinen Freunden: ‚Wäre dieser nicht der Gott unserer Götter, so lägen sie nicht auf ihrem Gesicht und hätten sich nicht in Anbetung vor ihm niedergeworfen. Dadurch haben sie ihn stillschweigend als ihren Herren anerkannt. Wenn aber wir nicht aufmerksam dem Beispiel unserer Götter folgen, laufen wir Gefahr, daß wir seinen Groll erregen und alle zugrunde gehen, wie es einst dem Pharao, dem Ägypterkönig, geschah, weil er so großen Wundertaten keinen Glauben schenkte. Daher wurde er mit seinen Kriegern vom Meer verschlungen.‘ Da glaubte das ganze Volk dieser Stadt an Gott den Herrn durch Jesus Christus“ (22,1–2; 23; 24).[5]

Evangelium des Pseudo-Matthäus (8./9. Jahrhundert)

♦ Josefs Reiselied – auf modern!

Wir müssen nach Ägypten fliehn,
ach, ist das weit, auwei geschrien!
Lauf, mein Eselchen, lauf!

Du trägst den Himmel huckepack,
sei brav, mach keinen Schabernack!
Lauf, mein Eselchen, lauf!

Die Wüste ist voll Wüstensand,
wer stehnbleibt, kriegt Sonnenbrand.
Lauf, mein Eselchen, lauf!

Sind wir erst mal an unserem Ziel,
dann baden wir im blauen Nil.
Lauf, mein Eselchen, lauf!

Wenn Herodes zur Hölle fährt,
dann reisen wir wieder umgekehrt.
Lauf, mein Eselchen, lauf!“[6]

Manfred Bieler

---

[5] Auch diese Passage ist dem Evangelium des Pseudo-Matthäus entnommen, wobei der alttestamentliche Text Jes 19,1 zum Impuls der apokryphen Szenerie geworden ist: „... Bei seiner Ankunft zittern die Götter Ägyptens.“

Das Auslösemoment für die Flucht nach Ägypten (Mt 2,13–15) war der jüdische König Herodes der Große († 4 v. Chr.), der den Mordauftrag gegeben hatte, „in Betlehem und der ganzen Umgebung alle Knaben bis zum Alter von zwei Jahren zu töten, genau der Zeit entsprechend, die er von den Sterndeutern erfahren hatte“ (Mt 2,16). Das Todesjahr des Königs Herodes wie auch die Altersangabe „zwei Jahre“ der getöteten Knaben führen (was bereits in: „1. Jesus im geschichtlichen Kontext“ dargelegt wurde) zum Jahr 7 v. Chr. als historisches Geburtsdatum Jesu.

Man ist mehr als erstaunt, wenn erst jüngst Konradin Ferrari d'Occhieppo (Professor der Theoretischen Astronomie an der Universität Wien) das stundengenaue Datum des authentischen Dreikönigstages präsentierte: Die Magier aus dem Osten seien am Abend des 12. November des Jahres 7 v. Chr. gegen 20 Uhr in Betlehem angekommen. Er fügte hinzu, das von ihm astronomisch-chronologisch festgestellte Datum habe „eine Toleranz von höchstens einem Tag vorher oder nachher“ (S. 68). Als genaues Geburtsdatum Jesu wurde von ihm der 15. September des Jahres 7 vor Christus errechnet.

Das Stichwort „Ägypten“, das durch das Matthäus-Evangelium in den Bericht über das Leben Jesu eingebracht wurde, erweist sich für den Bibelleser als eine politisch bedingte Episode, die mit dem von Verfolgungsängsten befallenen König Herodes I. zusammenhängt. Um nicht gestürzt zu werden, ließ er seine drei Söhne Alexander, Aristobul und Antipater hinrichten. Jeden Putschversuch unterdrückte er mit großen Hinrichtungs- und Abschreckungsaktionen. „Ein neugeborener König der Juden“ (Mt 2,1), nach dem die Magier aus dem Osten gefragt hatten, war für den alternden König der letzte und gehassteste Kronprätendent. „Herodes I. war einer der schlimmsten Bluthunde, die wir aus der Antike kennen … In diesem Herrscherleben ist eine Aktion wie der Kindermord von Bethlehem nur eine Episode“ (Ethelbert Stauffer, a. a. O. 31–41).

Es ist trotzdem bemerkenswert, dass Jesus selbst bei brisanten Situationen seines öffentlichen Wirkens nicht auf seinen Ägyptenaufenthalt (von dem er wenigstens von Maria und Josef gehört hatte) zu sprechen kam. Jesus sagte sehr deutlich: „Ich bin nur zu den verlorenen Schafen des Hauses Israel gesandt“ (Mt 15,24). Auch seinen Aposteln gab er die Weisung: „Nehmt euren Weg nicht zu den Heiden“ (Mt 10,5; vgl. Mk 7,24.27). Er geht aber später doch zu den Heiden in den Städten Tyrus und Sidon, wird gepriesen als „Licht zur Offenbarung für die Heiden“ (Lk 2,32; Apg 26,23; Röm 9,24; Eph 3,6) und sendet die Apostel „zu allen Völkern“ (Mt 28,19). Es wäre für Jesus ein Leichtes gewesen, seine Sendung auch zu den Heiden mit dem Hinweis auf erste

[6] Manfred Bieler, Mein kleines Evangelium. Verlag Herder, Freiburg [5]1978. (Kapitel 3: Flucht nach Ägypten). Der Reisegesang Josefs mag für Kleinkinder recht lustig klingen. Es braucht aber keine zehn Jahre, dann kann ein solcher Text zur Glaubensverspottung und Gottesvergiftung werden. Vgl. T. Moser, Gottesvergiftung. Frankfurt/M. [3]1976; R. Cordes (Hg.), Die Bibel als Kinderbuch. Schwerte 1991.

Kontakte mit Heiden bei seinem Ägyptenaufenthalt zu begründen. Ein solcher Hinweis fehlt in allen Schriften des Neuen Testaments.

Ägypten war für die Verfasser der Apokryphen ein Reizwort. Einerseits konnten sie unter Verwendung alttestamentlicher Zitate das Ägypten-Intermezzo des Jesuskindes zu farbenprächtigen Szenen gestalten. Andererseits war es ihnen ein ideales Experimentierfeld, ein Jesusbild im Lichte ihrer gnostisch-doketisch-monophysitischen Theologie unter das einfache Christenvolk zu bringen. Wenn auch die Gnostiker und Monophysiten auf den großen Konzilen von Ephesus (431) und Chalzedon (451) unterlagen, sie haben auf dem Feld der Apokryphen über viele Jahrhunderte hinweg große Siege vor allem in der mit narrativem Detail beglückten Volksfrömmigkeit feiern können.

Literatur

E. Bock, Die Kindheit Jesu. Zwei apokryphe Evangelien. München 1924.

N. Brox (Hg.), Pseudoepigraphie in der heidnischen und jüdisch-christlichen Antike. Darmstadt 1977.

M. Cramer, Das christlich-koptische Ägypten. Einst und heute. Wiesbaden 1959.

K. Ferreri d'Occhieppo, Der Stern von Bethlehem. Aus der Sicht der Astronomie beschrieben und erklärt. Frankfurt/M. – Berlin 1994.

G. Graf, Geschichte der christlich-orientalischen Literatur. Bd. I. 1944, 225–227.

J. Leipoldt, Geschichte der koptischen Literatur. Leipzig [2]1909.

J. Leipoldt – W. Grundmann, Umwelt des Urchristentums. Bd. I. Berlin [2]1967.

E. Norden, Die Geburt des Kindes. 1924.

P. Schäfer, Geschichte der Juden in der Antike. Die Juden Palästinas von Alexander dem Großen bis zur arabischen Eroberung. Stuttgart – Neukirchen-Vluyn 1983.

K. L. Schmidt, Kanonische und apokryphe Evangelien und Apostelgeschichten. Basel 1944.

E. Stauffer, Jesus. Gestalt und Geschichte. Bern 1957.

W. C. van Unnik, Das Selbstverständnis der jüdischen Diaspora in der hellenistisch-römischen Zeit. Leiden – New York – Köln 1993.

J. Walterscheid, Das Leben Jesu nach den neutestamentlichen Apokryphen. Düsseldorf 1953.

8. *Jesus in Indien*

Skepsis und Kopfschütteln, aber auch Neugier und Interesse wird dieser Abschnitt auslösen. Die einen werden sagen: Noch nie davon gehört! Andere wiederum werden vermuten: Vielleicht eine sensationelle Enthüllung einer vatikanischen Verschlusssache – durch Indiskretion? Wird heute weltweit bekannt, was jahrhundertelang verschwiegen wurde?

Geschichtliche Tatsache ist: Der größte und vielleicht auch interessanteste Teil der Biographie Jesu ist unbekannt. Von dem über 33jährigen Leben Jesu wurden bei der schriftlichen Aufzeichnung der vier Evangelien mindestens 18 Jahre, nämlich der Lebensabschnitt vom 12. Lebensjahr (Lk 2,42) bis etwa zum 30. Lebensjahr (Lk 3,23; Joh 8,57), mit völligem Stillschweigen übergangen.

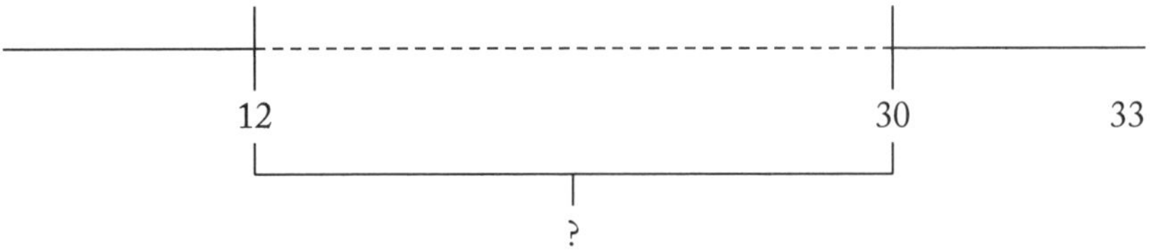

In diese unbekannten 18 Jahre fällt die Zeit der Entwicklung von der Kindheit zur Jugend wie auch jene Lebensphase, in der das Erwachen von Liebe und Freundschaft lebendig wird. Was war Jesus für ein Mensch? Wie hat es im Herzen, in der Emotion des Menschen Jesus als heranwachsendem Teenager ausgesehen? Karl Ledergerber (Die Auferstehung des Eros. Die Bedeutung von Liebe und Sexualität für das künftige Christentum. München 1971, 121) schreibt zum neutestamentlichen Textbefund: „Das Schweigen der Texte, der ‚weiße Fleck' sozusagen, scheint einem bewussten Nicht-berühren-Wollen zu entsprechen."

Es ist unmöglich, eine chronologisch lückenlose Biographie Jesu zu erarbeiten, denn der größte Teil der Vita Jesu ist unbekannt. Könnte es sein, dass – in jüngster Zeit – durch einen glücklichen Zufall Dokumente oder auch nur Fragmente uralter Aufzeichnungen ans Tageslicht gekommen sind, die die bisherige Lücke der Jesus-Biographie mit interessanten Informationen schließen?

Wurde in der urchristlichen Verkündigung wie auch bei der Niederschrift der Evangelien ein ganz großer Lebensabschnitt Jesu deshalb ausgeklammert, weil Peinliches oder Anstößiges über Jesus, den Sohn des Zimmermanns Josef (Mt 13,55–57; Lk 2,33.42; 4,22; Joh 1,45; 6,42), vertuscht werden sollte? War Jesus vielleicht ein Bastard, ein Nicht-Jude, vielleicht sogar ein Inder, der sich an die Spitze einer jüdischen Revolte in Palästina gegen die römische Besatzungsmacht stellte? Haben sich Christen wie Juden des Jesus geschämt, so dass sie Abschnitte seines Lebens bewusst ausgegrenzt und zum allergrössten Geheimnis erklärt haben?

Ist ein Aufenthalt Jesu in Indien die lang gesuchte Erklärung für die große Lücke in der christlichen wie auch in der jüdischen Überlieferung? Tatsachen der urchristlichen Missionsgeschichte drängen sich auf: Ist nicht der Apostel Thomas auf seinen Pastoralreisen nach Indien gezogen, woran die späteren „Thomas-Christen" erinnern? Neutestamentliche Experten haben seit längerer Zeit schon darauf aufmerksam gemacht, dass „die kanonischen Geburtsgeschichten legendäre Motive aufweisen, die ihre Parallelen in der außerbiblischen, vor allem in der indischen, ägyptischen und persischen Literatur haben" (Oscar Cullmann verweist auf die Forschungen und Veröffentlichungen von G. A. van den Bergh van Eysinga; siehe Hennecke – Schneemelcher I, 273). Für das apokryphe Thomas-Evangelium (entstanden um 150 n. Chr.) wird festgestellt durch Oscar Cullmann: „Vielleicht ist es auch kein Zufall, daß gerade für den hier verwerteten Stoff Parallelen aus indischen Legenden ganz besonders in Betracht kommen" (Hennecke – Schneemelcher I, 292).

Man sollte daher gerade dieses Kapitel nicht überschlagen, sondern kritisch lesen, um sich über ungewohnte und unbekannte Themen kundig zu machen und sich persönlich auch ein Urteil über die Akzeptanz oder über die Brüchigkeit ihrer Argumente bilden zu können. Jesus, der Dalai-Lama der Christen?

♦ Die geheimen Worte Jesu an Thomas

Dies sind die geheimen Worte, die Jesus, der Lebendige, gesprochen hat und die aufgeschrieben hat Didymus Judas Thomas und er hat gesagt: ‚Wer findet das Verständnis dieser Worte, der wird den Tod nicht schmecken' (Logion 1).

Jesus hat zu seinen Schülern gesagt: ‚Vergleicht mich und sagt, wem ich gleiche.' Simon Petrus sagte ihm: ‚Du gleichst einem gerechten Engel (oder: Gesandten).' Matthäus sagte ihm: ‚Du gleichst einem Menschen, der ein weiser Philosoph ist.' Thomas sagte ihm: ‚Meister, mein Mund wird es absolut nicht zulassen, daß ich sage, wem du gleichst.' Jesus sagte ihm: ‚Ich bin nicht dein Meister; da du getrunken hast, hast du dich berauscht an der sprudelnden Quelle, die ich gespendet habe.' Und er nahm ihn, zog sich zurück und sagte ihm drei Worte. Als Thomas zu seinen Genossen zurückkam, fragten sie ihn: ‚Was hat Jesus dir gesagt?' Thomas antwortete ihnen: ‚Wenn ich euch eines der Worte sage, die er mir gesagt hat, werdet ihr Steine nehmen und sie gegen mich werfen, und ein Feuer wird aus den Steinen entstehen und euch verbrennen'" (Logion 13).[1]

Thomas-Evangelium (um 150)

♦ Der seltsame Weg des Thomas nach Indien

Zu jener Zeit waren wir Apostel alle in Jerusalem, Simon, genannt Petrus, und Andreas, sein Bruder, Jakobus, des Zebedäus Sohn, und Johannes, sein Bruder, Philippus und Bartholomäus, Thomas und Matthäus, der Zöllner, Jakobus, (des Alphäus Sohn), und Simon, der Kananäer und Judas, (des Jakobus Bruder); und wir verteilten die

[1] Es handelt sich nicht um ein „Evangelium" im herkömmlichen Sinn. Es bietet keine Episoden aus dem Leben Jesu, sondern eine Sammlung von 114 Logien, jeweils eingeleitet: „Jesus hat gesagt." Gefunden wurde das Thomas-Evangelium um 1945 in Nag Hammadi/Ägypten; es wird heute aufbewahrt im Koptischen Museum in Alt-Kairo. Vgl. Hennecke – Schneemelcher, a. a. O. I, 199–223 (Logion 1 a. a. O. 205, Logion 13 a. a. O. 206–207).

Gegenden der Erde, daß ein jeder von uns in die Gegend, die durchs Los auf ihn käme, und zu dem Volke, zu welchem der Herr ihn schickte, reisen solle.
Nach dem Lose kam nun Indien an Judas Thomas, der auch Zwilling heißt. Er wollte aber nicht hingehen und sagte, er könne wegen der Schwachheit des Fleisches nicht reisen, und: Wie kann ich, der ich ein Hebräer bin, reisen und den Indern die Wahrheit predigen? Als er dies erwog und sagte, erschien ihm der Heiland während der Nacht und sprach zu ihm: Fürchte dich nicht, Thomas, geh nach Indien und predige dort das Wort, denn meine Gnade ist mit dir. Er aber gehorchte nicht und sprach: Wohin du mich senden willst, sende mich, (aber) anderswohin! Denn zu den Indern gehe ich nicht.
Als er dies sagte und erwog, traf es sich, daß ein Kaufmann, der von Indien gekommen war, namens Abban, dort anwesend war, der vom König Gundafor abgesandt war und von ihm den Befehl erhalten hatte, einen Zimmermann zu kaufen und ihm zuzuführen. Der Herr (Jesus) aber sah ihn sich um die Mittagszeit auf dem Markte ergehen und sprach zu ihm: Du willst einen Zimmermann kaufen? Er sprach zu ihm: Ja. Der Herr sprach zu ihm: Ich habe einen Sklaven, der Zimmermann ist, und will ihn verkaufen. Als er dies gesagt hatte, zeigte er ihm von ferne Thomas, verabredete mit ihm ein Kaufgeld von drei Pfunden ungeprägten (Silbers) und schrieb einen Kauf(brief) folgenden Inhalts: Ich, Jesus, der Sohn des Zimmermanns Josef, bestätige, einen Sklaven von mir, namens Judas, an dich, Abban, einen Kaufmann Gundafors, des Königs der Inder, verkauft zu haben. Als aber der Kauf(brief) fertiggestellt worden war, nahm der Heiland Judas, der auch Thomas heißt, und führte ihn zum Kaufmann Abban. Als Abban ihn sah, sprach er zu ihm: Ist dieser dein Meister? Der Apostel antwortete und sprach: Ja, er ist mein Herr. Er aber sprach: Ich habe dich von ihm gekauft. Und der Apostel schwieg“ (II,2,1–2).

♦ Thomas brach das Brot der Eucharistie

Als er (Thomas) in der folgenden Nacht schlief, kam der Herr, trat zu seinen Häupten und sprach: Thomas, steh früh auf, segne alle und nach dem Gebet und Dienst geh auf dem Wege nach Osten zwei Meilen, und dort werde ich durch dich meine Herrlichkeit zeigen. Denn um des Werkes willen, dessentwegen du ausziehst, werden viele zu mir Zuflucht nehmen, und du sollst die Natur und Macht des Feindes überführen. Er stand vom Schlafe auf und sprach zu den Brüdern, die bei ihm waren: Kinder und Brüder, der Herr will heute etwas durch mich ausführen. Laßt uns aber beten und ihn bitten, daß es für uns ihm gegenüber kein Hindernis gebe, sondern daß, wie zu jeder Zeit, so auch jetzt nach seiner Absicht und nach seinem Willen durch uns geschehe. Als er dies gesagt hatte, legte er seine Hände auf sie und segnete sie. Er brach Brot der Eucharistie, gab es ihnen und sprach: Gereiche euch diese Eucharistie zu Barmherzigkeit und Mitleid und nicht zum Gericht und zur Vergeltung! Sie sprachen: Amen“ (II, 2,29).[2]

Thomas-Akten (3./4. Jahrhundert)

♦ Einer der Weisen kam aus Indien

Zur Zeit des Propheten Mose lebte ein Mann namens Zarathustra [Zoroaster], der die Lehre der Magie ersonnen hatte. Als er eines Tages an einem Brunnen saß, um die Jünger der magischen Wissenschaften zu unterrichten, da sagte er ihnen in seiner Rede: ‚Siehe, die Jungfrau wird ohne Mitwirkung eines Mannes empfangen. Sie wird gebären, ohne daß das Siegel der Jungfräulichkeit zerbricht. Ihre frohe Botschaft wird in den sieben Zonen der Erde verkündet werden. In der von Melchisedeck gegründeten Heiligen

---

[2] Die Thomas-Akten enthalten u.a. einen abenteuerlichen Bericht über das Kommen des Apostel Thomas nach Indien (II, 2,1–2: Der seltsame Weg des Thomas nach Indien). Dieser Text ist deshalb seltsam, weil Jesus, der Herr, selbst auftritt, um den widerspenstigen Thomas nach Indien zu bringen. Jesus tritt dabei als Sklavenbesitzer auf, der Thomas, von Beruf Zimmermann, als Sklaven nach Indien verkauft. Der zweite Text (II, 2,29) berichtet über das missionarische Wirken des Apostels Thomas in Indien – bei der Erteilung des Segens wie beim Brotbrechen der Eucharistie. Die Thomas-Akten dürften im 3./4. Jahrhundert auf Syrisch abgefasst worden sein. Heute steht nur ein einziges Zeugnis in griechischer Sprache zur Verfügung.

Stadt (Salem = Jerusalem) werden die Juden ihn kreuzigen. Er wird von den Toten auferstehen und zum Himmel fahren. Als Zeichen seiner Geburt werdet ihr im Osten einen Stern sehen, glänzender als das Sonnenlicht und die Sterne am Himmel. In Wirklichkeit wird es nicht ein Stern, sondern ein Engel Gottes sein. Wenn ihr ihn erblickt, zieht sogleich nach Betlehem! Betet dort den neugeborenen König an und bringt ihm eure Geschenke dar! Der Stern wird euch zu ihm führen.' Dieses Wort war eine prophetische Eingebung. Der Metropolit Josue, Sohn des Nun, sagt, dieser Zarathustra sei kein anderer gewesen als Balaam der Astrologe. Diese Weissagung hat sich am Ende der Zeiten erfüllt ...
Alsbald begab sich ein Engel des Herrn eilends in das Land der Perser, um den weisen Königen Kunde zu bringen, daß sie das neugeborene Kind anbeten sollten. Nachdem der Stern die Könige neun Monate lang geführt hatte, erreichten sie ihr Ziel genau in dem Augenblick, als die Jungfrau Mutter wurde ...
Jene Könige der Magier waren drei Brüder: Der erste war Melkon, der über die Perser herrschte; der zweite, Baltasar, herrschte über Indien, und der dritte, Kaspar, besaß das Land der Araber. Sie hatten sich auf ihrer Reise beeilt und waren daher genau zu der Zeit angekommen, als Jesus geboren wurde" (16. Kapitel).[3]

Evangelium des Pseudo-Matthäus (8./9. Jahrhundert)

♦ Sie haben ihn nicht getötet ...

Weil sie (die Juden) nicht (an Jesus) geglaubt und gegen Maria große Lästerungen ausgestoßen haben, darum haben wir sie ver-

[3] Das Pseudo-Matthäus-Evangelium wurde von einem Verfasser, der sehr lange mit dem Verfasser des neutestamentarischen Matthäus-Evangeliums gleichgesetzt wurde, im 8./9. Jahrhundert zusammengestellt. In ihm finden sich viele Überlieferungen, die von der offiziellen Kirche und ihren gottesdienstlichen Feiern ausgegrenzt waren, aber sich beim christlichen Volk großer Beliebtheit erfreuten. Die Texte zielen ab auf die Verherrlichung Marias als Königin der Jungfrauen (Hennecke – Schneemelcher I, 303f.). Eine Vielzahl von Handschriften hat ein ungeahntes Echo in der Volksfrömmigkeit, in der Literatur und Kunst bewirkt.

flucht. Sie haben ferner gesagt: Wir haben den Messias (Christus), den Jesus, den Sohn Maryams, den Gesandten Gottes (Allahs) getötet. Aber sie haben ihn (in Wirklichkeit) nicht getötet und (auch) nicht gekreuzigt. Vielmehr erschien ihnen ein anderer, der ihm ähnlich war (so daß sie ihn mit Jesus verwechselten und töteten). Und diejenigen, die über ihn uneins sind, sind im Zweifel über ihn.
Sie haben kein Wissen über ihn, gehen vielmehr Vermutungen nach. Und sie haben ihn nicht mit Gewißheit getötet. Nein, Gott hat ihn (Jesus) zu sich (in den Himmel) erhoben" (Sure 4,157–158).[4]

Koran (um 650)

♦ Die Lehre Jesu – indische Ethik

Das Neue Testament muß irgendwie indischer Abstammung sein; davon zeugt seine durchaus indische, die Moral in die Askese überführende Ethik, sein Pessimismus und sein Avatar …
Man könnte annehmen, daß Christus, nach Ägypten geflohen, dort von ägyptischen Priestern, deren Religion indischen Ursprungs gewesen ist, erzogen, von ihnen die indische Ethik und den Begriff des Avatars angenommen hätte und nachher bemüht gewesen wäre, solche daheim den jüdischen Dogmen anzupassen und sie auf den alten Stamm zu pfropfen …
Wie weise ist im Buddhaismus die Annahme der tausend Buddhas, damit es nicht sich ausnehme, wie im Christentum, wo Jesus Christus die Welt erlöst hat und außer ihm kein Heil möglich ist, – aber viertausend Jahre, deren Denkmale in Ägypten, Asien und

[4] In diesem Text (Sure 4, 157–158) kommt die islamische Vorstellung der Kreuzigung Jesu zur Darstellung: Jesus ist nicht am Kreuz gestorben (vgl. Sure 3,54: „Gott übertrifft die Ränke der Feinde Christi"; Sure 22,40: „Gott verlässt nicht seine Kämpfer"). Nach islamischer Tradition wurde Jesus durch einen Doppelgänger ersetzt: Simon von Kyrene oder Judas Iskariot. Hier ist auch der mögliche Ansatzpunkt zu sehen, warum der überlebende Jesus (nach Auffassung der Sekte der Ahmadiyya) nach Indien ausgewandert sei (siehe Anmerkung 6).

Europa groß und herrlich dastehen, nichts von ihm wissen konnten und jene Zeitalter mit aller ihrer Herrlichkeit unbesehens zum Teufel fuhren!“[5]

Arthur Schopenhauer (1788–1860)

♦ Jesus nach Indien ausgewandert?

Die Sekte der Ahmadiyya behauptet, daß Jesus nach seinem Scheintode am Kreuz und seiner Auferstehung nach Indien ausgewandert sei, nach Kaschmir, um dort das Evangelium zu verkünden. Er lebte dort bis zu einem Alter von 120 Jahren. Sein Grab befindet sich in Srinagar; was den mahdi betrifft, so glauben sie, daß er eine Inkarnation zugleich von Jesus, von Mohammad und ein Avatar von Krishna ist.“[6]

George C. Anawati

♦ Jesu Aufenthalt in Indien – sicher belegt?

Erst heute kann man mit Sicherheit behaupten, daß es, vom modernen Standpunkt der Leben-Jesu-Forschung ausgehend, tatsächlich unmöglich ist, den Aufenthalt Jesu in Indien zu wider-

[5] A. Schopenhauer, Parerga und Paralipomena. 1851, 4. Teil, Kap. XV. Das im Schopenhauer-Text zitierte Wort „Avatar“ bedarf einer kurzen Erklärung: Das Wort „Avatar“ kommt aus dem Sanskrit und bedeutet: überschreiten, herabsteigen. Es bezeichnet die mannigfachen Herabstiege der Götter, d.h. ihre Inkarnation als Fische, als Eber usw., um die Guten zu belohnen und die Bösen zu bestrafen. Vgl. J. Neuner, Das Christusmysterium und die indische Lehre von den Avatara. In: A Grillmeier – H. Bacht (Hg.), Das Konzil von Chalkedon. Bd. III. Würzburg 1954, 785–824.

[6] Zitiert aus: G. C. Anawati, Die Botschaft des Korans und die biblische Offenbarung. In: A. Paus (Hg.), Jesus Christus und die Religionen. Graz – Wien – Köln – Kevelaer 1980, 109–155 (Zitat 155). Zur Erläuterung: mahdi = Befreiung der Lehre und der Moral von allen fremden und festgefahrenen Gedanken und Rechtsformen. Die islamische Ahmadiyya-Sekte, gegründet von Mirza Ghulam Ahmad (1839–1903), vertritt mit großem Aufwand die Jesus-Indien-Legende. Diese Ahmadiyya-Sekte wird vom orthodoxen Islam nicht anerkannt. Der Grund hierfür ist darin zu sehen, dass Ahmad sich als wiedergekehrter Christus und als Vollender Mohammeds ausgegeben hat. Vgl. G. Grönbold, Jesus in Indien. Das Ende einer Legende. München 1985, 50 (Anmerkung 65); J. Dirnbeck, Die Jesusfälscher. Ein Original wird entstellt. Augsburg 1994, 91.

legen. Zu dem zunächst in Frage kommenden Lebensabschnitt (etwa zwischen dem 12. und 30. Lebensjahr) existiert weder eine historisch sichere Quelle noch irgendein Hinweis in den Evangelien. Es scheint, als beginne das Leben Jesu erst mit dessen dreißigstem Lebensjahr, als Jesus durch Johannes getauft wird."[7]

Holger Kersten

♦ Die Jesus-Indien-Story unbewiesen!

„... eine Story, die den vollinhaltlichen Vergleich mit Karl May nicht zu scheuen braucht ..."

Die drei Weisen aus dem Morgenland waren Inder, die das Judenbaby Jesus als hohe Inkarnation erkannten ... Die weisen Inder hätten sich dann um die geistige Entwicklung Jesu bemüht und dafür gesorgt, daß er in gewisse geheime Praktiken eingeweiht wurde und buddhistischen Religionsunterricht erhielt. Zu diesem Zweck wanderte der jugendliche Jesus schon als 12jähriger auf den alten Karawanenstraßen nach Indien. Der erste Indienaufenthalt Jesu fand also genau in jenen Jahren statt, über die man nichts Genaues weiß, weil sich die Bibel darüber ausschweigt ...
Jesus war am Karfreitag nur scheintot, überlebte das Kreuz und ging nach seiner vermeintlichen Auferstehung nach Indien, wo er hochbetagt starb – und zwar in Kaschmir, wo sich heute noch sein Grab befinden soll."[8]

Josef Dirnbeck

---

[7] H. Kersten, Jesus lebte in Indien. München 1984, 19; vgl. dazu N. Notowitsch, Die Lücke im Leben Jesu. Stuttgart 1894.

[8] Zur persönlichen Urteilsbildung über die Jesus-Indien-Story sei empfohlen J. Dirnbeck, Die Jesusfälscher. Ein Original wird entstellt. Augsburg 1994, 89–96 (Zitat 89–90). Ausgezeichnete Dienste leistet zur wissenschaftlichen Klärung G. Grönbold, Jesus in Indien. Das Ende einer Legende. München 1985; A. Schweitzer, Geschichte der Leben-Jesu-Forschung. München 1966, 333.

Das Jesus-Indien-Thema öffnet ohne Zweifel einen faszinierenden Erwartungshorizont. Aber man mag sich noch so gewissenhaft, noch so lange mit der Materie auseinandersetzen, Bücher wälzen und neue Zeitschriftenaufsätze studieren, die Erwartungen schlagen in Enttäuschung um, weil die vorgelegten Daten und Fakten zu dürftig sind. Allzu schnell wird eine Hypothese oder Möglichkeit: „... es könnte ... und es soll" zur geschichtlichen, geographischen, archäologischen Realität emporgejubelt.

Wunschgebilde und Vermutungen sind keine geschichtlichen Tatsachen. Die vorgelegten Argumente bieten kein tragfähiges Fundament für eine ausbaufähige und weiterführende wissenschaftliche Arbeit, die sich durchsetzt und allgemeine Anerkennung findet. Was bleibt, ist früher oder später die Feststellung: „Das Ende einer Legende" (Günter Grönbold). Sicherlich könnte deutlicher ins Bewusstsein gehoben werden, dass sehr früh schon – durch den Apostel Thomas? – von Palästina aus christliche Missionare den Weg nach Osten gezogen sind um jene Gemeinden in Indien zu gründen, die sich heute noch stolz und dankbar „Thomas-Christen" nennen.

Die Westorientierung der urchristlichen Mission

Die ins Leere laufende Christus-Indien-Story könnte aber trotzdem interessante, kaum beachtete Denkanstöße geben. Da ist zunächst die Westorientierung der Missionsreisen der Apostel zu bedenken und die damit anhebende Europäisierung der Kirche überhaupt. Im Zeitalter Jesu und der Urkirche war das Römische Reich der große, in griechischer und lateinischer Sprache sich verständigende Lebensraum, in dem eine Überfülle von Ideen, von Religionsformen und Mysterienkulten sich ausbreiteten und vermischten. Auch die christlichen Glaubensboten – man verfolge nur die Missionsreisen des Apostels Paulus! – haben das ausgebaute Straßennetz der römischen Kohorten benützt, um die Botschaft von Jesus, dem Weltenheiland, „in Jerusalem, in ganz Judäa und Samaria, ja bis an die Grenzen der Erde" (Apg 1,8) zu verkünden.

Botschaft und Werk Jesu erhielten im Laufe der Jahrhunderte ein „europäisches Gewand". Die begrifflich-dogmatische Formulierung wie auch die Absicherung gegenüber Verfälschungen und Verkürzungen konnte mit der griechisch-römischen Philosophie glänzend gemeistert werden. Die kirchliche Organisation und Verwaltung hat durch das vorgefundene römische Recht ein festes und praktikables Lebens- und Entscheidungsmodell erhalten.

Was wäre geschehen, wenn ...?

Die Westrichtung der von Palästina aus missionierenden christlichen Glaubensboten und die sich anbahnende Europäisierung der Kirche, ihrer Organisation und ihrer Theologie haben Leben und Geschichte der Kirche so tiefgreifend geprägt, dass bis zum heutigen Tag dieser europäische Grundakkord trotz des geschichtlichen und globalen Wandels sich durchgehalten hat.

Was wäre aber eingetreten, wenn sich die nachpfingstliche Jesus-Bewegung in Ostrichtung in Bewegung gesetzt hätte? Es hätte im Leben des christlichen Glaubens wie in der Entfaltung der Weltorganisation sicherlich weniger juristische Argumentationen und Instanzen, weniger Beweise und Begriffe in der Glaubensverkündigung gegeben. Es hätte mehr die Weisheit (sophia) als die Wissenschaft (scientia) den Christen und die christliche Gemeinde geprägt und beglückt, um dem Mysterium des Glaubens (mysterium fidei) zu begegnen.

Ein indischer „Augustinus", ein chinesischer „Bonaventura", ein japanischer „Thomas von Aquin" hätten die Tore der Spiritualität und der Meditation weit geöffnet und sich mit Sorge und Verantwortung darum gekümmert, dass die Tore der Spiritualität und der Meditation immer geöffnet bleiben! Es wäre bereits vor Jahrhunderten das große, ökumenische Gespräch der Christen mit den Weltreligionen in Gang gekommen und hätte der gegenseitigen, geistlich-geistigen Befruchtung gedient.

Die geschichtliche Realität ist anders verlaufen. Wir können das Rad der Geschichte nicht zurückdrehen. Trotzdem könnte auch die Christus-Indien-Legende zum Weiterbuchstabieren anregen und zu notwendigen Korrekturen und Offenheiten ermutigen!

Der europäische Christ wird an Jesus und seine Bergpredigt erinnert, wenn der politische und geistige Wegbereiter des neuen Indien, der Nichtchrist Mohandas Karamchand Gandhi (1869–1948), anregt, fünf Grundsätze an jedem geschenkten Tag des irdischen Lebens zu verwirklichen:

> *„Ich will bei der Wahrheit bleiben!*
> *Ich will mich keiner Ungerechtigkeit beugen!*
> *Ich will frei sein von Furcht!*
> *Ich will keine Gewalt anwenden!*
> *Ich will in jedem zuerst das Gute sehen!"*

In seinem Leben und Wirken hat Mahatma Gandhi sich eingesetzt für den Frieden unter den Menschen, für den Frieden unter den Weltreligionen, für den Frieden der Menschen mit der Natur. (Vgl. seine Autobiographie: M.K. Gandhi, The Story of My Experiments of Truth. Washington 1948.) Der Vertreter des Prinzips der totalen Gewaltlosigkeit, eines Prinzips, das er selbst überzeugend lebte, wurde am 30. Januar 1948 ermordet. Der Glanz Jesu liegt über seiner Persönlichkeit, vor der auch Christen sich in Ehrfurcht verneigen. Drängt sich nicht der Gedanke auf: Mit und in Gandhi war Jesus doch in Indien!

Literatur

G. A. van den Bergh van Eysinga, Indische Einflüsse auf evangelische Erzählungen. Göttingen 1909.

K. Berna, Jesus ist nicht am Kreuz gestorben. Stuttgart 1957.

M. Dietz, Die Zeugnisse heidnischer Schriftsteller des zweiten Jahrhunderts über Christus. Sigmaringen 1874.

J. Dirnbeck, Die Jesusfälscher. Ein Original wird entstellt. Augsburg 1994.

A. Faber-Kaiser, Jesus died in Kashmir. London 1978.

H. v. Glasenapp, Die Literatur Indiens. Stuttgart 1961.

G. Grönbold, Jesus in Indien. Das Ende einer Legende. München 1985.

F. Heiler, Christlicher Glaube und indisches Geistesleben. München 1926.

E. Hennecke – W. Schneemelcher (Hg.), Neutestamentliche Apokryphen in deutscher Übersetzung. I. Band: Evangelien. Tübingen [4]1968.

V. Kade-Luthra (Hg.), Sehnsucht nach Indien. Ein Lesebuch von Goethe bis Grass. München 1991.

Th. Kappstein, Buddha und Christus. Berlin 1906.

H. Kersten, Jesus lebte in Indien. München 1984.

S. Landmann, Jesus starb nicht in Kaschmir. Ohne Kreuzestod kein Christentum. München 1996.

G. Mensching, Buddha und Christus. Stuttgart 1978.

N. Notowitsch, Die Lücke im Leben Jesu. Stuttgart 1894.

S. Obermeier, Starb Jesus in Kaschmir? Düsseldorf 1983.

Th. J. Plange, Christus – ein Inder? Stuttgart 1907.

J. Reban, Christus wurde lebendig begraben. Zürich 1982.

B. Spuler, Religionsgeschichte des Orients in der Zeit der Weltreligionen. Leiden 1961.

9. *Jesus, der Jude*

Es gibt sehr unterschiedliche Gründe und Motivationen auf verschiedenen Ebenen und in geschichtlichen Epochen, warum Christen – wohl wissend, dass im Johannes-Evangelium zu lesen ist: „Das Heil kommt von den Juden" (Joh 4,22) – wie auch Nichtchristen Schwierigkeiten haben, Jesus von Nazaret als Juden „aus dem Samen Davids dem Fleische nach" (Röm 1,3; 2 Tim 2,8) zu akzeptieren. Es wäre für viele problemloser und weniger anstrengend, Jesus als Inbegriff des Menschseins (Ecce homo!), als homo universalis zu sehen, das Judesein Jesu in den Hintergrund zu rücken und langsam dem Vergessenwerden zu überantworten.

Sehr viele übersehen die jüdisch-semitische Struktur, die jüdische Lebens- und Glaubensweise, die Jesus, den menschgewordenen Sohn Gottes, geprägt hat. Er hat „nicht Ostern, Pfingsten, Allerseelen und Weihnachten, sondern Pessach, Schawuot, den Rosch ha-Schana, den Jom Kippur und Sukkot gefeiert" (Wolfgang Feneberg). Zu diesem Zitat sei eine Kurzerklärung der genannten jüdischen Festtage gegeben: Pessach ist das Fest des Auszuges aus Ägypten (Lev 23,5–14), Schawuot ist das Fest der Kornernte (Lev 23,15–21; Dtn 16,9–11), Rosch ha-Schana das jüdische Neujahrsfest (Lev 23,24–25; Num 29,1), Jom Kippur der Versöhnungstag (Lev 23,27–32), Sukkot das Laubhüttenfest (Lev 23,34–36.39–43; Dtn 16,13–15).

Es ist zunächst notwendig, Wort und Begriff „Antisemitismus" zu klären. Es handelt sich dabei um einen überaus weiten und allgemeinen Sammelbegriff, der Ägypter, Iraner, Iraker wie auch Palästinenser und Juden umfasst. Es müsste vielmehr sehr deutlich und präzis vom Antijudaismus gesprochen werden, um andere Völker des Nahen Orients auszugrenzen und um ausschließlich vom Volk der Juden, dem auch Jesus von Nazaret (Röm 2,28–29) angehörte, zu reden.

Nachdenken über die Motive

Die Botschaft über den gekreuzigten Jesus auf Golgota hat sicherlich – da und dort gewiss ganz unbewusst und ungewollt – die Juden als „Mörder des Herrn" (Gregor von Nyssa) im Gedächtnis und Werturteil der Frommem nachhaltig eingeprägt. Es hat im Mittelalter Verfolgungen der Juden, ihre Abgrenzung in Stadtviertel wie auch ihre Vertreibung aus Städten gegeben; es hat aber auch ein friedliches Zusammenleben von Juden und Nichtjuden gegeben.

Recht unterschiedlich war die Judenpolitik der deutschen Kaiser, die Festlegung des Judenrechts wie auch der Privilegien für die Juden. Große Erregungen und Judenverfolgungen wurden vor allem im 13. Jahrhundert ausgelöst durch angeblichen Hostienfrevel, durch Ritualmorde (z. B. des Werner von Bacherach 1287; in Endingen/Baden 1462; in Xanten 1891) und Blutschändungen, die Juden nachgesagt wurden. Dass auch von kirchlicher Seite starke Abgrenzungen der Christen von Juden gefordert wurden, bestätigen die mehrfachen Anordnungen des 4. Laterankonzils 1215 wie auch das Mainzer Provinzialkonzil 1233, das alle Christen exkommunizierte, die bei Juden Dienste ausübten. Bis zum heutigen Tage sind die Judenschriften von Martin Luther ein großes, noch nicht aufgearbeitetes Forschungsproblem.

In der Neuzeit hat immer mehr und bestürzender völkisch-nationalistisches Gedankengut zu einer Verschärfung des Antijudaismus geführt und damit letztlich zum Unheilsereignis von Auschwitz. Juden und Christen, Atheisten und Sozialisten, Sektenangehörige und Pazifisten haben in Konzentrationslagern gemeinsam ihr Ganz-Opfer (holo-caustum) für eine bessere Zukunft hingegeben.

♦ Juden – Mörder des Herrn

„Mörder des Herrn, Mörder der Propheten, Rebellen und Hasser Gottes. Sie beleidigen das Gesetz, widerstehen der Gnade, verleugnen den Glauben ihrer Väter. Sie sind Statisten des Teufels, Otterngezücht, Angeber, Verleumder, Hirnrissige, Verfluchte, Verabscheuungswürdige, Schmachsüchtige, Feinde des Schönen.“[1]

Gregor von Nyssa (334–394)

♦ Luthers Antijudaismus

„Man soll ihre Synagogen oder Schulen mit Feuer anstecken … ihre Häuser desgleichen zerbrechen und zerstören … den Juden das Geleit und die (freie) Straße ganz aufheben … ihnen alle Barschaft und Kleinodien an Silber und Gold nehmen … den jungen, starken Juden und Jüdinnen Flegel, Axt, Karst, Spaten, Rocken, Spindel in die Hand geben und sie ihr Brot verdienen lassen im Schweiß der Nase … und zum Land hinaustreiben.“[2]

Martin Luther (1483–1546)

---

[1] Aus einer Osterpredigt von Gregor von Nyssa (334–394), zitiert aus H. Kühner, Der Antichrist der Kirche. Zürich 1976, 35.

[2] Aus Luthers Schrift „Wider die Juden und ihre Lügen“ vom 4. Januar 1543 (WA 53, 523,1–526,16). Nach der Lektüre dieser antijüdischen Schrift schrieb der Schweizer Reformator Heinrich Bullinger (1504–1575) an Martin Bucer, er habe beim Lesen dieser Schrift den Eindruck, sie sei „von einem Schweinehirten, nicht aber von einem berühmten Seelenhirten geschrieben“. Bereits unter den Frühschriften finden sich Auseinandersetzungen mit den Juden: „Dass Jesus Christus ein geborener Jude sei“ aus dem Jahr 1523 (WA 307, 314–336). Vgl. K. Meier, Luthers Judenschriften als Forschungsproblem. In: Theologische Literaturzeitung 110 (1985) 483–492; A. Läpple, Kirche und Nationalsozialismus in Deutschland und Österreich. Fakten – Dokumente – Analysen. Aschaffenburg 1980, 204–297 (Nationalsozialistische Judenpogrome und christliches Gewissen).

♦ Gott wurde Jude

Einstmals – ich glaub, im Jahr des Heiles Eins –
Sprach die Sibylle, trunken sonder Weins:
‚Weh, nun geht's schief!
Verfall! Verfall! Nie sank die Welt so tief!
Rom sank zur Hure und zur Huren-Bude,
Roms Cäsar sank zum Vieh, Gott selbst ward Jude!'"[3]

Friedrich Nietzsche (1844–1900)

♦ Der Typus des Galiläers

„Ich berühre hier nur das Problem der Entstehung des Christentums. Der erste Satz zu dessen Lösung heißt: Das Christentum ist einzig aus dem Boden zu verstehn, aus dem es gewachsen ist. – Es ist nicht eine Gegenbewegung gegen den jüdischen Instinkt, es ist dessen Folgerichtigkeit selbst, ein Schluß weiter in dessen furchteinflößender Logik. In der Formel des Erlösers: ‚Das Heil kommt von den Juden.' – Der zweite Satz heißt: „Der psychologische Typus des Galiläers ist noch erkennbar, aber erst in seiner vollständigen Entartung (die zugleich Verstümmlung und Überladung mit fremden Zügen ist –) hat er dazu dienen können, wozu er gebraucht worden ist, zum Typus eines Erlösers der Menschheit."[4]

Friedrich Nietzsche (1844–1900)

♦ Christus – kein Jude?

Die Gestalt Jesu Christi ist heute durch die geschichtliche Entwicklung der Kirchen eher verdunkelt und ferngerückt als unse-

---

[3] F. Nietzsche, Gedichte. Stuttgart 1964, 45.

[4] F. Nietzsche, Der Antichrist. Fluch auf das Christentum (1988, Nr. 24). Vgl. H.-H. Gander (Hg.), „Verwechselt mich vor allem nicht!" Heidegger und Nietzsche. Frankfurt/M. 1994.

rem klarschauenden Auge enthüllt ... Trennen wir also die Erscheinung Christi auf Erden von allem historischen Christentum ... Die historische Erscheinung Jesu Christi kann man ebenso gut von ihrer ihr innewohnenden, übernatürlichen Bedeutung trennen, wie man Physik auf rein materialistischer Grundlage betreiben kann und muß, ohne darum zu wähnen, man habe die Metaphysik vom Throne gestürzt ...

O Mittelalter! Wann wird deine Nacht von uns weichen? ... Die Wahrscheinlichkeit, daß Christus kein Jude war, daß er keinen Tropfen echt jüdischen Blutes in den Adern hatte, ist so groß, daß sie einer Gewißheit fast gleichkommt ... Die Erscheinung (Christi) ist nicht die Vollendung der jüdischen Religion, sondern ihre Verneinung ... Das ist eine wichtigste, unentbehrlichste Grundlage für viele Urteile und Einsichten."[5]

Houston Stewart Chamberlain (1855–1927)

♦ Der Chrestosmythus

Die große Persönlichkeit Jesu Christi, wie immer sie auch gestaltet gewesen sein mag, wurde gleich nach ihrem Hinscheiden mit allem Wust des vorderasiatischen, des jüdischen und afrikanischen Lebens beladen und verschmolzen. In Kleinasien übten die Römer ein straffes Regiment aus und trieben unerbittlich ihre Steuern ein; in der unterdrückten Bevölkerung entstand folglich die Hoffnung auf einen Sklavenführer und Befreier: das war die Legende vom Chrestos. Von Kleinasien gelangte dieser Chrestosmythus nach Palästina, wurde lebhaft aufgegriffen, mit dem jüdischen Messiasgedanken verbunden, und schließlich auf die Persönlichkeit Jesu übertragen. Diesem wurden neben seinen eigenen Predigten die

[5] Aus seinem zweibändigen Werk „Die Grundlagen des neunzehnten Jahrhunderts". Erste Hälfte. Ungekürzte Volksausgabe. München [23]1938 ([1]1899); der vorliegende Text ist eine Zusammenfassung des Dritten Kapitels „Die Erscheinung Christi" (a.a.O. 219–295). Vgl. A. Müller, Jesus ein Arier. Leipzig 1904; W. Hauer, Ein arischer Christus. Karlsruhe 1939.

Worte und Lehren der vorderasiatischen Propheten in den Mund gelegt und zwar in der Form einer paradoxen Überbietung altarischer Forderungen, wie z. B. des 9-Gebote-Systems, das schon vorher von den Juden in ihren 10 Verboten für sie selbst zurechtgestutzt worden war. So verband sich Galiläa mit ganz Syrien und Vorderasien.“[6]

Alfred Rosenberg (1893–1946)

♦ Mehr als eine Blasphemie!

Siegt der Jude mit Hilfe seines marxistischen Glaubensbekenntnisses über die Völker dieser Welt, dann wird seine Krone der Totentanz der Menschheit sein, dann wird dieser Planet wieder wie einst vor Jahrmillionen menschenleer durch den Äther ziehen.
Die ewige Natur rächt unerbittlich die Übertretung ihrer Gebote.
So glaube ich heute im Sinne des allmächtigen Schöpfers zu handeln: Indem ich mich des Juden erwehre, kämpfe ich für das Werk des Herrn.“[7]

Adolf Hitler (1889–1945)

♦ Die Juden – das unverwüstliche Zeugnis Jesu

Wenn Christus die Wahrheit und das Leben ist, dann sind die Juden das unverwüstliche Zeugnis dieser Wahrheit im Fleische. Ohne dieses lebendige Zeugnis, das verfolgt und gegeißelt durch die ganze Welt geht, sänke Christus zu einem bloßen Mythos hinab, gleich dem Apoll oder Dionysos.“[8]

Franz Werfel (1890–1945)

---

[6] A. Rosenberg, Der Mythos des 20. Jahrhunderts. München 1934, 172–175.

[7] A. Hitler, Mein Kampf. München [6]1940, 70.

[8] Aus F. Werfel, Between Heaven and Earth, New York 1944; in deutscher Übersetzung „Zwischen oben und unten“. Gesammelte Werke in Einzelausgaben. Bd. 3. Stockholm 1946. Der zitierte Text ist entnommen den „Theologumena“, die etwa ein Drittel dieses Buches ausmachen. Vgl. B. Eichmann-Leutenegger, … was wäre die Kirche ohne Israel. Anmerkungen zu Franz Werfel, 1890–1945: Judentum und Christentum. In: Orientierung 54 (1990) 168–171 (Zitat 169).

♦ Jesus, ein Palästinajude

Wenn man sich ein Bild von der äußeren Erscheinung Jesu machen will, so muß man ein Bild des damaligen Palästinajuden skizzieren und darin die wenigen individuellen Züge eintragen, die man aus vereinzelten und indirekten Zeugnissen der Evangelien gewinnen kann …

Die Hautfarbe des antiken Palästinajuden war hellbraun, die Augenfarbe meist braun. Aber auch blaue Augen waren nicht ganz selten. Über Jesu Augenfarbe erfahren wir in den Evangelien nichts. Wohl aber hören wir, daß man ihn anscheinend für einen Vierziger halten konnte (Joh 8,57). Soll man daraus schließen, daß Jesus ein nicht sehr jugendliches, damals vielleicht schon ein recht verarbeitetes und gramgezeichnetes Gesicht hatte? Dann dürfte man sich Jesus etwa so vorstellen wie den Christus des Rembrandtschen Hundertguldenblatts oder des Emmausbildes im Louvre. Die antiken Palästinajuden waren schwarzhaarig. In der Zeit und Heimat Jesu trugen die Männer das Haar schulterlang, in der Mitte gescheitelt, gekämmt, mit leichtem und feinem Öl gesalbt. Verwildertes Haar war verpönt. Ein Bart und Schnurrbart gehörte dazu … Jesus trug sich gewiß nicht anders. Er liebte das unmanierliche Haar nicht, selbst nicht in der Fastenzeit (Lk 7,46; Mt 6,17), und einen Bart trug er auch …

Seine Alltagssprache war Aramäisch, mit galiläischem Akzent. Mit Pilatus sprach er griechisch, und mit den Legionären von Sepporis konnte er sich wohl schon als kleiner Dorfjunge lateinisch verständigen. Die hebräische Bibel konnte er lesen und hat sie in vielen entscheidenden Augenblicken zitiert. Auch in der Liturgie sprach er wohl hebräisch …

Seine Kleidung war betont unauffällig, nicht üppig, nicht ärmlich (Lk 7,25; Joh 19,23). Er trug ein ärmelloses Untergewand mit Gürtel (Mk 6,8; Joh 19,23), das übliche Obergewand (Lk 8,44), Sandalen (Mk 1,7; 6,9) und auf seinen Wanderungen einen Stab (Mk 6,8). Die einzige Besonderheit, von der wir hören, ist die, daß sein Untergewand ungenäht war, durchgewebt wie der Chiton des

Hochpriesters. Vielleicht trug Jesus ein weißes Tuch auf dem Kopf, wie es schon im antiken Palästina gern getragen wurde: mit einer Schnur festgebunden und hinten schulterlang herabhängend."[9]

Ethelbert Stauffer (1902–1979)

♦ Wer sich des Juden Jesus Christus schämt ...

Jesus Christus wäre nicht, was er ist, wenn er nicht der Christus wäre, der Amtsträger, der aus Israel kommt, der der Jude Jesus ist. Aber wiederum wäre dieser Jude Jesus nicht der, der er ist, wenn er nicht Gottes Amtsträger, wenn er nicht Christus wäre, der das, was Israel ist und bedeutet, als Licht leuchten läßt in der Völkerwelt und in der ganzen Menschheit ... Wo das Eine oder das Andere vergessen oder gar verleugnet werden sollte, da hat man es nicht mehr mit Ihm zu tun ...

Jesus Christus, an den wir glauben, den wir Christen aus den Heiden unseren Heiland nennen und als den Vollbringer des Gotteswerkes für uns preisen, er war notwendig Jude. An dieser Tatsache ist nicht vorbeizusehen, sie gehört zu der konkreten Wirklichkeit des Werkes Gottes und seiner Offenbarung ... Wer sich Israels schämt, der schämt sich Jesu Christi und damit seiner eigenen Existenz."[10]

Karl Barth (1886–1968)

♦ Mein großer Bruder

Jesus habe ich von Jugend auf als meinen großen Bruder empfunden. Daß die Christenheit ihn als Gott und Erlöser angesehen hat und ansieht, ist mir immer als eine Tatsache von höchstem Ernst erschienen, die ich um seinet- und um meinetwillen zu begreifen

---

[9] E. Stauffer, Jesus. Gestalt und Geschichte. Bern 1957, 53–54.
[10] K. Barth, Dogmatik im Grundriß im Anschluß an das apostolische Glaubensbekenntnis. München 1947, 82f., 87. Vgl. dazu die Erklärung der Deutschen Bischofskonferenz „Über das Verhältnis der Kirche zum Judentum" vom 28. April 1980.

suchen muß ... Gewisser als je ist mir, daß ihm ein großer Platz in der Glaubensgeschichte Israels zukommt, und daß dieser Platz durch keine der üblichen Kategorien umschrieben werden kann."[11]

Martin Buber (1878–1965)

♦ Mein jüdischer Bruder

Jesus ist für mich der ewige Bruder, nicht nur der Menschenbruder, sondern mein jüdischer Bruder. Ich spüre seine brüderliche Hand, die mich faßt, damit ich ihm nachfolge. Es ist nicht die Hand des Messias, diese mit den Wundmalen gezeichnete Hand. Es ist bestimmt keine göttliche, sondern eine menschliche Hand, in deren Linien das tiefste Leid eingegraben ist. Das unterscheidet mich, den Juden, vom Christen, und doch ist es dieselbe Hand, von der wir uns angerührt wissen ... Der Glaube Jesu einigt uns ..., aber der Glaube an Jesus trennt uns."[12]

Schalom Ben-Chorin

♦ Jesus, der glücklichste Mensch

Jesus war ein Mensch, der es wagte, ‚Ich' zu sagen ohne Rückendeckung. Nicht weil er ein Amt innehatte oder einflussreiche Freunde oder gute Schriftbelege besaß, redete er so. Sowohl seine Freunde wie seine Feinde haben zeit seines Lebens versucht, ihm eine Rückendeckung zu besorgen, die Phantasie seiner Liebe abzuleiten, und das heißt zugleich: sie überschaubar zu machen. Aber Jesu Freiheit, Jesu ‚Ich aber sage dir' blieb unableitbar ...

---

[11] M. Buber, Zwei Glaubensweisen. In: Gesammelte Werke. Bd. 1. München – Heidelberg 1962, 657. Vgl. W. Vogler, Jüdische Jesusinterpretationen in christlicher Sicht. Weimar 1988.

[12] Sch. Ben-Chorin, Bruder Jesus. Der Nazarener in jüdischer Sicht. München ^{3}1970, 12. Vom gleichen Verfasser: Paulus. Der Völkerapostel in jüdischer Sicht. München 1970; Mutter Mirjam. Maria in jüdischer Sicht. München 1971. Vgl. G. Schlichting, Ein jüdisches Leben Jesu: Die verschollene Toledot-Jeschu-Fassung. Tübingen 1982.

Ich halte Jesus von Nazaret für den glücklichsten Menschen, der je gelebt hat. Ich denke, daß die Kraft seiner Phantasie aus dem Glück heraus verstanden werden muß. Alle Phantasie ist ins Gelingen verliebt, sie läßt sich etwas einfallen und sprengt immer wieder die Grenzen und befreit die Menschen, die sich unter diesen Grenzen in Opfer und Entsagung, in Repression und Rache ducken und sie so ewig verlängern. Jesus erscheint in der Schilderung der Evangelien als ein Mensch, der seine Umgebung mit Glück ansteckte, der seine Kraft weitergab, der verschenkte, was er hatte."[13]

Dorothee Sölle

♦ Der Jude Jesus in seiner universalen Bedeutung

Die Menschwerdung Christi ereignete sich in einem bestimmten Kontext: Jesus wurde als Jude geboren, als Angehöriger einer bestimmten Rasse. Dennoch hat sie universale Bedeutung: Jesus ist gekommen, die Welt zu retten. Deshalb tritt der Gottessohn in die Geschichte eines jeden Volkes ein, wenn er durch seine Menschwerdung ein Mitglied unserer eigenen Familie wird ...
Wahre Theologie schließt die Reflexion von Erfahrungen ein, Erfahrung der christlichen Gemeinschaft an einem bestimmten Ort und zu einer bestimmten Zeit. Sie wird deshalb ‚Theologie im Kontext' sein; sie wird praktisch anwendbare und lebendige Theologie sein, die billige Verallgemeinerungen ablehnt, weil sie zu und aus einer bestimmten Situation spricht."[14]

Weltmissionskonferenz in Bangkok (1973)

♦ Theologie nach Auschwitz?

Wir Christen kommen niemals mehr hinter Auschwitz zurück; über Auschwitz hinaus aber kommen wir, genau besehen nicht mehr

[13] D. Sölle, Phantasie und Gehorsam. Stuttgart – Berlin [12]1988, 61ff.
[14] Ph. Potter (Hg.), Das Heil der Welt heute. Ende oder Beginn der Weltmission? Dokumente der Weltmissionskonferenz 1973, 181f.

allein, sondern nur noch mit den Opfern von Auschwitz. Das ist in meinen Augen die Wurzel der jüdisch-christlichen Oekumene. Die Wende im Verhältnis zwischen Juden und Christen entspricht dem in Auschwitz hereingebrochenen Ende … (Es gilt:) Keine Theologie mehr zu treiben, die so angelegt ist, daß sie von Auschwitz unberührt bleibt."[15]

Johann Baptist Metz

♦ Zur Rechten Gottes sitzt für immer ein Jude

Ich frage: Wer sitzt ‚zur Rechten Gottes, des allmächtigen Vaters'? Nicht irgendein Mensch, auch nicht ein ‚allgemeiner Mensch' (‚homo universalis'), vielmehr der Jude Jesus von Nazareth, der durch seine Auferstehung von den Toten und seine Erhöhung zum Throngenossen Gottes zum ‚ewigen Juden' wurde … Zur Rechten Gottes sitzt für immer und ewig ein Jude! … Nicht Ahasver ist der ‚ewige Jude', sondern der zur Rechten Gottes thronende Jude Jesus von Nazareth …
Hätte der Jude Jesus und die Jüdin Maria, seine Mutter, im Bereich der Nazi-Herrschaft gelebt, dann wären beide mit Sicherheit in Auschwitz oder anderswo vergast worden, genauso wie Edith Stein, die jüdische Konvertitin und Karmeliterin!"[16]

Franz Mußner

♦ Deutschland – nicht nur das Land Goethes

Deutschland ist nicht nur mehr das Land Goethes und Bachs, Kants und Lessings und herrlicher Dome. Es war und bleibt von

---

[15] J. B. Metz, Ökumene nach Auschwitz. Zum Verhältnis von Christen und Juden in Deutschland. In: E. Kogon – J. B. Metz, Gott nach Auschwitz. Die Dimensionen des Massenmordes am jüdischen Volk. Freiburg i. Br. 1979, 121–144 (Zitate 124.138).

[16] F. Mußner, Durch Jesus von Nazareth wird die Welt „jüdisch". In: Anzeiger für die Seelsorge 101 (1992), 145–150 (Zitat 150). Vgl. C. Thoma, Christliche Theologie des Judentums. Aschaffenburg 1978; E.-W. Marquardt, Das christliche Bekenntnis zu Jesus, dem Juden. Eine Christologie. 2 Bde. München 1990/1991.

nun an auch das Land Hitlers, Himmlers und der Vernichtungslager."[17]

Werner Keller

Belasten, erschweren, irritieren, blockieren Tränen und Blut der jüdischen Schoá des 20. Jahrhunderts, vor allem des „Dritten Reiches", den Weg zu Jesus, den menschgewordenen Sohn Gottes, der „die Knechtsgestalt" (Phil 2,7) eines Juden angenommen hat und nur so, „gehorsam bis zum Kreuz, ja bis zum Tod am Kreuz" (Phil 2,8), der Retter der ganzen Menschheit aus Schuld und Sünde geworden ist? Sicherlich haben nicht wenige Christen, die mit dem Dritten Reich nicht das Geringste zu tun haben, Schwierigkeiten, wenn sie lesen oder in Glaubensseminaren oder Predigten hören: „Zur Rechten Gottes sitzt für immer und ewig ein Jude, Jesus von Nazareth" (Franz Mußner). Kommt es jetzt, nachdem allzu lange das Judesein Jesu in der kirchlichen Christologie fast ausgeblendet war, zu einer provozierten Übersteigerung dieser Thematik?

Es bedarf einer langen Vorbereitung und Einübung, einen solchen Satz in die christliche Verkündigung und Frömmigkeit einzubringen, ohne antijüdische Emotionen und Aversionen auszulösen. Spielen überhaupt Rasse und Geschlecht im Jenseits jene Rolle, die ihnen im Diesseits zukommt? „Wenn sie von den Toten auferstehen, werden sie weder heiraten, noch verheiratet sein, sondern sie sind wie Engel im Himmel" (Mk 12,25; Mt 22,30; Lk 20,34–36).

Stehen sich in dem gewiss schwierigen Prozess des Neusehens und des Neuwertens zwei Glaubensweisen gegenüber? Die eine Glaubensweise stützt sich auf Worte des Alten Testaments: „... Leben für Leben, Auge für Auge, Zahn für Zahn, Hand für Hand, Fuß für Fuß" (Ex 21,23–24) und „Der Schaden, den er einem Menschen zugefügt hat, soll ihm zugefügt werden" (Lev 24,20; vgl. Mt 5,38). Die andere Glaubens- und Handlungsweise liest im Römerbrief des Neuen Testamentes: „Wo die Sünde mächtig wurde, da ist die Gnade übergroß geworden" (Röm 5,20).

Was mit Israel verbindet

Was lange, viel zu lange getrennt glaubte und lebte, was meist unterschwellig, aber immer häufiger offen diffamiert wurde, was im religiösen Leben und Glauben kaum bekannt war und kaum als Dialog geführt wurde, braucht Zeit, sehr viel Zeit und sehr viel Geduld und Fingerspitzengefühl, um tolerierend und

[17] W. Keller, Und wurden zerstreut unter alle Völker. Die nachbiblische Geschichte des jüdischen Volkes. München – Zürich 1966, 506.

respektierend sich ernstzunehmen, aufeinander zuzugehen und schließlich zusammenzuwachsen.

Der biblische Aspekt der Verwerfung der Juden (Röm 11,15) darf nicht isoliert gesehen und verkündet werden. Er muss mit dem ebenfalls biblischen Aspekt der Rettung von ganz Israel (Röm 11,25) stets verbunden bleiben.

Es wird eine unerlässliche, wichtige und gewiss schwierige Aufgabe der Christen wie auch der Juden sein, nicht durch neue Barrieren sich gegenseitig zu provozieren und den Heilungsprozess zu erschweren. Der Apostel Paulus, dessen Herzenswunsch und Gebet der Rettung der Juden galt (Röm 10,1), hat die Christen ausdrücklich vor Vermessenheit und Überheblichkeit gewarnt: „Erheb' dich nicht über andere Zweige. Wenn du es aber tust, sollst du wissen: Nicht du trägst die Wurzel, sondern die Wurzel trägt dich" (Röm 11,18).

Volk Gottes ist „Kirche aus Juden und Heiden" (Eph 2,1–11). Kirche ist nicht das „neue" Israel, schon gar nicht das „andere Israel", sondern das „wahre" Israel Gottes (Gal 6,16). Es ist nicht gut, wenn das Alte Testament zu einem bloßen Lehrstück für die Christen wird und das Neue Testament sich verselbständigt!

Lange Zeit wurde ernsthaft diskutiert, ob man nach Auschwitz noch Theologie treiben, noch Lieder und gar das Halleluja singen könne. So richtig es ist: Die Kreuzestheologie prägt Leben und Glauben des Einzelchristen wie der christlichen Kirche im Pilgerstand. Es ist ebenso richtig: Die Auferstehung des gekreuzigten Herrn ist bereits Heilsereignis, und die Zukunft hat – wenn auch zaghaft – bereits in der Zwischenzeit zwischen Himmelfahrt und Wiederkunft Jesu, in der wir uns befinden, begonnen.

Literatur

H. Andics, Der Ewige Jude. Wien 1965.

R. Aron, Die verborgenen Jahre Jesu. Frankfurt/M. 1962.

Sch. Ben-Chorin, Bruder Jesus. Der Nazarener in jüdischer Sicht. München 1970.

R. Dupuy, Welche Bedeutung hat es für einen Christen, daß Jesus Jude war. In: Concilium 10 (1974) 600–604.

E. Endres, Die gelbe Farbe. Die Entwicklung der Judenfeindschaft aus dem Christentum. München 1989.

W. Feneberg, Jesus, der nahe Unbekannte. München 1990.

D. Flusser, Der Gekreuzigte und die Juden. In: Jahresbericht 1975/76 der Theologischen Fakultät Luzern, 18–29.

D. Flusser, Die rabbinischen Gleichnisse und der Gleichniserzähler Jesus. Bern 1987.

D. J. Goldhagen, Hitlers willige Vollstrecker. Berlin 1996.

L. Goppelt, Christentum und Judentum im ersten und zweiten Jahrhundert. Gütersloh 1954.

V. Hampel, Menschensohn und historischer Jesus. Ein Rätselwort als Schlüssel zum missionarischen Selbstverständnis Jesu. Neukirchen-Vluyn 1990.

W. Hauer, Ein arischer Christus. Karlsruhe 1939.

I. A. Hellwing, Der konfessionelle Antisemitismus im 19. Jahrhundert in Österreich. Wien 1972.

J. Isaak, Paulus und Israel. Wien 1968.

F. W. Marquardt, Das christliche Bekenntnis zu Jesus, dem Juden. Eine Christologie. Bd. 1. München 1990.

A. Müller, Jesus ein Arier. Leipzig 1904.

Chr. Münz, Der Welt ein Gedächtnis geben. Geschichtstheologisches Denken im Judentum nach Auschwitz. Gütersloh 1995.

F. Mußner, Die Kraft der Wurzel. Judentum – Jesus – Kirche. Freiburg – Basel – Wien [2]1989.

F. Mußner, Durch Jesus von Nazareth wird die Welt „jüdisch". In: Anzeiger für die Seelsorge 101 (1992) 145–150.

G. Niekamp, Christologie nach Auschwitz. Freiburg 1994.

K. H. Rengsdorf – S. von Kortzfleisch, Kirche und Synagoge. Handbuch zur Geschichte von Christen und Juden. Darstellung mit Quellen. Stuttgart 1968/70.

P. Schäfer, Die missionarischen Hoffnungen des rabbinischen Judentums zwischen Naherwartung und religiösem Pragmatismus. In: C. Thoma, Zukunft in der Gegenwart. Bern 1976, 187–205.

K. Schilling (Hg.), Monumenta Judaica. 2000 Jahre Geschichte und Kultur der Juden am Rhein. Ausstellungskatalog/Handbuch: Ausstellung im Kölnischen Stadtmuseum 15. Oktober 1963–15. März 1964. Köln [3]1964.

G. Schlichting, Ein jüdisches Leben Jesu. Die verschollene Toledot-Jeschu-Fassung. Tübingen 1982.

K. Schubert, Jesus im Lichte der Religionsgeschichte der Juden. Wien 1973.

E. Schürer, Geschichte des jüdischen Volkes. 3 Bde. Leipzig 1901/1909.

H. L. Strack – P. Billerbeck, Kommentar zum Neuen Testament aus Talmud und Midrasch. 6 Bde. München 1922/56.

C. Thoma, Das Messiasprojekt. Theologie jüdisch-christlicher Begegnung. Augsburg 1994.

L. Volken, Jesus der Jude und das Jüdische im Christentum. Düsseldorf 1983.

M. Zobel, Gottes Gesalbter. Der Messias und die messianische Zeit in Talmud und Midrasch. Berlin 1938.

Judenstein. Das Ende einer Legende. Dokumentation (Redaktion Kirche). Innsbruck 1995.

Lebensmitte

10. *Jesus und Qumran*

Seit der Entdeckung der ersten Handschriftenfunde von Qumran (arabischer Geländename des Fundortes) im Frühling 1947 an der Nordwestecke des Toten Meeres (etwa 15 km südlich von Jericho) durch den fünfzehnjährigen Muhammed adh-Dhib, begleitet von Jum'a Muhammed und Khalil Musab vom Stamm der Ta'amireh-Beduinen, ist immer wieder die heiße Frage in die Diskussion geworfen worden, ob man Jesus von Nazaret geschichtlich richtiger Jesus von Qumran nennen sollte.

War Jesus zuerst Essener-Mönch des Klosters Qumran, ehe er sich selbständig machte, seine Botschaft verkündete und seine Fan-Gemeinde gründete? Pinchas Lapide behauptete recht freimütig: "Jesus war sicherlich einige Lehrjahre in Qumran." Gerade die in den verschiedenen Höhlen von Qumran seit 1947 gefundenen Schriftrollen wurden als hochexplosives Material qualifiziert, so dass entscheidende Korrekturen sowohl des herkömmlichen Jesusbildes wie auch der Entstehungsgeschichte des Christentums vorgenommen werden müssten. Bis zum heutigen Tage ist (nicht zuletzt wegen des Sechstage-Krieges 1967) schwer zu entscheiden, ob Jordanien, auf dessen Gebiet alle Funde gemacht wurden, oder ob der Staat Israel als damaliger Eroberer (1967) von Ostjerusalem, wo das Rockefeller-Museum mit den kostbaren Qumranfunden lag, Anrechte auf diesen einzigartigen Schatz als „Kriegsbeute" hat.

Nach fünfzig Jahren ist über die Hälfte aller gefundenen Rollen veröffentlicht worden, die jedoch mehr als achtzig Prozent der entdeckten Texte umfassen. Hinter der überaus langen Zeitspanne von fünfzig Jahren liegen neben den Schwierigkeiten der Entzifferung auch manche Skandale, nicht zuletzt die politisch und militärisch turbulente Epoche mit Unruhen, Terroranschlägen und kriegerischen Auseinandersetzungen zwischen Israel, den Palästinensern und Jordanien. Neben den ungelösten Fragen der legitimen Eigentümer und den militärischen Irritationen in Palästina war es sicherlich auch ein nicht zu leugnender Wissenschaftler-Skandal, der im Hintergrund der Querelen und Editionen Eitelkeiten und Monopoldenken entlarvte. Dass der Vatikan seine Hand im Spiel gehabt habe, gewisse Texte nicht veröffentlichen zu lassen und zur „Verschlusssache des Vatikans" zu machen, hat sich unter kompetenten Experten der Archäologie und der Handschriftenkunde schon längst als Flop erwiesen.

Für neue Aufregungen sorgten 19, ausschließlich griechisch abgefasste Papyrusfragmente aus der Höhle 7 von Qumran (= 7 Q). Es wird immer wahrscheinlicher, dass sich in den Höhlen von Qumran nicht nur alttestamentliche

Texte, sondern – wie in Höhle 7 – auch neutestamentliche Texte befinden. So weist Fragment 7 Q 4 mit 18 Buchstaben auf den neutestamentlichen Text 1 Tim 3,16–4,3 hin und Fragment 7 Q 5 mit 20 Buchstaben könnte aus Mk 6,52–53 sein. Außerdem haben Archäologen bei Ausgrabungen in Jerusalem ein Essener-Viertel entdeckt, so dass sich die Frage aufdrängt, ob es nicht erst von der nachösterlichen Urgemeinde von Jerusalem zu den Essenern in Jerusalem, sondern ob es bereits zur Zeit der öffentlichen Wirksamkeit Jesu Kontakte zwischen Jesus und den Essenern gegeben hat. Vgl. dazu die Titelgeschichte „Detektive in Höhle 7" in „Der Spiegel" Nr. 22 vom 27.5.1996, S. 64–87 mit Aufnahmen (S. 86) des umstrittenen, neutestamentlichen Papyrus 7 Q 5 mit 20 griechischen Buchstaben, von denen 10 beschädigt oder fast zerstört sind (aus dem Markus-Evangelium, 6,52–53?).

Damit sind äußerst brisante Fragen zur Beantwortung gestellt. Es scheint die Einmaligkeit und Einzigartigkeit Jesu und seiner Botschaft ganz neu und verschärft auf dem Prüfstand zu stehen. Hat Jesus Intentionen und Gedanken seiner Botschaft vielleicht in der Essenergemeinde von Qumran oder sogar von Jerusalem empfangen und nur leicht variierend als „seine" Botschaft ausgegeben?

Diese Thematik konnte im früheren Religionsunterricht wie auch in Glaubensseminaren kaum angesprochen werden, weil die Entzifferung und Deutung der Handschriften von Qumran eine notwendige Zeit beanspruchte und weil auch heute noch nicht alle Funde, darunter oft allerkleinste Fragmente, eindeutig entziffert worden sind. Heute kann man das Thema „Jesus und Qumran" nicht mehr ausklammern oder verschweigen. Es gehört heute mehr denn je zum Standardwissen eines Christen wie auch eines geistig aufgeschlossenen Menschen, zu erfahren, was kompetente Forscher über das heiße Thema „Jesus und Qumran" zu sagen und zu schreiben haben.

Die wichtigsten Qumran-Handschriften (Abkürzungen)

1 Q H	=	Hymnenrolle (Hôdajót)
1 Q p Hab	=	Habakuk-Kommentar (Pescher Habakuk)
1 Q Jes[a]	=	Erste Jesajarolle
1 Q Jes[b]	=	Zweite Jesajarolle
1 Q M	=	Kriegsrolle (Milhamat benê or bibene hošek)
1 Q S	=	Gemeinderegel (Serek hajjahad)
1 Q 14	=	Micha-Kommentar
1 Q 22	=	Worte des Mose
1 Q 27	=	Buch der Geheimnisse
1 Q 28 a (= 1 Q Sa)	=	Entwurf für das Israel der Endzeit (Klosterregel)
1 Q 28 b (= 1Q Sb)	=	Segensformeln (Segensrolle)

3 Q 15	=	Kupferrolle (Schatzverstecke)
4 QpNah	=	Nahum-Kommentar (Pescher Nahum)
4 QpPs 37	=	Kommentar zu Psalm 37
4 Qpatr	=	Patriarchensegen
4 Qtest	=	Testimonia (Buch der Zeugnisse)
4 QpGen	=	Genesis-Kommentar
4 QMMT (= 4 Q394–399)	=	Weisung des Lehrers der Gerechtigkeit an König Jonatan (Miksat Ma'aseh ha-Tora); auch als „Sektierer-Manifest" bezeichnet
4 Q174	=	Midrasch zur Eschatologie
4 Q175	=	Midrasch zur Eschatologie
4 Qp Jes^{a}	=	erster Jesaja-Kommentar
4 Qp Jes^{b}	=	zweiter Jesaja-Kommentar
4 Qp Jes^{c}	=	dritter Jesaja-Kommentar
4 Qp Jes^{d}	=	vierter Jesaja-Kommentar
4 Qp Hos^{a}	=	erster Hosea-Kommentar
4 Qp Hos^{b}	=	zweiter Hosea-Kommentar
4 Q525	=	Seligpreisungen (Makarismen)
7 Q4	=	Kleines Papyrusfragment (mit 18 griechischen Buchstaben)
7 Q5	=	Kleines Papyrusfragment (mit 20 Buchstaben – Größe 33 mm x 23 mm)
11 QPs	=	Psalmenrolle
11 QTR	=	Tempelrolle

Die über 800 Schriftrollen und Fragmente von Qumran sind nach dem jeweiligen Fundort gekennzeichnet: Erste (1 Q), vierte (4 Q), siebte (7 Q) und elfte (11 Q) Höhle. Die folgenden Buchstaben bieten eine inhaltliche Kennzeichnung z. B. 1 QH = Hymnenrolle, gefunden in der ersten Höhle 11 QPs = Psalmenrolle aus der elften Höhle. Das kleine p bedeutet Kommentar (= Pescher) z. B. 4 Qp Nah = Nahum-Kommentar (Pescher Nahum) aus der vierten Höhle. Bei sehr wenigen, meist äußerst kleinen Fragmenten mit nur wenigen Buchstaben ist lediglich eine Zahl angegeben und zwar in der Reihung der aufgefundenen Fragmente z. B. 7 Q4 = viertes Fragment aus der vierten Höhle. In den jüngsten Veröffentlichungen werden die Schriftrollen bzw. Fragmente von Qumran nicht mehr mit einer inhaltlichen Kennzeichnung (11 QTR = Tempelrolle), sondern mit der Nummer der Textfindung (11Q19–20) zitiert.

♦ Der Lehrer der Gerechtigkeit

Sie sollen nichts nehmen, bis dann auftritt der Lehrer der Gerechtigkeit (moreh hassedeq) am Ende der Tage ('aharit ha-jamim)" (VI,10–11).

Alle, die eingetreten sind in den Neuen Bund im Land Damaskus, sich aber dann abgewandt und sich getrennt haben vom Brunnen des lebendigen Wassers, sollten nicht zur Gemeinschaft des auserwählten Volkes gerechnet werden. Sie werden nicht in ihr Verzeichnis eingeschrieben werden von dem Tage an, da der einzige Lehrer hinweggenommen wurde, bis der Messias aus Aaron und Israel kommt" (XIX,35–XXX,1).

Von der Hinwegnahme (Tötung?) des einzigen Lehrers bis zur Vernichtung aller Kriegsleute, die mit dem Mann der Lüge zurückkehrten, sind etwa 40 Jahre" (XX,13–15)[1]

Damaskusschrift (CD)

♦ Erlebnisse der letzten Generation

„(Dies bedeutet) die verräterisch mit dem Mann der Lüge zusammen gehandelten, hatte nicht geachtet (auf die Worte des) Lehrer

[1] Bereits die Damaskusschrift, die durch Salomo Schechter 1896 in der Geniza von Alt-Kairo aufgefunden und 1910 veröffentlicht wurde, spricht vom „Lehrer der Gerechtigkeit". Sie dürfte zeitlich, geographisch und religiös nach den Qumranschriften entstanden sein. Die Bezeichnung „Damaskus"-Schrift hält ein schmerzliches Ereignis fest, nämlich die Verfolgung des Lehrers der Gerechtigkeit und die dadurch bedingte Auswanderung der (verheirateten?) Essenergemeinschaft nach Damaskus. Sie wurde im Exil in Damaskus verfasst, als der Lehrer der Gerechtigkeit wohl gestorben war. Bemerkenswerte Vertiefungen der Damaskusschrift bietet der Habakuk-Kommentar (1 Q p Hab – siehe die folgenden Textpassagen). Der „Lehrer der Gerechtigkeit" stand in schroffem Gegensatz zur Priesterschaft und zum Tempeldienst von Jerusalem. Er wurde verfolgt, war wohl der Gründer der Essenergemeinschaft, die sich als das „wahre Israel" Gottes und als „Neuen Bund" verstand. „Er gehört in die Reihe jener von Gott berufenen Männer, die vor Johannes dem Täufer die Ankunft Jesu vorbereitet haben ... von einer `Reinkarnation´ der Lehrers der Gerechtigkeit in Jesus kann überhaupt keine Rede sein" (Joseph Reuss). Vgl. G. Sternberger, Pharisäer, Sadduzäer, Essener (SBS 144). Stuttgart 1991; J. Maier – K. Schubert, Die Qumran-Essener. Texte der Schriftrollen und Lebensbild der Gemeinde (UTB 224). München – Basel 1973, 168–192 (= deutsche Übersetzung der Damaskusschrift).

der Gerechtigkeit ... die aus dem Mund des Priesters kommen, in dessen Herz Gott (Weisheit) gelegt hat, um alle Worte seiner Diener, der Propheten, zu erklären, durch die Gott alle Dinge angekündigt hat, die über sein Volk und (seine Gemeinschaft) kommen werden“ (II,1–10).

Gott befahl dem Habakuk die Dinge aufzuzeichnen, die über die letzte Generation kommen werden, aber Gott ließ ihn nicht den (genauen) Zeitpunkt wissen. Wenn es daher heißt, ‚Wer mich liest, lese mich eilends’, so bedeutet dies den Lehrer der Gerechtigkeit, dem Gott alle Geheimnisse der Worte seiner Diener, der Propheten, geoffenbart hat“ (VII,1–5).

Das bedeutet den bösen Priester, den Gott für (das Unrecht), das er dem Lehrer der Gerechtigkeit und den Männern seiner Gemeinschaft antat, in die Hände seiner Feinde hat fallen lassen und den er mit vernichtender Strafe traf, weil er in gottloser Weise an seinem Erwählten sich vergriffen hat“ (IX, 9–12).[2]

Habakuk-Kommentar (1 Q p Hab)

„(Die Deutung) bezieht sich auf den Lehrer der Gerechtigkeit, der ein (Lehrer des Gottesgesetzes) ist für seinen (Rat) und für alle, die

[2] Die Schriftrolle 1 Q p Hab, der sogenannte Habakuk-Kommentar, ist von der endzeitlichen Ausrichtung der Qumrangemeinde geprägt. Die deutsche Übersetzung siehe J. Maier – K. Schubert. Die Qumran-Essener. Texte der Schriftrollen und Lebensbild der Gemeinde (UTB 224). München – Basel 1973, 271-278. Es hat heftige Diskussionen gegeben bei der genauen Fixierung der geschichtlichen Personen, die sich hinter dem „Lehrer der Gerechtigkeit“, dem „Frevelpriester“ und dem „Lügenmann“ verbergen. Während die meisten Forscher mit äußerster Zurückhaltung und mit Offenheit für Korrekturen ihre geschichtlichen Einordnungen vorlegten, blieb es Robert Eisenmann vorbehalten, die geschilderte vorchristliche Epoche in das erste christliche Jahrhundert zu verlegen, so dass er den Lehrer der Gerechtigkeit aus Qumran mit Jakobus, dem Herrenbruder und Haupt der Urgemeinde von Jerusalem (hingerichtet 63 n. Chr.), den Frevelpriester mit dem Hohenpriester Hannas II. (62/63 n. Chr.) und den Lügenmann mit dem Apostel Paulus, der nach seiner Ansicht römischer Geheimagent gewesen sei, identifizierte. Diese fragwürdigen „Identifizierungen“ wurden übernommen von M. Baigent – R. Leigh, Verschlußsache Jesus. Die Qumranrollen und die Wahrheit über das frühe Christentum. München 1991.

bereit sind, sich den Erwählten Gottes anzuschließen, (die das Gesetz beobachten) im Rat der Gemeinschaft. Sie werden am Tage (des Gerichtes) gerettet werden" (Fragment 8-9).[3]

Micha-Kommentar (1 Q 14)

♦ Es werden zwei Messiasse kommen …

Sie (die Frevler und Abtrünnigen) sollen nach den alten Vorschriften gerichtet werden, nach denen die Mitglieder der Gemeinschaft (der Essener) begonnen haben, sich selbst zurechtzuweisen – bis zum Kommen eines Propheten und der Messiasse aus Aaron und Israel" (IX,10).[4]

Gemeinderegel von Qumran (1 Q S)

♦ Glaube und Leben der Essener

Sie (die Essener) waren eine Sekte der Juden, die in Syrien-Palästina wohnten. Ihre Zahl betrug über 4000. Wegen ihrer Heiligkeit wurden sie Essai genannt, denn hosios heißt heilig. Sie beten Gott an, opfern aber kein Tier, da sie die Gesinnung der Demut für das einzig wahre Opfer halten.
Anfangs lebten sie in Dörfern, mieden aber die Städte, weil sie der Ansteckung des Bösen entgehen wollten. Sie trieben Ackerbau und gingen anderen friedlichen Arbeiten nach. Sie hatten weder Gold noch Silber. Sie besaßen auch keine Bergwerke. Unter ihnen war keiner, der

---

[3] Ergänzende Texte zum „Lehrer der Gerechtigkeit" finden sich im Micha-Kommentar (1 Q 14). Siehe die deutsche Übersetzung des Micha-Kommentars in J. Maier – K. Schubert, a. a. O., 288–289.

[4] Nach Auskunft der Gemeinderegel (1 Q S) erwartete die Qumrangemeinde das Kommen des endzeitlichen Propheten, der Ankünder und Vorläufer der beiden Messiasse (Gesalbten) Gottes sei: eines Laienmessias aus dem Stamm Juda (aus dem Geschlecht Davids) und eines Priestermessias aus den Stamm Levi. Diese Messiasvorstellung stützte sich auf den Bileamspruch (Num 24,17 b): „Es wird aufgehen ein Stern aus Jakob (Priestermessias) und aufstehen eine Zuchtrute aus Israel (Laienmessias)." Vgl. 2 Sam 7,11–14; Mk 12,35–37; J. Maier – K. Schubert, a. a. O., 99–106. Im gleichen Werk findet sich die deutsche Übersetzung der Gemeinderegel (bisweilen auch als Sektenkanon bezeichnet) auf den Seiten 143–167.

Kriegsgerät fertigte ... In der Sklaverei erblicken sie ein Vergehen gegen das Naturgesetz, das jedem Menschen Freiheit zusichert.
Von abstrakter Philosophie und Logik hielten sie sich fern ... Moralphilosophie und Ethik hingegen waren die Disziplinen, mit denen sie sich am meisten beschäftigten. Ihr Leben richtete sich nach dem Gesetz der Juden (Thora). Die jüdischen Gesetze (und Schriften) studierten sie vor allem am siebten Tag, den sie heilig hielten, an dem sie keine Arbeit verrichteten und sich in ihren Synagogen versammelten ... Ihre Liebe zu Gott zeigte sich in der Reinheit ihres Lebens. Sie vermieden Schwüre und Falschheit und vertrauten allein auf die gütige Vorsehung (Gottes) ... Jeder teilte seine Unterkunft mit allen. Sie hatten ein Lagerhaus, gemeinsame Geldverwaltung, gleiche Kleidung und gemeinsames Mahl. Jeder einzelne legte täglich seinen Verdienst in die Gemeindekasse, aus der auch die Kranken, die nicht arbeiten konnten, unterstützt wurden. Die Senioren wurden mit ehrfürchtiger Demut geehrt und von allen wie eigene Eltern geachtet."[5]

Philo von Alexandrien (13 v. – 50 n. Chr.)

♦ Aufnahmebedingungen und eidliche Verpflichtungen der Essenergemeinschaft

Will jemand in die Gemeinschaft (der Essener) aufgenommen werden, so wird ihm der Eintritt nicht sogleich gestattet. Er muß vielmehr noch ein ganzes Jahr außerhalb des Klosters bleiben und während dieser Zeit bereits die Lebensweise der Essener nach deren Anweisung beobachten. Zu diesem Zweck übergibt man ihm eine kleine Schaufel, ein Lendentuch und ein weißes Kleid.

[5] Philo von Alexandrien, in Ägypten geborener und lebender Diasporajude mit hoher Bildung und umfassenden geographischen wie historischen Kenntnissen, hat in einem um 20 n. Chr. abgefassten Traktat „Quod omnis probus liber sit" eine gute Beschreibung der Essener vermittelt. Es fällt jedoch auf, dass in seinem gesamten Opus kein einziger Hinweis auf den „Lehrer der Gerechtigkeit" zu finden ist. Philo verstand es, gegenüber dem Römischen Reich loyal wie auch gegenüber seinem jüdischen Glauben treu zu sein. Es gelang ihm, vom römischen Kaiser Caligula für seine jüdischen Glaubensbrüder einen Dispens von der Kaiserverehrung und die Bestätigung der jüdischen Sonderrechte zu erreichen.

Wenn er während dieser Zeit seine Enthaltsamkeit bewiesen hat, darf er sich dem Leben der Essener in einer zweiten Stufe nähern, indem er an dem heiligen Bad der Reinigungszeremonie teilnehmen darf. Zur vollen Lebensgemeinschaft der Essener wird der Novize aber immer noch nicht zugelassen. Erst nachdem er seine beherrschte Sinnlichkeit und seine Charakterfestigkeit weitere zwei Jahre unter Beweis gestellt hat und er in einer besonderen Prüfung für würdig befunden wurde, kann er endlich in die Gemeinschaft aufgenommen werden. Bevor er aber am gemeinsamen Tisch teilnehmen darf, muss er sich durch lebenslang verpflichtende, feierliche Eide verpflichten, vor allem Gott stets die gebührende Verehrung zu erweisen. Außerdem muß er sich lebenslang verpflichten, gegenüber allen Mitmenschen Gerechtigkeit walten zu lassen, niemandem weder aus eigener Entscheidung noch im Auftrag anderer zu schaden, jederzeit die Ungerechten zu hassen und den Gerechten beizustehen, allen und jedem stets die Treue zu halten, ganz besonders aber den Vorstehern der essenischen Klostergemeinschaft die Treue zu halten, denn ohne den ausdrücklichen Willen Gottes besitzt niemand die Herrschaft … Außerdem muß er schwören, sämtliche Lehren der Gemeinschaft der Essener ohne die geringste Entstellung, genauso wie er sie selbst übernommen hat, weiterzugeben, sie nicht zu verstümmeln und die Bücher der Gemeinschaft und die Namen der Engel sorgfältig zu hüten. Mit solchen Eiden fesseln die Essener die Neueintretenden vollständig und für immer an ihre Klostergemeinschaft.“[6]

Flavius Josephus (37–100 n. Chr.)

[6] Zitiert aus „Bellum Judaicum“ (zuerst in griechischer Sprache in den Jahren 75 bis 79 abgefasst: 2. Buch, Kapitel 8,7 in „Der jüdische Krieg“). Weitere Hinweise finden sich in dem Werk „Jüdische Altertümer“ (13. Buch, Kapitel 5,9; 15. Buch, Kapitel 10,5 und 18. Buch, Kapitel 1,5). Vgl. dazu Flavius Josephus. Der Jüdische Krieg. Aus dem Griechischen von H. Endrös. Mit einem Anhang von G. Wirth. München [7]1994; H. Guttmann, Die Darstellung der jüdischen Religion bei Flavius Josephus. Breslau 1928. Flavius Josephus (sein eigentlicher jüdischer Name: Joseph ben Mathitjahu) wurde in Jerusalem geboren, stand im Kampf gegen die Römer in der Spitze der jüdischen Truppen und geriet 67 in römische Gefangenschaft. Er wurde später durch Vespasian freigelassen und hat seither den Namen Flavius Josephus (nach dem flavischen Kaiserhaus) getragen. Als Kenner des religiösen Umfeldes in Palästina stellen die Aussagen in seinem Werk „Jüdischer Krieg“ eine überaus wichtige Quelle über die Essener dar. Es fällt aber auf, dass Flavius Josephus wie auch Philo von Alexandrien an keiner einzigen Stelle auf den „Lehrer der Gerechtigkeit“ zu sprechen kommt.

♦ Die Essener – ein rätselhaftes Volk

In der Nähe des Toten Meeres wohnen die Essener, ein einsames und wunderliches Volk, das ohne Frauen, ohne alle Gemeinschaft mit dem weiblichen Geschlecht, auch ohne Geld, und nur in der Gemeinschaft seiner Palmen lebt. Ihre Anzahl erneuert sich durch Neuankömmlinge, die lebensmüde und von den Wogen des Schicksals zu ihnen kommen. So besteht – was unglaublich erscheint! – ein Volk, in dem niemand geboren wird, Tausende von Jahrhunderten. Der Lebensüberdruß anderer ist für sie fruchtbar. Unterhalb ihres Gebietes lag früher die Stadt En-Gedi (Engaddi), die wegen ihres fruchtbaren Bodens und ihrer Palmenwälder nach Jerusalem den zweiten Rang (unter den Städten Palästinas) behauptete. Jetzt ist nur noch ein Trümmerhaufen zu sehen."[7]

Plinius der Jüngere (61–114)

♦ Gegensatz zwischen Jesus und den Qumranlehren

Die Botschaft Jesu von Nazareth steht in einem tiefen und schroffen Gegensatz zu den Leitgedanken der Qumrantexte … Wir können nicht mit Sicherheit sagen, ob Jesus in seiner Frühzeit irgendwelche persönliche Berührungen mit den Qumranleuten oder ihrer Gedankenwelt gehabt hat. Aber der ideologische Gegensatz zwischen Jesus und der Qumranbewegung ist evident. Jesus von Nazareth hat die Lehren der Qumranleute teils ignoriert, teils bekämpft. Und sein Kampf gegen die Sabbath-, die Speise- und gegen die Reinheitsgebote war so radikal, daß Jesus schon um dieses Kampfes willen in Qumran ganz unmöglich war. Wer das Gesetz

---

[7] Plinius der Jüngere kommt in seinem um 70 n.Chr. niedergeschriebenen Buch „Naturalis historia" (6. Buch, 17. Kapitel) auf die Essener zu sprechen, die in der Nähe von En-Gedi lebten. Was er beschreibt, ist die Situation, die er nach dem jüdischen Krieg (66–70 n.Chr.) angetroffen hat. En-Gedi, südlich von Qumran am Toten Meer gelegen, war bereits durch die Römer zerstört. Die Essener von Chirbet Qumran hatten bereits ihre Schriftrollen-Bibliothek in den Höhlen am steil abfallenden Westufer des Toten Meeres ausgelagert. Die Aussage des Plinius über den Palmenreichtum der Stadt En-Gedi wird bestätigt durch den alttestamentlichen Text Sir 24,14: „Wie eine Palme in En-Gedi wuchs ich empor" (vgl. 1 Sam 24,1–2; Ez 47,10).

mit Willen bricht und andere zum Thorabruch verführt, muß nach den qumranischen Strafparagraphen den Ketzertod erleiden. Das bedeutet: Wenn Jesus sich vor seinen Jerusalemer Verfolgern nach Qumran geflüchtet hätte, so hätte er dort nur eines erwarten dürfen: Das Todesurteil nach qumranischem Recht …
Die Urbotschaft Jesu war unqumranisch und antiqumranisch. Das Christenbild der Urgemeinde aber wird von Markus bis zu Johannes immer philoqumranischer."[8]

Ethelbert Stauffer (1902–1979)

♦ Plünderung der ersten Qumranhöhle um 800

Die Untersuchung der Höhle (von Qumran in der Zeit vom 15. Februar bis 5. März 1949) ergab, daß die Höhle schon früher ausgebeutet worden war. Welche Schätze muß sie enthalten haben! Der Inhalt von dreißig Krügen muß eine ansehnliche Bibliothek gewesen sein!
… In einem syrisch geschriebenen Brief berichtet der nestorianische Patriarch Timotheus I. von Bagdad-Seleukia († 823), es sei durch Zufall in einer Höhle bei Jericho eine große Sammlung hinterlegter hebräischer Handschriften gefunden worden, bestehend sowohl aus Schriften des Alten Testaments wie anderer hebräischer Schriften. Nach den Angaben des Briefes müßte der Fund kurz vor 800 gemacht worden sein. Ferner erwähnt der jüdisch-arabische Schriftsteller al-Quirqisâni (1. Hälfte des 10. Jahrhunderts) eine jüdische Sekte unter dem Namen „Höhlenleute" (arabisch: al-maghârîja) und erklärt diesen Namen damit, daß man die Schriften dieser Sekte in einer Höhle (arabisch: maghar) gefunden habe."[9]

Herbert Haag

---

[8] E. Stauffer, Die Botschaft Jesu. Damals und heute. Bern – München 1959, 13.15–16; Ders., Jerusalem und Rom im Zeitalter Jesu Christi. Bern 1957, 49–61 (= Die Wüstenemigranten am Toten Meer).

[9] H. Haag, die Handschriftenfunde aus der Wüste Juda (Biblische Beiträge Heft 15/16). Baden 1959, 9–10. Zu diesem im 9. Jahrhundert in einer „Höhle bei Jericho" gefundenen Handschriften äußerten sich Fachgelehrte wie R. de Vaux (Revue Biblique 57, 1950, 417–429) und P. Kahle (Vetus Testamentum 1, 1951, 44–48). Vgl. O. Braun, Der Brief des Katholiken Timotheos I über biblische Studien des 9. Jahrhunderts. In: Oriens Christianus 1 (1901) 138–152. 299–313.

♦ Christliche Texte in Qumranhöhlen?

Innerhalb des pluralistischen frühen Judentums war das sogenannte essenische Judentum zweifellos der Teil, der dem jungen Christentum am nächsten stand. So kann „die große Menge von Priestern“, die nach Apg 6,7 zum christlichen Glauben fand, gut aus den Reihen der Essener gekommen sein, bei denen es ja viele Priester gab.
Was nun aber am Fragenkomplex Essener – Christentum wirklich neu ist ..., ist das Rätsel der Papyrusfragmente aus der Höhle 7 von Qumran (= 7 Q). Diese 15 Fragmente sind griechisch (nicht hebräisch!) auf Papyrus (nicht auf Leder!) geschrieben. Nach 30 Jahren vergeblichen Suchens nach einer Identifizierung von 7 Q 5 mit irgendeinem antiken Text aus AT oder profaner Literatur wird in den letzten Jahren immer wahrscheinlicher, daß uns auf Fragment 7 Q 5 einige Buchstaben aus Mk 6,52f. und auf 7 Q 4 etwa 18 Buchstaben aus 1 Tim 3,16–4,3 erhalten sind. Aus der Natur der Sache heraus (kleine Papyrusbruchstücke!) sind diese Identifizierungen zwar nicht absolut sicher, doch sind sie sehr wahrscheinlich geworden. Und damit lautet heute die wirklich drängende Frage: Wieso konnten christliche Texte in der zweiten Hälfte des 1. Jahrhunderts n. Chr. in die essenische Bibliothek von Qumran gelangen? Welche Kontakte bestanden zwischen Urkirche und Essenern?“[10]

Benedikt Schwank

---

[10] In die überaus schwierige und durch unterschiedliche Motivationen gekennzeichnete und schwer ausleuchtbare Situation führt ein B. Schwank, Die „Verschlußsache Jesus“. Die Qumranrollen und ihr „Geheimnis“. In: Erbe und Auftrag 68 (1992) 481–493 (Zitat 490f.). Für alle Diskussionen über die Entzifferung und Edition der Qumranrollen, vor allem über mögliche Begegnungen zwischen den Qumran-Essenern und urchristlichen Gemeinden in Palästina ist unentbehrlich das Sammelwerk B. Mayer (Hg.), Christen und Christliches in Qumran? (Eichstätter Studien NF 32). Regensburg 1992. Vgl. Kl. Berger, Qumran und Jesus. Wahrheit unter Verschluß? Stuttgart 1993; O. Betz – R. Riesner, Jesus, Qumran und der Vatikan. Klarstellungen. Freiburg – Basel – Wien 1993. Die typischen Merkmale des geschichtlichen Epochenwechsels mit fließenden Grenzen und unmerklichen Übergängen, mit ähnlichen Gruppierungen, die sich erst später auseinanderleben und unterschiedlich profilieren, sind auch für jenen biblischen Zeitabschnitt zu beachten, in dem das Alte Testament (Spätjudentum) unter erschwerten Bedingungen lebt und das Neue Testament (Urchristentum) beginnt.

Fließende Konturen des Epochenwechsels

Das Alte Testament lebt weiter, gewinnt gerade im Gegensatz und in der Auseinandersetzung der Synagoge und der Pharisäer mit dem palästinensischen Christentum schärfere Konturen im Rabbinismus (Synode von Jamnia). Nach der Zerstörung der Stadt und des Tempels von Jerusalem 70 n. Chr. haben nicht die bisher führenden Sadduzäer, sondern die Pharisäer die Sorge für die Thora übernommen. In Jamnia (= Jabne, 21 km südlich von Jaffa) gründete Rabbi Jochanan ben Sakkai († 80/85 n. Chr.) eine Art Akademie zum Studium der Thora einschließlich der Thora-Kommentare (Halacha) und der Thora-Belehrungen (Agada). Das „Lehrhaus von Jabne" wurde zum religiösen Mittelpunkt des von den Römern besiegten Judentums in Palästina. Auf dem Fundament der Traditionssicherung durch das „Lehrhaus von Jabne" lebte und lebt das religiöse Judentum bis zum heutigen Tag.

Von den Christen der Urgemeinde von Jerusalem heisst es: „Tag für Tag verharrten sie einmütig im Tempel, brachen in ihren Häusern das Brot und hielten miteinander Mahl in Freude und Einfalt des Herzens" (Apg 2,46). „Petrus und Johannes gingen um die neunte Stunde zum Gebet in den Tempel hinauf" (Apg 3,1). Vor dem versammelten Volk hielt Petrus „in der sogenannten Halle Salomos" (Apg 3, 11; 5,12) seine große Rede. Von Jakobus, dem Gerechten, der die Kirche von Jerusalem leitete, berichtet Hegesippus (um 160 n. Chr., zitiert durch Eusebius): „Jakobus allein war es gestattet, das Heiligtum (den Tempel von Jerusalem) zu betreten ... um zu Gott zu beten und ihn um Verzeihung für das Volk zu bitten." Während der legitime Hohepriester Ananias (47–55 n. Chr.) nur einmal im Jahr das Allerheiligste betreten durfte, wird von Jakobus, dem Vorsteher (Bischof) der Urgemeinde von Jerusalem, gesagt, er habe nicht nur gleiches Recht gehabt, sondern ihm war erlaubt, täglich im Heiligtum zu beten.

Parallelen und Ähnlichkeiten

Ohne Zweifel gibt es frappierende Textparallelen zwischen den Schriften von Qumran und dem Neuen Testament. Eine äußerst wichtige und gemeinsame „Schiene" der Querverbindungen waren die ebenfalls in den Höhlen von Qumran gefundenen „Testamente der Zwölf Patriarchen", in denen die zwölf Söhne Jakobs (Israels) programmatische Aussagen machen. Hier findet sich das Wort vom „Gesalbten" (Christus). Deutliche Textähnlichkeiten gibt es zwischen dem Abschnitt Joseph 1,5–6 (aus dem „Testament der zwölf Patriarchen") und der neutestamentlichen Bergpredigt (Mt 25,35–36), in der „ganze Sätze daraus wiederholt werden" (R. H. Charles).

Es gibt sprachlich und inhaltlich eine große Nähe zwischen dem eben zitierten „Testament" und der „Didaché", auch „Zwölf-Apostel-Lehre" genannt. Dem „Zwölf-Patriarchen-Testament" steht die „Zwölf-Apostel-Lehre" gegenüber. Von Paulus wird gesagt, die Zwölf-Patriarchen-Testamente seien „eine Art Leitfaden für ihn gewesen“ (R. H. Charles). Ähnlichkeiten gibt es zwischen den Essenern und Christen in der Organisation mit den „Zwölf“ an der Spitze, im Selbstverständnis als auserwählter „Neuer Bund“, in den rituellen Tischgemeinschaften, in der Taufspendung, in der Messiashoffnung.

Es gibt fließende Übergänge, pluralistische Gleichzeitigkeiten, die in den damaligen Organisationsformen wie auch in der Glaubenslehre noch nicht abgrenzend und uniform „kanalisiert“ waren. Der entscheidende Grund für nicht zu leugnende Ähnlichkeiten ist die gemeinsame religiöse Grundlage, nämlich das Alte Testament, das für Essener wie für Christen verbindlich war.

Jesus von Nazaret – ein Essener?

In den ersten Jahren nach der Auffindung (1947) und der Entzifferung der Qumranschriften gab es einen verwirrenden Jubelruf: Jesus ist ein Essener (wie auch Johannes der Täufer)! Die Anfangssicherheit dieser „Behauptung“ ist auf Grund der genauen Einsichten in die verschiedenen Qumranschriften einer wachsenden Skepsis, ja einer vernichtenden Kritik gewichen. Heute lautet die sententia communis der Experten: Jesus von Nazaret war kein Essener, kein Mönch von Qumran!

Dies heisst jedoch nicht, Jesus habe von den Essenern nichts gewusst, noch sei ihm die Qumran-Lehre unbekannt gewesen. Es kann aber auch nicht behauptet werden, die urchristlichen Gemeinden in Palästina hätten überhaupt keine Kontakte zu Qumran und zu den auch außerhalb von Qumran in Palästina lebenden Essenern gehabt. Man wäre jedoch blind, wollte man die unübersehbaren und gravierenden Barrieren zwischen der Botschaft Jesu und der Botschaft von Qumran übersehen – in der Frage der radikalen Rückkehr zur Thora (Sabbatgebot, Speisegebote) wie in der Frage des Messiasverständnisses und der angebrochenen Endzeit. „Nicht die jüdischen Herrenworte der Evangelien sind die echtesten, sondern die unjüdischen und antijüdischen“ (Ethelbert Stauffer).

Christliches in Qumran?

Mit der Beschäftigung mit den Qumranschriften 7 Q 4 und 7 Q 5 wurden eine ganz neue Dimension und Verschärfung der Diskussionen und Interpretationen erreicht. Denn nicht hebräisch-alttestamentliche Texte auf Lederrollen, sondern griechisch-neutestamentliche Texte auf Papyrusfragment liegen zur Bewältigung vor: 7 Q 4 (mit 15 griechischen Buchstaben, vielleicht 1 Tim 3,16–4,3) und 7 Q 5 (mit 20 Buchstaben, vielleicht Mk 6,52–53, auf einem winzig-kleinen (33 mm x 23 mm) und stark beschädigten Textfragment. (Eine Abbildung von 7Q5 findet sich in M. Wise – M. Abegg – E. Cook, Die Schriftrollen von Qumran. Augsburg ²1997, 57.)

Die Frage muss beantworten werden, wie christliche Texte in die Höhlen von Qumran kommen. Muss die bisherige Datierung aufgegeben werden? Zwingen die Funde 7 Q 4 und 7 Q 5 eine Frühdatierung der ersten christlichen Schriften auf? Bei der Lösung dieser Frage wird meist die naheliegende, geschichtliche Situation übersehen, nicht berücksichtigt. Sie drängt sich geradezu auf, wenn man beachtet: Der jüdisch-römische Krieg dauerte von 66 bis 73 n. Chr. Das Essenerkloster in Qumran wurde 68 n. Chr. von den Römern zerstört. Stadt und Tempel von Jerusalem wurden 70 n. Chr. vernichtet.

Mit vielen jüdischen Verwandten und Bekannten sind auch Christen zu Beginn dieses Krieges, ausgelöst durch den Aufstand der Zeloten 66 n. Chr. aus Jerusalem und Judäa über den Jordan nach Pella in Ostjordanien geflohen. Die Christen haben ihre „Heilige Schriften" zum Teil vor den heranrückenden römischen Truppen in Sicherheit gebracht und wie die Essener in den Höhlen (siebte Höhle!) am Westufer des Toten Meeres versteckt. Die von den Christen versteckten Rollen unterscheiden sich in zwei Punkten deutlich von den Essener-Handschriften: Sie sind auf Papyrus geschrieben – und zwar in griechischer Sprache.

Erstaunlich ist für nicht wenige Exegeten, dass auf 7 Q 4 ein Text aus dem ersten Timotheusbrief (1 Tim 3,16–4,3) vorliegt, der herkömmlich dem Komplex der nachpaulinischen Pastoralbriefe zugerechnet und dessen Entstehungsdatierung in die nachpaulinische Zeit zwischen 70 und 100 n. Chr. gelegt wird. Diese Spätdatierung muss radikal korrigiert werden, wenn 7 Q 4 tatsächlich bereits um 66/67 n. Chr. in der siebten Höhle von Qumran hinterlegt worden ist.

Vielleicht müssen große Abschnitte der heutige Exegese, der Entstehung und Vielfalt des Spätjudentums wie des Frühkatholizismus, sicherlich auch der theologischen Wirkung des ehemaligen Pharisäers und späteren Apostels Paulus ergänzt, korrigiert, neu geschrieben werden. Die Qumran-Schriften, die hebräischen wie die griechischen, sind zu einem Element der Unruhe in der gegenwärtigen Kirche und Theologie geworden – und es war eine heilsame, freimachende Unruhe, wie man ohne Übertreibung sagen darf. Seit 1947, dem Jahr der ersten Entdeckung von Qumranschriften, gibt es christliche Theologie und christlichen Glauben nur als Theologie und Glaube, in denen die Qumranimpulse umfassend berücksichtigt und integriert sind.

Literatur

A. Adam, Antike Berichte über die Essener. Berlin 1961.

J. M. Allegro, Die Botschaft vom Toten Meer. Frankfurt/M. – Hamburg 1957.

O. Betz – R. Rieser, Paulus, Qumran und der Vatikan. Klarstellungen. Freiburg – Basel – Wien 1993.

Kl. Berger, Qumran und Jesus. Wahrheit unter Verschluß? Stuttgart 1993.

H. Braun, Spätjüdisch-häretischer und frühchristlicher Radikalismus. 2. Bd. Tübingen 1957.
M. Burrow, Die Schriftrollen vom Toten Meer. München 1957.
J. Danielou, Qumran und der Ursprung des Christentums. Mainz 1958.
A. P. Davies, Der Fund von Qumran. Die Schriftrollen vom Toten Meer und die Bibel. Wiesbaden 1957.
A. Dupont-Sommer, Die essenischen Schriften vom Toten Meer. Neukirchen 1960.
R. Eisenmann – J. M. Robinson, A Facsimile Edition of the Dead Sea Scrolls. 2 Bde. Washington 1991.
H. Guttmann, Die Darstellung der jüdischen Religion bei Flavius Josephus. Breslau 1928.
H. Haag, Die Handschriftenfunde in der Wüste Juda. Stuttgart 1965.
K. G. Kuhn, Konkordanz zu den Qumrantexten. Göttingen 1960.
A. Läpple, Christliches in Höhle 7 (7Q4, 7Q5). In: M. Wise – M. Abegg – E. Cook, Die Schriftrollen von Qumran. ²Augsburg 1997, 507–513.
E. Lohse, Die Texte von Qumran. Hebräisch und Deutsch. München ²1971.
J. Maier – K. Schubert, Die Qumran-Essener (UTB 224). München – Basel 1973.
B. Mayer (Hg.), Christen und Christliches in Qumran? (Eichstätter Studien NF 32). Regensburg 1992.
R. Mayer – J. Reuss, Die Qumran-Funde und die Bibel. Regensburg 1959.
B. Schwank, Die „Verschlußsache Jesus“ und ihr „Geheimnis“. In: Erbe und Auftrag 68 (1992) 481–493.
M. Smith, Jesus der Magier. München 1981.
E. Stauffer, Die Botschaft Jesu. Damals und heute. Bern – München 1959.
A. Steudel, Der Midrasch zur Eschatologie aus den Qumranfunden. Leiden – New York – Köln 1994.
C. P. Thiede, Die älteste Evangelien-Handschrift? Ein Qumranfragment wird entschlüsselt. Wuppertal ⁴1994.
S. Wagner, Die Essener in der wissenschaftlichen Diskussion des 18. Jahrhunderts bis zum Beginn des 20. Jahrhunderts. Berlin 1960.
E. Wilson, Die Schriftrollen vom Toten Meer. München 1956.
M. Wise – M. Abegg – E. Cook, Die Schriftrollen von Qumran. Übersetzung und Kommentar. Mit bisher unveröffentlichten Texten. Hrsg. von A. Läpple. Augsburg ²1997.
A. S. van der Woude, Die messianischen Vorstellungen der Gemeinde von Qumran. Assan 1957.

11. Jesus und der Täufer Johannes

Der Evangelist Lukas hat schriftstellerisch gekonnt das Leben Jesu mit dem Leben des Täufers Johannes verbunden. Entspricht die lukanische Darstellung der geschichtlich-biologischen Wirklichkeit oder liegt eine äußerst geschickte, literarische Fiktion auf dem geduldigen Papier vor? Wie die Melodie einer Fuge mit deutlich überhöhter Wiederholung läuft die Geburtsgeschichte des Täufers mit der Geburtsgeschichte Jesu ab: Verkündigung der Geburt des Täufers (Lk 1,5–25) und Verkündigung der Geburt Jesu (Lk 1,26–38), Geburt des Johannes mit seltsamen Heilszeichen (Lk 1,57–80) und Geburt Jesu mit Gnadenzeichen Gottes durch Engel an Hirten (Lk 2,1–20). Zwischen die beiden literarisch-biographischen Fugen ist eine Verknüpfung der Doppelbiographien eingefügt (Lk 1,39–56): Begegnung (Hypapánte) der beiden verwandten und schwangeren Mütter Elisabet und Maria (Lk 1,42–45), geschildert als Begegnung der beiden pränatalen, verwandten Kinder Johannes und Jesus (Lk 1,41).

Erstaunlich ist, dass diese verwandtschaftlichen Beziehungen des Täufers Johannes mit Jesus von Nazaret später kein einziges Mal angesprochen oder gar in gemeinsamen Bekehrungsaktionen – als Johannes-Jesus-GmbH – realisiert werden. Es kommt lediglich zu ganz wenigen, eher punktartigen Begegnungen, nicht aber wird vom Täufer Johannes oder von Jesus die verwandtschaftliche Beziehung genannt. Sind – so wurde da und dort bereits vermutet – diese Verwandtschaften nur eine Fiktion des Schriftstellers Lukas, der selbst bei der weiteren Niederschrift seines Evangeliums dies völlig vergessen hat und nie erwähnt?

Nicht zu übersehen ist, dass sich in den vier Evangelien des Neuen Testamentes recht unterschiedliche Darstellungen und religiöse Akzentuierungen entdecken lassen. Bald wird die vorbereitende Nähe des Vorläufers Johannes, bald der Kontrast des Täufers Johannes zu Jesus kräftig betont: „Er war selbst nicht das Licht, er sollte nur Zeugnis ablegen für das Licht“ (Joh 1,8). Gerade diese scharfe Abgrenzung wird als „polemische Auseinandersetzung mit der Täufergemeinde“ (Martin Stowasser) gewertet, denn nach dem Tod des Täufers (Anfang des Jahre 29 n. Chr.) verkündete der größer werdende Täuferkreis die konkurrierende Botschaft: „Nicht Jesus ist der Messias, sondern der Täufer“ (Ethelbert Stauffer). Ganz bewusst sind daher jene Aussagen in den Evangelien festgehalten, in denen die untergeordnete Vorläuferrolle des Johannes ausgesprochen ist: „... du wirst dem Herrn vorangehen und ihm den Weg bereiten“ (Lk 1,76). „Es kommt einer, der stärker ist als ich und ich bin es nicht wert, ihm die Schuhe aufzuschnüren“ (Lk 3,16).

In der nachpfingstlichen Zeit gab es deutliche Gegensätze und Rivalitäten zwischen den Johannes-Missionaren (Jüngerkreise des Täufers Johannes) und den missionierenden Aposteln und Jüngern Jesu (Apg 13, 24–25; 18,24–28; 19,2–7).

Seit der Entdeckung (1947) und Entzifferung der Qumranhandschriften ist die Beziehung „Johannes der Täufer und Jesus" zu einem überaus heißen Thema geworden, das weit über den Kreis der Experten für Verunsicherung und beträchtliche Unruhe gesorgt hat. War Jesus Schüler des Täufers Johannes und sind Jesus durch den Täufer Leben, Lehre, Frömmigkeit und Messiaserwartung der Essener von Qumran bekannt gemacht worden? Die Taufstelle des Johannes am Ostufer des Jordan ist nur 15 km Luftlinie von Chirbet Qumran entfernt, das am Westufer des Toten Meeres liegt. Ist – so wird weiter mit guten Gründen angenommen (Lk 1,80) – Johannes bereits als Kleinkind von seinen Eltern Elisabet und Zacharias den Mönchen von Qumran zur Ausbildung übergeben worden? Hat er dort jene Bußtaufe zur Vorbereitung auf den bald kommenden Messias kennengelernt, die er später (vielleicht nach seiner Trennung von Qumran?) selbst nicht mehr als täglich oftmalige Selbsttaufe (wie in Qumran), sondern als einmalige Taufe anderen am Jordan, auch Jesus von Nazaret (Mt 3,13–17; Mk 1,9–11; Lk 3,21–22; Joh 1,29–34), gespendet hat?

Sein exklusives Auftreten (Lk 7,33), seine Kleidung (Mt 3,4; Mk 1,6) und Ernährung (Mt 3,4; 11,18; Mk 1,6; Lk 1,15) in der Wüste Juda, seine Ehelosigkeit lassen nicht wenige Querverbindungen zu den Mönchen von Qumran erkennen. Wird die Entdeckung des „essenischen" Täufers Johannes zur Entdeckung des „essenischen" Jesus, der da und dort bereits als „Jesus von Qumran" tituliert wird?

♦ Erwartung der Endzeit in der Wüste

Wenn in Israel diese Ereignisse (der Endzeit) eintreten, sollen sie (die Mitglieder der neuen Gemeinschaft, der Söhne des Lichtes) sich absondern vom Wohnsitz der Männer des Frevels, um in die Wüste zu gehen, dort den Weg des Herrn zu bahnen, wie es geschrieben steht (Jes 40,3):

> In der Wüste bereitet den Weg ...,
> macht gerade in der Steppe
> eine Straße für unsern Gott.

Dies ist das Studium des Gesetzes (Thora), wie Er (Gott) durch Mose befohlen hat, zu tun nach allem, was geoffenbart ist von Zeit zu Zeit und wie es die Propheten durch Seinen Heiligen Geist geoffenbart haben" (VIII,13–16).[1]

Gemeinderegel (1 Q S)

♦ Der eschatologische Krieg

Die Erklärung ist die, daß Gott Sein Volk durch die Hand der Heidenvölker nicht gänzlich vernichten wird. Durch die Hand Seiner Auserwählten wird Gott Gericht halten an allen Heidenvölkern. Wenn diese gezüchtigt werden, werden auch alle Frevler aus seinem eigenen Volk büßen müssen" (V,3–5).[2]

Habakuk-Kommentar (1 Q p Hab)

---

[1] In diesem Text aus der Gemeinderegel der ersten Qumranhöhle wird der Prophet Jesaja (Jes 40,3) zitiert, dessen Wort auch im Neuen Testament im Zusammenhang mit der Darstellung der Täuferbotschaft am Jordan steht (Mt 3,3; Mk 1,2–3; Lk 3,4–6). Vgl. aber den Unterschied: Die Bußpredigt des Täufers am Jordan (Mt 3,5–12; Lk 3,7–14) steht unter dem Zeichen der Endzeit, wie sie zwar auch in Qumran gelehrt wurde, aber Johannes der Täufer wird einen entscheidenden Schritt weitergeführt. Er selbst erkennt sich als die von Gott berufene Stimme, als den von Gott verheißenen Wegbereiter des bereits angekommenen Messias.

[2] Im eschatologischen Krieg wird ein kleiner, heiliger Rest aus der großen Drangsal gerettet werden, „um ein Fundament zu gründen für Israel, zur Einung des ewigen Bundes" (1 Q S V, 5).

♦ Enthauptung des Täufers Johannes

Manche Juden waren der Ansicht, der Untergang der Truppen des Königs Herodes sei nur dem Zorn Gottes zuzuschreiben, der für die Tötung des Täufers Johannes die gerechte Strafe gefordert hatte. Den Täufer Johannes hatte Herodes hinrichten lassen, obwohl dieser ein geachteter Mann war. Er hielt nämlich die Juden zu einem vollkommenen Leben an, ermahnte sie zur gegenseitigen Gerechtigkeit, zur Frömmigkeit gegen Gott und sich taufen zu lassen ...
Wegen seiner Botschaft zog eine große Volksmenge zu Johannes, so daß Herodes befürchtete, er könne das Volk zu einem Aufruhr verleiten. Er glaubte daher, es sei besser, ihn aus dem Wege zu räumen . .. Er ließ daher Johannes in Ketten legen, in die Gefängnisse seiner Burg Machärus bringen und dort hinrichten. Seine Hinrichtung hielten viele Juden für die Ursache des Gotteszornes, denn die Truppen des Herodes wurden besiegt" (XVIII,5,2).[3]

Flavius Josephus (37–100 n. Chr.)

♦ Die blutige Liebe der Herodias

Wirklich eine Fürstin war sie,
war Judäas Königin,
des Herodes schönes Weib,
die des Täufers Haupt begehrt hat.

Dieser Blutschuld halber ward sie
auch vermaledeit, als Nachtspuk
muß sie bis zum jüngsten Tage
reiten mit der wilden Jagd.

---

[3] Aus Flavius' umfassenden Werk „Jüdische Altertümer". Es fällt jedoch auf, dass Flavius Josephus nicht jene Details vermittelt, wie sie in Mt 14,1–12, Mk 6, 14–29 und Lk 3,19–20; 9,7–9 aufgezeichnet sind. Vgl. A. Schalit, König Herodes. Der Mann und sein Werk. Berlin 1969. Aufgegriffen wurde das Thema der Enthauptung des Täufers Johannes durch den englischen Dichter Oscar Wilde (1856–1900), dessen Text in der deutschen Übertragung von Hedwig Lachmann durch Richard Strauss (1864–1949) in seinem Musikdrama in einem Akt „Salome" (1905) weltberühmt wurde.

In den Händen trägt sie immer
jene Schüssel mit dem Haupte
des Johannes, und sie küßt es;
ja, sie küßt das Haupt mit Inbrunst.

Denn sie liebte einst Johannem –
in der Bibel steht es nicht,
doch im Volke lebt die Sage
von Herodias blut'ger Liebe –

anders wär' ja unerklärlich
das Gelüste jener Dame –
wird ein Weib das Haupt begehren
eines Mannes, den sie nicht liebt?

War vielleicht ein bißchen böse
auf den Liebsten, ließ ihn köpfen;
aber als sie auf der Schüssel
das geliebte Haupt erblickte,

weinte sie und ward verrückt
und sie starb in Liebeswahnsinn."[4]

Heinrich Heine (1797–1856)

♦ Choral zum Johannesfest

Da zu dir der Heiland kam,
Willig deine Taufe nahm,
Weihte sich dem Opfertod,
Gab er uns des Heils Gebot:

[4] Heinrich Heine (1797–1856) hat in „Atta Troll, ein Sommernachtstraum" in die Wilde Jagd auch Herodias eingefügt, aber den Akzent anders als O. Wilde und R. Strauss gesetzt, nämlich von Salome auf Herodias. Bei H. Heine ist es Herodias, die in Jochanaan hoffnungslos verliebt ist und in Hassliebe handelt. Das Thema „Johannes – Salome – Herodias" wurde auch bearbeitet von Gustave Flaubert (1821–1880) in seiner Erzählung „Herodias", von Hermann Sudermann (1858–1928) in seinem Drama „Johannes" (1898) wie auch von Josef von Lauff (1855–1933) in seinem Roman „Herodias".

Daß wir durch sein' Tauf uns weih'n,
Seines Opfers wert zu sein.
Edler Täufer,
Christ's Vorläufer!
Nimm uns freundlich an,
Dort am Fluß Jordan."[5]

Richard Wagner (1813–1883)

♦ Jesus und die Täuferbewegung

Solange Jesus an der Täufertaufe festhielt, galt er in der Öffentlichkeit, galt er auch unter den Täuferjüngern offenbar nur als der Lieblingsjünger des Täufers, der erfolgreichste seiner Sendboten. In diesem Sinne ist jene Frühperiode Jesu nur ein Kapitel in der Geschichte der Täuferbewegung und gehört noch gar nicht in die Geschichte der ganz persönlichen Wirksamkeit Jesu hinein ... Jesus ist aus dem Täuferkreis, der Täufer ist aus der Qumranbewegung hervorgegangen. Die Qumranleute aber waren Thorarigoristen schroffster Observanz ... Mit diesem Geist ist auch Jesus in Berührung gekommen (und hat) in der Periode seiner täuferzeitlichen Wirksamkeit der Thora ohne Vorbehalt die Treue gehalten ... In der Hochperiode der jesuanischen Wirksamkeit, die mit der Sabbathheilung nach der Verhaftung des Täufers beginnt, ist das alles ganz anders. Jetzt verkündet Jesus eine neue Gottesbotschaft. Er bricht grundsätzlich mit der Täufertradition. Es ist darum religionsgeschichtlich und quellenkritisch ganz unmöglich, Jesus als einen Nachzügler der Qumranbewegung zu verstehen."[6]

Ethelbert Stauffer (1902–1979)

---

[5] Aus Richard Wagners Oper „Die Meistersinger von Nürnberg" (1868), Erster Aufzug: Choral der Gemeinde in der Katharinenkirche anlässlich des Nachmittagsgottesdienstes zur Einleitung des Johannesfestes (genauer: des liturgischen Festes der Geburt des Täufers Johannes am 24. Juni).

[6] E. Stauffer, Jesus. Gestalt und Geschichte. Bern 1957, 57.63f.

♦ Der erwartete und der bereits angekommene Messias

„Die Gemeinschaft von Qumran stellte eine Entwicklungsstufe im Geheimnis der Messiaserwartung dar. Mit Johannes, dem Täufer, aber öffnet sich ein neuer und endgültiger Abschnitt, nämlich der, in dem der Messias nicht mehr erwartet werden muß, sondern da ist. Johannes bildet also gewissermaßen den Drehpunkt zwischen der letzten Zeit des Alten Testaments und dem Beginn des Neuen.“[7]

Jean Daniélou (1905–1974)

♦ Jesus – Johannesjünger?

„Die Taufe Jesu durch Johannes gehört zu den Ereignissen, die fast einmütig als historisch gesichert angesehen werden. Denn sie mußte der christlichen Gemeinde Schwierigkeiten bereiten, da sie den Eindruck erwecken konnte, der Täufer sei größer als Jesus. Aus der Tatsache allein, daß Jesus sich von Johannes taufen ließ, ist allerdings nicht zu schließen, daß er eine Zeitlang zum engeren Jüngerkreis des Täufers gehörte, wiewohl die Mehrheit der Exegeten das annimmt. Dafür, daß Jesus zeitweise Johannesjünger war, gibt es zudem keine Indizien.“[8]

Heinz Giesen

Qumran – ein Wort unterschiedlichster Faszinationen und Irritationen, das schwierigste, jahrzehntelange wissenschaftliche Arbeit markiert, das aber ebenso durch den politischen Wandel, durch die militärischen Unruhen und Kriege im Vorderen Orient, gewiss auch – was nicht verschwiegen werden kann – durch Eitelkeiten und Monopoldenken mancher beteiligter Forscher mitgeprägt ist.

---

[7] J. Daniélou, Qumran und der Ursprung des Christentums. Mainz 1958, 28.

[8] H. Giesen, Die Johannestaufe. Religions- bzw. traditionsgeschichtliche Einordnung und Bedeutung für die christliche Taufe. In: Theologie der Gegenwart 39 (1996) 114–127 (Zitat 114).

Qumran – ein schillerndes Wort!

Das Stichwort Qumran ist Rumesblatt härtester, mit Deutungen und Prognosen überaus vorsichtig hantierender Wissenschaftsarbeit, gleichzeitig eine Art Droge des Wunschdenkens und kühnster Theorien geworden. Wo immer in den vergangenen fünfzig Jahren Gestalt, Geschichte und Botschaft Jesu, vor allem die Entstehung, die religiöse Färbung und Organisation der Jesusbewegung unter die Lupe genommen worden ist, tauchte das Wort „Qumran" auf.

Während die einen die Einzigartigkeit und den erlösenden und befreienden Menschheitsauftrag Jesu, des Mannes aus Nazaret, bestätigt sehen und ein Umschreiben oder eine Neufassung der Theologie und der Schulbücher nicht für nötig erachten, haben andere unter Zitierung der Qumranhandschriften immer neue Theorien, immer kühnere Deutungen in die Welt gesetzt. Nicht wenige wurden in ihrem Denken und Glauben total verunsichert. Das Wort Qumran ist zu einem schillernden Objekt geworden. Man muss ihm daher mit kritischem Interesse begegnen, denn was bisweilen als „wissenschaftlich fundiert" ausgewiesen wird, stand nicht immer unter der stillen und zeitraubenden Suche nach der geschichtlichen Wahrheit, sondern wurde als Sensations- und Enthüllungsliteratur missbraucht und, wie Bestsellerlisten bestätigen, zum rentablen Geschäft. Das Thema „Jesus" wie die Entstehung des Christentums ist bei der Auswertung und Interpretation der Qumranhandschriften zum „Zeichen des Widerspruchs" (Lk 2,34) geworden, wobei die allzu lange Nicht-Veröffentlichung der Forschungsergebnisse zum Anlass des Misstrauens wie kühnster Vermutungen, Unterstellungen und Befürchtungen geworden ist.

Der Wandel der eschatologischen Euphorie

Das Forschungsprojekt „Qumran" hat manches Licht in eine geschichtliche Epoche gebracht, die bisher nur in groben Umrissen bekannt war, die aber trotz der Qumranfunde auch heute noch nicht völlig ausgeleuchtet ist. Man hat die Spätepoche des Alten Testaments (wie das Spätjudentum bis hin zur Entstehung des pharisäisch geprägten Rabbinismus), aber auch das beginnende Christentum in einem neuen Licht erkennen können. Da, wo man bisher scharfe Abgrenzungen vermeinte, haben die Forschungsergebnisse fließende Grenzen, Querverbindungen und Parallelentwicklungen zwischen Judentum und Christentum erkennen lassen.

Ein durchgehendes, aber sich wandelndes Thema trat mit und in der Qumranforschung in den Mittelpunkt: das Kommen des Messias und damit die differenzierenden Messiasbilder wie auch die bis zur eschatologischen Euphorie sich steigernden Vorbereitungen und Aktionen für den „Tag des Herrn". Dabei lässt sich deutlich „ein roter Faden" mit mannigfachen Unterschieden erkennen – von Qumran zu Johannes, dem Täufer, und wiederum vom Täufer Johannes zu Jesus von Nazaret.

Die Essener von Qumran

Die Essener von Qumran standen unter dem Druck des „noch nicht" gekommenen, aber durchaus heute oder morgen bereits ankommenden Messias. Das „Noch-nicht" kennzeichnet die fiebrig-nervöse Vorbereitung als allerletzte Gnadenfrist, konzentriert auf das Thora-Studium im kleinen Kreis der von Gott Auserwählten. Exklusivität ist Charakteristikum des Selbstverständnisses der Qumrangemeinde, für ihre eschatologische Prädestination und Auserwählung im „eschatologischen Krieg", der vierzig Jahre dauert (1 Q M II, 8–14; IX,2). „Aufgabe der Auserwählten des (göttlichen) Wohlgefallens ist es, die Erde zu entsühnen und an den Frevlern Vergeltung zu üben" (1 Q S VIII, 6–7). „Der Anfang (des eschatologischen Krieges) ist der Kampf der Söhne des Lichtes, ihn zu beginnen gegen das Los der Söhne der Finsternis" (1 Q M I,1).

Die von den Qumranleuten hochgeschaukelte eschatologische Euphorie, die Furcht und Angst auslöste, war zutiefst Missachtung und Ausgrenzung „der Anderen", der Nicht-Auserwählten. Die Essener betrieben keine religiöse Werbung oder Mission. Sie schieden die Menschen scharfkantig in „Söhne des Lichtes" und in „Söhne der Finsternis". Sie selbst waren so sicher und vermessen, sich allein für „Söhne des Lichtes" auszugeben.

Dabei muss man durchaus den Mönchen von Qumran Mut und Tapferkeit bescheinigen. Den Kampf gegen die Römer (66–70 n. Chr.), in dem ihr Kloster Chirbet Qumran nach vorhergehender Auslagerung ihrer Handschriften-Bibliothek 68 n. Chr. zerstört wurde, haben sie sicherlich als „eschatologischen Krieg" verstanden, in dem sie als „Söhne des Lichtes" ihr Leben gelassen haben.

Der Täufer Johannes

Eine ganz andere Stellung zur eschatologischen Naherwartung nahm Johannes der Täufer ein. Er trennte sich vielleicht gerade wegen dieser ganz anderen, offenen Denkweise von der Exklusivität des engen Kreises von Qumran (wenn man überhaupt in ihm einen früheren Essener-Novizen sehen kann!). Gewiss, auch er nimmt das baldige Kommen des angekündigten Messias ernst. Aber sein pastorales Konzept lautet: Ich will am Tag des Herrn nicht allein, sondern ich will mit möglichst vielen anderen gerettet werden!

„Die Leute von Jerusalem und ganz Judäa und aus der ganzen Jordangegend zogen zu ihm hinaus. Sie bekannten ihre Sünden und ließen sich von ihm taufen" (Mt 3,5–6). Seine Seelsorge ist ausgerichtet auf die „kleinen Leute", auf das einfache Volk, auf die geächteten Zöllner und Sünder. Gerade an dieser Gruppe von Menschen waren die Qumranleute überhaupt nicht interessiert. Johannes der Täufer ist Volksmissionar und Wegbereiter des Messias „für alle", die eines guten Willens sind. Scharf rechnet er mit den selbstgerechten und selbstsicheren Pharisäern und Sadduzäern (Mt 3,7) ab. Er spricht sie mit „Schlangenbrut" an und sagt ihnen offen ins Gesicht, dass sie „dem kommenden Zorngericht nicht entrinnen werden“ (Mt 3,7). Den missliebigen Zöllnern öffnet der Täufer den Weg zum Messias mit der Weisung: „Fordert nicht mehr, als für euch festgesetzt ist“ (Lk 3,13). Den im Dienst der heidnisch-römischen Besatzungstruppe stehenden Soldaten redet Johannes durchaus ins Gewissen, wenn er sagt: „Misshandelt niemand, erpresst niemand, begnügt euch mit eurem Sold“ (Lk 3,14).

Das religiöse Konzept der Vorbereitung auf das Kommen des Messias der Qumranmönche war auf Exklusivität abgestimmt: Exklusivität der Auserwählten, der Gezeichneten. Der Täufer Johannes hingegen war ein eschatologischer Volksmissionar, ein Wegbereiter des Herrn (Lk 3,4) „für alle“. Er kennzeichnet überdeutlich sein ganz anderes Konzept, die weltoffene „Katholizität“ seiner Botschaft und seiner Tauftätigkeit mit den Worten: „Alles Fleisch wird schauen das Heil Gottes“ (Lk 3,6).

Die Messias-Erkenntnis des Täufers

Johannes sagt ganz offen: „Ich bin nicht der Messias“ (Joh 1,20). Er identifiziert sich aber mit der „rufenden Stimme in der Wüste“ (Jes 40,3) und fügt unmissverständlich hinzu: „Ich kannte ihn (den Messias in seiner geschichtlichen Gestalt) nicht“ (Joh 1,33).

Das bloße und noch so eifrige Studium des Gesetzes (Thora) und der Propheten hat dem Täufer die geistigen Augen für den bereits gekommenen und anwesenden Messias nicht geöffnet. Vielmehr wurde ihm mit seiner Sendung und Taufspendung nach seinen eigenen Worten eine einzigartige Offenbarung zuteil: „… der mich gesandt hat, mit Wasser zu taufen, hat mir gesagt: Auf wen du den Geist herabkommen siehst und auf wem er bleibt, der ist es, der (als Messias) mit dem Heiligen Geist tauft. Das habe ich gesehen“ (Joh 1,33–34).

Es ist bemerkenswert, dass in den neutestamentlichen Evangelien die Taufe Jesu durch Johannes wie eine liturgische Epiphaniefeier dargestellt wird, die sicherlich auch die glaubenspsychologische Zielsetzung hatte, die Denk- und Glaubensschwierigkeiten der urchristlichen Gemeinden gerade wegen der Taufe des sündelosen Messias zu entschärfen (vgl. das Urteil Jesu über den Täufer: Joh 3,22–26).

Johannes, der Täufer, trat aus der vormessianischen Epoche, aus dem „Nochnicht“ der Qumranleute eindeutig heraus. Er steht klar und wegweisend in der Epoche des bereits gekommenen und erkannten Messias, der ihm in der geschichtlichen Gestalt des Jesus von Nazaret begegnete. Der Täufer hatte eine Lebensaufgabe. Diese Lebensaufgabe hat er erfüllt und auch anderen (Mt 11,2–15) den Weg zum Messias erschlossen. Er wurde unter König Herodes Antipas auf der Festung Machärus im Jahr 29 n. Chr. enthauptet.

Ist es Zufall oder seltsame, nicht leicht zu verstehende Fügung Gottes: Johannes wird nicht aus dem Gefängnis befreit, sondern hingerichtet (Mt 14,1–12; Mk 6,17–29). Der Apostel Petrus wird aus dem Gefängnis befreit (Apg 12,1–11). Weil vor ihm noch eine Lebensaufgabe stand?

Literatur

K. Backhaus, Die „Jüngerkreise“ des Täufers Johannes. Eine Studie zu den religionsgeschichtlichen Ursprüngen des Christentums. Paderborn 1991.

J. Becker, Johannes der Täufer und Jesus von Nazareth. Neukirchen 1972.

J. Ernst, War Jesus ein Schüler Johannes' des Täufers? In: H. Frankenmölle – K. Kertelge (Hg.), Vom Urchristentum zu Jesus (FS J. Gnilka). Freiburg 1989, 13–33.

J. Ernst, Johannes der Täufer. Interpretation – Geschichte – Wirkungsgeschichte. Berlin 1989.

J. Ernst, Johannes der Täufer. Der Lehrer Jesu? Freiburg – Basel – Wien 1994.

H. Giesen, Die Johannestaufe. Religions- bzw. traditionsgeschichtliche Einordnung und Bedeutung für die christliche Taufe. In: Theologie der Gegenwart 39 (1996) 114–127.

L. Haase, Salome, die Schwester des Königs (Roman). Mannheim 1996.

G. Häfner, Der verheißene Vorläufer. Redaktionskritische Untersuchung zur Darstellung Johannes des Täufers im Matthäus-Evangelium. Stuttgart 1994.

A. Ottilinger, Vorläufer, Vorbild oder Zeuge? Zum Wandel des Täuferbildes im Johannesevangelium. St. Ottilien 1991.

L. Schenke, Die Urgemeinde. Geschichtliche und theologische Entwicklung. Stuttgart 1990.

A. Schlatter, Johannes der Täufer (hg. von W. Michaelis). Basel 1956.

H. Stegemann, Die Essener, Qumran, Johannes der Täufer und Jesus. Ein Sachbuch. Freiburg [3]1994.

J. Steinmann, Johannes der Täufer. Hamburg 1960.

M. Stowasser, Johannes der Täufer im Vierten Evangelium. Eine Untersuchung zu seiner Bedeutung für die johanneische Gemeinde. Klosterneuburg 1992.

M. Tilly, Johannes der Täufer und die Biographie der Propheten. Die synoptische Täuferüberlieferung und das jüdische Prophetenbild zur Zeit des Täufers. Stuttgart – Berlin – Köln 1994.

12. Jesus, der Messias

Es wird allzu selbstverständlich gesagt: Jesus von Nazaret ist der im Alten Testament verheißene Messias – gerade unter Berufung auf die immer wieder vor allem in den Erfüllungszitaten des Matthäus-Evangeliums anzutreffende Formel: „... damit das Wort der Schrift in Erfüllung gehe“ (Mt 2,15; 17,23; 4,14; 3,15.17; 12,17; 13,35; 21,4; 26,56; 27,35).

Wäre der Messias, wie nicht wenige Christen meinen, geradezu aufdringlich und eindringlich den bibelkundigen und gesetzestreuen Juden einsichtig gewesen, dann hätte die Mehrheit der damaligen Juden in Jesus von Nazaret den Messias erkennen müssen. Ihre bewusste Ablehnung der Messianität Jesu wäre dann eine heilsgeschichtliche Verfehlung und Missachtung.

Eindeutigkeit des jüdischen Messiasverständnisses

Unter Christen hat sich die Meinung verfestigt: Viele Juden, vor allem die zeitgenössischen Schriftgelehrten, die Sadduzäer, die Pharisäer und wohl auch die uns immer mehr bekannt werdenden Essener von Qumran hätten bewusst und wider besseres Wissen an Jesus, dem bereits ankommenden und wirkenden Messias, vorbeigeschaut, dieses personale Zeichen Gottes missachtet. Ist Jesus gerade deshalb, weil er in ihren Deutungen nicht der im Alten Testament verheißene Messias sein sollte und sein durfte, zum Ketzer und zum Zerstörer der jüdischen Glaubenstradition erklärt worden?

Man muss aber auch eine zweite Frage ernst nehmen: Hat sich der schlichte Wanderprediger Jesus selbst in die zeitgenössische Messiasidee hineingesteigert, ist er durch die übersteigerten Erwartungen seiner Anhänger geradezu gedrängt worden, die Messiasrolle zu übernehmen? Ist der „Messias“ Jesus nichts anderes als „ein tragisch irrender Jude“ (Schalom Ben-Chorin) gewesen, der mit seinen überhitzten, messianischen Träumen letztlich scheiterte, scheitern musste?

Der schwierige Zugang zum Messias

Man muss die adventliche Erwartungssituation im jesuanischen Zeitalter kennen, um die Lebens- und Glaubensatmosphäre Jesu aus seiner konkreten Situation heraus beurteilen zu können und nicht an später sich verfestigenden Maßstäben zu messen.

Der Christ, selbst der überkritische „Ketzer“, schaut aus seiner späten Warte zurück auf das Leben Jesu und gelangt zu seiner Sicht des Messias Jesus aus dem Gesamtüberblick über das ganze Leben und Wirken Jesu wie auch – und das ist ganz entscheidend! – aus der neutestamentlichen Überlieferung und den theologischen Kommentaren zum Thema der messianischen Weissagungen und der Messianität Jesu. Im Lukas-Evangelium findet sich in der Emmauserzählung (Lk 24, 13–35) der bemerkenswerte und oft übersehene Hinweis, dass die Jünger und die urchristlichen Gemeinden von Jesus selbst die christologisch-messianische Deutung des Alten Testamentes empfangen haben. „Wie schwer fällt es euch, alles zu glauben, was die Propheten gesagt haben. Mußte nicht der Messias all das erleiden, um so in seine Herrlichkeit zu gelangen? Und er legte ihnen (den beiden nach Emmaus wandernden Jüngern) dar, ausgehend von Mose und allen Propheten, was in der gesamten Schrift über ihn geschrieben steht“ (Lk 24, 25–27).

Die qumranische Zwei-Messias-Lehre

Was aber der zeitgenössische Jude sowohl über das Messiasverständnis wie auch über das Leben und Wirken Jesu wusste, war alles andere als ein überschaubares Gesamtgemälde. Es waren mehr oder minder zufällige biographische Splitter und allerkleinste Bruchstücke unterschiedlicher Messiasdeutungen. Außerdem war der Glaube an den kommenden Messias zur Zeit Jesu vielschichtig, wie sich deutlich in der qumranischen Zwei-Messias-Lehre zeigt. Religiöse wie politische Erwartungen haben das Messiasbild unterschiedlich eingefärbt. Die moderne Geschichtswissenschaft bestätigt, daß dies das Charakteristikum des Messiasgespräches im Zeitalter Jesu war. Menschen, die miteinander in Kontakt traten, lebten zwar in der gleichen, historischen Zeit, aber ihre Mentalitäten, Betrachtungsweisen, Motivationen und Begründungen klafften auseinander – gleichzeitige Ungleichzeitigkeit. Außerdem darf nicht übersehen werden: In den synoptischen Evangelien wird betont vom „Messiasgeheimnis“ gesprochen, d. h., die Erkenntnis der Messianität Jesu war selbst den Jüngern Jesu ein Rätsel, ein Geheimnis, das nur langsam sich entwickelte und läuterte und klare Konturen annahm. In der neutestamentlich-christlichen Tradition klingen die Aspekte des politischen Befreier-Messias im Magnifikat Marias noch deutlich nach:

> *„Er vollbringt mit seinem Arm machtvolle Taten.*
> *Er zerstreut, die im Herzen voll Hochmut sind;*
> *er stürzt die Mächtigen vom Thron*
> *und erhöht die Niedrigen“*
>
> *(Lk 1,51–52).*

Mehr und mehr sind sie jedoch überlagert und verdrängt worden durch das Bild des messianischen Gottesknechtes des Propheten Jesaja. Jesus selbst hat mit deutlicher Zurückhaltung und mit Schweigegeboten den Blick auf seine Messianität überaus langsam, ja zögerlich geöffnet, um sie nicht zu früh Missdeutungen und Fehlakzentuierungen auszusetzen.

Ablehnung eines machtpolitischen Messianismus

Weiter darf nicht übersehen werden: Die neutestamentlichen Überlieferungen der Versuchung Jesu zu Beginn seines öffentlichen Wirkens (Mk 1,9–13; Mt 12,38–40; Lk 11,16–30) legen den Akzent auf die Gottestreue Jesu und auf eine klare Ablehnung eines machtpolitischen Messianismus. Jesus ist nicht der politische Befreier-Messias, sondern der priesterliche Leidens- und Versöhnungs-Messias (vgl. Hebr 2,17; 4,15–16). Überschaut man die nachjesuanische Geschichte Israels, dann muss festgestellt werden: Der von Jesus abgelehnte politische Weg war ein sehr gefährlicher Weg, der schließlich zum jüdisch-römischen Krieg (66–70 n.Chr.) und zur Zerstreuung der Juden in die Weltdiaspora führte.

Ein leidender, hilflos und gottverlassen Sterbender, ein Ohnmächtiger in den Händen der Mächtigen dieser Welt – das konnte für viele damalige Juden der Messias nicht sein! Der gekreuzigte Jesus – ein abgrundtiefes, niederschmetterndes Enttäuschungserlebnis, Zusammenbruch messianischer Hoffnungen vieler damaliger freiheitsliebender Juden.

♦ Das Kommen der zwei Messiasse

„... bis zum Kommen eines Propheten und der Messiasse aus Aaron und Israel“ (IX, 10-11).[1]

Sektenkanon (1 QS)

♦ Die Herrschaft des Gesalbten

Am Tag ihrer Not kehrt auf der Erde Ruhe ein;
vor ihnen (den Gerechten und Auserwählten) fallen sie nieder
und stehen nicht mehr auf.
Niemand ist dann da,
der sie bei den Händen erfaßt und aufrichtet;
denn sie verleugneten den Herrn der Geister
und seinen Gesalbten.
Der Name des Herrn der Geister sei gepriesen!“ (48,10).[2]

---

[1] Der Sektenkanon (1 QS), der in der ersten Höhle von Qumran gefunden wurde, ist die am besten erhaltene Rolle (186 cm lang, 24 cm hoch) eines nichtbiblischen Inhaltes. Mit Sicherheit kann heute gesagt werden, dass sie die Lebens- und Glaubensregel jener Gemeinschaft war, die vom Ausgang des zweiten vorchristlichen Jahrhunderts bis zur Zerstörung (68 n. Chr.) in der Siedlung von Qumran lebte und zwar in mönchisch-zölibatärer Form.
Schriftlesung und Bußtaufen sollten auf das Kommen des Messias vorbereiten. Erstaunlich ist in dieser Sektenregel, dass von zwei messianischen Gestalten, aus Aaron und Israel, gesprochen wird. Bemerkenswerterweise hat weder Jesus noch das Urchristentum die qumranische Hoffnung auf einen eschatologischen Laien-Messias und auf einen eschatologischen Priester-Messias aufgegriffen oder auch zurückgewiesen. Vielmehr wird die Doppel-Messiaslehre völlig ignoriert, möglicherweise weil sie nicht bekannt war oder aber, weil sie als falsche Deutung nicht hochgespielt werden sollte.
Hinweise auf die Lehre von zwei Messiassen finden sich auch in der sogenannten Damaskusrolle (CD), die bereits 1896 von Solomon Schechter in der Geniza der alten Synagoge von Alt-Kairo entdeckt worden ist. (CD XII,23-24; XIV, 19; XIX, 10-11; XX,1. Vgl. dazu H. Strack-Billerbeck, Kommentar zum Neuen Testament aus Talmud und Midrasch. München 1924, Bd. II, 292 ff.)

[2] Das Henochbuch, eine alttestamentliche Apokryphe, setzt sich aus verschiedenen Teilen mit vielen späteren Einfügungen zusammen. Die ältesten Texte dürften bis 170 v. Chr. zurückreichen, die jüngsten dürften aus der Zeit um 65 n. Chr. stammen. Der zitierte Abschnitt mit dem Hinweis auf den „Gesalbten“ (hebräisch: Maschiách; griechisch: Christós) entstammt dem Henochbuch 48,10.

Er (der Engel) sprach zu mir:
Alles, was du gesehen hast,
dient der Herrschaft seines Gesalbten,
damit er stark und mächtig auf der Erde wird." (52,4).[3]

Henochbuch (170 v.–65 n. Chr.)

♦ Der Messias in der Midrasch-Überlieferung

Künftig wird Gott den Messias zu seiner Rechten sitzen lassen, wie geschrieben steht (Ps 110,1): Der Herr sprach zu meinem Herrn: Setze dich zu meiner Rechten. Abraham wird sitzen zu seiner Linken. Da wird Abrahams Angesicht erblassen in Scham, und er wird sagen: Der Sohn meines Sohnes sitzt zu deiner Rechten, und ich sitze zu deiner Linken. Gott aber wird ihn besänftigen und zu ihm sagen: Der Sohn deines Sohnes sitzt zu meiner Rechten, und ich sitze zu deiner Rechten."[4]

Midraschim Rabba: Bereschith
(Ende der 1. nachchristlichen Jahrhunderts)

[3] Der zitierte Text ist dem Henochbuch 52,4 entnommen. Vgl. P. Rießler, Altjüdisches Schrifttum außerhalb der Bibel. Augsburg 1928.
Die beiden Zitate stammen aus dem sogenannten Messiasbuch, das die Kapitel 37–71 umfasst (Bildreden: Das künftige Gottesreich – Das Messiasreich – Auferstehung der Toten – Henoch als Menschensohn: Kapitel 71).
Weitere Hinweise auf den Messias im Henochbuch: 38,2 (vgl. Mt 29,24; Mk 14,21); 38,6–7; 40,5 (Der Auserwählte = der Messias); 41,9 (vgl. Joh 5,22); 45,3; 47,3; 49,2 (Der Auserwählte ist der Messias); 61,5.8; 62,1.5.14; 71,15 (Die Zukunft der Welt = Die messianische Endzeit). Fragmente des apokryphen Henochbuches sind in Qumran gefunden worden (4 Q 180/Frag. 1,7–10). Vgl. M. Wise – M. Abegg – E. Cook, The Dead Sea Scrolls. A New Translation. San Francisco 1996, 288. Der Name Henoch findet sich erstmals in der Kainitenliste (Gen 4,17–24); Henoch ist Sohn des Kain. Spuren der Henoch-Theologie finden sich in Hebr 11,5.

[4] Der Text ist entnommen dem Midraschim Rabba (= großer Midrasch zur Tora/fünf Bücher Mose und zwar zum Text Gen 18,1), einem der ältesten Abschnitte der Midraschim zum Pentateuch. Das hebräische Wort Midrasch bedeutet Erforschung, Lehre, Auslegung alttestamentlicher Texte. Midraschim gehören zur rabbinischen Literatur. Auch die Gemeinde von Qumran kannte bereits diesen Begriff (1 QS VII, 15).
Anlass zur Sammlung der alttestamentlichen Bibelkommentare war die religiöse Situation des Judentums nach der Zerstörung der Stadt und des Tempels von Jerusalem (70 n. Chr.). Es ist sicherlich das einmalige Verdienst der jüdischen Synode von Jamnia (Jabne), den Text des Alten Testaments wie auch die vorliegenden Kommentare gesam-

Glückliche Stunde, da der Messias geschaffen ward!
Glücklich der Leib, aus dem er hervorging!
Glücklich das Geschlecht derer, die ihn sehen!
Glücklich das Auge, das gewürdigt ist, ihn zu sehen!"[5]

Pessikta de Rab Kahana (2./3. nachchristliches Jahrhundert)

Ein junger Löwe ist Juda (Gen 49,9). Das ist der Messias, der Sohn Davids, denn er wird hervorgehen aus zwei Stämmen. Sein Vater aus Juda, seine Mutter aus Dan. Und beide Stämme tragen den Namen Löwe."[6]

Jalkutim Schimeoni (13. Jahrhundert)

♦ Der Wandel des Messiasverständnisses – Taktik Jesu?

Es ist möglich, daß sich Jesus von Anfang mehr nur an die Züge hielt, daß er der Messias im Sinne des stillwirkenden, geduldigen Lehrers sein wollte; aber je mehr er unter seinem Volk auf Unempfänglichkeit und Widerstand stieß, je mehr er den Haß der Oberen gegen sich aufgeregt sah und sich von dessen Unversöhnlichkeit überzeugte, desto mehr hatte er Veranlassung, sich nach dem Beispiel früherer Propheten (Mt 23,37; Lk 18,33) auf das Äußerste, auf Vergewaltigung, Verurteilung und Hinrichtung, gefaßt zu machen und die Seinigen darauf vorzubereiten. Auch der Gesichtspunkt, sein hinzugehendes Leben als ‚Lösegeld für viele' (Mt 20,28), seinen

melt und für die Nachwelt erhalten zu haben. Mit Nachdruck wurde damals ins Bewusstsein gehoben: „Nicht das Studium ist die Hauptsache, sondern das Tun (das religiöse Leben)." Vgl. F. Weber, System der altsynagogalen palästinensischen Theologie aus Targum, Midrasch und Talmud. Leipzig 1880, 342.

[5] Aus: Pessikta de Rab Kahana (149 a). Pessikta (= Abschnitt): Es handelt sich um Kommentare zu den ältesten Midraschim, die wohl in Palästina im Zeitraum vom 1. bis zum 8. Jahrhundert entstanden sind. Vgl. F. Weber, a.a.O. 341.

[6] Es handelt sich um einen Text (Bereschet 160) zu Gen 49,9: „Ein junger Löwe ist Juda" aus dem großen Midraschim-Sammelwerk mit der Bezeichnung: „Jalkutim Schimeoni", das zu Beginn des 13. Jahrhunderts von R. Schimeoni redigiert wurde.
Dieses Werk kommentiert nicht nur den Pentateuch, sondern zitiert auch Auszüge und Erläuterungen aus der älteren Midraschim- und Talmudliteratur, die dadurch vor der Vergessenheit bewahrt wurden. Vgl. F. Weber, a.a.O. 342.

Tod als sühnenden Opfertod zu betrachten, könnte er sich aus Jes 53 angeeignet haben …
Bestimmtere Züge, wie namentlich, daß sein Tod gerade mittels der Kreuzigung erfolgen werde, sind freilich aus dem Erfolg in die Reden Jesu hineingetragen; während andere, wie z. B. das Verspeien (Lk 18,32) aus der Weissagung (Jes 50,6), sei es von Jesus, oder wahrscheinlicher von dem Evangelisten, genommen wurden.“[7]

David Friedrich Strauß (1808–1874)

♦ Jesus ohne messianische Wirksamkeit

Im Sinne Jesu ist seine gesamte Tätigkeit keine messianische, sondern eine vorbereitende. Denn Jesus denkt die Errichtung des Gottesreiches lediglich durch einen übernatürlichen Eingriff Gottes vermittelt …
Während Jesus anfangs die Reichserrichtung zu erleben hofft, gewinnt er allmählich die Gewißheit, daß er vorher den Todesweg beschreiten und durch seinen Tod zur Errichtung des Reiches auch in Israel beitragen müsse. Dann wird er zur Reichserrichtung wiederkehren auf den Wolken des Himmels und zwar noch zu Lebzeiten der Generation, welche ihn verworfen hat.“[8]

Johannes Weiß (1863–1914)

---

[7] D. F. Strauß, Das Leben Jesu für das deutsche Volk bearbeitet. 3 Bde. Bonn 1895, 296–297. Bereits 1835/36 war erschienen „Das Leben Jesu, kritisch bearbeitet“ (Tübingen). Über dieses Werk schrieb Th. Ziegler: „Mit Recht hat man auch um seinetwillen das Jahr 1835 das große Revolutionsjahr der modernen Theologie genannt.“ Die Intention dieses Lebens Jesu hat D. F. Strauß mit den Worten erläutert, er sehe in den evangelischen Erzählungen nichts anderes „als geschichtsartige Einkleidungen urchristlicher Ideen, gebildet in der absichtlos dichtenden Sage.“ Vgl. dazu W. G. Kümmel, Das Neue Testament. Geschichte der Erforschung seiner Probleme. Freiburg – München 1958, 147–155.

[8] Vgl. W. G. Kümmel, a.a.O. 286–290. Weiß' Hauptwerk trägt den Titel „Die Predigt Jesu vom Reiche Gottes“ (Göttingen 1892). Sein Vorverständnis des Lebens und Wirkens Jesu in einem „Zwischenreich“ macht die Ethik Jesu zu einer Interimsethik. Zitiert aus: Von Reimarus zu Wrede. Eine Geschichte der Leben-Jesu-Forschung. Tübingen 1906. Siehe W. G. Kümmel, a.a.O. 305–306.

♦ Die geschichtswissenschaftliche Verkleidung Jesu

Der Jesus von Nazareth, der als Messias auftrat, die Sittlichkeit des Gottesreiches verkündete, das Himmelreich auf Erden gründete und starb, um seinem Werk die Weihe zu geben, hat nie existiert. Er ist eine Gestalt, die vom Rationalismus entworfen, vom Liberalismus belebt und von der modernen Theologie mit geschichtlicher Wissenschaft überkleidet wurde. ... Es ist der Leben-Jesu-Forschung merkwürdig ergangen. Sie zog aus, um den historischen Jesus zu finden, und meinte, sie könnte ihn dann wie er ist als Lehrer und Heiland in unsere Zeit hineinstellen ... sie freute sich, als wieder Leben und Bewegung in die Gestalt kam und sie den historischen Menschen Jesus auf sich zukommen sah. Aber er blieb nicht stehen, sondern ging an unserer Zeit vorbei und kehrte in die seinige zurück.“[9]

Albert Schweitzer (1875–1965)

♦ Das Zwischenreich Jesu

Für mich ist Gott allein Wirklichkeit, dem Zwischenreich gehöre ich nur durch den Zwang der Natur (= Geschichte) an, nicht mit Freiheit; Jesus gehört dem Zwischenreich an: ob er der Messias war, wird sich ausweisen, wenn der Messias kommt. Heute ist er mir so problematisch wie das ganze Zwischenreich, gewiß ist mir nur Gott und sein Reich, nicht das Zwischenreich.“[10]

Franz Rosenzweig (1886–1929)

---

[9] A. Schweitzer, Von Reimarus zu Wrede. Eine Geschichte der Leben-Jesu-Forschung. Tübingen 1906. Siehe W. G. Kümmel, a.a.O. 305-306.

[10] Aus einem Brief (1918) an Hans Ehrenberg. Zitiert aus F. Rosenzweig, Briefe und Tagebücher, Gesammelte Schriften. Bd. 2. Den Haag 1979, 543f. In nicht wenigen Gesprächen mit Hans Ehrenberg hat Franz Rosenzweig, der nicht Christ geworden ist, seine heilsgeschichtlichen Vorstellungen präzisiert und damit auch seine Auffassung vom „Zwischenreich“ – zwischen Jesus und dem Endreich Gottes. Vgl. dazu C. Thoma, Das Messiasprojekt. Theologie Jüdisch-christlicher Begegnung. Augsburg 1994, 36–42.

♦ Die Messiasidee aus heidnischen Quellen?

Die Messiasidee ist zuerst aus heidnischen Quellen in das Schrifttum der Evangelien eingedrungen. Gewiß ist der göttliche Heiland von je und je im Menschen irgendwie herbeigesehnt worden; doch der geschichtliche Jesus wollte von einer Benennung als Messias ganz und gar nichts wissen. Die bekannte Stelle, wo ihn Petrus so nennt, wird von ihm drohend beantwortet, solches niemand zu sagen. Aber dieses Nichtsagen hieß nun nicht, daß er etwa sein Geheimnis hüten wollte wie der indische Yogi, sondern eben weil er fürchtete, den wahren, einfachen Sinn seiner Verkündigung des Reiches Gottes in uns, in der einzelnen Seele damit zu verdunkeln, zu verderben. Trotzdem durfte dieser Jesus in seiner menschenbeschränkten Zeitlichkeit von sich sagen, er sei Gottes Sohn, denn er sah eben in sich in voller, reiner Gotteskindschaft die ganze jenseitige Wahrheit des Verhältnisses des ewigen, liebenden Gott-Vaters zum Menschen lebendig werden und so in ihm selbst geoffenbart. Er hatte das ewige Du Gottes als persönliches Gegenüber in sich – das völlige Gegenteil aller „östlichen Weisheit“, aber auch das Gegenstück zu jedem magischen oder gesetzhaften Gott Israels. Er stand mit dem Gott Vater, dem Gott der Liebe, der sich selbst an den Menschen hingibt, in einer für unsere schwache Kraft unerreichbaren, steten inneren Begegnung und Wechselrede, er war dessen stets von neuem vergewissert. So sah er notwendig in allem nur und einzig das Reich des Vaters, und konnte damit zugleich im Hinblick auf sich und seine Verkündigung sagen, es sei mitten unter uns gekommen; denn es war in ihm wirklich anwesend.“[11]

Edgar Dacqué (1878–1945)

♦ Das Selbstzeugnis Jesu

Der Terminus Christós (Messias) kommt in den vier Evangelien etwa 53mal vor und niemals in einem klaren und unanfechtbaren

[11] E. Dacqué, Das verlorene Paradies. Zur Seelengeschichte des Menschen. Tübingen ^{3}1952, 317.

Selbstzeugnis Jesu ... Die Messiasprädikation erscheint von Anfang an als das fundamentale Glaubensbekenntnis der Jüngergemeinde und kehrt dementsprechend in fast allen Glaubensformeln der Urkirche wieder ...
Das aber ist dogmatische Geschichtskonstruktion und hat mit historischer Jesusüberlieferung nichts mehr zu tun ... Jesus selber hat die Messiasprädikation stets vermieden, übergangen oder abgewehrt."[12]

Ethelbert Stauffer (1902–1979)

♦ Die messianischen Weissagungen – eine schwierige Brücke zu Jesus

Die traditionelle Benützung des AT, wie sie gerade in der Christologie im Schwange war und teilweise noch im Schwange ist, ist endgültig und unwiderruflich überholt. Denn überholt, weil dem Wesen der Schrift widersprechend, ist die – sei es in Theorie oder Praxis – geübte Reduzierung des AT auf ‚Verheißungen', auf eine Reihe von Weissagungen, die, von vornherein bewußt auf ihn hin angelegt, in Jesus von Nazareth derart eklatant erfüllt worden sind, daß man daraus seinen und seiner Jünger Anspruch, tatsächlich der Christus zu sein, apologetisch legitimieren kann. Ein solcher Schriftgebrauch wird weder dem wesentlich geschichtlichen Charakter der Offenbarung noch der literarischen Eigenart der Schrift gerecht. ... Damit ist des weitern jeder atomisierende Schriftgebrauch ausgeschlossen. Es geht nicht länger an, einzelne Beweisstellen (sog. dicta

[12] E. Stauffer, Jesus. Gestalt und Geschichte. Bern 1957, 120–121. E. Stauffer, ein großer Kenner des Neuen Testaments (und auch der antiken Numismatik), spricht hier von den schwierigen Versuchen, das Messiasgeheimnis Jesu (Wrede) in menschlichen Worten, in damals gebräuchlichen Hoheitstiteln auszudrücken. Er stellt fest: „Jesus selbst hat sich nicht als den Messias bezeichnet" (a.a.O. 121). Er will aber nicht sagen, dass Jesus nicht der Messias war und sich nicht als solchen erfuhr, sondern: Selbst für Jesus war die sprachliche Erschließung und Wortfassung des Messiasgeheimnisses schwierig, weil eher Missdeutungen gefördert als Glaubenseinsichten aufgetan wurden. Das schwierige, urkirchliche Ringen um das Messiasgeheimnis Jesu zeigt auch die äußerste Zurückhaltung, die bei der Niederschrift der Evangelien in die vorösterliche Zeit zurückprojiziert wurde.

probantia), sie isolierend und verabsolutierend, aus dem AT herauszupicken: man verfehlt und verfälscht den Sinn einer Einzelstelle, sobald man sie aus ihrem literarischen Lebenszusammenhang herauslöst. Es geht auch nicht an, sich auf einige wenige Bücher z.B. auf Isaias – zu beschränken und ganze Schriftgruppen unbeachtet zu lassen."[13]

Notker Füglister (1931–1996)

Wie erweist sich Jesus selbst (bzw. Jesus in der Kommentierung und Interpretation der Urkirche und des Neuen Testaments) als Messias? Rudolf Schnackenburg hat recht eigenartige Schwingungen und eine merkwürdige Zurückhaltung in den neutestamentlichen Evangelien festgestellt, wenn er schreibt: „Bei den Synoptikern weist der Bußprediger (Johannes) am Jordan nie direkt und formell auf Jesus als den Messias hin."

Jesus hat auf die Frage des bereits gefangenen Täufers Johannes: „Bist du es, der da kommen soll, oder sollen wir auf einen anderen (Messias) warten?" (Mt 11,3), die sicherlich die Fragen vieler damaliger Juden zusammenfasste, seine Antwort nicht verweigert. Aus dem widersprüchlichen Ensemble damaliger Messiasdeutungen verwies er (oder/und die urchristliche Tradition) auf die Aussage des Propheten Jesaja (Jes 53,5–6; 61,1), dass der Messias an seinen Zeichen und Wundern erkannt werden kann:

„Blinde sehen (Jes 29,18 b; 35,5 a),
Lahme gehen (Jes 35, 6 a) und
Aussätzige werden rein (Jes 35,8);
Taube hören (Jes 35, 5b),
Tote stehen auf (Jes 26,19) und
den Armen wird das Evangelium verkündet (Jes 61,1 b)"
(Mt 11,4–5).

Wer sich als frommer und gesetzestreuer Jude im jesuanischen Zeitalter über den „Messias" informieren wollte, begegnete einem bunten Kaleidoskop von Messiasvorstellungen, die mit unterschiedlichen Bibelstellen begründet wurden: Wundertäter (Jes 35,5; 61,1), Prophet (Dtn 18,18), Leidensmann (Jes 53), Menschensohn und endzeitlicher Weltenrichter (Dan 7,13–14). Der biblische

[13] N. Füglister, Alttestamentliche Grundlagen der neutestamentlichen Christologie. In: Mysterium Salutis. Bd. III/1. Einsiedeln – Zürich – Köln 1970, 105–225 (Zitat 221).

Jesus legte den Hauptakzent auf den Leidensknecht. Oder ist diese jesajanische Akzentuierung erst das Werk, die Einsicht der nachösterlichen Jünger, der urchristlichen Gemeinden?

Die neutestamentliche Argumentation verläuft in der Richtung: Gerade als Wundertäter erweist sich Jesus als Messias. Ein Jesus ohne Wunder wäre nicht der Messias. Die ursprünglich vielgestaltigen und nunancenreichen Vorstellungen der spätjüdischen Messiasbilder erfahren bereits durch Jesus, aber sicherlich auch in der nachjesuanischen, urchristlichen Epoche eine Eingrenzung, durch die mehr der jesajanische Leidensknecht und nicht so sehr der Wundertäter ins Zentrum rückt. Mit der Behebung des scandalum crucis gerät wohl erst in der nachösterlichen und nachpfingstlichen Zeit der Leidensknecht-Messias in den Glanz der Auferstehung: Der Leidensknecht-Messias erfährt seine höchste Bestätigung in der Auferstehung, Himmelfahrt und Geistsendung.

Ist aber im urchristlichen Denken und Glauben auch die Brücke vom Messias-Jesus zum Christus-Jesus geschlagen? Unbestreitbar ist die linguistische Identität, denn sowohl das hebräische Wort „maschiách“ wie das griechische Wort „christós“ bedeuten „der Gesalbte“. Vom Messias zum Christós führt jedoch ein hochsensibler Denk- und Glaubensweg, der nicht ohne zusätzliche Argumente und Vertiefungen gangbar war. Jesus selbst hat das Schwierige und Anstößige dieses Glaubensweges angesprochen: „Selig ist, wer an mir keinen Anstoß nimmt“ (Mt 11,6).

Ein langer und schwieriger Weg muss beschritten und durchgehalten werden – vom politischen Messias zur Torheit und zum Ärgernis des „gekreuzigten Messias“ (1 Kor 2,2). Das alles entscheidende Wort, das zum Todesurteil führte, hat in der urkirchlichen Deutung Jesus selbst über seine Messiaswürde vor dem offiziell-religiösen Forum des damaligen Judentums, vor Kajaphas, dem Gerichtspräsidenten des Hohen Rates, letztlich vor der gesamten Weltöffentlichkeit gesprochen:

„Der Hohepriester sagte zu ihm:
Ich beschwöre dich bei dem lebendigen Gott,
sag uns: Bist du der Messias, der Sohn Gottes?
Jesus antwortet: Du hast es gesagt“ (Mt 26,63–64).

Der Glaube an Jesus, den Messias, ist kein logischer Schluss auf Grund der größtmöglichen Bündelung messianischer Weissagungen. Er ist zutiefst ein existentieller Anschluss an Jesus; er wird zur Weggemeinschaft mit Jesus, in der den Glaubenden, wie einst den Emmausjüngern, „die Augen aufgehen und sie im Messias-Jesus den Christus-Jesus erkennen“ (Lk 24,31).

Der Messianismus von Qumran ist eingestellt auf die eschatologische Endzeit. Der Täufer Johannes ist Wegbereiter und Zeuge der Messianität Jesu. Der Messianismus des Neuen Testamentes ist gegenüber Qumran zugespitzt und konzentriert auf die Person Jesu Christi.

Literatur

O. Betz, Offenbarung und Schriftforschung in der Qumransekte. Tübingen 1960.
O. Betz, Jesus. Der Messias Israels. Tübingen 1987.
W.-J. Bittner, Jesu Zeichen im Johannesevangelium. Die Messiaserkenntnis im Johannesevangelium vor ihrem jüdischen Hintergrund. Tübingen 1987.
N. Brox, Das messianische Selbstverständnis des historischen Jesus. In: K. Schubert (Hg.), Vom Messias zum Christus. Wien – Freiburg – Basel 1964.
U. Busse, Die Wunder des Propheten Jesus. Die Rezeption, Komposition und Interpretation der Wundertradition im Evangelium des Lukas. Stuttgart 1977.
F. M. Fiederlein, Die Wunder Jesu und die Wundererzählungen der Urkirche. München 1988.
J. Finger, Jesus – Essener, Guru, Esoteriker? Mainz – Stuttgart 1993.
J. B. Gibson, The Temptation of Jesus in Early Christianity. Sheffield 1995.
S. Hurwitz, Die Gestalt des sterbenden Messias. Zürich 1958.
J. Jeremias, Abba. Studien zur neutestamentlichen Theologie und Zeitgeschichte. Göttingen 1966.
E. Koskenniemi, Apollonius von Tyana in der neutestamentlichen Exegese. Tübingen 1994.
H. Lincoln – M. Baigent – R. Leigh, Das Vermächtnis des Messias. Auftrag und Geheimnis der Bruderschaft vom Heiligen Gral. Bergisch-Gladbach 1987.
E. Lohse, Märtyrer und Gottesknecht. Göttingen [2]1963.
D. Lührmann, Die Redaktion der Logienquelle. Neukirchen-Vluyn 1969.
G. Nebe, Prophetische Züge im Bilde Jesu bei Lukas. Stuttgart – Berlin – Köln 1989.
F. Nötscher, Zur theologischen Terminologie der Q-Texte. Bonn 1956.
M. Rese, Alttestamentliche Motive in der Christologie des Lukas. Gütersloh 1969.
J. M. Robinson, Messiasgeheimnis und Geschichtsverständnis. Zur Gattungsgeschichte des Markus-Evangeliums. München 1989.
H. Rothfuchs, Die Erfüllungszitate des Matthäus-Evangeliums. Stuttgart 1969.
L. Ruppert, Jesus als der leidende Gerechte. Der Weg Jesu im Lichte eines alttestamentlichen und zwischentestamentlichen Motivs. Stuttgart 1972.
G. Scholem, Sabbatai Zwi. Der mystische Messias. Frankfurt/M. 1992.
A. Suhl, Die Funktion der alttestamentlichen Zitate und Anspielungen im Markus-Evangelium. Gütersloh 1965.
M. Tilly, Johannes der Täufer und die Biographie der Propheten. Die synoptische Täuferüberlieferung und das jüdische Prophetenbild zur Zeit des Täufers. Stuttgart – Berlin – Köln 1994.
A. S. van der Woude, Die messianischen Vorstellungen der Gemeinde von Qumran. Van Gorcum – Assen 1957.
W. Wrede, Das Messiasgeheimnis in den Evangelien. Göttingen [1]1901.

13. *Jesus, der Exorzist*

Die geistes- und religionsgeschichtliche Messlatte unserer Zeit zeigt eine erstaunliche Spannweite gegensätzlicher Gleichzeitigkeit. Einerseits wird der „Abschied vom Teufel“ (Herbert Haag) proklamiert und der Teufel gewissermassen zum Sperrmüll geworfen, als überholt und infantil abgetan. Lediglich auf dem Papier wird die Erinnerung an ihn wachgehalten: auf den Bühnen der Theater – wenn etwa in Goethes Faust der Mephisto auftritt oder die Bühnenstücke von Jean-Paul Sartre „Bei geschlossenen Türen“ (Huis Clos, 1944) und „Der Teufel und der liebe Gott“ (Le Diable et le bon Dieu, 1951) aufgeführt werden – oder in spöttischen Parodien in Kabaretts oder Chancons.

Anderseits wird ein seltsames Comeback des Teufels registriert – im Satanismus und in Satansmessen, wie sie der französische Schriftsteller Joris-Karl Huysmans (1848–1907) in seinem 1889 in Paris erschienenen Roman „Là-bas“ beschrieben hat. Spektakuläre Teufelsaustreibungen (z.B. in Klingenberg 1976) werden in den Medien episch breit und mit genüsslichem Zynismus und Seitenhieben gegen den von den christlichen Kirchen praktizierten Exorzismus berichtet. Das in Amerika 1973 erstmals erschienene Werk von William Blatty „The Exorcist“ wurde über Nacht ein Bestseller. Es hatte verfilmt (1974) weltweit großen Erfolg und brachte das Thema der Dämonologie ins Gespräch auch der Skeptiker und Atheisten.

Es ist mehr als natürlich, dass in das Sturmzentrum dieser Diskussion auch die biblische Gestalt des Jesus von Nazaret geriet. Denn aus den Berichten der neutestamentlichen Evangelien ist bekannt, dass Jesus vom Teufel gesprochen hat, dass er dem Teufel in personaler Gestalt in seinen Versuchungen begegnete und dass er zum Widerstand gegen den Teufel eindringlich und immer wieder aufgerufen hat.

Teufel, Besessenheit und Exorzismus sind heute keineswegs nur Kindergartenthemen, die zum Aufbau einer pädagogischen Drohinstanz dienen. Vielmehr hat dieses Thema über die Theologen hinaus auch Mediziner, Psychologen, Literaten, ja selbst Juristen und Politiker auf den Plan gerufen (vgl. dazu die Fallstudien in A. Läpple, Engel & Teufel. Wiederkehr der Totgesagten. Augsburg 1993, 1–50). Auf der einen Seite mehren sich die Veröffentlichungen über die geschichtliche Darlegung und Aufbereitung des Teufelsglaubens, des Teufelsspuks, des Blutpakts mit dem Teufel. Auf der anderen Seite wird immer häufiger die Frage aufgeworfen, ob der Dämonenglaube vergangener Zeiten lediglich die Beschreibung und Bewältigung damals unbekannter, rätselhafter Krankheiten wie Epilepsie oder Schizophrenie war.

Es ist erwiesen, dass es im Zeitalter Jesu einen blühenden Teufelsglauben gegeben hat (wie auch die Schriftrollen von Qumran bestätigen). Hat Jesus von Nazaret im Milieu des zeitgenössischen Teufelsglaubens gedacht, gesprochen und gehandelt? Hat Jesus vom Teufel gesprochen, wo es sich nach heutiger medizinischer und pathologischer Erkenntnis nur um Epilepsie oder um Geisteskrankheiten gehandelt hat?

Waren also die Versuchungen Jesu durch den Satan oder die Austreibung des Teufels aus sogenannten „Besessenen" nur Schattenspiele mit personifizierter Mythologie und Dämonologie? Es steht sehr viel, ja alles auf dem Prüfstand, nämlich die Autorität und Wahrhaftigkeit Jesu, wenn es sich nur um fiktives Schattenboxen gehandelt hätte.

Hat Jesus nur so getan, als gäbe es den Teufel, obwohl er wusste, dass es den Teufel nur als Einbildung oder Schreckgestalt in den Ängsten und Phantasien der Menschen gibt? Ist die Personifizierung des Bösen (Teufel, Satan, Dämon) ein Rest des frühmenschlichen, mythischen Denkens, das auch Naturgewalten gerne personalisiert hat? Spricht aufgeklärtes Denken wohl „d a s Böse" an, das in dieser Welt nicht geleugnet werden kann, aber nicht als personale Wirklichkeit „d e r Böse"? Ist die Menschheit aus der mythischen, personalisierenden Phase schon längst herausgetreten, so dass d e r Böse sich als Restform überholten Denkens und Sprechens erweist?

Das Thema Jesus und der personale Teufel ist Teil einer umfassenderen Frage, die die frühchristliche Epoche und mit gesteigertem Interesse auch die Gegenwart in Spannung versetzt. Gibt es zwei ewige Grundprinzipien – das ewig-geistig Gute und das ewig-materiell Böse? Ist alles, was irdisches Leben und vor allem was menschliches Leben ist, ein ungeheueres Schlachtfeld, auf dem das gute Prinzip mit dem bösen Prinzip ringt?

Die Begegnung und harte Auseinandersetzung Jesu mit dem Teufel wäre dann in diesem gigantischen, kosmischen Kampf zu sehen und zwar als eine der vielen und immer neuen Stationen des Ringens dieser beiden, ewigen Prinzipien – personalisiert und veranschaulicht in Jesus und dem Dämon.

♦ Die Macht Belials in der Endzeit

Wenn sich öffnen alle Fallen der Unterwelt und ausgespannt sind alle Jagdnetze des Frevels …, dann ergießen sich die Ströme Belials über alle Wasserläufe, fressendes Feuer über alle ihre Quellen … Aufschreit die Erde vor Weh, das am Erdkreis geschieht. Alle ihre Tiefen schreien und irrsinnig werden alle, die auf ihr leben, und beben wegen des großen Wehs.
Denn donnern wird Gott im Toben seiner Kraft, und in Aufruhr geraten seine heilige Wohnung wegen der wahren Erscheinung seiner Herrlichkeit. Die Heerschar des Himmels wird ihre Stimme erschallen lassen, erzittern und erbeben werden die Fundamente der Welt“ (III, 26–35).[1]

Hymnenrolle (1QH)

♦ Der Satan – ein Feind

Der Satan ist euer Feind,
darum betrachtet ihn auch als Feind;
denn er lädt seine Anhänger nur dazu ein,
daß sie in die Hölle fahren.
…
Die aber glauben und rechtschaffen handeln,
erlangen Gnade und großen Lohn.“[2]

Koran (um 650 n. Chr.)

---

[1] Übersetzung aus: G. Molin, Die Söhne des Lichtes. Zeit und Stellung der Handschriften vom Toten Meer. Wien – München 1954, 36. Vgl. J. Maier – K. Schubert, Die Qumran-Essener. Texte der Schriftrollen und Lebensbild der Gemeinde. München – Basel 1973, 199–202.
In fast allen Schriften von Qumran taucht der Teufel, vor allem als Belial, auf Grund eines dualistischen Weltbildes auf. Als Quelle dieser Dämonenlehre dürfte der alttestamentliche Text Gen 6,1–4 gelten. Alle diese Texte wissen nichts von einem Fall der Engel, nichts von einem Engelsturz (vgl. Offb 12,7–12). Der Teufel tritt als Beauftragter und Bote Gottes auf, der „Engel der Finsternis“ erscheint als Werkzeug Gottes, der das Recht Gottes durchsetzt und seine Strafe ausführt. Am Ende der Geschichte wird die große Entscheidungsschlacht zwischen den „Söhnen des Lichtes“ und den „Söhnen der Finsternis“ ausgetragen (1 QM I, 11–12). Mit der alles überwindenden Macht Gottes wird schließlich Belial mit seinem Anhang endgültig besiegt und für immer vernichtet (1 QH III, 29–36).

[2] Koran, Sure 35, 7–8. Dort wird der Teufel „Iblis“ bzw. „Saitan“ genannt. Der Teufel wird im Koran wiederholt „der Gesteinigte“ (Sure 3,34) genannt, weil er von den Engeln mit Steinwürfen aus dem Himmel vertrieben wurde.

♦ Der Blutpakt mit dem Teufel

Ich, Johannes Faustus, Doktor, bekenne mit meiner eigenen Hand und bestätige öffentlich, kraft dieses Briefes:
Nachdem ich mir fürgenommen, die Elemente zu studieren, aber aus den Gaben, die mir von oben beschert und gnädig mitgeteilt wurden, die Kraft dazu in meinem Kopf nicht finde und es von den Menschen nicht lernen kann:
habe ich mich dem gegenwärtigen Geist, Mephistophiles und einen Diener des höllischen Fürsten im Aufgang nennt, untergeben, daß er mir berichte und lehre, nachdem er mir versprochen, mir in allem untertänig und gehorsam zu sein.
Dagegen verspreche und gelobe ich, daß er, wenn vierundzwanzig Jahre vom Tage dieses Briefes vorüber, mit mir nach seiner Art und Weis, seines Gefallens zu schalten, walten, regieren und führen Macht haben soll, mit allem, es sei Leib, Seel, Fleisch, Blut und Gut, in alle Ewigkeit.
Hierum sage ich ab allen denen, die da leben, allem himmlischen Heer und allen Menschen.
Zu fester Urkund und Bekräftigung habe ich diesen Verspruch mit eigener Hand geschrieben, unterschrieben mit meinem eigenen Blut und gemäß meinem Sinn, Denken und Willen verknüpft und gesiegelt.

Unterschrift:

Johannes Faustus,
der Erfahrene, der Elemente und der geistlichen Weisheit Doktor.“[3]

„*Volksbücher*“ (16. Jahrhundert)

[3] B. von Wiese (Hg.), Das Erbe deutscher Dichtung. Bd. I: Das Zeitalter der Reformation, der Renaissance und des Barock. Stuttgart – Zürich – Wien 1965, 76–77.
Zu den überlieferten „Volksbüchern“ zählt das erste Faustbuch (1587), das einen historischen Kern in der Abenteurergestalt des Johann oder Georg Faust (um 1490–1540) hat, die bei Lebzeiten schon zur mythischen Figur wurde.

♦ Hölle wird alles, was nicht Himmel ist

Die Höll' ist ohne Grenzen, nicht beschlossen
In seinem Raum – wo wir sind, ist Hölle,
Und wo die Höll' ist, sind auch ewig wir,
Und, kurz zu sein, wenn diese Welt vergeht
Und jede Kreatur geläutert wird,
Wird alles Hölle sein, was nicht Himmel ist."[4]

Christopher Marlowe (1564–1593)

♦ Satans-Litanei

O du, der klügste und schönste der Engel, Gott, vom Schicksal verraten und der Lobpreisungen beraubt,
O Satan, erbarme meines langen Elends dich!
Du, Allwissender, großer König der unterirdischen Dinge, vertrauter Heiler der menschlichen Ängste,
O Satan, erbarme meines langen Elends dich!
O Fürst in der Verbannung, dem man Unrecht tat und der besiegt sich stärker stets erhebt,
O Satan, erbarme meines langen Elends dich!
Stab der Verbannten, Lampe der Erfinder, Beichtiger der Gehenkten und der Verschwörer,
O Satan, erbarme meines langen Elends dich!"[5]

Charles Baudelaire (1821–1867)

---

[4] Christopher Marlowe, Tragical History of D. Faustus (uraufgeführt 1588 in London). Zitiert aus: Faust (Theater der Jahrhunderte. Bd. 1). Vollständige Dramentexte. Hg. und mit einem Vorwort von M. Dietrich. München – Wien o. J., 71.

[5] Ch. Baudelaire, Les Fleurs du Mal. Die Blumen des Bösen. Vollständige zweisprachige Ausgabe. Deutsch von F. Kemp. München 1986, 268–273. Vgl. dazu G. Zacharias, Satanskult und Schwarze Messe. Wiesbaden 1955.

♦ Satan – ein feiner Herr

Satan ist schlau.
Satan ist mächtig.
Satan ist kein Gassenjunge.
Satan ist ein feiner Herr.
Und manche, die ihn zu bekämpfen glauben,
sind von ihm besessen.“[6]

Jules-Geraud Saliège (1870–1956)

♦ Überwindung der Dämonen

Die wahre Verkündigung Jesu Christi ist die Überwindung der Dämonen, auch der lichten und schönen Dämonen, und Magie, sie mag noch so erhaben sein, hat keinen Platz im Evangelium. Denn der Heiland „macht“ nichts, zaubert nicht, er lebt, tut und läßt nur aus Gottes An-Wesenheit im Fleisch und bringt so die Gewißheit der kommenden Erlösung. Er ist selbst als Gottmensch die Wiedervereinigung der gegensätzlichen Pole im Menschen, die durch den Paradiesfall sowohl in sich, wie Gott gegenüber entzweit wurden; er ist die jenseitige Versöhnung von Mann und Weib, indem er als vollkommener Mensch „Kind“ wird. So stellt der Heiland symbolisch das reine Urbild Mensch wieder her in sich, der „alte Adam“, der abgefallene, dämonisch gebundene Mensch kehrt in die Versohnung, in die Versöhnung und jenseitige überzeitliche Vereinigung mit Gott zurück. Damit ist innerlich das „heidnische Zeitalter“ aufgehoben, die Vaterschaft des einen Gottseins steht in der ewigen Seele des Menschen wieder da, und wir erblicken, die ewige Gottheit in uns, in dem geretteten Menschen.“[7]

Edgar Dacqué (1878–1945)

---

[6] J.-G. Saliège, Der Christ von heute, Losungen und Gedanken. Olten 1950, 18. Der Verfasser will auf das Inkognito des „Widersachers Gottes“ hinweisen. Ein Teufel mit Bocksfüßen, Hörnern und Gestank würde allzu leicht erkannt und zum Gespött in der High Society. Der Teufel ist der raffinierte Verwandlungskünstler, der auch für seine Auftritte vor schwarzen und roten Talaren nicht zurückschreckt.

[7] E. Dacqué, Das verlorene Paradies. Zur Seelengeschichte des Menschen. Tübingen ^{3}1952, 302.

♦ Neben Gott kein Satan?

Die Satansaussagen des Neuen Testaments gehören nicht zur verbindlichen Botschaft, sondern nur zum unverbindlichen Weltbild der Bibel …
Satan ist die Personifikation des Bösen, der Sünde. An allen Stellen des Neuen Testaments, an denen der Satan oder Teufel vorkommt, könnten wir ebensogut die Sünde oder das Böse einsetzen … Es gibt neben Gott nicht noch die düstere Gestalt des Satan."[8]

Herbert Haag

♦ Abwehr des Satans mit Humor

Gestern wollt ich beten gehn,
da sah ich den Teufel vor mir stehn.
Der Teufel sprach mich listig an:
Du bist zu jung zum Beten, Mann.
Ich bete lieber oft und schnell,
als langsam zu rösten in der Höll.

Willst du den Teufel rennen sehn,
lies laut Matthäus 4, Vers 10.
Der Teufel schnaubt und ärgert sich,
er dachte schon, er hätte mich.
Warum tobt sich der Teufel aus?
Er sitzt in der Höll und kann nicht raus …"[9]

Bruce Low

♦ Jesu exorzistisches Wirken – ein historisches Faktum

Durch eine traditionsgeschichtliche Analyse der Überlieferung kann die älteste, dem Ereignis am nächsten stehende Textgestalt

---

[8] H. Haag, Abschied vom Teufel. Einsiedeln 1969, 47–48.
[9] Mit humvorvoller Hintergründigkeit hat der Sänger Bruce Low verraten, wie man sich des Teufels erwehren soll.

ermittelt und kann der Prozeß der theologischen Überformung verfolgt werden …
Aus diesen Zeugnissen und Beobachtungen ergibt sich zweifelsfrei: Menschen sind in der Begegnung mit Jesus (sowie den Aposteln und Charismatikern der Urkirche) von Krankheit und ‚Besessenheit' befreit worden. Jesu therapeutische und exorzistische Wirksamkeit ist ein historisches Faktum. Es wird in der Exegese heute nicht mehr bestritten."[10]

Friedrich Martin Fiederlein

Das Thema „Jesus, der Exorzist" liegt zunächst im Forschungsbereich der biblischen Theologie. Dabei ist von vornherein klarzustellen: „Die (biblischen) Heilwundererzählungen sind weder biographisch noch medizinisch, sondern kerygmatisch (= verkündigungstheologisch und pastoral) interessiert" (F. M. Fiederlein, a.a.O. 54). Biblische Forschung und Exegese, die die Literaturgattung wie das Alter des berichteten Geschehens und die Überlieferungsgeschichte mit möglichen Verbesserungen und theologischen Neuakzentuierungen eines Textes abzuklären haben, stehen dabei im wichtigen Gespräch mit der Orientalistik und dem dort behandelten Verständnis der damaligen Krankheiten, ihrer Ursachen und ihrer Heilungsmöglichkeiten.

Man sollte aber einen ebenso kritischen wie kompetenten Bibliker wie Rudolf Bultmann (1884–1976) ernst nehmen, wenn er über das Jesus-Wort: „… ich treibe durch den Finger Gottes Dämonen aus" (Lk 11,20; vgl. 12,28), urteilt: Es kann „den höchsten Grad der Echtheit beanspruchen, den wir für ein Jesuswort anzunehmen in der Lage sind, es ist erfüllt von dem eschatologischen Kraftgefühl, das das Auftreten Jesu getragen haben muss."

Ohne Zweifel hat man beim Lesen gerade des Markus-Evangeliums den Eindruck, die öffentliche Wirksamkeit Jesu von Nazaret habe eine Mobilisierung der Dämonen und ihre Abkommandierung auf die Erde, speziell nach Palästina, ausgelöst, als solle von Anfang an jede Chance eines Erfolges Jesu verhindert werden. Ohne Zweifel gab es im Zeitalter Jesu eine breite Welle des Teufelsglaubens und der Teufelsängste.

Eine seltsame Entdeckung macht man jedoch beim aufmerksamen Lesen der neutestamentlichen Evangelien. Die Begegnung Jesu mit Besessenen führt fast immer dazu, dass der im Menschen wohnende Dämon erstaunlich präzise Aussagen von sich gibt: „Was habe ich mit dir zu tun, Jesus, Sohn des höchsten

[10] F. M. Fiederlein, Die Wunder Jesu und die Wundererzählungen der Urkirche. München 1988, 62.64.

Gottes? Ich beschwöre dich bei Gott, quäle mich nicht." (Mk 5,7; vgl. Mk 9,25). Der im besessenen Menschen wohnende und aus ihm sprechende Teufel weiß als gestürzter Engel (Offb 12,7–9) sehr genau, mit wem er es zu tun hat – während gleichzeitig die Umgebung Jesu einschließlich der Jünger erst auf dem mühsamen Weg zu dieser Jesus-Erkenntnis sind.

Man macht es sich zu leicht, alle diese Aussagen als nachträgliche Einfügungen zu deklarieren, die die Autorität Jesu und seine Macht über Dämonen unterstreichen sollen.

Die Anfrage an das moderne Weltverständnis

Die Geschichte der Medizin wurde vor allem im Frankreich des 19. Jahrhunderts um das neue Kapitel der Psychiatrie ergänzt und bereichert. Ist der Teufel durch die Psychiatrie bereits entlarvt wie auch das exorzistische Wirken Jesu? Das schwierige Thema der Besessenheit und des Exorzismus muss sicherlich in einem größeren wissenschaftlichen Horizont erörtert werden und zwar mit dem heutigen Krankheitsverständnis (Geisteskrankheiten usw.) und vor allem mit dem modernen Weltverständnis, das entscheidend durch die moderne Naturwissenschaft (Physik, Chemie, Astronomie usw.) und Technik und ihr Verständnis vom Zusammenspiel von Ursache und Wirkung geprägt ist.

War alles grundfalsch, wenn Christen des Mittelalters sich das Universum belebt und besucht vorstellten – von Engeln wie von Teufeln? Engel und Schutzengel haben Wohnungsnot im modernen, planetarischen Weltbild und im Zeitalter der Weltraumfahrten. Die Naturgesetze traten an ihre Stelle. In diesem kalten Raum erfährt sich der Mensch als einsam, „verlassen von Gott und der Welt" der Engel wie der Dämonen. Der Mensch ist zum radikal Einsamen im kalten, apersonalen Universum geworden. Es fehlt an Wärme, an Geborgenheit, an Heimat. Die Welt ist leer, unsagbar nüchtern geworden.

Gleichzeitig stellen exterrestrische Wesen und Fliegende Untertassen, die Ufos, viel diskutierte Themen dar, die den Weltenraum und die Phantasie der Menschen nach der Verabschiedung der Engel und Teufel mächtig bewegen. Warum sollte es nicht auch Engel geben, die uns besuchen, die uns als Gesandte Gottes begleiten? Warum sollte es nicht auch Teufel geben, denn grell und fast greifbar leuchtet „die Sonne Satans" (Georges Bernanos) über nicht wenigen Stätten und Greueltaten unseres Jahrhunderts?

In unserer Zeit hat der Soziologe Peter L. Berger von seltsamen und beachtenswerten „Zeichen der Transzenz" (Auf den Spuren der Engel. Frankfurt/M. 1970, 79) gesprochen. Ergänzend hat Claus Westermann geschrieben: „Wir Menschen bleiben nicht allein, sondern werden besucht" (Gottes Engel brauchen keine Flügel. München – Hamburg 1965, 126). Mehr als wir vermuten, mischen sich Engel und Dämonen in die Biographie des Einzelnen wie in die Dramatik der Weltgeschichte ein.

Im Leben Jesu ist das exorzistische Wirken kein Mythos, der ihm nachträglich angedichtet wurde. Es tut sich vielmehr ein personal belebtes und besuchtes

Universum auf. Die Transzendenz, das Jenseits bricht ein in eine Welt, die da meint, der Abschied vom Teufel sei längst vollzogen.

Literatur

O. Böcher, Christus Exorcista. Dämonismus und Taufe im Neuen Testament. Stuttgart 1972.

B. Bosold, Himmelsklang – Teufelszauber. Hölle, Tod und Teufel in der Rockmusik. In: Katechetische Blätter (1992) 188–196.

J. Dovorak, Satanismus. Frankfurt/M. 1989.

F. M. Fiederlein, Die Wunder Jesu und die Wundererzählungen der Urkirche. München 1988.

K. R. Frick, Satan und die Satanisten. 3 Bde. Graz 1982/1986.

F. H. Fuller, Die Wunder Jesu in Exegese und Verkündigung. Düsseldorf 1967.

H. Haag, Abschied vom Teufel. Einsiedeln 1969.

H. Haag (Hg.), Teufelsglaube. Tübingen [2]1980.

R. Hammerstein, Diabolus in Musica. Bern – München 1974.

J. Haustein, Martin Luthers Stellung zum Zauber- und Hexenwesen. Stuttgart – Berlin – Köln 1990.

H. Kaupel, Die Dämonen im Alten Testament. Augsburg 1930.

K. Kertelge, Die Wunder im Markusevangelium. Eine redaktionsgeschichtliche Untersuchung. München 1970 (S. 50–89: Exorzismen).

A. Läpple, Engel & Teufel. Wiederkehr der Totgesagten. Eine Orientierung. Augsburg 1993.

P. von den Osten-Sacken, Gott und Belial. Traditionsgeschichtliche Untersuchungen zum Dualismus in den Texten aus Qumran. Göttingen 1969.

G. Papini, Der Teufel. Anregungen für eine zukünftige Teufelslehre. Stuttgart 1955.

A. Rodewyk, Die dämonische Besessenheit im Lichte des Rituale Romanum. Aschaffenburg 1963.

A. Rodewyk, Dämonische Besessenheit. Tatsachen und Deutungen. Augsburg 1988.

H. Schlier, Mächte und Gewalten im Neuen Testament. Freiburg 1957.

M. Seemann, Die Welt der Engel und Dämonen als heilsgeschichtliche Mit- und Umwelt des Menschen. In: Mysterium Salutis. Bd. 2. Einsiedeln – Zürich – Köln 1967.

G. Theißen – H. Schiedermair, Die Sache mit dem Teufel. Teufelsglaube und Besessenheit zwischen Wahn und Wirklichkeit. Frankfurt/M. 1980.

P. Tillich, Das Dämonische. Ein Beitrag zur Sinndeutung der Geschichte. Tübingen 1926.

P. Volz, Das Dämonische in Jahwe. Tübingen 1924.

G. Zacharias, Der dunkle Gott. Die Überwindung der Spaltung von Gut und Böse. Satanskult und Schwarze Messe. Wiesbaden – München 1982.

14. Jesus und die Frauen

Die Evangelien des Neuen Testaments wollen keine historische Biographie bieten. Sie wollen aber auch keine biographische Illusion hervorbringen. Es drängt sich daher in aller Schärfe und Unerbittlichkeit die Frage auf: Was sind sie dann? Welchem seriösen Genre, welcher Literaturgattung sind sie zuzuweisen?

Enthalten die neutestamentlichen Evangelien eine bewusst und sorgfältig gefilterte und gereinigte Biographie Jesu, in der all das peinlich genau ausgeklammert und verschwiegen wurde, was in das Glanzbild des Gott-Menschen Jesus, des gekreuzigten Erlösers der Menschheit, nicht hineinpasste? Offensichtlich legte man auch keinen Wert darauf, eine genaue Persönlichkeitsbeschreibung Jesu zu vermitteln. War er schön, war er hässlich?

Der unbekannte Fleck in der Biographie Jesu

Ausgegrenzt wurde in allen vier Evangelien über die Hälfte des Lebens Jesu. Über die wichtige und sicherlich auch interessante Lebensspanne von seinem 12. bis zu seinem 30. Lebensjahr mit den oft stürmischen Entwicklungsjahren und der Persönlichkeitsreifung, über die Jahre der erwachenden Sexualität, der Sehnsucht nach Liebe und Freundschaft ist kein einziges Wort zu finden. Steckt allein schon in dieser durchlöcherten „Biographie" Jesu die Tendenz, Unangenehmes oder Anstößiges zu verschweigen, um auf das verklärte Jesusbild nicht den geringsten Schatten fallen zu lassen? War Sexualität für Jesus selbst ein Tabu, etwas, das ihn nicht beschäftigte, das ihn weder quälte noch beglückte? Sind Begegnungen Jesu mit Frauen in der Atmosphäre einer sexuellen Sterilität verlaufen? Aber heißt es nicht im Johannes-Evangelium: „Jesus liebte Martha, ihre Schwester (Maria) und Lazarus" (Joh 11,5)? Wollten die Verfasser aller vier Evangelien über die sexuell-erotische Seite Jesu absichtlich nichts sagen, für immer in der Black Box des Nichtwissens entschwinden und verschwinden lassen?

Der psychosomatische Entwicklungsprozess

Man muss es nicht in die Evangelien hineinlesen, denn es steht deutlich in ihnen: Jesus von Nazaret hat wie jeder Mensch den psychosomatischen Prozess einer praenatalen und postnatalen Entwicklung durchlaufen. „Jesus wuchs heran" (Lk 2,52). „Er wurde den Menschen gleich. Sein Leben war das eines Menschen" (Phil 2,7). „Und das Wort ist Fleisch geworden und hat unter uns gewohnt" (Joh 1,14). Man soll die Sexualität Jesu gewiss nicht hochspielen und zum alleinigen Deutungsmuster machen. Wir tun aber weder dem „wirklichen" Jesus noch uns einen Gefallen, wenn wir in ihm einen Menschen sehen, der keinerlei Ausstrahlung auf Mitmenschen, auf Männer und Frauen seiner Umgebung gehabt habe.

Während frühere Jahrhunderte kaum Interesse am „Mann" Jesus hatten, weckt die heutige sexuelle und erotische Welle eine bisher kaum gekannte Neugier und führt vielleicht auch zu einer bisher kaum erschlossenen Neusicht.

War Jesus aufgrund seiner Jungfrauengeburt ein ganz besonderer Mensch, ein auffallender Mensch, ein von der mütterlichen Seite ausschließlich geprägter weicher und sanfter Typ? Hat nicht dies den Ruf jener Frau, die sicherlich auch Mutter war, ausgelöst: „Selig der Leib, der dich getragen, und die Brust, die dich genährt hat" (Lk 11,27)? War Jesus gar ein femininer Typ? Güte, Menschenfreundlichkeit, Barmherzigkeit, Versöhnung, Heimat und Geborgenheit strahlte ein glücklicher und froher Jesus aus, sonst wären ihm nicht so selbstverständlich und freudig die Kinder zugelaufen. Auf der anderen Seite können ihm die Charakterzüge der Autorität, der Zielstrebigkeit, der Tapferkeit und der Kompromisslosigkeit nicht abgesprochen werden.

Die Besonderheit Jesu

Aus den in den Evangelien berichteten Reaktionen der Zeitgenossen Jesu, vor allem der Frauen, kann mit gebotener Zurückhaltung die Aussage gewagt werden: Der Mann Jesus sprach anders zu den Frauen als die meisten Männer seines Umfeldes. Er war den Frauen gegenüber offen, gesprächsbereit. Er nahm Frauen mit ihren unterschiedlichen Anliegen ernst. Er versuchte von der jeweiligen Frau her zu denken und zu helfen. Er war nicht wie die meisten anderen Männer seiner Zeit!

Jesus hatte zum größten, wenn auch oft geheucheltem Entsetzen der Schriftgelehrten und Pharisäer Mahlgemeinschaft mit Zöllnern und Sündern (Mt 9,11; 11,19). Zöllner und Huren haben ihm geglaubt (Mt 21,32; Lk 7,39–50). Selbst mit Frauen, die wegen ihres „Gewerbes" bekannt und ausgegrenzt waren, hat er gesprochen, ihnen die Sünden nachgelassen, sie ermuntert, künftig die Sünde zu meiden, und ihnen eine neue menschenwürdige Zukunft eröffnet.

Der Scheidebrief – ein heikles Thema

Der jüdische Mann im Zeitalter Jesu war, sofern wir das verallgemeinern können, weit weg von aufrichtiger Partnerschaft. Er suchte nur das Seine. Nicht selten behandelte er Frauen wie eine käufliche Ware. Seine Maxime lautete: Grundsätzlich hat der Mann immer recht! Die Männer konnten ihre Frauen mit einem Stück Papier, mit dem vielgerühmten „Scheidebrief" (Mt 5,15), verstoßen und ohne jede weitere Verpflichtung „in die Wüste schicken", ohne auch nur darüber nachzudenken, wie eine verstoßene Frau mit ihrem Schicksal, mit der schmerzenden Ungerechtigkeit der Scheidung fertig wurde. Die Frauen spürten bei Jesus einen gewaltigen Gegensatz dazu. Sie waren für Jesus nicht eine Sache, über die man verfügte, ohne darüber Rechenschaft abgeben zu müssen. Er stützte und verteidigte – wie wir heute sagen – die Menschenrechte und Grundfreiheiten der Frauen.

Es war ein ganz neuer, ungewohnter Ton, und die Menschen horchten daher auf, wenn Jesus auf das damalige Scheidungsrecht (Dtn 24,1) zu sprechen kam, bei dem nur Männer als Thorajuristen das Sagen und damit die Entscheidung hatten. Jesus erklärte klipp und klar, das geltende jüdische Scheidungsrecht sei zu einem Privileg der Männer „verkommen", denn „am Anfang (nach dem Schöpfungsplan Gottes) war es nicht so" (Mt 19,8–9; Mk 10,10–12). Mit solchen Aussagen Jesu konfrontiert, stellten selbst die Apostel resigniert fest: „Wenn das die Stellung des Mannes in der Ehe ist, dann ist es nicht gut, zu heiraten" (Mt 19,10).

Die realhistorische Situation Jesu wie auch die biblischen Berichte werden missachtet und verfälscht, wenn der brisante, zeitgenössische Hintergrund des damals praktizierten jüdischen Scheidungsrechts mit ausschließlich maskuliner Dominanz ausgeblendet und die Phantasiegestalt eines erotischen Jesus (womöglich als Frauenheld) vorgestellt wird, wie dies in nicht wenigen modernen Romanen und Filmen getan wird.

♦ Gottes Fügung: ein Mann – eine Frau

Hätten Adam, dem ersten Menschen, zehn Frauen zugestanden, so hätte Gott sie ihm gegeben. Aber Gott gab ihm nur *eine* Frau. So sei denn auch mir genug an der *einen* Frau, die mir zusteht."[1]

Rabbi Juda ben Bathyra (um 100 n. Chr.)

♦ Ehebruch auch mit den Augen

Du sollst nicht ehebrechen, das bedeutet, daß man auch mit dem Auge nicht Ehebruch treiben soll und nicht einmal mit dem Herzen."[2]

Altrabbinischer Kommentar

♦ Das Männliche und das Weibliche in der Seele Jesu

Die Lösung des Christentums liegt darin, daß sich in der Person Jesu das Männliche mit dem Weiblichen vereint ... die in Christus sichtbar gewordene Mannweiblichkeit ... Die Tat Jesu lag darin, daß er Eros und Ethos unlösbar miteinander verband; davon wußte weder das Judentum noch die Antike etwas ... Das Christentum ist

---

[1] Mit der Zerstörung der Stadt und des Tempels von Jerusalem (70 n. Chr.) waren viele Machtträume, aber auch nicht wenige gesellschaftliche Freiheiten und übliche Ehescheidungspraktiken jüdischer Männer zu Ende. Das neu erstandene Rabbinat kommentierte diese Ereignisse als Strafe Gottes für ein gleichgültig und eigenmächtig gewordenes jüdisches Volk, das vergessen habe, Volk Gottes zu sein. Gleichzeitig rief man zu neuer Treue zum Bundesgott Jahwe und zu einem gewissenhaften Leben nach dem Gesetz Gottes auf. In diese religiösen Erneuerungsbemühungen ist der Text des Rabbi Juda ben Bathyra als Kommentar zu Gen 1,27 einzuordnen: „Gott schuf den Menschen als sein Abbild; als Abbild Gottes schuf er ihn. Als Mann und Frau schuf er sie." Vgl. E. Stauffer, Die Botschaft Jesu damals und heute. Bern – München 1959, 69; H. A. Rowley, The Zadokite Fragments and the Dead Sea Scrolls. Oxford 1952, 36.

[2] Der Text ist Kommentar zu Ex 20,14: „Du sollst die Ehe nicht brechen". Dieser altrabbinische Kommentar ruft das Jesus-Wort in Erinnerung: „Wer eine Frau auch nur lüstern ansieht, hat in seinem Herzen schon Ehebruch mit ihr begangen" (Mt 5,28).

weder männlich noch weiblich, es ist mannweiblich in dem Sinne, wie sich das Männliche und Weibliche in der Seele Jesu paarte."[3]

Georg Koepgen

♦ Das kühnste und revolutionärste Dokument

Die kleinen Moralisten behaupten zu allen Zeiten, daß die ‚Jugend von heute' so demoralisiert sei wie noch nie eine Jugend seit der Grundlegung der Welt. Aber alle Anzeichen sprechen dafür, daß die Moral der Geschlechter im Palästinajudentum des neutestamentlichen Zeitalters tatsächlich einen ungewöhnlichen Tiefstand erreicht hat ... Jesus verkündet seine Botschaft von Liebe und Ehe in einer wahrhaft chaotischen Zeit. Man darf es den Evangelien glauben, daß die verschiedensten Gruppen immer wieder an Jesus herantraten, um sein Votum zu diesen Fragen einzuholen. Aber man begreift auch, daß jedes Wort, das Jesus zu diesem Thema sagte, alsbald in den Kampf der Parteien hineingezogen und dort in jeder Weise ausgewertet, ausgedeutet und umgeformt wurde ...
Das Herrenwort von der Unauflöslichkeit und Unwiderruflichkeit der Ehe ist ein Dokument der Ritterlichkeit Jesu, vielleicht das kühnste und revolutionärste Dokument dieser Art, das wir von Jesus besitzen."[4]

Ethelbert Stauffer (1902–1979)

♦ Paradoxien und Künsteleien

Wo immer man die Zweinaturenlehre (wahrer Gott und wahrer Mensch) streng durchzuhalten trachtete, endete man schließlich bei steilen Paradoxien oder überspitzten Künsteleien, wenn nicht gar in Absurditäten ... Die Verehrung der göttlichen Natur Christi über-

---

[3] G. Koepgen, Die Gnosis des Christentums. Trier 1978, 316. 317. 319. Von einem recht eigenwilligen Ansatz aus kommt der Verfasser zu dieser Deutung des Gott-Menschen Jesus, dem Christus, wie auch zur mannweiblichen Deutung des Christentums.
[4] E. Stauffer, a.a.O. 71.73.76.

wog stets so stark, daß seine menschliche Natur dadurch zu einer bloßen Scheinwirklichkeit zu werden drohte ... Wir wollen keinen Gottesmann, der schon im vornhinein alles weiß und kann, sondern einen wirklichen, konkreten Menschen, der auch gerade dann, wenn es ihm um Gott geht, ohne Netz und doppelten Boden arbeitet ... Selbst der kritischste Theologe lebt als Christ nicht von der Rekonstruktion des ‚historischen Jesus', sondern von einem Christusbild, das reich an unhistorischen Zügen ist ...
Für Jesu Selbstbewußtsein war seine Beziehung zu Gott schlechthin konstitutiv ... Es gibt im Neuen Testament zwar nur e i n e n Christus, aber viele Christologien. Den einen Christus hat keiner, eine Christologie aber jeder."[5]

Heinz Zahrnt

♦ Poesie und Kreativität der Liebe

Allem Anschein nach war Jesus unverheiratet, doch gerade nicht in asketischer Distanz zu den Frauen, sondern in offener Zugewandtheit und herzlicher Wärme. Er ‚mied' nicht die Ehe, er ‚verzichtete' nicht, er ‚opferte' sich nicht auf, er lebte in einer heiligen Poesie und Kreativität der Liebe auf einem Energieniveau der Existenz, das noch nicht in die Polarität von Heirat und Kloster zerfallen war."[6]

Eugen Drewermann

---

[5] H. Zahrnt, Gott kann nicht sterben. Wider die falschen Alternativen in Theologie und Gesellschaft. München ²1970, 190.191.193.195.199.207. H. Zahrnt beschäftigte sich mit nicht wenigen dringlichen Anfragen vieler, auch christlicher Zeitgenossen, etwa mit den Fragen: Jesus (der Mensch) ja – aber warum Christus (der Sohn Gottes)? Wie gelingt die Suchbewegung vom kleinen Jesus zum großen Christus, vom Bibel-Jesus zum Kirchen-Christus?

[6] E. Drewermann, Kleriker. Psychogramm eines Ideals. Olten 1989, 718f. Vgl. J. Dirnbeck, Die Jesusfälscher. Ein Original wird entstellt. Augsburg 1994, 43–52; 175–210.

Jeder Mensch ist sich selbst und anderen ein unaussprechliches Geheimnis. Nicht selten sind wir freudig überrascht oder zutiefst erschüttert, wenn in einem mit uns seit Jahren befreundeten Menschen plötzlich ungeahnte und unerwartete Tiefen aufbrechen oder seine Persönlichkeitsstruktur ins Chaos abgleitet. In jedem Menschen lebt ein Geheimnis, dessen Tiefe und Gegensätzlichkeit in seinen rätselhaften, unberechenbaren Reaktionen und oft vulkanischen Ausbrüchen nur erahnt werden können.

Nach christlichem Glaubensverständnis – „Und das Wort ist Fleisch geworden und hat unter uns gewohnt" (Joh 1,14) – ist der Sohn Gottes (= das Wort) als Jesus von Nazaret wahrer Mensch als Mann geworden. Jesus von Nazaret ist der personale Einbruch der Transzendenz in Zeit und Raum: Begegnung von Gottheit und Menschheit nicht in gestörter, verwirrter, zerrissener, schizophrener Lebenswirklichkeit, sondern gesund an Leib und Seele.

Jesu geschichtliche Gestalt ist keine armselige Verkümmerung seiner Menschheit und Menschlichkeit. Ihn kennzeichnet Natürlichkeit, Sensibilität, Freimut des Wortes und Offenheit für fremde Not. Aber immer blitzt in den neutestamentlichen Berichten die spürbare Sprachnot auf, Jesus zu beschreiben. Wie können ihn die Historiker, die Mediziner, die Psychologen, die Schriftsteller, nicht zuletzt auch die biblischen Schriftsteller wie die heutigen Theologen in den Griff und Begriff bekommen? Man spürt heute noch das Ringen um das Verständnis des Gott-Menschen Jesus, wenn etwa zu lesen ist: „Obwohl er der Sohn war, hat er durch Leiden den Gehorsam gelernt" (Hebr 5,8).

Den Mann Jesus kennzeichnet eine ungekünstelte, unverkrampfte, geradezu beschwingte und ansteckende Zärtlichkeit und Mütterlichkeit. Er zeigte die ganze Skala der menschlichen Gefühle und schämte sich seiner Tränen nicht (Lk 19,41; Joh 11,35). Er war ein durchaus liebesfähiger, ein liebenswürdiger, ein der Liebe und Freundschaft bedürftiger Mensch, wie seine Besuche und Gespräche bei Martha, Maria und Lazarus in Betanien bestätigen (Joh 11,5).

Die Evangelien verschweigen nicht, dass Frauen Jesus begleitet und sicherlich auch unterstützt haben, allen voran die stadtbekannte Maria von Mágdala, die von allen Frauen in den Evangelien (ausgenommen Joh 19,25) an erster Stelle genannt wird. Wir rätseln viel, zu viel in Jesus hinein. Wir projizieren allzu schnell unsere Gefühle, Sehnsüchte und Verrücktheiten in Jesus. Gewiss ist er als Mensch, als Mann unser Bruder. Aber Jesus sprengt alle Schemata, alle Schablonen, alle Messungen und Deutungen dieser Welt.

Das Miteinander und Ineinander von Gottheit und Menschheit in Jesus von Nazaret ist ein unendliches Thema, das bereits in der frühchristlichen Epoche (4.–5. Jahrhundert) tiefgreifende Streitigkeiten, Spannungen und sogar Spaltungen ausgelöst hat. Nach einer langen und mühevollen Glaubens- und Streitgeschichte glaubte das allgemeine Konzil von Chalzedon (451) die gottmenschliche Wirklichkeit Jesu in der Formel der „hypostatischen Union" (unio hypostática) einfangen zu können und vor Verzerrungen und Verkürzungen gesichert zu haben:

„Wir bekennen
einen und denselben Christus, den Sohn, den Herrn, der in zwei Naturen unvermischt, unverwandelt, ungetrennt und ungesondert besteht ...
Wir bekennen nicht einen in zwei Naturen getrennten und zerrissenen, sondern einen und denselben einziggeborenen Sohn, das göttliche Wort, den Herrn Jesus Christus"
(Glaubensentscheid über die zwei Naturen Christi in der Sitzung vom 25. Oktober 451).

Dieses Thema ist und bleibt eine unendliche Geschichte, die immer wieder neu aufflammt und bald unter diesem, bald unter jenem Aspekt hitzige Dispute und kantige Frontenbildungen auslöst. Dabei zeigt es sich, dass nicht wenige menschliche Fragen und Probleme zu Anfragen und Infragestellungen der Christologie werden.

Die den heutigen Menschen überaus wichtig gewordenen Fragen, die an die überlieferte Christologie und an die Glaubensformel der hypostatischen Union herangebracht werden, zeugen vom Selbstverständnis des modernen Menschen: Dieses bringt eine christologische Anfrage hervor nach der wahren Menschheit und Menschlichkeit Jesu, nach der Spannweite seiner Gefühle, seiner Weltoffenheit und seiner Kommunikationsfähigkeit mit Menschen, nach seinem Selbstverständnis einschließlich seiner Persönlichkeitsentfaltung und seiner Sexualität. Dieses Forschungs- und Formulierungsgebiet ist sehr, sehr schwierig: Möglicherweise haben wir am Ende einen scharfgeschliffenen Begriffs-Christus in Händen, aber Er selbst, Jesus, der wahre Gott-Mensch, ist uns verlorengegangen.

Literatur

F. Alt, Jesus – der erste neue Mann. München 1989.

Chr. Bachmann, Religion und Sexualität. Die Sehnsucht nach Transzendenz. Stuttgart – Berlin – Köln 1994.

G. Bichlmair, Der Mann Jesus. Luzern [2]1947.

L. Bolterauer, Die Macht der Begeisterung. Fanatismus und Enthusiasmus in tiefenpsychologischer Sicht. Tübingen 1989.

J. Dirnbeck, Die Jesusfälscher. Ein Original wird entstellt. Augsburg 1994.

R. Guardini, Die menschliche Wirklichkeit des Herrn. Beiträge zu einer Psychologie Jesu. Würzburg 1958.

E. Heckhausen, Motivation und Handeln. Berlin [2]1989.

W. Hermann, Die psychische Kindheit Jesu. Berlin 1908.

A. Holl, Jesus in schlechter Gesellschaft. Stuttgart 1971.

L. Ingrisch – G. von Einem, Jesu Hochzeit. Mysterienoper in zwei Akten. Libretto. Berlin 1979.
N. Kazantzakis (1883–1957), Die letzte Versuchung (Erstauflage 1952); dieser Roman diente als Entwurf für den Spielfilm „Die letzte Versuchung Christi" (USA 1988: Regie Martin Scorsese).
K. Ledergerber, Die Entstehung des Eros. Die Bedeutung von Liebe und Sexualität für das künftige Christentum. München 1971.
De Loosten (Pseudonym: Georg Lomer), Jesus Christus vom Standpunkt des Psychiaters. Bamberg 1905.
V. Messori, Mensch geworden. Wer war Jesus? Graz 1978.
Chr. Mulak, Jesus – der Gesalbte der Frauen. Stuttgart 1987.
W. Schmithals, Die Gnosis in Korinth. Göttingen 1956.
E. Stauffer, Jesus. Gestalt und Geschichte. Bern 1957.
E. Stauffer, Die Botschaft Jesu damals und heute. Bern – München 1959.
E. Thurston, Die körperlichen Begleiterscheinungen der Mystik. Luzern 1956.
E. Wolff, Jesus der Mann. Stuttgart ^{5}1980.
H. Wolff, Jesus als Psychotherapeut. Stuttgart ^{3}1980.

15. Jesus und die Politik

Wer kennt nicht das Goethe-Wort aus der „Faust"-Tragödie (Teil 1, Verse 2093–2095: Auerbachs Keller in Leipzig)?

> *„Ein garstig Lied! Pfui! ein politisch Lied,*
> *Ein leidig Lied! Dankt Gott mit jedem Morgen,*
> *Daß ihr nicht braucht fürs Röm'sche Reich zu sorgen."*

War Jesus von Nazaret ein unpolitischer Mensch, der das garstig-politische Lied grundsätzlich gemieden und sich aus dem politischen Gezänk herausgehalten hat? Um diese Frage beantworten zu können, müsste man zuerst klären, was Politik und politisch überhaupt bedeutet. Zwischen dem Politikverständnis eines Platon (427–347) und eines Aristoteles (384–322) und der Befreiungstheologie unserer Zeit besteht sicherlich eine gewaltige Differenz. Welcher Art Politik hat sich Jesus verschrieben? War er ein Parteipolitiker bestimmter antirömischer Gruppierungen? Schließlich wurde er von Pontius Pilatus als angemaßter „König der Juden" (Mk 15,2.12) zum Kreuzestod verurteilt: „Er wiegelt das Volk auf und verbreitet seine Lehre im ganzen jüdischen Land von Galiläa bis hierher" (Mk 23,5). Um ganz persönlich Pilatus zu treffen, fügten die Ankläger Jesu hinzu: „Wenn du ihn freiläßt, bist du kein Freund des Kaisers; jeder, der sich als König ausgibt, lehnt sich gegen den (römischen) Kaiser auf" (Joh 19,12). Starb Jesus am Kreuz, weil er ein antirömischer Revoluzzer war? War Jesus Sympathisant der nationalistischen, antirömischen Zeloten, die vor allem in Galiläa ihre Schlupfwinkel, Rekrutierungs- und Ausbildungsstätten hatten?

Die besatzungspolitische Situation Palästinas

Kein Jude im damaligen Palästina konnte politisch desinteressiert sein, seit Pompejus von Ägypten aus 64 v. Chr. Palästina erobert und zum römischen Territorium erklärt hatte. Seit vielen Jahrhunderten war Palästina ein heiß umkämpfter Wetterwinkel der wirtschaftlichen wie der politischen Ambitionen assyrischer und babylonischer, ägyptischer und römischer Potentaten. In Palästina kreuzten sich wichtige Handelsstraßen von West nach Ost, von Norden nach Süden. Sicherlich hat gerade die Unterjochung des freiheitsliebenden, jüdischen Volkes, das mit einer Gotteszusage seinen Anspruch auf Kanaan-Palästina als dem „Gelobten Land" begründete, die Erwartung des verheißenen Messias stärker politisch als religiös akzentuiert. Der politische Befreier-Messias, von dem auch die Qumrantexte so überdeutlich sprechen,

> *„... vollbringt mit seinem Arm machtvolle Taten:*
> *Er zerstreut, die im Herzen voll Hochmut sind;*
> *er stürzt die Mächtigen (die Römer?) vom Thron*
> *und erhöht die Niedrigen" (Lk 1,51–52).*

Wo stand Jesus politisch?

Die Akzeptanz Jesu war für viele seiner jüdischen Mitbürger mit der Frage verbunden: Was hält Jesus von den Römern? Ist Jesus ein heimlicher Römerfreund? Hält sich Jesus feige aus dem politischen Disput heraus? Hat er nicht gegenüber Pontius Pilatus mit aller Deutlichkeit gesagt, dass es zwischen seinem Reich, dem Reich Gottes, und dem römischen Imperium keine Konflikte gibt und geben kann: „Mein Königtum ist nicht von dieser Welt. Wenn es von dieser Welt wäre, würden meine Leute kämpfen, damit ich den Juden nicht ausgeliefert würde. Aber mein Königtum ist nicht von hier (Joh 18,36)."

Jesus lässt sich wie ein geschickter Diplomat von den Fangfragen seiner Gegner nicht in die Enge treiben. Er hält eine äußerst gekonnte Balance ein. „Er durchschaute ihre Heuchelei ... und sagte zu ihnen: So gebt dem Kaiser, was dem Kaiser gehört, und Gott, was Gott gehört! Und sie waren sehr erstaunt über ihn" (Mk 12,15–17).

Hat aber die politische Balance Jesu die Entwicklung seiner Kirche entscheidend – positiv oder negativ – geprägt? Historiker beurteilen die abendländische Verbindung des politischen Imperiums mit dem kirchlichen Sacerdotium, wie sie seit dem ersten christlichen Kaiser Konstantin I. praktiziert wurde (313 Edikt von Mailand; 380 Christentum wird durch Kaiser Theodosius Reichsreligion), als „konstantinische Fehlentscheidung in eine imponierende Sackgasse" (Walter Dirks).

Befinden wir uns heute bereits im Herbst dieses konstantinischen Zeitalters, das in der Sprache der Esoterik als „Zeitalter des Fisches" bezeichnet wird und in der unmittelbaren Gegenwart bereits vom „Zeitalter des Wassermanns" abgelöst wird? Ist Ursache oder Folge des „Untergangs des Abendlandes" (Oswald Spengler) gerade das Zerbröckeln der konstantinischen Symbiose von Kirche und Reich?

Martin Luther spricht von den beiden Reichen, von den beiden „Regimenten" und Ordnungen, was als „Folge einer ganz offensichtlichen Enteschatologisierung der Bergpredigt" (Helmut Thielicke, Theologische Ethik. Bd. I. Tübingen 1951, 602 Nr. 1846) gewertet werden kann. Diese lutherische Lehre muss sich durchaus kritischen Anfragen stellen: Entstehen durch sie möglicherweise auch Missverständnisse, Gefahren in Richtung einer „doppelten Moral"? Der Christ als Bürger zweier Äonen, zweier Reiche? In Erinnerung zu rufen ist im evangelischen Raum die heiße Debatte über das Thema „Oberster Bischof" (summus episcopus) im politischen Wandel unseres Jahrhunderts von der Monarchie über die Demokratie und zur Diktatur des Dritten Reiches. Vergessen sei auch nicht die Obrigkeitsdebatte in der EKD in den Jahren 1956 bis 1960, in der die Situation des Christen in der DDR und unter marxistischer Herrschaft mit großem Ernst angegangen wurde.

Ein politisch und gesellschaftskritisch kämpfender Jesus, ein Jesus mit Stahlhelm und Maschinengewehr (wie ein weltweit verbreitetes Plakat ihn zeigte), war der Rekrutierungsimpuls der südamerikanischen Befreiungstheologie. Erinnert sei nur an den Priester Camillo Torres, der sich unter die Partisanenkämpfer einreihte und 1966 im Befreiungskampf Kolumbiens den Tod fand! Jesus und die Politik – ein Thema, das aktuell bleibt, ob nun ein unpolitisches oder ein politisches Jesusbild propagiert wird.

♦ Was dem Cäsar gebührt, gebührt dem Cäsar!

Sie zeigten Jesus ein Goldstück und sagten zu ihm: Die Kaiserlichen fordern von uns die Steuern. Er sprach zu ihnen: Gebt, was dem Cäsar gebührt, dem Cäsar! Gebt, was Gott gebührt, Gott! Und was mein ist, so gebt es mir.“[1]

Thomas-Evangelium (um 170 n. Chr.)

♦ Mische dich nicht in kirchliche Angelegenheiten

Mische dich nicht in kirchliche Angelegenheiten, noch schicke uns hierüber deine Befehle, sondern lasse dich vielmehr von uns hierüber belehren! Dir hat Gott das Reich gegeben, uns die Kirche anvertraut. Und genau so, wie jeder, der dir das Reich entreißen will, die Ordnung Gottes verletzt, so fürchte du, eines großen Verbrechens schuldig zu werden, wenn du die kirchlichen Angelegenheiten an dich reißest, denn es ist geschrieben: ‚Gebt dem Kaiser, was des Kaisers ist, und Gott, was Gottes ist‘!“[2]

Hosius von Córduba (256–358)

---

[1] Das apokryphe Thomas-Evangelium gehört zu jenen aufregenden Textfunden, die in Hag Hammadi etwa 100 Kilometer nördlich der berühmten Stadt Luxor 1945 gemacht worden sind. Es handelt sich nicht um ein „Evangelium“ mit einer fortlaufenden Jesus-Geschichte, sondern um eine Sammlung von 114 Jesus-Worten, sogenannten Logien. Vgl. W. C. van Unnik, Evangelien aus dem Nilsand. Frankfurt/M. 1960; E. Hennecke – W. Schneemelcher, Neutestamentliche Apokryphen in deutscher Übersetzung. I. Band: Evangelien. Tübingen 1968, 199ff.
Das zitierte Logion 100 greift den neutestamentlichen Text Mt 12,17 auf. Die Veränderung besteht jedoch darin, dass aus dem historischen Streitgespräch Jesu ein gnostisches Lehrgespräch wurde und unverkennbar eine christologische Umakzentuierung stattgefunden hat.

[2] Hosius, der bedeutende Wortführer auf dem Konzil von Nizäa (325), in einem Brief (356) an den römischen Kaiser Konstantius II. (reg. 350–361), aufbewahrt von Athanasius, Historia Arianorum 44 (PG 25, 744 D bis 748 B; Zitat 746). Vgl. dazu: Abendländische Kirchenfreiheit. Dokumente über Kirche und Staat im frühen Christentum. Übertragen und eingeleitet von Hugo Rahner. Einsiedeln – Köln 1943, 115–118; R. M. Haacke, Rom und die Cäsaren. Geschichte und Cäsaropapismus. Düsseldorf 1947, 17.

♦ Entweder gehorcht ihr oder …

Was ich will, das hat als kirchliches Gesetz zu gelten! Die sogenannten syrischen Bischöfe pflegen sich nicht zu widersetzen, wenn ich so spreche.
Entweder gehorcht ihr, oder ihr geht in die Verbannung!“[3]

Kaiser Konstantius II. (reg. 350–361)

♦ Der Kaiser steht in der Kirche, nicht über ihr

Die Steuer ist des Kaisers, das wird nicht bestritten. Die Kirche ist Gottes, sie darf auf keinen Fall dem Kaiser zuerkannt werden. Denn der Tempel Gottes kann nicht zum Recht des Kaisers gehören … Steht doch der Kaiser *in* der Kirche, nicht *über* ihr.“[4]

Ambrosius von Mailand (339–397)

♦ Die zwei Schwerter

Es gibt nur einen Leib und ein Haupt, Christus und Christi Stellvertreter, der über zwei Schwerter verfügt, ein geistliches und

---

[3] Diese Worte wurden von Kaiser Konstantius II. auf der Synode von Mailand (355) gesprochen, als sich die Bischöfe weigerten, Athanasius, den mutigen Verfechter des kirchlichen Christusglaubens, erneut in die Verbannung zu schicken. Kaiser Konstantius setzte sich vehement für den Arianismus ein, jene Auffassung, Jesus sei nur Mensch, aber nicht von Ewigkeit Sohn Gottes, Gott von Gott und Licht vom Licht. Zitiert aus: H. Berkhof, Kirche und Kaiser. Eine Untersuchung der Entstehung der byzantinischen und der theokratischen Staatsauffassung im vierten Jahrhundert. Zollikon – Zürich 1947, 79 (Zitat aus dem Werk des Athanasius, Historia Arianorum).

[4] Diese Worte stammen aus einer Predigt „Gegen Auxentius. Über die Auslieferung der Kirche“ (Sermo contra Auxentium de basilicis tradendis), die Ambrosius als Bischof von Mailand kurz vor Ostern 386 gehalten hat. Ambrosius ist jener Kirchenmann gewesen, der im 4. Jahrhundert die Freiheit der Kirche gegenüber der Kaisermacht bedingungslos vertrat. Man spürt heraus, dass Ambrosius früher hoher Kaiserlicher Verwaltungsbeamter gewesen war. In dieser Predigt hat Bischof Ambrosius ausdrücklich Bezug auf den neutestamentlichen Text Mt 22,15–22 (Frage nach der kaiserlichen Steuer) genommen.

ein weltliches ... Beide Schwerter hat die Kirche in ihrer Gewalt, das geistliche und das weltliche. Dieses aber ist für die Kirche zu führen, jenes von ihr ... Ein Schwert aber muß dem andern untergeordnet sein; die weltliche Macht muß sich der geistlichen fügen ... Die geistliche Macht hat die weltliche einzusetzen und ist Richterin über sie, wenn sie nicht gut ist."[5]

Papst Bonifatius VIII. (1294–1303)

♦ Des Königs guter Diener, aber zuerst Diener Gottes

Ich bin des Königs treuer Untertan und täglicher Fürbitter, und bete für Seine Hoheit und sein ganzes Reich. Ich tue niemandem etwas Böses, ich sage nichts Böses, ich denke nichts Böses, sondern wünsche jedem das Gute ... Wollte Gott, daß mein Tod ihm heilsam sei ... Ich sterbe als des Königs guter Diener, aber zuerst als Diener Gottes."[6]

Thomas Morus (1478–1535)

---

[5] Aus der Bulle „Unam sanctam", die Papst Bonifatius VIII. am 18. November 1302 erlassen hat – das Hauptdokument der päpstlichen Machtansprüche im Mittelalter. Eine treffende und präzise Beschreibung dieses Machtpapstes gab Joseph Bernhart (1881–1969) in seinem immer noch spannenden und lesenswerten Buch „Der Vatikan als Weltmacht. Geschichte und Gestalt des Papsttums" (Leipzig [9]1930, 190): „... er vertauschte sein päpstliches Gewand mit dem Mantel der Cäsaren. Er war von riesenhafter Gestalt, unbändiger Lebenskraft und behielt bis zum Tode alle Zähne. Die Gewaltnatur fand Furcht viel mehr als Liebe."

[6] R. W. Chambers, Thomas More. Ein Staatsmann Heinrichs des Achten. München – Kempten 1946, 404. 435. Vgl. R. Marius, Thomas Morus. Eine Biographie. Zürich 1987. Es existiert auch eine deutsche Gesamtausgabe der Werke von Thomas Morus: Gebete und Meditationen (Bd. 1), Epigramme (Bd. 2), Geschichte König Richards III. (Bd. 3), die Vier Letzten Dinge (Bd. 4), Briefe der Freundschaft mit Erasmus (Bd. 5). München: Kösel-Verlag.
Als Lordkanzler des englischen Königs war Thomas Morus informiert und bestürzt über die Ehescheidungspläne Heinrichs VIII. Seine Glaubensüberzeugung und sein Gewissensgehorsam ließen es nicht zu, daß er den Plänen der Scheidung seines Königs von Katharina von Aragonien und seiner Wiederverheiratung mit Anna Boleyn zustimmte. „Das Drama zwischen Lordkanzler Morus und König Heinrich VIII. war ein ungleicher Kampf zwischen Gewissen und Macht" (Walter Nigg). Am 6. Juli 1535 wurde Thomas Morus auf dem Towerhill (Towerhügel) enthauptet.

♦ Kein Wort Jesu wichtiger, folgenreicher

Von allen herrlichen Worten, die von Jesus Christus vernommen worden sind, ist keines wichtiger, folgenreicher, als die Weisung, dem Kaiser zu geben, was des Kaisers, und Gott, was Gottes ist."[7]

Leopold von Ranke (1795–1886)

♦ Zuerst das Gewissen!

Spräche der Papst gegen das Gewissen in dem eigentlichen Sinn des Wortes, so würde er einen Selbstmord (suicidal act) begehen. Er würde sich den Boden unter seinen Füßen wegziehen …
Wenn ich – was nicht für ganz schicklich gehalten werden dürfte – in einem Trinkspruch (zum Abschluß eines Festessens) die Religion einflechten soll, werde ich mein Glas leeren auf das Wohl des Papstes, wenn es angenehm ist – doch nein, zuerst auf das Gewissen und dann erst auf den Papst (to Conscience first, and to the Pope afterwards)."[8]

John Henry Newman (1801–1890)

♦ Ein hinterlistiges Wort

Jesus Christus ist der größte Aufrührer, der jemals gelebt hat.
Was war Brutus – was Cassius gegen ihn?
Sie mordeten nur den einen Julius Cäsar; aber er mordet Cäsar und Augustus überhaupt …

---

[7] L. von Ranke, Weltgeschichte. Bd. III. Leipzig 1883, 160f.

[8] Diese Passage einer Abhandlung, erstmals 1875 – nach der Dogmatisierung der päpstlichen Unfehlbarkeit auf dem Ersten Vatikanum! – erschienen, um die angezweifelte politische Gewissensfreiheit der englischen Katholiken zu verteidigen, ist später im zweiten Band der „Certain difficulties felt by Anglicans in Catholic Teaching" (1879) aufgenommen worden. Vgl. A. Läpple, Der Einzelne in der Kirche. Wesenszüge einer Theologie des Einzelnen nach John Henry Kardinal Newman. München 1952, 152–157, 261–264.

Niemals hat ein Menschenmund ein so hinterlistiges Wort ausgesprochen wie dieses: Gebt dem Kaiser, was des Kaisers ist, und Gott, was Gottes ist … Dieses Wort ist wie ein Streitkolben, der die Krone von des Kaisers Haupt schlägt."[9]

Henrik Ibsen (1828–1906)

♦ Die bewaffnete Streitmacht Jesu

Jesus muß über eine bewaffnete Streitmacht verfügt haben, die stark genug war, das ausgedehnte Gebäude (des Tempels) zu besetzen und es einige Zeit zu halten, wie aus seinem Hinweis zu entnehmen ist, daß er ‚täglich' im Tempel ‚gelehrt' habe, in seiner Antwort an seine Häscher, als er ihnen vorwirft, daß sie gekommen seien, um ihn mit Waffengewalt gefangen zu nehmen (Mk 14, 49 und Parallelen). Darüber hinaus muß er eine Streitmacht besessen haben, die stark genug war, um dem Widerstand nicht nur der römischen Truppen oder der Tempelpolizei allein zu begegnen, sondern vermutlich auch den vielen tausenden sonstigen Juden, die zweifellos keine Sympathie hatten für den anmaßenden Galiläer (wenn wir den Berichten über die Feindseligkeit des jüdischen Mobs nach der Verurteilung Jesu Glauben schenken wollen). In einem Wort, um Bewaffnete zu überwältigen, mußten die Anhänger Jesu bewaffnet gewesen sein."[10]

Joel Carmichael

♦ Aus Nächstenliebe der Revolution verschrieben

Ich habe die Pflichten und Rechte des Klerus aufgegeben, aber ich habe nie aufgehört, Priester zu sein.

---

[9] Der norwegische Schriftsteller Henrik Ibsen hat in seinem Drama „Kaiser und Galiläer" (1873) diese Worte dem römischen Kaiser Julian in den Mund gelegt (zweiter Akt, dritte Szene). Kaiser Julian (361–363), dem der Beiname „Apóstata" (der Abtrünnige) gegeben wurde, war der letzte Vertreter eines heidnischen Kaiser-Oberpriestertums.

[10] J. Carmichael, Leben und Tod des Jesus von Nazareth. München 1965, 149. Den Revolutionär Jesus hat F. Andermann in den Mittelpunkt seines Romans „Das große Gesicht" (München 1970) gestellt. Dieser Roman porträtiert Jesus als den Anführer einer antirömischen Untergrundbewegung. Im Letzten Abendmahl wird „die letzte geheime Zusammenkunft der Führer des Widerstands" gesehen.

Ich glaube, daß ich mich der Revolution aus Nächstenliebe verschrieben habe. Ich habe aufgehört, die Messe zu lesen, um die Nächstenliebe im weltlichen – im wirtschaftlichen und sozialen – Bereich verwirklichen zu können. Wenn mein Nächster nichts mehr gegen mich vorzubringen hat, werde ich nach Vollendung der Revolution wieder das Meßopfer darbringen, wenn Gott es mir erlaubt."[11]

Camilo Torres (1929–1966)

♦ Die politische Entscheidung Jesu

In der Frage nach der Kopfsteuer (dem Zinsgroschen: Mt 12,13–17) hat Jesus auch die ‚politische Entscheidung' nicht gescheut und ihr doch alles Sensationelle genommen:

1. Jesus gibt dem römischen Kaiser nicht die Gloriole des Gottesgnadentums – sonst könnte er Kaiser und Gott nicht so gegenüberstellen; aber er erkennt sein Recht an und verlangt von den Untertanen Gehorsam.
2. In seinem Bereich hat der Staat, auch der heidnische, seine Bedeutung. Seine Ordnung dient dem Nutzen aller.
3. Indem Jesus aber die Pflicht gegenüber Gott als die größere einschärft, macht er gegenüber der Staatsgewalt Vorbehalte. Sie darf Gottes Ehre nicht antasten, seine Verherrlichung nicht verbieten, seinen Geboten nicht widersprechen.

---

[11] Einen kühnen Weg mit tödlicher Konsequenz ist Camilo Torres gegangen: 1948 Eintritt in den Dominikanerorden; Studentenseelsorger an der Nationaluniversität in Bogotà; 1965 Bitte um Versetzung in den Laienstand; Tod 1966 als Partisanenkämpfer (Guerillero) und Mitglied der revolutionären Bewegung im Kampf gegen die Regierungstruppen. Vgl. C. Torres, Vom Apostolat zum Partisanenkampf. Reinbek 1969; H. Lüning, Camilo Torres – Priester, Guerillero. Darstellung, Analyse, Dokumentation. Hamburg 1970.

[12] R. Schnackenburg, Die sittliche Botschaft des Neuen Testaments. München 1954, 77–78. Bezeichnend ist der neue theologische Akzent, den deutlich über Jesus hinaus der Apostel Paulus setzt, der stolz war auf sein römisches Bürgerrecht (Apg 22,25): „Jeder leiste den Trägern der staatlichen Gewalt den schuldigen Gehorsam. Denn es gibt keine staatliche Gewalt, die nicht von Gott stammt; jede ist von Gott eingesetzt

4. Die Begrenztheit und Vergänglichkeit des Staates hebt Jesus nicht hervor und spottet nicht darüber; aber er weiß um seine Abhängigkeit von Gottes Willen und Macht.“[12]

Rudolf Schnackenburg

♦ Ein paradoxer Vorgang

Politik und Religion müssen unterschieden, aber sie können nicht getrennt werden. Jede ausgreifende, vor allem auf die Zukunft ausgreifende Politik hat einen theologischen Kern, sonst wäre sie nur Verwaltung und im besten Falle Krisenmanagement. Jede Religion hat eine politische Dimension, weil keine, und am wenigsten die christliche Religion, die Welt lassen kann, wie sie ist. Was wir in der Gegenwart erleben, ist ein paradoxer Vorgang: Die Politik wird immer religiöser, und die Religion wird immer politischer. Wir haben eine eigentümliche Gemengelage, in der sich bis zur Ununterscheidbarkeit Politik und Religion wechselseitig durchdringen.“[13]

Günter Rohrmoser

♦ Glaube als Grenzüberschreitung

Der Platz der Kirche ist ... an allen Bruchstellen zwischen den menschlichen Blöcken und im Innern jedes Menschen, überall, wo Menschen verletzt, ausgeschlossen und an den Rand gedrängt wer-

... Sie steht im Dienst Gottes und verlangt, dass du das Gute tust. Wenn du aber Böses tust, fürchte dich! Denn nicht ohne Grund trägt sie das Schwert. Sie steht im Dienst Gottes und vollstreckt das Urteil an dem, der Böses tut“ (Röm 13,1.4). Geprägt von den Erlebnissen der Christenverfolgung beschreibt die johanneische Apokalypse den Staat als dämonische Trinität des Tieres aus dem Meer (Offb 13,1–10), des Tieres aus dem Festland (Offb 13,11–18) und der Hure Babylon (Offb 17,1–6).

[13] G. Rohrmoser, Politik und Religion am Ende der Aufklärung. Vortrag vor der Europaakademie am 24. Juli 1983 in Augsburg. Veröffentlicht in: Christen bauen Europa. Pastorale Initiativen zur Einigung Europas. Festgabe zum 20. Bischofsjubiläum für Bischof Dr. Josef Stimpfle. Donauwörth 1983, 135–140 (Zitat 135f.).

den ... Jesus offenbart mir den unendlichen Wert jedes Menschen, kostbar in den Augen Gottes. Er gibt mir im anderen den Ruf zu erkennen, über meine Grenzen und meine herrschaftliche Arroganz hinauszugehen, um in ihm zu entdecken, was mir noch fehlt, um ein vollständiger, wahrhaftiger und freigebiger Mensch zu sein."[14]

Pierre Claverie (1938–1996)

Mit Christus haben die Menschen, auch die Christen, von Anfang an Politik gemacht. Diese politische Spur ist deutlich, nicht mehr wegwischbar. Geschichtsschreiber und Politiker, vor allem aber Christen als Bürger der beiden Reiche, des Gottesreiches und des Staates, haben sich ihr zu stellen. Es ist eine Spur des Friedens, der Barmherzigkeit, der Nächstenliebe. Aber es kann nicht geleugnet werden, dass diese Spur immer wieder unterbrochen oder sogar ersetzt worden ist durch eine Spur von Blut und Tränen, von Gewalt und Massenbekehrungen durch Schwertmission, von Inquisitionstribunalen und brennenden Scheiterhaufen der Ketzer oder der Hexen. Literarisch ist gerade letzteres lebendig geblieben im „Großinquisitor", den Fjodor Michailowitsch Dostojewskij (1821–1881) in seinem Werk „Die Brüder Karamasow" (1878/80) erschütternd dargestellt hat.

George Tabori hat gerade diese Kontur in seinem Drama „Der Großinquisitor" aufgegriffen und unter die heutige Frage gestellt: Wollte Jesus eigentlich Macht? Welche der beiden Spuren, die in der Menschheitsgeschichte bis heute zu erkennen sind, kann sich auf Jesus berufen? Ist Jesus selbst politisch zwiespältig? Er verheißt den Frieden, „wie ihn die Welt nicht geben kann" (Joh 14,27). Es wird ihm aber gleichzeitig die Devise in den Mund gelegt: „Glaubt nicht, ich sei gekommen, Frieden auf die Erde zu bringen. Ich bin nicht gekommen, den Frieden zu bringen, sondern das Schwert" (Mt 10,34). Soldaten wie Wehrdienstverweigerer, Fahneneid und Widerstandsimpuls, berufen sich auf den gleichen Jesus.

Es ist nicht bloß schwierig, die Botschaft Jesu über fast zwei Jahrtausende hinweg in unsere ganz andere Gegenwart hereinzuholen. Es scheint fast unmöglich zu sein, aus dem Leben und der Botschaft Jesu ein eindeutiges und griffiges

[14] P. Claverie, Lettres et messages d'Algérie. Paris 1996, 15.24; die Übersetzung ist entnommen: Orientierung 60 (1996) 250f. Pierre Claverie, seit 1981 Bischof von Oran/Algerien, hat sich rastlos bemüht um den schwierigen, da sehr stark vorbelasteten menschlichen und sozialen, politischen und religiösen Dialog zwischen Christentum und Islam. Am 1. August 1996 wurde er unmittelbar bei der Einfahrt zum Bischofssitz durch eine (wohl von islamistischen Terroristen) ferngezündete Bombe in seinem Auto getötet. Letzte Konsequenz des Glaubens – das Martyrium!

Motivations- und Entscheidungsmuster für politische Fragen und Probleme herauszuhören und in einigen Sätzen und Parolen vorzulegen.

Der politische Weg der Menschen ist seit Jesus vielgestaltig gewesen und geblieben. Es war auch innerkirchlich ein weiter und überaus schwieriger Weg von der Monarchie und ihrer Parole „Für Thron und Altar" zur Demokratie und zur Respektierung der Menschenrechte und Grundfreiheiten zu gehen, wie dies endlich und nach stürmischen Auseinandersetzungen auf dem Zweiten Vatikanischen Konzil in der Erklärung über die Religionsfreiheit (7.12.1965) geschehen ist.

Der neue Denkansatz

Eines muss jedoch, wo immer man weltanschaulich oder religiös steht, beachtet werden: Jesus ist nicht als Politiker oder als Sozialreformer in diese Welt gekommen. Er hat weder den Krieg noch die Todesstrafe noch die Sklaverei generell abzuschaffen versucht. Aber er hat ein neues Selbstverständnis, eine neue Verantwortung für den Mitmenschen, gerade für den Kranken und Notleidenden als bleibende Herausforderung den Menschen und Völkern gegeben, aus denen heraus politische, soziale und caritative Veränderungen erwachsen konnten und immer wieder erwachen können.

Jene aber, die in Jesus einen Apokalyptiker, einen überzeugten Verfechter der Naherwartung (Parusie) des Weltendes sehen, werden jedes politische Interesse Jesu rundweg bestreiten. Wer mit dem bereits morgen hereinbrechenden Ende der Welt, der Menschen und ihrer Geschichte rechnet, für den lohnt es sich nicht, im allzu kurzen Vorläufigen sich zu engagieren und dauerhafte Strukturen neu zu schaffen. Wenn bereits morgen der Tag X kommen kann wie ein Blitz aus heiterem Himmel, dann gilt es zuallererst, nüchtern und wachsam zu sein, um im morgen schon kommenden Gericht bestehen zu können.

Literatur

T. Baumeister, Gottesglaube und Staatsauffassung. Ihre Interdependenz bei Celsus und Origenes. In: Theologie und Philosophie 53 (1978) 161–178.

H. Berkhof, Kirche und Kaiser. Eine Untersuchung der Entstehung der byzantinischen und der theokratischen Staatsauffassung im vierten Jahrhundert. Zollikon – Zürich 1947.

J. Bidez, Julian der Abtrünnige. München 1940.

W. Blum, Vermittlung und Politik. Untersuchungen zur politischen Philosophie und politischen Theologie in Antike und Gegenwart. Waldsassen/Bayern 1982.

Th. Böhm, Die Christologie des Arius. Dogmengeschichtliche Überlegungen unter der besonderen Berücksichtigung der Hellenisierungsfrage. St. Ottilien 1991.

A. Dempf, Geistesgeschichte der altchristlichen Kultur. Stuttgart 1964.

M. Dibelius, Rom und die Christen im ersten Jahrhundert (Sitzungsbericht der Heidelberger Akademie der Wissenschaften). Heidelberg 1942.

W. Ensslin, Gottkaiser und Kaiser von Gottes Gnaden (Sitzungsbericht der Bayerischen Akademie der Wissenschaften). München 1943.

H. Gollwitzer, Revolution des Reiches Gottes und die Gesellschaft. In: P. Neuenzeit (Hg.), Die Funktion der Theologie in Kirche und Gesellschaft. München 1969, 129–155. (Der Aufsatz enthält eine Fülle von Thesen zur Diskussion!)

R. M. Haacke, Rom und die Cäsaren. Geschichte des Cäsaropapismus. Düsseldorf 1947.

G. Kittel, Christus und Imperator. Das Urbild der ersten Christenheit über den Staat. Stuttgart – Berlin 1939.

H. Maier, Kirche und Revolution. Studien zur Frühgeschichte der christlichen Demokratie. Freiburg i. Br. ²1965.

H. Maier, Kritik der politischen Theologie. Einsiedeln 1970.

E. Peterson, Der Monotheismus als politisches Problem. Leipzig 1935.

E. Peterson, Theologische Traktate. München 1951.

J. Pickl, Messiaskönig Jesus in der Auffassung seiner Zeitgenossen. München 1935.

K. Piper, Urkirche und Staat. Paderborn 1935.

K. Rahner, Abendländische Kirchenfreiheit. Dokumente über Kirche und Staat im frühen Christentum. Einsiedeln – Köln 1943.

J. Ratzinger, Menschheit und Staatenbau in der Sicht der frühen Kirche. In: Studium Generale 14 (1961) 664–682.

J. Ratzinger, Die Einheit der Nationen. Eine Vision der Kirchenväter. Salzburg – München 1971.

R. Schnackenburg, Die sittliche Botschaft des Neuen Testaments. München 1954.

E. Stauffer, Jerusalem und Rom im Zeitalter Jesu Christi. Bern 1957.

E. Stauffer, Die Botschaft Jesu damals und heute. Bern – München 1959.

E. Voegelin, Wissenschaft, Politik und Gnosis. München 1959.

16. Die Botschaft Jesu

Was ist die Botschaft Jesu? Wo ist heute die Botschaft Jesu zu finden?

Wer nach der Botschaft eines Platon, eines Augustinus, eines Descartes, eines Kant oder Heidegger Ausschau hält, greift nach einer kritischen Gesamtausgabe. In ihr liegen die veröffentlichten Schriften eines Autors, aber auch die aus seinem Nachlass nach seinem Tode veröffentlichten Werke vor.

Man betrachtet gewiss auch das Leben des Autors, sein geistiges Umfeld und seine Haltung dazu. Die Kenntnis der biographischen und epochalen Situation ist sicherlich äußerst hilfreich für die Deutung des einzelnen Werkes wie auch für den Überblick über die Gesamtentwicklung des literarischen Schaffens seines Autors. Beim Zitieren von Passagen eines Werkes wird selbstverständlich der Autor genannt sowie die Jahreszahl der Entstehung und Veröffentlichung seines Werkes. Gleichzeitig jedoch trennt sich die Botschaft mit ihrer Gültigkeit und Aussage vom Autor und erhält ihren Eigenwert.

Wird von der „Botschaft Jesu“ gesprochen, dann wird darunter häufig ein klar umgrenzter Wortkomplex verstanden, in dem seine Reden und Proklamationen wie etwa die Bergpredigt schriftlich festgehalten sind (die berühmten „Ur-Worte Jesu“, die verba ipsissima Jesu). Sie sind vor allem im Neuen Testament nachzulesen. Daneben ist es möglich, Goldadern echter Jesus-Worte auch außerhalb des Neuen Testamentes in den sogenannten apokryphen Schriften zu entdecken.

Das große Dilemma

Eines muss beachtet werden: Jesus, der lesen und schreiben konnte, hat keine einzige schriftliche Zeile hinterlassen. Die Menschheit besitzt kein noch so kleines Papyrusschnipsel mit der originalen Handschrift Jesu.

Was Jesus gesprochen und verkündigt hat, haben andere viele Jahre, Jahrzehnte nach seinem Tode aufgezeichnet. Man muss daher nüchtern und zurückhaltend feststellen: Die Botschaft Jesu haben wir nur in der Gestalt, im Wortschatz, in der Deutung und „Brechung“ anderer, der neutestamentlichen Schriftsteller, der „Diener des Wortes“ (Lk 1,2), wie sie genannt werden. Erschwerend kommt hinzu, dass die Botschaft Jesu nicht im aramäischen Original, sondern nur in griechischer Übersetzung (im sogenannten Koiné-Griechisch) vorliegt. Jede noch so gute „Über“-Setzung birgt in sich die Gefahr, in einer neuen Mentalität, in neuen Ausdrucksformen die ursprünglichen Anliegen aufzugreifen – bald entschärfend, bald verschärfend. Stoßen die Spätgeborenen nur auf die Texte „anderer“, nicht mehr auf die jesuanische Urschicht, auf Jesus selbst? Tiefgreifende geistige, politische und kulturelle Epochenveränderungen nötigen, die Botschaft Jesu in die jeweils neue Situation der christlichen Hörer „hinein“zusprechen und die ursprüngliche Intention Jesu „weiterzubuchstabieren“. Man mache sich aber auch bewusst, welch abgrundtiefer Graben sich öffnet zwischen der in einem dörflichen Milieu gesprochenen Verkündigung Jesu und seinem weiterklingenden Wort in der hochtechnisierten Welt mit aufklärerischem Flair von heute.

Die Botschaft Jesu – nur ein Wortprogramm?

Die Botschaft Jesu ist mehr als die Summe aller Worte, aller von Jesus gesprochenen Sätze. Heute wird bisweilen mit dem überscharfen Seziermesser der kritischen Forschung unterschieden zwischen den wirklich originalen Ur-Worten Jesu, die als „Mitte des Evangeliums“ bezeichnet werden, und jenen Worten, die die Jünger, die neutestamentlichen Schriftsteller in der nachpfingstlichen Zeit Jesus in den Mund gelegt haben. Letztere werden als Produktion der „Gemeindetheologie“ spürbar abwertend behandelt. Ohne Zweifel hat es jedoch einen nachvollziehbaren Weg vom verkündigenden Jesus zum verkündigten Christus der Apostel, der Evangelisten, der Urgemeinde von Jerusalem gegeben.

Ein mächtiger Einwand wird ferner gegen die Schriftwerdung der mündlichen Verkündigung Jesu erhoben – die adventistische Naherwartung Jesu, seines baldigen Wiederkommens („nur eine kurze Weile“), des Weltgerichts und des Weltendes (Mt 24,1–44). War eine schriftliche Fixierung der Worte und der Taten Jesu wie auch die Etablierung einer kirchlichen Organisation überhaupt sinnvoll, wenn das Weltende morgen, spätestens übermorgen schon da sein wird?

Die „Botschaft Jesu“ ist ein höchst differenziertes Gebilde, das den Wortbestand seiner Reden um ein Vielfaches übersteigt. „Und das Wort ist Fleisch geworden und hat unter uns gewohnt, und wir haben seine Herrlichkeit gesehen, die Herrlichkeit des einzigen Sohnes vom Vater, voll Gnade und Wahrheit“ (Joh 1,14). Die Fleisch-, Wort- und Geschichtswerdung Jesu ist eine Bündelung, eine Verknotung vieler Worte und Ereignisse, die ihre Gipfelhöhe in der Kreuzigung, Himmelfahrt und Geistsendung erreicht haben und in der Entstehung des Zwölferkreises, in der Dynamik der Jesus-Bewegung, in der christlichen Gemeindebildung weitergewirkt haben.

Immer wieder wurde auch der Versuch unternommen, die Botschaft Jesu zwischen zwei Buchdeckeln einzufangen, auf denen der Titel „Das Wesen des Christentums“ zu lesen war. Romano Guardini hat in seiner Veröffentlichung „Das Wesen des Christentums“ (Würzburg [5]1955, 81) diesen Titel bewusst aufgegriffen und ihn mit den Worten ad absurdum geführt: „Die Person Jesu Christi in ihrer geschichtlichen Einmaligkeit und ewigen Herrlichkeit ist selbst die Kategorie, welche Sein und Lehre des Christentums bestimmt.“

♦ Mich suchen und finden …

Jesus sprach:
Viele Male wünschtet ihr, diese Worte zu hören, die ich euch sagte, und ihr habt niemand sonst, von dem ihr sie hört.
Es werden Tage kommen, da ihr mich sucht, und nicht finden werden“ (Nr. 38).[1]

Thomas-Evangelium (2. Jahrhundert n. Chr.)

♦ Gottes Erbschaft

Jedes der Völker glaubt, Gottes Erbschaft, sein wahres Gesetz und seine Gebote zu haben, damit es sie befolge. Wer es aber wirklich hat, darüber ist die Frage noch unentschieden!“[2]

Giovanni Boccaccio (1313–1375)

♦ Christi Fußspur

Wenn einer uns Christi Fußspur zeigt, da fallen wir Christen nieder und beten sie an. Warum verehren wir nicht lieber sein lebendiges und atmendes Abbild in der Schrift? Wenn man den Rock

[1] In der Nähe des Städtchen Nag Hammadi, etwa 100 Kilometer nördlich der bekannten oberägyptischen Stadt Luxor, wurden 1945 Schriftrollen – man sprach von einer ganzen Bibliothek von insgesamt 13 Handschriften mit etwa 1000 großen Seiten – gefunden, unter denen besonders das sogenannte Thomas-Evangelium das Interesse der biblischen Forschung wie der Weltöffentlichkeit erregte. Die Bezeichnung Thomas-“Evangelium“ ist jedoch ungenau und irreführend: Es handelt sich nämlich nicht um ein Leben Jesu, sondern lediglich um den Komplex von insgesamt 114 Jesus-Worten, die stets mit den Worten beginnen: „Jesus sprach.“ Das Thomas-Evangelium ist zu unterscheiden von den sogenannten apokryphen Thomas-Akten. Ein präziser Einblick in die Fundgeschichte findet sich bei W. C. van Unnik, Evangelien aus dem Nilsand. Frankfurt/M. 1960 (mit guten geographischen Skizzen und instruktiven Schwarz-Weiß-Fotos).

[2] Das Dekameron (1. Tag, 3. Geschichte). Giovanni Boccaccio war Gelehrter und Diplomat und förderte das Studium des Griechischen. Unter dem Eindruck der Pest entstand das „Dekameron“ (1348/53), eine Sammlung hervorragender Novellen.

Christi ausstellt, wie weit pilgern wir nicht, um ihn zu küssen! Aber ob du mir all sein Hausgerät weisest, nichts kann Christus mir ausdrücklicher und wahrer vor Augen stellen als das Bild des Evangeliums. Ein Bildwerk aus Holz und Stein schmücken wir aus Liebe zu Christus mit Gold und Edelsteinen. Aber zierten nicht Gold und Edelsteine und alle Schätze besser das Werk, das uns Christum lebendiger wiederbringt als irgendein Bild? Aber die Schrift bringt dir das lebendige Bild Christi wieder, ihn selbst, wie er spricht, heilt, stirbt, aufersteht – du könntest ihn mit den leiblichen Augen nicht mehr erblicken."[3]

Desiderius Erasmus (1464–1536)

♦ Wer Christus nicht kennt …

Wir kennen Gott nur durch Jesus Christus. Ohne diesen Mittler ist jede Verbindung mit Gott unmöglich. Durch Jesus Christus erkennen wir Gott. Alle, die sich angemaßt haben, Gott ohne Jesus Christus zu erkennen und zu beweisen, hatten nur ohnmächtige Beweise. Um aber Jesus Christus zu beweisen, haben wir die Prophezeiungen, die sichere und handgreifliche Beweise sind. Und indem diese Prophezeiungen sich erfüllten und durch das Ereignis der Ankunft Jesu Christi als wahr bewiesen wurden, sind sie ein Kennzeichen für die Gewißheit dieser Wahrheiten und folglich ein Beweis für die Gottheit Jesu Christi. In ihm und durch ihn erkennen wir also Gott. Ohne ihn und ohne die Schrift, ohne die Erbsünde, ohne den notwendigen, verheißenen und erschienenen Mittler kann man Gott nicht absolut beweisen, noch eine rechte Lehre, noch eine gute Moral vermitteln. Aber durch Jesus Christus und in Jesus Christus beweist man Gott und vermittelt die Moral und die Lehre. Jesus Christus ist also der wahre Gott der Menschen."[4]

Blaise Pascal (1623–1662)

---

[3] P. Joachimsen, Renaissance und Humanismus (Quellensammlung für den geschichtlichen Unterricht an höheren Schulen). Leipzig – Berlin o. J., 21f.

[4] Blaise Pascal, Gedanken. Nach der endgültigen Ausgabe übertragen von Wolfgang Rüttenauer. Mit Einführung von Romano Guardini. Leipzig o. J., 47f.

♦ Glückseligkeit, die Gott denen bereitet, die ihn lieben

Jesus Christus allein hat sie (die Wahrheit) göttlich ausgedrückt, und zwar auf eine so klare und allgemeinverständliche Weise, daß auch die schwerfälligsten Geister sie begriffen haben … Er allein hat gezeigt, wie sehr Gott uns liebt, und mit welcher Genauigkeit er für alles, was uns angeht, Sorge getragen hat; er hat uns gezeigt, daß Gott … die vernünftigen Geschöpfe … nicht vergessen wird; daß eher Himmel und Erde vergehen werden, als daß sich das Wort Gottes und alles, was zur Ordnung unseres Heils dient, änderte; … daß die Seelen der Gerechten in Gottes Hand sind, sicher vor allen Umwälzungen des Universums, da nichts auf sie wirken kann außer Gott allein; daß keine unserer Taten vergessen bleibt; daß alles angerechnet wird …; und endlich, daß alles zum größten Wohl der Guten ausschlagen muß, daß die Gerechten leuchten werden wie die Sonne, und daß weder unsere Sinne noch unser Geist je etwas gekostet haben, was d e r Glückseligkeit nahekäme, die Gott denen bereitet hat, die ihn lieben.“[5]

Gottfried Wilhelm Leibniz (1646–1716)

♦ Jesus, ein ländlicher Sokrates

Ich möchte wagen, Jesus einen ländlichen Sokrates zu nennen. Beide predigten Moral, beide hatten Schüler und Freunde, beide griffen die Priester an, beide wurden hingerichtet und vergöttert. Jesus konnte nur eine gute Moral predigen: Es gibt keine zwei. Die Moral des Epiktet, Seneca, Cicero, Lucretius, Plato, Epikur, Zoroaster, Brama und Confucius ist absolut dieselbe.
Ich weiß nicht, welcher Schriftsteller sich erdreistet hat, zu sagen, indem er das Christentum schmäht, Jesus sei gestorben als Gott. Hat er Götter sterben sehen? Sterben Götter? Ich glaube nicht, daß der Autor dieses Schwulstes jemals etwas Absurderes geschrieben

[5] Leibniz, Hauptwerke: Metaphysische Abhandlung. Leipzig 1933, 75f.

hat. Nehmen wir die Sprüche, die man Jesus zuschreibt und die am wenigsten doppelsinnig sind, so sehen wir in ihnen die Liebe zu Gott und zu dem Nächsten, die allgemeine Moral.
Das Christentum, wie es seit der Zeit des Konstantin geworden ist, ist von Jesus weiter entfernt als von Zoroaster und von Brama. Jesus ist der Vorwand für unsere Lehren, für unsere Verfolgungen, für unsere Religionsverbrechen geworden, aber er ist nicht ihr Urheber. Ich schmeichle mir zu beweisen, daß Jesus kein Christ war, daß er im Gegenteil mit Abscheu unser Christentum, wie es Rom gemacht hat, verdammt haben würde.“[6]

François Marie Voltaire (1694–1778)

♦ Die Hoheit und sittliche Kultur des Christentums

Mag die geistige Kultur nun immer fortschreiten, mögen die Naturwissenschaften in immer breiterer Ausdehnung und Tiefe wachsen, und der menschliche Geist sich erweitern wie er will, über die Hoheit und sittliche Kultur des Christentums, wie es in den Evangelien schimmert und leuchtet, wird er nicht hinauskommen!“[7]

Johann Wolfgang von Goethe (1749–1832)

---

[6] Ouevres Complètes de Voltaire. VII. Paris 1879, 129 (Dieu et les Hommes = Gott und die Menschen. Ein theologisches, aber vernünftiges Werk). Für Voltaire ist Jesus der „ländliche Sokrates“, der große Lehrer der Moral und der Tugenden, ein „ehrlicher Schwärmer“, der als Wahrheitsfanatiker Opfer der jüdischen Priesterkaste geworden sei. Als Morallehrer stellt Voltaire jedoch Konfutze, den chinesischen Weisen (551–479 v.Chr.), weit höher als den Mann aus Nazaret. Vgl. W. Schönfelder, Die Philosophen und Jesus Christus. Hamburg 1949, 71–73.

[7] Johann Peter Eckermann, Gespräche mit Goethe (11. März 1832). Goethe hat Phasen des Suchens und des Versuchens durchlaufen und als wichtiges Schlüsselwort „Ehrfurcht“ hinterlassen. Jesus war für ihn ein „Jesus der Humanisten“, wie er es überdeutlich im „West-östlichen Divan“, 8. Buch Suleika (1819) ausgesprochen hat: „Jesus fühlte rein und dachte / nur an seinen Gott im Stillen. / Wer ihn selbst zum Gotte machte, / kränkte seinen hl. Willen“.
Vgl. M. Lackmann, Ich warne vor Goethe. Goethe und Lavater. Zwei Geistesgroßen ringen um Christus. Stein am Rhein – Singen 1984.

♦ Das Geheimnis der Gleichzeitigkeit

Im Verhältnis zum Absoluten existiert nur e i n e Zeit: die gegenwärtige. Für den, der nicht gleichzeitig mit dem Absoluten ist, existiert es gar nicht.
Da Christus das Absolute ist, kann man leicht sehen, daß es im Verhältnis zu ihm nur e i n e Situation gibt, die der Gleichzeitigkeit. Die drei-, sieben-, fünfzehn-, siebzehn-, achtzehnhundert Jahre spielen gar keine Rolle."[8]

Sören Kierkegaard (1813–1855)

♦ Gleichgültig, ob Jesus gelebt hat ...

Der Königssohn, der als Bettler durch die Lande zieht, um den Völkern das Heil zu predigen ..., und der Mann aus dem Volke, der die Leidenden und Armen selig preist, weil sie vor andern vorbereitet sind den Weg zum Himmel zu finden, sie sind trotz ihrer Verschiedenheit verwandte Erscheinungen. Was ihnen die Herzen öffnet, das ist aber, wiederum in einem merkwürdigen Zusammentreffen, gerade die Eigenschaft, deren die von ihnen ausgehenden Gemeinschaften sie zu entäußern bemüht sind: sie sind wirkliche Menschen, die gelebt haben, von deren Handeln und Leiden die Mitlebenden Zeugnis ablegten ...
Hier ist denn schließlich sogar gleichgültig, ob Jesus oder Buddha jemals gelebt haben oder nicht ... Jene leben in ihren religiösen Schöpfungen fort; daß diese Schöpfungen, abgesehen von allen andren Zeugnissen, auf gewaltige religiöse Persönlichkeiten hinweisen,

[8] S. Kierkegaard, Religion der Tat. Sein Werk in Auswahl. Hg. von E. Geismar. Stuttgart 1939, 235. Es geht Kierkegaard nicht darum, die Wahrheit bloß kennenzulernen, um sie zu wissen und einträglich zu vermarkten. Wahrheit muss mit dem Menschen verwachsen, zur existentiellen Betroffenheit werden, so dass seine Biographie ohne diese Wahrheit mit all ihren Konsequenzen nicht beschrieben werden kann. Einen einzigartigen Weg zum Menschen und Christen (vielleicht sogar zum Mystiker) Sören Kierkegaard bietet er selbst: S. Kierkegaard, Die Tagebücher 1834–1855. Auswahl und Übertragung von Theodor Haecker. Leipzig [2]1941.

mag für den Unbefangenen zweifellos sein. Dennoch ist es von diesem dritten Standpunkt aus von untergeordnetem Belang."[9]

Wilhelm Wundt (1832–1920)

♦ Mit der Bergpredigt ist nicht zu spaßen

Mit der Bergpredigt ist es eine ernstere Sache, als die glauben, die diese Gebote heute gern zitieren. Mit ihr ist nicht zu spaßen. Von ihr gilt, was man von der Kausalität in der Wissenschaft gesagt hat: Sie ist kein Fiaker, den man beliebig halten lassen kann, um nach Befinden ein- und auszusteigen. Sondern: ganz oder gar nicht, das gerade ist ihr Sinn."[10]

Max Weber (1864–1920)

♦ Das Christentum ist eine neue Religion geworden

Das Christentum ist … in der modernen Welt eine neue Religion geworden, weil es ganz neue Inhalte und Weltansichten in sich hineingezogen hat. Es ist nicht bloß eine neue Theologie, was wir vertreten und lehren, sondern überhaupt eine neue Phase des Christentums selbst."[11]

Ernst Troeltsch (1865–1923)

♦ Der Auftrag der Bergpredigt: An die Gewehre!

Der göttliche Heiland steht auf dem Berg der Seligkeit. Glücksuchende Menschheit, hörst du es? Selig! O wie das den ganzen Menschen packt! Das ist ja dein Wünschen und Suchen, dein Ziel

9 W. Wundt, Elemente der Völkerpsychologie. Leipzig 1912, 494. 501.
10 M. Weber, in: Politik als Beruf. München 1919. Max Weber war ein bedeutender und einflussreicher Soziologe.
11 In einem Brief an Adolf von Harnack vom 23. März 1900.

und dein Zweck. Und dann legt der Herr den neuen Weg zum Himmel dar … Er gibt den Tagesbefehl der neuen christlichen Moral aus … Jetzt sieht er auf seinem Beobachterposten auf dem Berg die tausenderlei Übel, die an die Seinen herantreten werden, und wie ein Feldherr, der feindliche Scharen vorstürmen sieht und den Soldaten, die in ruhender Stellung sind, scharf und gemessen das Kommando zuruft: ‚An die Gewehre!' – so wettert es Jesus hinaus über die horchende Erde, in schlaftrunkene Seelen hinein … Kameraden! So ruft also heute das Evangelium im geistlichen Sinne: An die Gewehre! Unterschätze die Feinde nicht! Stelle das Visier recht ein! Und dann: Auf zum Sturm! Mit Gott für König und Vaterland!"[12]

Joseph Eberle

♦ Das Evangelium – Aufbruch aus dem Jenseitigen

Die Lehre Jesu Christi hat es, wie wir wiederholen, nicht mit der Natur, nicht mit der Naturseele und ihren Leiden und Freuden zu tun, auch nicht mit unserer eigenen Naturseele, sowenig wie mit dem Streben nach dem Geist und den Zielen dieser Welt – sie ist auch keine Morallehre, keine Ethik des Wohlverhaltens, ist keine Soziallehre und will keine Volksbeglückung bringen – nichts von alledem; dazu haben nur wir endliche sterbliche, in der Verhaftung an die irdische Welt leidende Menschen sie gemacht, weil wir eben täglich und stündlich unter des Lebens Notdurft leiden. Man kann das Evangelium als solches eben deshalb verwerfen; man kann es verwerfen aus der Weltanschauung heraus, daß wir für das Diesseits zu kämpfen und zu sorgen haben – das kann man alles; aber man kann und darf

[12] Es handelt sich um eine Ansprache, verfasst vom damaligen Augsburger Domkapitular Dr. J. Eberle, veröffentlicht in: M. von Faulhaber (Hg.), Das Schwert des Geistes. Feldpredigten im (Ersten) Weltkrieg. Freiburg ^{4}1918, 238–242 (Zitat 238.242). Verglichen mit dem schlichteren heutigen Predigtstil wirkt diese Rede „aufgesetzt" und gerade wegen ihres emotionalen Pathos eher abstoßend. Was würde Jesus selbst zu einer solchen „Auswertung" seiner Bergpredigt sagen? Bezeichnend ist auch die in der Predigt mit Schriftworten begründete Herausforderung für „König und Vaterland!" Man müsste als kritischen Kommentar dazu lesen: H. Missalla, „Gott mit uns." Die deutsche katholische Kriegspredigt 1914–1918. München 1968.

das Evangelium selbst nicht zu etwas machen wollen, was es seinem Wesen nach nicht ist; man kann es nicht zu einer Sittenlehre machen und den Heiland nur als einen Ethiker oder Religionsschwärmer ansehen; sonst verfälscht man den Sinn der Offenbarung. Das Evangelium ist Aufbruch aus dem Jenseitigen und meint und will nur das Reich Gottes in uns."[13]

Edgar Dacqué (1878–1945)

♦ Eine Generation voller Ankunft

Wir sind eine Generation der Ankunft. Vielleicht sind wir eine Generation voller Ankunft auf einem neuen Stern, in einem neuen Leben. Voller Ankunft unter einer neuen Sonne, zu neuen Herzen. Vielleicht sind wir voller Ankunft zu einem neuen Lieben, zu einem neuen Lachen, zu einem neuen Gott.
Wir sind eine Generation ohne Abschied, aber wir wissen, daß alle Ankunft uns gehört."[14]

Wolfgang Borchert (1921–1947)

♦ Das Christentum ist ER SELBST

Das Christliche ist ER SELBST; das, was durch Ihn zum Menschen gelangt, und das Verhältnis, das der Mensch durch Ihn zu Gott haben kann … Die Person Jesu Christi in ihrer geschichtlichen Einmaligkeit und ewigen Herrlichkeit ist selbst die Kategorie, welche Sein, Tun und Lehre des Christlichen bestimmt."[15]

Romano Guardini (1885–1968)

---

[13] E. Dacqué, Das verlorene Paradies. Zur Seelengeschichte des Menschen. Tübingen [3]1952, 305.

[14] W. Borchert, Das Gesamtwerk. Hamburg 1993, 60f. Mitlesen sollte man dazu a.a.O. 178–181 den verfremdeten Essay „Jesus macht nicht mehr mit" und a.a.O. das Motto: „Ich möchte Leuchtturm sein / in Nacht und Wind / … / und bin doch selbst / ein Schiff in Not!" W. Borchert – eine Stimme der Kriegsgeneration (1939/45), die von Hoffnung, von Ankunft spricht, heute jedoch kaum gehört und ernst genommen wird.

[15] R. Guardini, Das Wesen des Christentums. Würzburg [5]1958, 81. Vgl. dazu als Hinführung zum Lebensanliegen Romano Guardinis F. Wechsler, Romano Guardini als Kerygmatiker. Paderborn 1973.

♦ Orientierung an Jesus

Durch die Orientierung an Jesus werden wir klarer darüber, was wir tun und wollen. Die Chiffre seines Menschseins zeigt, uns unserer grundsätzlichen Grenzen und Unvollkommenheiten bewußt zu werden. Von ihnen befreit uns nicht der Drang zum Martyrium, welcher Gestalt auch immer. Es befreit uns auch keine Rechtfertigung, als nur die, die im guten Willen, in der Aufrichtigkeit, in dem bedingungslosen Entschluß zur Wahrhaftigkeit, vor allem aber in der Kraft der Liebe liegt."[16]

Karl Jaspers (1883–1969)

♦ Die biographische Wahrheits-Ordnung

Es gibt Wahrheiten der ersten und der zweiten Lebenshälfte, die man nicht gleichzeitig wahrnimmt. Wie eine Landschaft in verschiedenen Beleuchtungen ganz andere Einzelheiten zeigt ... Diese biographische Wahrheits-Ordnung gilt nicht nur für den einzelnen, sondern auch für die Kirche."[17]

Ida Friederike Görres (1901–1971)

♦ Die Mahnungen der Bergpredigt

Jesu sittliche Mahnungen der Bergpredigt sind keine unmittelbaren Handlungsanweisungen und praktikablen Normen, sondern bedürfen der jeweiligen Applikation mit Hilfe der gläubigen Vernunft."[18]

Rudolf Schnackenburg

---

[16] K. Jaspers, Der philosophische Glaube angesichts der Offenbarung. München 1962, 22.

[17] I. F. Görres, Im Winter wächst das Brot. Einsiedeln [7]1970, 49f.

[18] R. Schnackenburg (Hg.), Die Bergpredigt. Düsseldorf 1982, 58. Die neutestamentliche Bergpredigt liegt in zwei Fassungen vor: in einer kürzeren Fassung (Lk 6,20–49) und in einer längeren Fassung (Mt 5,1–7,29). Die vielzitierten Seligpreisungen sind zu finden in Lk 6,20–23 und Mt 5,3–12.

Jesus, der Einzige

„Mögen in neutestamentlichen Berichten noch so viele Fragmente früherer Mythen mitgeschleppt werden, Jesus selbst verdankt weder dem hellenistischen noch dem alttestamentlichen Mythos irgend etwas. Er stellt in seinem freien und strikten Gehorsam nur die unauslotbaren Tiefen des väterlichen Heilswillens dar. Weder er noch wir, wenn wir glauben, brauchen zu seiner Deutung um Dionysos oder Osiris zu wissen. Mit Einbildungskraft ist angesichts seiner nichts auszurichten, sondern nur mit dem Glauben, der uns in sein Faktum miteinbezieht, das nicht nur ‚aus allen Poren' zu uns spricht – er ist ja das Wort –, sondern in sich hinein einwirbt, damit wir durch die Sprache seines Fleisches teilhaft werden der darin liegenden Fülle des Heiligen Geistes, der uns die Tiefen Gottes, die er ‚durchforscht' und kennt, auslegen kann. Der Mythos ist, wie gezeigt, immer das Allgemeine im Besonderen. Aber Gott ist nicht das Allgemeine, und Jesus nicht das Besondere, sondern der Einzige – obschon er Mensch ist wie wir."[19]

Hans Urs von Balthasar (1905–1988)

Bühne und Drehbuch des Auftritts

„Die Götter ... leben als mächtige Gestalten in den Tiefen der menschlichen Psyche selbst und empfangen von der jeweiligen Kultur nur die Bühne und das Drehbuch ihres Auftritts. Sie mögen dann heißen wie sie wollen: Adonis, Osiris oder Christus, Diana, Maria und Coatlicue, Indra, Marduk oder Herakles – in allen Formen und Gestalten bleibt gleichwohl ihr unverwechselbarer Kern enthalten."[20]

Eugen Drewermann

[19] H. U. von Balthasar, Theologik. Zweiter Band: Wahrheit Gottes. Einsiedeln 1985, 238f. Die Mythen haben nach Hans Urs von Balthasar adventlichen Charakter auf einem langen Weg voller Dunkelheit und Wirrnis. Nur angestrahlt und lichterfüllt von Christus, dem „Licht der Welt" (Joh 8,12), beginnen ihre hintergründigen Konturen sichtbar und verständlich zu werden.

[20] E. Drewermann, Tiefenpsychologie und Exegese. Bd. 1. Olten 1984, 309.

♦ Wie am Beginn des Frühlings …

So wie am Beginn des Frühlings die Wärme der Sonne die Blumen aus der Erde hervorlockt, indem sie die in ihnen schlummernde Gestalt nicht erschafft, wohl aber zur Entfaltung weckt, so wird man auch die Offenbarung Gottes in dem Menschen Jesus von Nazareth nicht anders verstehen können, als daß von der Person Jesu eine solche Güte und Wärme ausging, daß all die Bilder des Heils, die in der menschlichen Seele angelegt sind, durch seine Nähe auf den Plan gerufen wurden, sich mit seiner Gestalt verbanden und sich zu einem Gesamtgemälde formten, in dessen Widerschein ein jeder Mensch die Wahrheit Christi zu erkennen vermag, indem er sich selbst darin offenbaren wird.“[21]

Eugen Drewermann

Die Botschaft Jesu ist keine Lehre, keine neue Ethik oder Gesellschaftsordnung. Die Botschaft Jesu ist ER SELBST. Zur „Unterscheidung des Christlichen“ gehört die klare, unterscheidende Einsicht zwischen „Etwas“ (Wesen des Christentums) und „Jemand“ (Person Jesu Christi). Die Botschaft Jesu ist nicht Echo aus dem antiken Palästina, nicht Erinnerung an Aufzeichnungen aus dem Alten Orient. ER SELBST ist Gegenwart seiner Biographie, seiner Worte, seiner Wunder und Zeichen. Gerade deshalb wird die Botschaft Jesu als mystisch-reale „Gleichzeitigkeit“ (Sören Kierkegaard) zur Bewusstseinserweiterung, zur Existenzerweiterung, zur Existenzöffnung, zur existentiellen Begegnung und schließlich zu jener zweipersonal-existentiellen Vereinigung und Einheit, die der Apostel Paulus erfahren und beschrieben hat: „Nicht mehr ich lebe, Christus lebt in mir“ (Gal 2,20).

Die Botschaft Jesu nimmt teil am Geheimnis Jesu Christi, seines Sprechers, des Gott-Menschen, der alle Maßstäbe und Denkschemata menschlichen Begreifens und Definierens sprengt. Sie nimmt mit ihren Worten, gestaltet aus der Armseligkeit und Überholbarkeit menschlichen Denkens, gewiss teil am Menschlich-Geschichtlichen. Sie nimmt aber gleichzeitig teil mit ihren Impulsen und Herausforderungen – strömend aus göttlicher Weisheit, Güte und Menschenfreundlichkeit – am Göttlich-Ewigen.

---

[21] E. Drewermann, a.a.O. Bd. 2. Olten 1985, 768f. Nach dem von E. Drewermann favorisierten „therapeutischen“ Offenbarungsmodell liegen die Offenbarungswahrheiten als Archetypen im Innern des Menschen, die nur eines „Erweckers“ bedürfen.

Der von Gott angesprochene Mensch wird Hörer wie auch Wanderer in beiden Welten, in der Welt des Immanent-Irdischen und in der Welt des Transzendent-Ewigen. Er wird hineingehoben und erfährt jene Seltsamkeit, die auch als mystisches Hören und Sehen bezeichnet werden kann. Aus der Ich-Es-Beziehung (Botschaft) wird eine Ich-Du (Jesus)-Beziehung. Aus dem Gehör wird ein In-Einander, ein Hineingenommenwerden in außergewöhnliche Sphären.

Die paradoxe Gleichzeitigkeit

Sören Kierkegaard (1813–1855) hat in unerbittlicher Fehde mit dem deutschen Philosophen Hegel die ganz andere Dimension der Botschaft Jesu mit den Worten auszusprechen versucht: „Das Christentum ist keine Lehre ... Das Christentum ist Existenz-Mitteilung ... Christus hat keine Dozenten eingesetzt, sondern Nachfolger."

Wer die Botschaft Jesu ernst nimmt und realisiert, gerät in eine seltsame, nicht nachprüfbare und trotzdem real existierende Wirklichkeit, über die Nathan Söderblom (1866–1931) geschrieben hat: „Was die Lehre für den Buddhismus und der Koran für den Islam sind, das ist Christi Person für das Christentum."

Die Botschaft Jesu will nicht nur doziert und reflektiert, analysiert und differenziert werden. Sie verlangt schlicht und einfach „realisation" (John Henry Newman), d.h. Verwirklichung auf allen Ebenen der menschlichen Person, das, was der dänische Religionsphilosoph Sören Kierkegaard mit „Gleichzeitigkeit" bezeichnet hat. Der damals sprechende Jesus ist der heute sprechende Jesus. Der allgegenwärtige Christus ist der immer und überall gegenwärtige, der in jeder Epoche Anwesende und der gleichzeitig zu Tausenden von Menschen Sprechende.

Schon zu Beginn der Neuzeit wanderten Asketik und Mystik aus dem Universitätsbereich und fanden ihre neue Heimat in Priesterseminaren und Ordensnoviziaten unter dem „Spiritual" genannten Fachmann in diesen Dingen. Die Aufklärungszeit tat noch das Übrige, um den Glauben zu einem Fach unter Fächer einzureihen, so dass die spirituell-mystische Dimension des Glaubens – auch für viele Besucher des schulischen Religionsunterrichts – fast völlig ausgeblendet blieb.

Die Botschaft Jesu von seiner Person zu trennen, aus ihr eine dozierbare, erlernbare und benotbare „Religionslehre" zu machen, ist eines der größten Missverständnisse und Verkürzungen des Grundanliegens Jesu Christi. Die europäische Geistesgeschichte liefert drastische Beweise, dass überall dort, wo der Sensus des Mystischen verdächtig wurde und schließlich vertrocknete, jene disputierfreudige Phase aufbrach, in der trefflich gestritten wurde über „das Wesen" des Christentums und gleichzeitig die persönliche Herzensfrömmigkeit hinter die Klostermauern abwanderte. Weil Jesus, der Christus, der

Gleichzeitige ist, verdichtet sich im Hier und Heute die noch so große Differenz der Jahre, der Jahrhunderte, der Jahrtausende. „Jesus Christus ist derselbe gestern, heute und in Ewigkeit" (Hebr 13,8).

Literatur

F. Alt, Liebe ist möglich. Die Bergpredigt im Atomzeitalter. München – Zürich [7]1987.

O. Betz, Offenbarung und Schriftforschung in der Qumransekte. Tübingen 1960.

R. Guardini, Das Wesen des Christentums. Würzburg [5]1958.

K. Kertelge (Hg.), Rückfrage nach Jesus (Quaestiones Disputatae 63). Freiburg i. Br. 1974.

G. Lohfink, Wem gilt die Bergpredigt? Zur Glaubwürdigkeit des Christen. Freiburg i. Br. 1992.

A. Mayer, Der zensierte Jesu. Olten 1983.

N. Monzel, Das Verhältnis von Lehre und Person des Stifters im Christentum. Bonn 1946.

K.-H. Ohlig, Woher nimmt die Bibel ihre Autorität? Düsseldorf 1970.

R. Riesner, Jesus als Lehrer. Eine Untersuchung zum Ursprung der Evangelien-Überlieferung. Tübingen [3]1988.

E. Schillebeeckx, Jesus. Die Geschichte von einem Lebenden. Freiburg i. Br. [5]1978.

J. Sauer (Hg.), Wer ist Jesus Christus? Freiburg i. Br. 1977.

R. Schnackenburg (Hg.), Die Bergpredigt. Düsseldorf 1982.

W. Schönfelder, Die Philosophen und Jesus Christus. Hamburg 1949.

E. Stauffer, Die Botschaft Jesu damals und heute. Bern – München 1959.

W. Trilling, Die Botschaft Jesu. Exegetische Orientierungen. Freiburg – Basel – Wien 1978.

Lebensende

17. Jesus, der Ketzer

Jesus als Ketzer zu bezeichnen, erscheint den meisten Menschen, auch denen, die in großer Distanz zur Kirche stehen oder sich sogar von ihr seit längerer Zeit verabschiedet haben, ungewohnt, vielleicht sogar hart oder unfair. Und doch ist Jesus von keinem Geringeren als von dem jüdischen Gerichtspräsidenten Josef Kajaphas (amtierender Hoherpriester 18–37 n. Chr.) als Ketzer bezeichnet worden: „Er hat Gott gelästert! Wozu brauchen wir noch Zeugen? Jetzt habt ihr die Gotteslästerung selbst gehört" (Mt 26,65). Auch sonst finden sich über Jesus im Neuen Testament immer wieder Aussagen, die festhalten: Jesus ist angeeckt! Er war alles andere als ein Mensch, der sich den Wünschen der Menschen angepasst hat. „Er wird ein Zeichen sein, dem widersprochen wird" (Lk 1,34). Paulus hat aus eigener Erfahrung den inneren Widerstand vieler Menschen gegen Jesus kennengelernt, wenn er schreibt, Jesus sei „für Juden ein empörendes Ärgernis, für Heiden eine Torheit" (1 Kor 1,23).

Das Stichwort „Ketzer" hat im Laufe der politischen und religiösen Geschichte der Menschheit viele unterschiedliche Deutungen erlebt. In einer geschlossenen Glaubensgemeinschaft ist der Ketzer der religiöse und auch politische Störenfried. Seit Kaiser Theodosius I. (378–395) gab es ein Reichsketzer-Gesetz, das das römische Reich als Hort der Orthodoxie vor Gefährdungen schützen sollte. Der Ketzer war in einer volkskirchlichen Glaubenssituation der Querdenker, der Außenseiter, den man „kalt stellen" und „aus dem Verkehr ziehen" musste, um das christliche Volk vor Turbulenzen und Bürgerkriegen zu bewahren. Der Ketzer wurde hinter Schloss und Riegel gebracht, als „Volksfeind" verurteilt und meist in spektakulären und abschreckenden Autodafés verbrannt.

Bis herein in unsere Zeit gibt es totalitäre Regimes, unter denen jeder Andersdenkende bzw. jeder, der einer anderen Rasse oder Religion angehört, zum „Volksfeind" erklärt wird. Die Konzentrationslager, in denen Menschen geschunden, vergast, gemordet wurden, sind krasseste Beispiele dafür, wie menschenverachtend politische Tyrannis mit „Ketzern" umgeht.

In der Neuzeit Europas haben vor allem die Themen der Toleranz, der Menschenrechte und Grundfreiheiten zu einer ganz neuen Bewertung des „Ketzers" geführt. In der Phase der Diktaturen ist der Ketzer der mutige Außenseiter, oft Alleingänger des freien Denkens, des freien Wortes. Er hat eine andere Meinung als die vorgeschriebene, öffentliche, weil veröffentlichte Meinung. In der Atmosphäre der Menschenrechte und der Grundfreiheiten erhält der Ketzer eine ganz neue und zwar positive Qualität. Der Ketzer ist nicht der feige

Mitläufer, der gedankenlose Funktionär. Er setzt sich mit seiner anderen Meinung nicht nur ab von den meisten seiner Umgebung. Er setzt seinen Beruf, sogar sein Leben aufs Spiel.

Jetzt ist der Ketzer jener Mutige, jener Einzelne, der den Aufstand des Glaubens und des Gewissens wagt und der den unwürdigen, übersatten Vertretern überholter Institutionen und Rechtsverordnungen die Maske der Heuchelei, der Selbstbedienung vom Gesicht reißt. In diese Reihe kann auch Jesus von Nazaret gestellt werden. Er unterliegt zwar äußerlich als ohnmächtiger, allein gelassener Ketzer. Er steckt auch dann nicht zurück oder leugnet, als er verhört wird. Er wird zum Tod am Kreuz verurteilt. Gewiss hat die alte Ordnung über einen lästigen Unruhestifter und Zeitgenossen gesiegt. Jesus hat aber gerade als Ketzer, der für seine Überzeugung in den Tod ging, für viele den Horizont eines neuen Glaubens, einer neuen Liebe, einer neuen Freiheit, einer neuen Zukunft aufgerissen.

Damit hat Jesus, ohne dass er bereits in seiner gottmenschlichen Wirklichkeit ernst genommen wird, den Bonus: Dieser Mensch hat etwas zu sagen! Für viele – damals, heute und sicherlich auch in Zukunft –, denen ihr Leben, ihr Milieu, ihre Entfaltungsmöglichkeit zu eng geworden war und ist, ist Jesus zu einem neuen Hoffnungs- und Zukunftsträger geworden. Jesus rückt damit in die Nähe der philosophischen Aufklärung, sogar des Aufrufs: „Freiheit, Gleichheit und Brüderlichkeit" der Französischen Revolution. Was Franz Kafka (1883–1924) von der Literatur, von einem Buch verlangt hat, ist Jesus als respektierter Ketzer: „... die Axt für das gefrorene Meer in uns".

♦ Die Ketzer sollen untergehen

Den Abtrünnigen sei keine Hoffnung. Rotte das Reich der Anmaßung aus – eilends in unseren Tagen.
Die Nazarener (nozerim) und die Ketzer (minim) sollen wie in einem Augenblick untergehen.
Ausgelöscht mögen sie werden aus dem Buch des Lebens. Nicht mögen sie zusammen mit den Gerechten aufgeschrieben werden (vgl. Ps 69,29). Gelobt seist du, Ewiger, der die Anmaßenden demütigt."[1]

Damaskus-Schrift (2./1. Jahrhundert v. Chr.)

♦ Angeklagt wegen Zauberei und Verführung Israels

Am Vorabend des Paschafestes hängte man Jesus. Vierzig Tage vorher hatte der Herold ausgerufen: Er wird zur Steinigung hinausgeführt, weil er Zauberei getrieben und Israel verführt und abtrünnig gemacht hat. Wer etwas zu seiner Verteidigung zu sagen hat, der komme und sage es. Da aber nichts zu seiner Verteidigung vorgebracht wurde, so hängte man ihn am Vorabend des Paschafestes."[2]

Babylonischer Talmud (2. Jahrhundert n. Chr.)

---

[1] Es handelt sich um einen „Ketzersegen" (birkat haminim) der sogenannten Damaskus-Schrift, die 1896 durch Solomon Schechter in der Alt-Kairoer Geniza gefunden und in dieser Version veröffentlicht wurde; zitiert aus C. Thoma, Das Messiasprojekt. Theologie jüdisch-christlicher Begegnung. Augsburg 1994, 346. Diese „Ketzer-Verfluchung" markiert deutlich den Riss, der sich in der Zeit nach der Zerstörung der Stadt und des Tempels von Jerusalem (70 n. Chr.) zwischen dem frühen, palästinensischen Christentum und dem jüdischen Rabbinat aufgetan hat. In der Erwähnung der ketzerischen „Nazaräer" (= Judenchristen) klingt der Hinweis auf Jesus, den Nazarener, mit (vgl. Mt 21,11; Mk 1,9; 1,24; 10,47; 14,67; 16,6; Lk 4,34; 24,19; Joh 1,46; 19,19).

[2] Der Text ist entnommen dem Babylonischen Talmud (Sanhedrin 43 a, Baraita), der aus dem zweiten nachchristlichen Jahrhundert stammt und sich auf Jesus von Nazaret bezieht. Im Babylonischen Talmud wird eine recht bemerkenswerte Antwort auf den christlichen Vorwurf gegeben, Jesus sei nach einem übereilten Verfahren zum Tod verurteilt worden. Es wird hingewiesen auf ein vierzigtägiges Verfahren gegen Jesus, in dem sich aber niemand zur Verteidigung Jesu gemeldet habe. Außerdem fällt auf, dass zwar der Hinweis auf die jüdische Strafe der Steinigung vorliegt, aber letztlich wird vom

♦ Käme Christus heute in die Welt …

Käme Christus heute in die Welt:
so wahr ich lebe,
er nähme sich zum Ziel
nicht die Hohenpriester –
sondern die Journalisten."[3]

Sören Kierkegaard (1813–1855)

♦ Warum bist du gekommen, uns zu stören?

Bist du es? … Antworte nicht, schweige! Und was könntest du auch sagen? Ich weiß es nur zu gut, was du sagen würdest. Du hast nicht einmal ein Recht, irgend etwas dem hinzuzufügen, was du früher bereits gesagt hast. Warum bist du gekommen, uns zu stören? Denn uns zu stören bist du gekommen, und du weißt das selbst. Weißt du aber, was morgen geschehen wird? Ich weiß nicht, wer du bist, und will es nicht wissen, ob du es bist oder nur sein Ebenbild, aber morgen werde ich dich richten und dich auf dem Scheiterhaufen wie den schlimmsten aller Ketzer verbrennen …. wenn jemand unsern Scheiterhaufen verdient hat, so bist du es. Morgen verbrenne ich dich.
Nachdem der Inquisitor geredet hat, wartet er einige Zeit, daß der Gefangene ihm antworte. Sein Schweigen wird ihm drückend … Er aber nähert sich schweigend dem Alten und küßt ihn leise auf seinen blutlosen, neunzigjährigen Mund. Das ist die ganze Antwort. Der Alte fährt zusammen. Seine Lippen zittern; er geht zur Tür,

„Hängen" d. h. von der Kreuzigung Jesu gesprochen; damit werden die römische Kreuzesstrafe und die römische Entscheidung für die Kreuzigung festgehalten. Der jüdische Prozess gegen Jesus wird also in den Hintergrund gedrängt und der jüdische Anklagepunkt gegen Jesus (Zauberei und Volksverführung) fast gänzlich verdrängt.
Zum Stichwort „Hängen" siehe auch Tempelrolle von Qumran (64,7–8).

[3] S. Kierkegaard, Die Tagebücher 1834–1855. Auswahl und Übertragung von Theodor Haecker. Leipzig ^{2}1941, 351. Es handelt sich um einen Tagebucheintrag des Jahres 1849. Vgl. dazu K. Th. Kehrbach, Der Begriff „Wahl" bei Sören Kierkegaard und Karl Rahner. Zwei Typen der Kirchenkritik. Frankfurt/M. – Berlin – Bern – New York – Paris – Wien 1992.

öffnet sie und spricht zu ihm: Geh und komm nicht wieder … Kehr' nie zurück … niemals, niemals. Und er läßt ihn auf den finstern Marktplatz der Stadt hinaus."[4]

Fjodor Michailowitsch Dostojewskij (1821–1881)

♦ Jesus – Schauspieler in der Rolle Gottes

In dieser veränderten Welt braucht Gott Schauspieler, die seinen Part übernehmen. Solange der Vorhang nicht gefallen ist, und das Stück noch gespielt wird, kann Gottes Rolle nicht unbesetzt bleiben. Der Protagonist Gottes heißt Christus, er übernimmt die Rolle Gottes in der Welt, er spielt diese Rolle, die unbesetzt bliebe ohne ihn. Seine Identifikation ereignet sich sozusagen im Rücken der ontologischen Fragestellung nach dem Sein Gottes (die mit Mitteln unserer Ontologie offenbar nicht zu lösen ist), und sie überholt diese Frage, weil Gott in Christi Rollenspiel gegenwärtig ist, wenn auch nicht mehr als der unmittelbar Erfahrbare …"[5]

Dorothee Sölle

♦ Christus wäre heute Atheist

Lebte Christus heute,
er wäre Atheist."[6]

Dorothee Sölle

---

[4] F. M. Dostojewskij hat in seinen Roman „Die Brüder Karamasoff" (1878/1880) die Erzählung „Der Großinquisitor" eingefügt, die Iwan seinem jüngeren Bruder Aljoscha erzählt und die im spanischen Sevilla des 16. Jahrhunderts spielt. Die zitierte Textpassage führt in das Gefängnis der Inquisition. Sie bietet den Abschluss eines längeren Gesprächs zwischen dem hochbetagten Großinquisitor und dem bekannten-unbekannten Gefangenen Jesus, der in seiner Kirche die Pläne und Machenschaften der Offiziellen stört und daher als „schlimmster aller Ketzer" auf dem Scheiterhaufen verbrannt werden soll.

[5] D. Sölle, Stellvertretung. Stuttgart 1982, 160.

[6] D. Sölle, Gibt es ein atheistisches Christentum? In: Merkur. Deutsche Zeitschrift für europäisches Denken 23 (1969) 43.

♦ Religiöse Unruhe durch den Ketzer

Von der Wahrheit der Ketzer zu sprechen, dürfte selbst eine Ketzerei sein ... Die Glaubensformeln der Kirche sind mit dem Blute der Ketzer geschrieben ... Daß in späteren Zeiten das blutige Gericht über die Ketzer entfiel, dürfte weniger einer innerhalb der institutionellen Kirchen wirksam gewordenen Toleranz als der säkularen Aufklärung zu verdanken sein ... Die Kirche kann nicht ohne Ketzer sein. Wo es keine Häresie mehr gibt, erliegt die Kirche der Indifferenz und der Lüge ... Die Notwendigkeit dogmatischer Grenzen ist ebenso unbestreitbar wie die Notwendigkeit der Grenzüberschreitung ... Die religiöse Unruhe sollten wir weniger fürchten als die Sterilität, weniger die Häresie als den starren, unangefochtenen Dogmatismus."[7]

Heinz Flügel

♦ Jesus, der Ketzer, eine Art Bürgerschreck

In mancher Hinsicht war Jesus eine Art Bürgerschreck, ein Ketzer inmitten des bürgerlichen Glaubens an die Wohlanständigkeit. Man muß das nicht in die Heilige Schrift hineininterpretieren, es steht deutlich geschrieben. Was hat uns eigentlich so blind gemacht, daß wir noch nicht einmal mehr die Bibel ohne die Scheuklappen der Angst zu lesen verstehen, daß wir nicht mehr die einfache und leuchtende Gestalt Jesu unbefangen erkennen, seine tiefen und erschütternden Wahrheiten, daß wir ihn zu einer langweiligen Überlebensgröße stilisiert haben? Weil etwas in uns unausrottbar daran festhält, Jesus sei eine wandelnde Statue gewesen, so wie sie über Rio de Janeiro schwebt, eher ein Götterbild, das sich auf Gipfeln gut macht, das sowieso auf der Erde nichts zu suchen hat. Je mehr unerreichbare Überlebensgröße wir diesem unbekannten Gott Jesus Christus eingeräumt haben, um so unverbindlicher ist seine Bedeutung für unser Leben und Sterben geworden. Am Ende war es uns nicht mehr mög-

[7] H. Flügel, Die Wahrheit der Ketzer. In: H. J. Schultz (Hg.), Die Wahrheit der Ketzer. Stuttgart – Berlin 1968, 11–21.

lich, seine Stimme zu hören, nur noch unsere eigenen eingelernten Hosiannarufe, die, wie wir wissen, nicht sehr viel bedeuten ...
Es wird Zeit, Jesus als sehr verbindliche, sehr nahe, sehr anspruchsvolle Gestalt ertragen zu lernen, als den Ketzer. Denn man hat ihn zur Todesstrafe verurteilt, weil er „Gott gelästert" habe. Kein Grund, anzunehmen, daß die, welche dieses Urteil hinausschrien, nicht auch von seiner Richtigkeit überzeugt gewesen wären!"[8]

Waltraut Schmitz-Bunse

♦ Die geheimnisvolle Ausstrahlung des Ketzers

Mit der Enthüllung von Jesus als Ketzer ist ein erster Anfang gemacht, von dieser Gestalt nicht mehr in völlig abgegriffenen Worten zu reden, die gar keinen Eindruck mehr machen, sondern die neue Epiphanie des unerklärlichen Christus vorzubereiten. Von diesem ewigen Christus geht jene geheimnisvolle Ausstrahlung aus, welche die Atmosphäre schafft, in der dem heimkehrenden Ketzer das Göttliche in einer Anschaulichkeit entgegentritt, wie sonst in keiner Persönlichkeit der Weltgeschichte ... auf diese Weise sieht der heutige Mensch das Christliche wieder groß, ja vielleicht übergroß, und bekommt es für ihn ein ganz neues Gewicht."[9]

Walter Nigg (1903–1988)

♦ Wenn Jesus heute zurückkäme ...

Wenn er (Jesus) heute zurückkäme und auf uns stieße,
die wir uns seine Jünger nennen,
so kann man sich kaum vorstellen,
wem es peinlicher wäre,
ihm oder uns."[10]

Peter de Rosa

---

[8] W. Schmitz-Bunse, Jesus. In: H. J. Schultz (Hg.), Die Wahrheit der Ketzer. Stuttgart – Berlin 1968, 25.
[9] W. Nigg, Das Buch der Ketzer. Zürich 1949, 513.
[10] P. de Rosa, Der Jesus-Mythos. Über die Krise des christlichen Glaubens. München 1991, 32.

In seiner Motivation, in seinem Auftreten, in seinen Forderungen, in seiner Kritik, in seinem Lehr- und Lebenskonzept passt der Ketzer Jesus von Nazaret nur schwer in die lange Reihe der religiösen Ketzer und politischen Dissidenten. Jesus hat nicht wie Friedrich Nietzsche (1844–1900) „mit dem Hammer philosophiert". Gewiss hat Jesus mit starker Hand und mit zornigem Gesicht die Tische der Geldwechsler im Tempel von Jerusalem umgestoßen (Mk 11,12–13; Joh 2,13–17). Wenn überhaupt, dann wissen die neutestamentlichen Evangelien über Erregungen und Emotionen Jesu nur dort zu berichten, wo Jesus der Heuchelei und Verlogenheit von Menschen begegnet, wo Menschen sich auf Gott und sein Gesetz berufen, sich aber in Wirklichkeit nur auf fragwürdige Auslegungen und auf den Wünschen der Menschen angepasste Kommentare stützen, wo der raffiniert-kasuistische Kommentar der Menschen gegen die Thora Gottes ausgespielt wird.

Jesus wartete oft lange, wenn er der Sünde, dem Fehlverhalten eines Menschen begegnete. Jesus gab dem Menschen Zeit zur Besinnung und zur Umkehr. Der Ketzer Jesus wusste, dass es bei seiner „Ketzerei", bei seiner Kritik um etwas sehr Ernstes ging. Das ketzerische Reden und Tun Jesu kam aus einer seltsamen Ruhe, aus einer geradezu beschaulichen Innerlichkeit, aus einer unergründlichen Tiefe.

Dem „Ketzer" Jesus ging es um eine sehr ernste, ja prinzipielle und fundamentale Thematik. Wie gehen Menschen mit Gott, mit Gottes Gesetz um? Der Maßstab der Kritik Jesu stammt nicht aus der Zeit, ist nicht fernöstlichen oder griechisch-römischen Werken entnommen. Gewiss bricht sich Gottes Wort im Medium der überholbaren und verbesserungswürdigen Sprache und Begrifflichkeit des Menschen. Trotz dieser geschichtlich-sprachlichen Gebrochenheit, die die ewige Wahrheit Gottes nicht in ihrer ganzen Fülle aufscheinen lässt, ist Gottes Wahrheit auch in der Knechtsgestalt der Menschensprache noch deutlich zu erkennen und offen in Richtung auf die größere Wahrheit.

Eine ganz andere Situation liegt aber vor, wenn Menschen Gottes Wort bewusst verdrehen, absichtlich verfälschen um ihre Lebens- und Entscheidungspraktiken rechtfertigen zu können. Insbesondere in die brisanten Ehefragen seines geschichtlichen Umfeldes mischte sich Jesus ein. Ein Schweigen Jesu wäre als Übereinstimmung mit dieser schäbigen, nur vom Mann her konzipierten Ehe- und Scheidungspraxis gedeutet worden. Jesus konnte nicht schweigen, er wäre mitschuldig geworden.

Das ketzerische Anliegen Jesu

Jesus, der Ketzer, gerät dabei in eine unerhörte Konfrontation mit der großen Führergestalt Mose, wenn er sagt: „Den Alten wurde (durch Mose) gesagt ... Ich aber sage euch" (Mt 5,21ff.). Jesus entschuldigt zwar Mose mit dem pastoralen Hinweis, er habe nur wegen der „Herzenshärte" der Juden kasuistische Lockerungen zugelassen, fügt aber sogleich hinzu: „Von Anfang an aber ist es nicht so gewesen" (Mt 19,8).

Der Ketzer Jesus ist alles andere als ein engstirniger, sich immer und überall aufdrängender Querulant. Er ist kein unbelehrbarer Besserwisser, kein skrupulöser Moralprediger. Er macht nicht seine Nöte und Ängste zu seiner Botschaft, es geht ihm nicht um Selbstpräsentation. Der Ketzer Jesus ist die Personifikation und Verwirklichung des Ewigen im Zeitlichen. Er ist die sichtbar gewordene Sorge Gottes um Gottes Wort – vor jeder Verfälschung und Verkürzung. Dabei trumpft Jesus nicht mit dem Wort: „Ich bin die Wahrheit" (Joh 14,6) auf.

Das ketzerische Anliegen Jesu ist die Wahrheit, nichts anderes als die Wahrheit. Jesus ist mit allen Wahrheitssuchenden dialogfähig, dialogbereit. Dem Ketzer Jesus geht es um den Dienst an der Wahrheit, den er in seiner Sendung durch den Abba-Vater, seiner Verbundenheit mit dem „Geist der Wahrheit" (Joh 14,17; 15,26; 16,13) und der Verantwortung und Sorge für alle wahrheitssuchenden Menschen wahrnimmt.

Gemessen an den Nöten und Anliegen der Menschen im Zeitalter Jesu scheint uns die geistig-religiöse wie die gesellschaftlich-politische Situation der Gegenwart viel bedrohlicher geworden zu sein. Die wahrhafte Botschaft Jesu ist heute nötiger, ansprechender, aufreizender und gewiss auch hilfreicher denn je. Jesus, der Ketzer! Man sollte mehr als bisher über ihn nachdenken, der ein ehrlicher und zuverlässiger Wegbereiter für die Zukunft und in der Zukunft ist.

Literatur

W. Bauer, Rechtgläubigkeit und Ketzerei im ältesten Christentum. Tübingen 1934.

J. Brosch, Das Wesen der Häresie. 1936.

J. Fearns, Ketzer und Ketzerbekämpfung im Hochmittelalter. Göttingen 1968.

H. Grundmann, Ketzergeschichte des Mittelalters. Göttingen ^{3}1978.

G. Koepgen, Die Gnosis des Christentums. Salzburg 1939.

G. Lüdemann, Ketzer. Die andere Seite des frühen Christentums. Stuttgart 1995.

W. Nigg, Das Buch der Ketzer. Zürich 1949.

W. Nigg, Große Unheilige. Olten – Freiburg i. Br. 1980.

H. J. Schultz (Hg.) Die Wahrheit der Ketzer. Stuttgart – Berlin 1968.

E. Stauffer, Jerusalem und Rom im Zeitalter Jesu Christi. Bern 1957 (S. 113–122: Die jüdischen Ketzergesetze).

E. Troeltsch, Die Absolutheit des Christentums und die Religionsgeschichte. Tübingen ^{2}1912.

E. Winter, Ketzerschicksale. Christliche Denker aus neun Jahrhunderten. Zürich – Einsiedeln 1980.

18. *Jesus und Judas Iskariot*

Wie leicht fällt einem jungen Menschen ein Urteil! Je älter man wird, um so mehr steht man vor der Schwierigkeit, einen Menschen gerecht zu beurteilen. Nicht selten revidieren auch Experten der Geschichte die Urteile ihrer wissenschaftlichen Frühzeit.

Es grenzt aber an die Quadratur des Kreises, wenn man versucht, Leben und Wirken eines Menschen, eines einfachen Arbeiters oder Mülltonnenmanns, eines Gelehrten oder Nobelpreisträgers, eines Wirtschaftsexperten oder Staatsmannes im heilsgeschichtlichen Koordinatennetz der Pläne der göttlichen Vorsehung zu sehen und zu deuten. Gibt es wirklich die grenzenlose, heute immer wieder beschworene Freiheit des Menschen?

Nicht nur Jean Calvin (1509–1564) war bestürzt über den Gedanken der göttlichen Vorherbestimmung, der Prädestination, in der sich der Mensch wie eine Marionette bewegt. Gibt es denn ein Kooperationsmodell des göttlichen Wirkens und Planens mit der freien Entscheidung des Menschen? Ist dieses Planspiel auch uns Menschen einsichtig?

Genau diese heilsgeschichtliche Situation muss ernst genommen werden, will man auch nur den Tastversuch wagen, Leben und Verrat des Judas Iskariot in seiner offensichtlichen Bipolarität zu verstehen. Das Neue Testament gibt keine Lösung. Es legt nur die Eckdaten dieses Spannungsverhältnisses vor und überlässt es dem Leser und der Christenheit, sich selbst ein Urteil zu bilden. Die Christenheit wird wohl bis zum Ende der Geschichte nie zu einer endgültigen Deutung des Judas kommen.

Das Neue Testament legt für die Judas-Deutung folgende Orientierungsdaten vor:

- Judas, der Mann aus Kariot südlich von Hebron (heute Kerijot-Hezron), hat sich nicht in die Schar der Apostel hineingedrängt. Er war – wie auch die übrigen – ein von Jesus Berufener. „Habe ich nicht euch, die Zwölf, erwählt? Und doch ist einer von euch ein Teufel." Jesus sprach von Judas, dem Sohn des Simon Iskariot; denn dieser sollte ihn verraten: „Einer der Zwölf" (Joh 6,70–71). Nach der Kreuzigung erwähnt Petrus ausdrücklich den Amtsträger Judas Iskariot: „Er wurde zu uns gestellt und hatte Anteil am gleichen (apostolischen) Dienst" (Apg 1,17).
- Judas Iskariot ist unter den von Jesus berufenen zwölf Aposteln der Einzige, der nicht aus Galiläa, sondern aus Südpalästina stammte. Von seiner Stammesherkunft her, aber auch in seinem Dialekt, in seiner Berufstätigkeit, in seiner religiösen und wohl auch in seiner politischen Einstellung war Judas

anders als die übrigen elf, aus Galiläa stammenden Mitapostel. Er befand sich durch Jesu Berufung von Anfang an unter den „Zwölfen“ in einer Randposition. Er war von Anbeginn ein Ausgegrenzter, der sicherlich nicht leicht seine Position festigen und seine Meinung äußern konnte.

- Vom Verrat des Judas wird zweimal gesagt, dass dadurch „die Schrift erfüllt werde“ (Joh 17,12; Apg 1,16). War Judas in seinem Handeln wirklich frei? War Judas ein Besessener, der wahrhaftig „vom Teufel geritten war“ und dessen freie Eigeninitiative durch den Teufel blockiert war? „Der Teufel hatte Judas, dem Sohn des Simon Iskariot, schon ins Herz gegeben, ihn (Jesus) zu verraten und auszuliefern“ (Joh 13,2; vgl. auch 13,27).
- Judas war keineswegs ein Verstockter. Er hatte im Unterschied zu seinen Auftraggebern im jüdischen Hohen Rat ein Sündenbewusstsein. „Als Judas, der ihn (Jesus) verraten hatte, sah, dass Jesus zum Tod verurteilt war, reute ihn seine Tat. Er brachte den Hohenpriestern und den Ältesten die dreißig Silberstücke zurück und sagte: Ich habe gesündigt. Ich habe euch einen unschuldigen Menschen ausgeliefert. Sie antworteten: Was geht das uns an?“ (Mt 27,3–4).

Was also hat Judas in der Nähe Jesu und trotz der Berufung durch Jesus zum Verräter, zum Handlanger jener gemacht, die Jesus kreuzigen wollten?

♦ Rätselhafte Erstbegegnung

Es lebte in jenem Lande eine Frau, deren Sohn vom bösen Geist besessen war. Sein Name war Judas. Jedesmal, wenn der böse Geist über ihn fuhr, biß er alle, die sich ihm näherten. Wenn sich aber niemand bei ihm befand, biß er sich selbst in die Hände und andere Gliedmaßen. Als die Mutter dieses Unseligen von Maria und ihrem Sohn Jesus gehört hatte, erhob sie sich, nahm Judas mit sich und brachte ihn zu Maria, unserer lieben Frau. Jakobus und Josef hatten den Herrn Jesus, der damals ein Knäblein war, geholt, damit er mit den anderen Kinder spielte.
Als sie das Haus verlassen hatten, setzten sie sich, und der Herr Jesus mit ihnen. Judas, der Besessene, kam hinzu und setzte sich neben Jesus zu seiner Rechten. Als aber plötzlich der böse Geist in ihn gefahren war, wollte er den Herrn Jesus beißen. Er vermochte es nicht, aber er verletzte Jesus an seiner rechten Seite. Da begann der Herr Jesus zu weinen. Im gleichen Augenblick entwich der böse Geist schleunigst aus dem Knaben und zwar in Gestalt eines tollen Hundes. Der Knabe aber, der Jesus verletzte, und aus dem der böse Geist in Gestalt eines Hundes entwich, ist Judas Iskariot, der Jesus an die Juden verriet. Die Seite, an der Judas ihn verwundet hatte, ist die gleiche, die die Juden (am Kreuz) mit einer Lanze durchbohrten.“ (35,1–2).[1]

Arabisches Kindheitsevangelium (6. Jahrhundert)

♦ Judas, der treulose Mann, und der Krist

Die Stätte kannte Judas,
der die Leute da leiten sollte.

[1] A. Läpple, Außerbiblische Jesusgeschichten. Ein Plädoyer für die Apokryphen. München 1983, 93. Vgl. E. Hennecke – W. Schneemelcher (Hg.), Neutestamentliche Apokryphen in deutscher Übersetzung. I. Bd. Evangelien. Tübingen ⁴1968, 305f. In Bezug auf die christliche Theologie, Mystik und Volksfrömmigkeit ist zu beachten, dass gerade die Apokryphen über die Kindheitsgeschichte Jesu bis herein in die Zeit der Renaissance und Reformation „stärkeren Einfluss auf die Liturgie und Kunst ausgeübt haben als die Bibel“ (Oscar Cullmann).

Er nannte ihnen da Zeichen, als sie nahten dem Ort,
dem Volke zuvor, damit sie nicht gefangen nähmen
einen anderen Mann: ‚Ich gehe zuerst auf ihn zu,
küsse und begrüße ihn. Das ist Krist selber,
den mit des Volkes Fäusten ihr festnehmen sollt,
ihn binden auf dem Berge und in die Burg hinein
leiten zu den Leuten. Sein Leben hat er
verwirkt durch seine Worte.‘ Weiter zog die Schar,
bis sie zum waltenden Krist gekommen waren,
die grimmen Juden, wo er mit seinen Jüngern stand,
der hehre Heiland. Er harrte des Schicksalsspruchs,
des Tages der Erfüllung. Der treulose Mann
ging ihm da entgegen; und vor dem Gotteskinde
neigte er sein Haupt und nannte ihn seinen Herrn,
küßte den Kraftreichen; wie er es verkündet, tat er,
wies ihn der Wehrschar, wie er es mit seinen Worten verheißen.

... Das erwiderte ihm die Menge,
sagte, daß der Heiland dort auf dem Hügel oben
bei ihnen gewesen wäre. ‚Er wirket Aufruhr
bei den Sippen der Juden, und den Sohn Gottes
heißt er sich selber. Ihn zu suchen kamen wir her,
ihn begehren wir zu ergreifen. Er ist von Galiläaland,
von der Burg zu Nazareth.‘ Der Gebieter Krist
sagte ihnen da offen, daß er es selber wäre.
Da erfaßte solche Furcht das Volk der Juden,
solches Entsetzen, daß zusammen sie stürzten,
alle auf einmal; zur Erde fielen
rücklings die Recken. Nicht reichte ihre Kraft,
der Stimme standzuhalten. Doch waren sie streitbare Männer;
sie stiegen wieder aufwärts, stärkten ihr Herz,
zwangen ihren Mut. Die Zornigen gingen
neidvoll näher, bis sie den Nothelfer Krist
mit Bewaffneten umwallten.

... Die Schar der Juden
ergriff da den Gottessohn, das grimmige Volk,
der Haufe der Hasser. Den Heiland umdrängte
das feindliche Volk, des Frevels nicht achtend.
Sie hefteten mit Heerbanden ihm die Hände zusammen,
mit Fesseln die Fäuste. Solche furchtbare Pein
brauchte er nicht zu erdulden, solche bitteren Qualen,
solche Martern ertragen; sondern er tat es für die Menschen,
weil er der Leute Kinder erlösen wollte,
aus der Hölle sie holen in das Himmelreich,
in das weite Wonneland. Darum wehrte er dem nicht,
was sie in argem Ingrimm ihm antun wollten." (V. 4815–4924).[2]

Heliand (9. Jahrhundert)

♦ Die Höllenpein des Judas

Die Seele, die die größte Pein hat,
Begann der Meister, ist Judas Ischariot,
Der drin den Kopf und draußen jedes Bein hat."[3]

Alighieri Dante (1265–1321)

---

[2] Heliand und die Bruchstücke der Genesis (Reclam Nr. 3324/3), Stuttgart 1989, 153–156. Die in altsächsischen Stabreimenversen überlieferte, wohl im Benediktinerkloster Fulda aufgezeichnete Bibeldichtung, die erste deutsche Großdichtung aus dem 9. Jahrhundert, wurde durch ihren Entdecker und ersten Herausgeber Johann Andreas Schmeller 1830 „Heliand" benannt. Vgl. J. Rathofer, Der Heliand. Theologischer Sinn als tektonische Form. Köln 1962; W. Huber, Heliand und Matthäusexegese. München 1969.

[3] Dante, Die Göttliche Komödie. Neu übertragen von Richard Zoozmann. Erster Band: Die Hölle. Freiburg i. Br. [8]1923, 293 (34. Gesang, Vers 61–63). Dante hat dem Geheimnis des Bösen und der ewigen Hölle eine ganz ungewohnte Schilderung gegeben. Die Hölle wird nicht in Feuer- und Flammenregie dargestellt. Hölle ist in letzter Tiefe das starre Eis: Sinnbild der Lieblosigkeit, der Verhärtung, der Gottesverweigerung. Die Hölle ist von Innen verriegelt. Mit dem 34. Gesang endet der Teil I (Inferno) der Divina Comedia.

♦ Armer Judas!

Unsere große Sünde
Und schwere Missetat
Jesum, den wahren Gottessohn,
Ans Kreuz genagelt hat.
Drum wir Dich, armer Judas,
Dazu der Juden Schar
Nicht feindlich dürfen schelten,
Die Schuld ist unser gar.“[4]

Martin Luther (1483–1546)

♦ Judas – ein gewandter und sehr dienstbereiter Mensch

Bartholomäus und Simon sprachen mit Jesus von Judas, daß sie ihn kennengelernt und wie er ein unterrichteter, gewandter und sehr dienstfertiger Mensch sei, der sehr verlangte, unter den Jüngern zu sein. Jesus seufzte bei ihren Reden und schien betrübt. Da sie ihn fragten, warum? sagte er: „Es ist jetzt nicht Zeit, davon zu reden, sondern daran zu denken.“ …

Judas Ischariot mochte damals fünfundzwanzig Jahre alt sein, war von mittlerer Größe und nicht häßlich. Er hatte sehr schwarze Haare, sein Bart war etwas rötlich. In seiner Kleidung war er ganz sauber und feiner als die gemeinen Juden. Er war gesprächig, dienstfertig und machte sich gerne wichtig, erzählte mit der Miene der Vertraulichkeit gern von großen und heiligen Leuten und war vorlaut, wo man ihn nicht kannte. Wenn ihn aber jemand, der es besser wußte, der Unwahrheit strafte, so zog er sich beschämt zurück. Er war ehr-, rang- und geldsüchtig; war immer auf gut Glück ausgegangen, sehnte sich nach Ruhm, nach einem Amt,

[4] Die Kirchenlieder Martin Luthers sind gesammelt und kommentiert in der sog. Weimarer Ausgabe der Werke Luthers (seit 1883): WA 35. Das erste Liederbuch der neuen Gottesdienstordnung „Enchiridion geistlicher Gesänge“ erschien in Wittenberg 1524. Vgl. auch Luthers „Vorrede auf alle guten Gesangbücher“ (1538) in WA 35, 483, 12ff. Einen immer noch guten Überblick über die evangelische Kirchenmusik bietet S. Kümmerle, Enzyklopädie der evangelischen Kirchenmusik. 4 Bde. 1888/95.

nach Ehre, nach Geld, ohne daß dieses alles noch recht klar in ihm geworden wäre …
Judas hatte große Begierde, sein Jünger genannt zu werden und an seiner Herrlichkeit, die er für eine weltliche hielt, einst teilzunehmen. Schon lange hatte er überall die Nachrichten über Jesus gesammelt und die Neuigkeiten von ihm herumgetragen. Er hatte sich mit mehreren der Jünger bekannt gemacht und war nun in seine Nähe gekommen. Er sehnte sich auch darum besonders in seine Nähe, weil er kein bestimmtes Geschäft hatte und ein halber Gelehrter war. Auch mit Rechnung und Handel hatte er sich abgegeben, und mit seinem Vermögen, das er von seinem natürlichen Vater erhalten hatte, ging es zu Ende. Er hatte in der letzten Zeit allerlei Kommissionen, Geschäfte und Mäkeleien für Leute getrieben, die ihn brauchten, und war sehr eifrig und geschickt dazu …
Er war übrigens jetzt noch kein Bösewicht; aber maulredend, ehr- und geldgierig und ohne Festigkeit. Er war auch nicht ausgelassen oder religionslos, sondern hielt alle jüdischen Gebräuche ordentlich. Er kommt mir vor wie ein Mensch, der eben so leicht zum Besten als auch zum Schlechtesten sich hinneigen kann. Bei all seiner Gewandtheit, Freundlichkeit und Gefälligkeit hatte er einen finsteren, traurigen Ausdruck im Gesicht, was von seiner Habsucht, seiner Begierde, seinem geheimen Neid, selbst nach den Tugenden anderer, herrührte.
Er war nicht gerade häßlich, hatte etwas Freundliches, Schmeichelndes, doch Widerliches, Niederträchtiges im Gesichte. Die Jünger mochten den Judas anfänglich gut leiden wegen seiner Dienstwilligkeit; er putzte sogar die Schuhe. Er konnte erstaunlich laufen und machte anfangs große Wege für die Gemeinde. Ich sah ihn nie Wunder tun. Er war immer voll Eifersucht, Neid, und gegen Ende des Lebens Jesu war er des Herumziehens, des Gehorsams und des ihm unverständlichen Geheimnisvollen müde.
Auf diesem Wege kam Judas Ischariot zu den Jüngern. Und als Jesus mit ihnen wieder zusammentraf, stellten Bartholomäus und Simon Zelotes ihn Jesu mit den Worten vor: „Meister, hier ist Judas, von dem wir dir gesprochen haben.“ Jesus sah ihn sehr freundlich, aber mit unbeschreiblicher Wehmut an. Judas sagte, sich verbeugend: „Meister, ich bitte, mich teil an deiner Lehre nehmen zu lassen.“

Jesus erwiderte sehr sanft und prophetisch: „Das kannst du nehmen, wenn du es keinem andern überlassen willst." So ungefähr sagte er. Ich fühlte, daß er damit auf Matthias prophezeite, der seine Stelle unter den Zwölfen erhielt und auch auf das Verkaufen Jesu. Der Ausdruck war umfassender; aber ich fühlte dieses dabei …
Er war jetzt noch kein Bösewicht und, hätte er sich im Kleinen besiegt, er wäre nicht so weit gekommen. Die heilige Jungfrau hat ihn sehr oft gewarnt. Er war sehr schwankend. Er war einer heftigen, aber keiner anhaltenden Reue fähig. Immer hatte er das weltliche Reich im Kopf; und als ihm das undeutlicher wurde, fing er an, sich Geld zu machen; darum ärgerte er sich, daß der Wert von Magdalenas Salbe nicht als Almosen durch seine Hände ging."[5]

Anna Katharina Emmerich (1774–1824)

♦ Was an Judas erschreckt

Judas darf weder verschwiegen noch verborgen werden. Auch er war einer von den Zwölfen … In Judas ist Wirklichkeit geworden, was in jedem Jünger Christi als Möglichkeit schlummert, der Verrat am Herrn … Und eben das ist es, was uns an Judas zutiefst erschreckt, daß man bei Jesus – ein Teufel werden kann."[6]

Otto Hophan

♦ Der verzweifelte Judas

Wo gehe ich hin, die Schande zu verbergen, die Qualen des Gewissens loszuwerden? Meinen Meister habe ich verkauft, ihn zur Mißhandlung ausgeliefert, zum schmerzvollsten Martertod, ich abscheulicher Verräter! Wo ist ein Mensch, auf dem noch solche Blutschuld liegt!? –

---

[5] Das arme Leben unseres Herrn Jesu Christi. Nach den Geschichten der gottselige Anna Katharina Emmerich, Augustinerin des Klosters Agnetenberg zu Dülmen († 9. Febr. 1824). Augsburg [11]1989, 256–260 (Berufung des Judas Ischariot).

[6] O. Hophan, Die Apostel. Luzern 1946 (Judas Iskarioth S. 255–272; Zitat 255.257).

Wie gütig war er immer zu mir! Wie mahnte, warnte er mich noch, als ich schon schändlichen Verrat beschlossen hatte! Und ich, ich hab' ihm so vergolten! –
Verfluchter Geiz, nur du hast mich verleitet, hast mich blind und taub gemacht! Du warst's, womit der Satan mich erfaßte, in den Abgrund mich zu ziehen. Als Ausgestoßener verhaßt, verabscheut überall, von jenen selbst, die mich verführt, als ein Verräter nun gebrandmarkt, irre einsam ich umher mit dieser Feuerglut in meinem Innern! –
Ja, einer wäre noch – o dürfte ich sein Antlitz noch einmal schauen! Ich würde mich an ihn klammern. Doch dieser eine liegt im Kerker, ist vielleicht getötet schon durch meine Schuld! Ich bin der Verworfene, der zum Kerker, zum Tode ihn gebracht! Weh mir! Für mich ist keine Hoffnung! Mein Verbrechen, es ist zu groß, es ist durch keine Buße mehr gutzumachen! Er ist tot – und ich bin sein Mörder! Unglückselige Stunde, da meine Mutter mich zur Welt gebracht! Soll ich noch länger dieses Marterleben hinschleppen? Diese Qualen in mir tragen? Nein, keinen Schritt mehr weiter! Hier will ich das verfluchte Leben enden! An diesem Baume hänge die unglückselige Frucht! Komm, du Schlange, umstricke mich! Erwürge den Verräter!"[7]

Judas-Monolog (Oberammergauer Passionsspiel 1990)

♦ Ohne Judas kein Kreuz

Ohne Judas kein Kreuz, ohne das Kreuz keine Erfüllung des Heilsplans. Keine Kirche ohne diesen Mann; keine Überlieferung ohne den Überlieferer …
Indem er (Judas) ihn (den Auftrag Gottes) erfüllte, wurde er zum Vollstrecker des göttlichen Plans – und zwar freiwillig. Aus eigenem Willen. Und auf diesen Tatbestand eben: daß sich hier einer, aus Frömmigkeit, dazu hergab, die Rolle des leibhaftigen Satans zu spie-

[7] Das Oberammergauer Passionsspiel 1990. Textbuch. Oberammergau 1990, 72–73 (IX. Vorstellung: Die Verzweiflung des Judas).

len, den Part Dschingis Khans oder Eichmanns: daß jemand aus freien Stücken zum Demonstrationsobjekt wurde, um auf diese Weise, ex negatione, den Beweis anzutreten, daß wir Menschen, nach Adams Fall, allesamt der Erlösung bedürfen.“[8]

Walter Jens

♦ Jesus und Judas interpretieren sich gegenseitig

Jesus und Judas, Figuren, die zusammengehören und sich – in ihrer Komplementarität – gegenseitig interpretieren. Symbolfiguren, in denen das Drama unserer Wirklichkeit gespiegelt erscheint: von Judas her steht das Werk der definitiven Erlösung noch aus. Keine allumfassende Erlösung durch das Kreuz, wenn der Galgen nicht eingeschlossen ist. Aber von Jesus her ist auch für Judas Hoffnung gegeben.“[9]

Karl-Josef Kuschel

♦ Gerechtigkeit für Judas?

Was immer im konkreten Fall geschehen sein mag, gehandelt hat nicht ein dämonischer Unhold, sondern ein Mensch, zu dessen Wesen es gehört, zu suchen und zu irren – zu irren selbst da, wo er nach bestem Wissen und Gewissen zu urteilen glaubt …

[8] W. Jens, Der Fall Judas. Stuttgart ^{7}1995, 8–9. W. Nigg (Große Unheilige. Olten – Freiburg i. Br. 1980, 79f.) schreibt zur Veröffentlichung „Der Fall Judas“ von W. Jens: „Diese Schriften laufen in ihrer Effekthascherei auf eine bloße Spielerei hinaus und entsprechen nicht dem Ernst des Problems.“

[9] K.-J. Kuschel, Jesus in der deutschsprachigen Gegenwartsliteratur. München – Zürich 1978, 226. Diese Sätze sind einer ausführlichen Stellungnahme zum Werk von Walter Jens (Der Fall Judas. Stuttgart 1975) entnommen. Probleme der Nachkriegszeit wie auch der Exegese und Dogmatik sind darin aufgegriffen. W. Jens versuchte, viele Fragen, die sich mit dem Judas-Schicksal verknüpfen, ins Bewusstsein zu heben und im Kontext der heutigen Welt zu sehen. W. Jens schreibt zu diesem kühnen Versuch: „Ich weigere mich, an einen … gnadenlosen Gottmenschen zu glauben, der das Blut der Heiligen Kommunion in eine Zyankalikapsel verwandelt … Ich weigere mich, auch nur eine Sekunde lang daran zu zweifeln, daß Judas unseren Herrn Jesus aus freiem Entschluß – und weil Gott es so wollte – überliefert hat“ (a. a. O. 9).

Wir sollten Judas so akzeptieren und respektieren, wie er uns bei einer kritischen Sichtung der Texte entgegentritt: als einen Jünger des Herrn, verstrickt in einen tiefen Widerspruch, der jederzeit der unsrige werden kann."[10]

Hans-Josef Klauck

Die Gründe, die Judas Iskariot zum Verrat Jesu bewegten, werden im Neuen Testament mehr angedeutet als präzis genannt. Von den vielen, wahrscheinlich gebündelten Motivationen werden aber doch zwei Eckdaten sehr verschiedener Art genannt. Judas sei ein vom „Teufel" (Joh 13,2.27) Besessener gewesen: „Der Satan ergriff Besitz von Judas, genannt Iskariot, der zu den Zwölf gehörte" (Lk 22,3). Im Munde Jesu findet sich sogar das Wort: Judas „ist ein Teufel" (Joh 6,70).

Ein anderes Motiv, das sich im christlichen Volksglauben überaus stark eingeprägt hat, ist der angebliche Hang des Judas zum Geld. Man sollte gerade diese Texte aber sehr genau lesen. Es ist nicht Judas allein, der sich anlässlich der Salbung Jesu mit kostbarem und sicherlich teurem Öl über diese Verschwendung aufregte: „Die Jünger wurden unwillig, als sie das sahen und sagten: Wozu diese Verschwendung? Man hätte Öl teuer verkaufen und das Geld den Armen geben können. Jesus bemerkte ihren Unwillen und sagte zu ihnen: Warum laßt ihr die Frau nicht in Ruhe? Sie hat ein gutes Werk an mir getan" (Mt 26,8–10). Es ist allein der Evangelist Johannes, der die gleiche Szene ausschließlich auf Judas Iskariot zuspitzt und schreibt: „Einer von seinen Jüngern, Judas Iskariot, der ihn später verriet, sagte: Warum hat man dieses Öl nicht für dreihundert Denare (= etwa DM 500) verkauft und den Erlös den Armen gegeben. Das sagte er aber nicht, weil er ein Herz für die Armen gehabt hätte, sondern weil er ein Dieb war; er hatte nämlich die Kasse und veruntreute die Einkünfte" (Joh 12,4–6).

Dort, wo das Neue Testament nur Ansätze einer Judas-Deutung vermittelt, werden im außerbiblisch-apokryphen Bereich andere, kaum bekannte Motive genannt, die Judas Iskariot zum Verrat Jesu trieben. Beispielsweise wird auf das fiebrig-nervöse Messiasverständnis des Judas Iskariot aufmerksam gemacht. Gerade dadurch wird die Religiosität des Judas genau beleuchtet. Judas war nach apokryphen Texten gar nicht der Mensch mit einer kleinlichen und engen Krämerseele, auch nicht der gierige Pfennigfuchser. Es wird eine unerwartete religiöse Größe des Judas sichtbar, der als freiheitsliebender Zelot einen Befreier-Messias erwartete, der „die Mächtigen (= die römische Verwaltung und Besatzungstruppe) vom Thron stürzt und die Niedrigen (= das Volk Israel) erhöht" (Lk 1,52). Judas habe einen politischen Messias erwartet. Die Begegnung mit Jesus war für den stark religiösen und übersensiblen Judas ein schmerz-

[10] Hans-Josef Klauck, Judas – ein Jünger des Herrn. Verlag Herder, Freiburg 1987, 139.147.

licher Prozess der Enttäuschungen. Jesus war nicht der von ihm und von vielen freiheitsliebenden Juden erwartete Messias. Jesus war für Judas ein messianischer Scharlatan, ein Blender, ein Verführer, der das Volk Israel auf falsche Wege führte. Ihn galt es zu entlarven und „aus dem Verkehr zu ziehen".

Das gnostisch-kainitische „Judas-Evangelium" (entstanden zwischen 130 und 170 n.Chr.), das auch eine Passionsgeschichte enthält und damit Raum für das Auftretens Judas Iskariot bietet, hat modernen Judas-Romanen und Judas-Filmen starke Impulse gegeben. Erwähnt sei nur der Roman von Nikos Kazantzakis (1883–1952) „Die letzte Versuchung" (aus dem Jahr 1952), der das Drehbuch zum Film „Die letzte Versuchung Christi" (Regie: Martin Scorsese / USA 1988) gegeben hat. In diesem äußerst umstrittenen Film sträubt sich Judas zunächst, Jesus zu verraten. Der gleiche Judas ist es aber auch, der den gekreuzigten Jesus von seinen Fieber- und Schmerzträumen, er könne heiraten und in vielen Kindern weiterleben, befreit und ihn zum Tod am Kreuz führt.

Hier eine kleine Auswahl aus Filmen, die das moderne Judas-Interesse bezeugen: „Der Kuss des Judas" (Le baiser de Judas / Regie: Arman Bour: Frankreich 1908) – „Blätter aus dem Satansbuch" (Blade of Satans Bog / Regie: Carl Theodor Dreyer: Dänemark 1919/21) – „Der Judas von Tirol" (Regie: Franz Osten: Deutschland 1933) – „Judas" (El Judas / Regie und Buch: Ignacio F. Iquino: Spanien 1952) – „Der Verrat des Herrn – Judas Iskariot" (El Beso de Judas / Regie: Rafael Gil: Spanien 1953).

Ein ganz neuer Ton der Judas-Deutung ist in der Exegese wie in der Literatur der Gegenwart nicht zu überhören: der existentielle Akzent „Judas und Ich". Die Rückbesinnung der Apostel wird ins Spiel gebracht: Wie konnte es geschehen, dass einer von uns den Herrn verraten konnte? Wir haben es nicht bemerkt, wie sich unser Mitapostel Judas von Jesus und auch von uns wegentwickelt hat. Gelegentlich wird auch der Gedanke ausgesprochen, Judas werde stärker belastet, um Petrus, der den Herrn dreimal verleugnete (Lk 22,55–62), zu entlasten. Haben die elf Apostel aus Galiläa den einzigen Apostel aus Nicht-Galiläa ausgegrenzt?

Auch pastorale Gesichtspunkte werden angeführt. Die Verwerflichkeit der Tat des Judas sollte den urchristlichen Gemeinden vor Augen geführt werden, um sie vor Selbstsicherheit und Überheblichkeit zu bewahren (vgl. die sieben warnenden Sendschreiben in Offb 2,1–3,22). Auch die Warnungen vor Kompromissen mit der „Welt" könnten durchaus in dieser Absicht in die neutestamentlichen Judas-Berichte hineingeschrieben worden sein wie auch der Hinweis, dass der Denunziant Judas in der Gemeinschaft der Christen viele Nachfolger gefunden hat.

Dieser existentielle Ansatz der Judas-Deutung „Judas in mir" erinnert an manch geistig-literarische Auseinandersetzungen des 20. Jahrhunderts, etwa an das nach dem Zweiten Weltkrieg und dem Zusammenbruch des Dritten Reiches in vielen Auflagen erschienene und leidenschaftlich diskutierte Buch von Max Picard „Hitler in uns selbst".

Das Judas-Thema ist in der Menschheit lebendig geblieben – erregend, erschütternd, undeutbar. Es wird auch in Zukunft immer wieder aufgegriffen werden, weil die Menschen in ihm sich selbst, ihre verborgenen Möglichkeiten, Abgründe und weggeschminkten Gemeinheiten, ihre Intrigen und ihr negatives Potential zum Denunzianten entdecken. Francois Mauriac (1885–1970) hat über den französischen Schriftsteller Charles Baudelaire, der das seltsame Buch „Blumen des Bösen" (Fleurs du Mal) geschrieben hat, eine knappe, überaus erschütternde und nachdenkenswerte Charakteristik hinterlassen, die sicherlich noch mehr eine deutende Charakteristik des Judas Iskariot ist: Er erlebte „den furchtbaren Zugriff Gottes".

Literatur

P. Benoit, Exégese et Théologie. Bd. I. Paris 1961, 340–359 (Das Ende des Judas).

G. Buchheit, Judas Iskarioth. Legende, Geschichte, Deutung. Gütersloh 1954.

A. Büchner, Judas Iskarioth in der deutschen Dichtung. Freiburg i. Br. – Stuttgart 1920.

B. Dieckmann, Judas als Sündenbock. München 1991.

D. Haugg, Judas Iskarioth in den neutestamentlichen Berichten. Freiburg i. Br. 1930.

W. Jens, Der Fall Judas. Stuttgart 1975.

H.-J. Klauck, Judas – ein Jünger des Herrn (Quaestiones Disputatae 111). Freiburg – Basel – Wien 1987.

H.-J. Kuschel, Jesus in der deutschsprachigen Gegenwartsliteratur. München – Zürich 1978.

K. Lüthi, Judas Iskarioth in der Geschichte der Auslegung von der Reformation bis zur Gegenwart. Zürich 1955.

A. Luther, Jesus und Judas in der Dichtung. Hanau 1910.

W. Nigg, Große Unheilige. Olten – Freiburg i. Br. 1980 (S. 58–83: Judas Ischarioth).

W. Porte, Judas Ischariot in der bildenden Kunst. Berlin 1883.

G. Schwarz, Jesus und Judas. Stuttgart 1987.

W. Vogler, Judas Iskarioth. Untersuchungen zu Tradition und Redaktion von Texten des Neuen Testaments und außerkanonischer Schriften. Berlin 1983.

19. Das Letzte Abendmahl

Kein anderes Ereignis weckt so starke, aber auch so schmerzliche Erinnerungen und prägt das religiöse Leben wie auch die Spannungen innerhalb der getrennten Christenheit stärker als die Feier des Letzten Abendmahls durch Jesus: „Ich habe mich sehr danach gesehnt, vor meinem Leiden dieses Paschamahl mit euch zu essen“ (Lk 22,15). Jesus hat einen ausdrücklichen Wiederholungsauftrag der Gemeinschaft seiner Getreuen ans Herz gelegt: „Tut dies zu meinem Gedächtnis!“ (Lk 22,19; vgl. 1 Kor 11,25).

Den Abendmahlsberichten des Neuen Testaments (1 Kor 11,23–26; Mk 14,22–25; Mt 26,26–29; Lk 22,19–20) lässt sich ein Zweifaches entnehmen: einerseits hält sich Jesus wie ein jüdischer Hausvater an das überlieferte Ritual des Paschamahls (Ex 12,1–14; Dtn 16,1–8), andererseits bricht er dieses Zeremoniell unmittelbar nach der Reichung des dritten Bechers Wein (1 Kor 11,25) ab und vollzieht die alles entscheidende „Umstiftung“ mit dem Blut des Neuen Bundes (1 Kor 11,25; Lk 22,20).

Mit unbekümmerter Selbstverständlichkeit werden seit fast 2000 Jahren zu einem kühnen – so sagen die einen –, zu einem anstößigen und peinlichen Geschehen – so sagen die anderen – bereits (Erstkommunion-)Kinder vorbereitet und eingeladen, „das Fleisch Jesu Christi zu essen und das Blut Jesu Christi zu trinken“ (Joh 6,54). Nicht wenige Christen unserer Zeit befinden sich in Verlegenheit und weichen Anfragen nach ihrer Teilnahme am Abendmahl aus, weil sie materiell-greifbar mitvollziehen, was spirituell in Zeit und Raum wirken soll.

Steht der greifbar-materielle Auftrag Jesu in Widerspruch zu einem anderen Jesus-Wort: „Gott ist Geist, und alle, die ihn anbeten, müssen ihn im Geist und in der Wahrheit anbeten“ (Joh 4,24)? Liegt in der heutigen Abendmahls- bzw. Eucharistiefeier ein archaisch-mythisches Opfermodell vor, das für heutige Menschen eine Zumutung darstellt und über die Grenzen der christlichen Konfessionen hinweg als gemeinsame und mutige ökumenische Tat durch geistig-geistliche Opferformen ersetzt werden sollte?

Wird hinter der Opferauffassung Jesu, hinter seinem Abendmahlsverständnis und seinem Auftrag „ein sadistisches Verständnis von Gott“ (Dorothee Sölle), ein Henker-Gott sichtbar, der nach dem griechischen Mythos handelt, wonach der Vater Agamemnon seine Tochter Iphigenie in Aulis opferte? Hat dieser Gott vergessen, dass er selbst seit der Glaubensprüfung Abrahams, Isaak zu opfern, Menschenopfer durch Tieropfer ersetzt hat (Gen 22,11–19)?

Jesus von Nazaret lebte und gewann seinen Glauben im religiösen Milieu des Spätjudentums, in dem das alljährlich vom 15. bis zum 22. Nisan gefeierte Paschafest (Pessach) seit fast tausend Jahren (Auszug des Volkes Israel aus Ägypten um 1250 v. Chr.: Ex 12–14) als großes Dankfest, als alttestamentliche „Eucharistiefeier" ausschließlich innerhalb der Mauern Jerusalems festlich begangen wurde. Man schätzt, dass etwa 120 000 Menschen (vom vollendeten 12. Lebensjahr an) dazu in die Davidstadt kamen. Etwa 10 000 einjährige und fehlerlose Lämmer mussten beschafft und am 14. Nisan um die 9. Stunde (etwa 15 Uhr) im Tempel von Jerusalem geschlachtet werden, so dass der Boden vom Blut überströmt war. Das Blut der Opferlämmer wurde in Schalen aufgefangen und über dem Brandopferaltar auf dem „Heiligen Felsen" ausgegossen. Heute noch ist im Heiligen Felsen, überbaut von der Omarmoschee, ein herausgehauenes Abflussloch zu sehen, durch das das Blut der Opfertiere in den Kidronbach abfloss.

Die Datierung des letzten Abendmahls

Nach den drei Synoptikern Markus, Matthäus und Lukas feierte Jesus sein Letztes Paschamahl an einem Donnerstag. Nach dem Evangelisten Johannes feierte Jesus ebenfalls an einem Donnerstag sein Letztes Abendmahl. Johannes hält darüber hinaus fest, dass Jesus am Freitag „an einem Rüsttag" (Joh 19,31) am Kreuz starb und – weil der folgende Sabbat „ein hoher Feiertag war" (Joh 19,31) – vom Kreuz abgenommen werden sollte. Nach Johannes konnte es nur ein vorgezogenes Paschamahl gewesen sein oder ein besonderes Festmahl mit Abschiedscharakter. Unter Fachleuten ist die Frage, welchen Charakter das Letzte Abendmahl besass, durchaus offen.

Für die Datierung und Deutung des Letzten Abendmahls wird heute auch der Qumran-Kalender herangezogen. Im Gegensatz zu den zeitgenössischen Juden, die nach dem Mondkalender rechneten, zählten die Qumran-Essener nach dem Sonnenkalender 52 Wochen mit insgesamt 364 Tagen. Die Ereignisse von der Verhaftung bis zur Kreuzigung Jesu wären nicht auf knappe 20 Stunden zusammengedrängt, wenn das Letze Abendmahl bereits am Dienstag in der Karwoche stattgefunden hätte. Aber auch diese Datierung wird angezweifelt, weil sich Jesus wiederholt im Tempel von Jerusalem aufgehalten hat, wo die Feste nach dem Mondkalender gehalten wurden, und weil keineswegs sicher ist, daß Jesus den Sonnenkalender von Qumran gekannt hat und sich nach ihm gerichtet hat.

Die Bedeutung des letzten Abendmahls

Ohne Zweifel hielt Jesus von Nazaret ein Abschiedsmahl vor seinem Leiden und Sterben mit dem engsten Kreis der Zwölf für überaus bedeutsam und unerlässlich und zwar nicht nur aus menschlich-psychologischen Gründen. Es ging ihm um die Zukunft seiner Botschaft und seines Werkes. Was er bereits in seinem öffentlichen Wirken wie auch in vielen Mahlgemeinschaften grundgelegt hatte, sollte in einer letzten Bündelung und Überhöhung bekrönt werden: „Tut dies zu meinem Gedächtnis!“ Es war das „Letzte“ Abendmahl Jesu mit seinen Jüngern. Hier sollte alles besiegelt, alles Wesentliche und Fundamentale „auf den Punkt gebracht werden“. In solchen Abschiedsstunden haben Nebensächlichkeiten, Rangstreitigkeiten oder Banalitäten keinen Platz. Es ging um „alles“.

Jesus sagte nicht: Tut, was ihr wollt, oder: Tut, was euch als sinnvoll und richtig erscheint. Jesus hatte klare Vorstellungen und er gab klare Weisungen. Es ging ihm nicht um die Meisterung der Gegenwart, sondern um die Zukunft. Er hat die jüdische Paschafeier mit wenigen, aber entscheidenden Worten, Gesten und Blicken „umgestiftet“ zur Versammlung des Neuen Bundes und zur Festfeier, „bis er wiederkommt“ (1 Kor 11,26).

♦ Um Einheit zu werden

Wie dies gebrochene Brot,
früher zerstreut über die Berge,
gesammelt wurde,
um eine Einheit zu werden,
so werde auch deine Kirche versammelt
von den Enden der Erde in deinem Reich.
Denn dein ist der Ruhm
und die Kraft
durch Jesus Christus in Ewigkeit.“[1]

Didache (um 100 n. Chr.)

♦ Wandelt es kühn …

Nehmet vom Brot,
wandelt es kühn
in Leibes Kraft und Stärke;
treu bis zum Tod;
fest jedem Mühn,
zu wirken des Heilands Werke.

Nehmet vom Wein,
wandelt ihn neu
zu Lebens feurigem Blute,
froh im Verein,
brudergetreu
zu kämpfen mit seligem Mute.“[2]

Richard Wagner (1813–1883)

---

[1] Altchristliches Literaturdenkmal um 100 n. Chr., wohl in Syrien oder in Palästina aufgezeichnet. Die Textstelle entstammt Didache 9,4.

[2] Aus dem Bühnenweihfestspiel in drei Aufzügen „Parsival“ (1882). Unverkennbar ist der ganz andere Akzent dieses „Abendmahles“. Willi Schmid (Unvollendete Symphonie. Gedanken und Dichtung. Salzburg – Innsbruck – Leipzig 1937, 113) schreibt über die „Religion“ des Parsival: „… nicht mehr schopenhauerisch, nicht mehr buddhistisch-pessimistisch, auch nicht christlich-dogmatisch … Der Parsival ist die Liturgie von Bayreuth“. Zieht man zum Vergleich die Elegie „Brot und Wein“ heran, die Friedrich Hölderlin 1800/01 geschaffen hat, dann wird erkennbar, wie sehr bei Richard Wagner die Worte „Brot und Wein“ zur bloßen Erinnerungskulisse verblasst sind.

♦ Wer kann nicht gedenken

Wer kann da Korn anschaun
Und nicht gedenken,
Welch edle Speis es ist,
Und's nicht gedenken!

Wer kann da Wein anschaun
Und nicht gedenken,
Welch edler Trank er ist,
Und's nicht gedenken.

Wer kann da Christe sein
Und nicht gedenken,
Wes Fleisch und Blut er eß und trink,
Und's nicht gedenken.“[3]

Guido Gezelle (1830–1899)

♦ Das Einsetzungsmahl des Neuen Bundes

Das Abendmahl Jesu ist das Einsetzungsmahl des Neuen Bundes. Die Jünger sollen den neuen Mahlritus nach dem Tode Jesu in regelmäßigen Abständen wiederholen ... Das ist keine Kann-Vorschrift, sondern ein Gebot, so unbedingt wie die Zehn Gebote... Es ist undenkbar, daß die Urgemeinde, die auf dem Boden des Alten Testaments stand, das Mahlsakrament eigenmächtig eingerichtet haben könnte.“[4]

Ethelbert Stauffer (1902–1979)

[3] Der Flame Guido Gezelle wurde bekannt durch seine Hauptwerke „Kerkhofbloemen“, „Dicht en ondicht“ sowie „Tijdkrans“, durch die er zum Wiedererwecker des Flämischen als Literatursprache geworden ist. Viele seiner flämischen Landsleute inspirierte er zu literarischem Schaffen.

[4] E. Stauffer, Jesus. Gestalt und Geschichte. Bern 1957, 90. Eine beachtenswerte Vertiefung des Herrenmahlverständnisses hat H. Gese (Zur biblischen Theologie. München 1977, 107–127) ermöglicht. Er weist hin auf die Toda (= Dankopfer) des späten rabbinischen Judentums. Ein jüdischer Mensch, der aus Todesgefahr gerettet wurde, feiert sein Dankbekenntnis der göttlichen Errettung nicht in bloßen Gebetsworten. Er lädt vielmehr zu einem Dankopfergottesdienst die Freunde und Menschen seines Lebenskreises ein. „Das Herrenmahl ist die Toda des Auferstandenen“ (S. 122), d.h.,

♦ Mehr als ein Wortspiel!

Frag hundert Katholiken,
was das wichtigste ist
in der Kirche.
Sie werden antworten:
Die Messe.

Frag hundert Katholiken,
was das wichtigste ist
in der Messe.
Sie werden antworten:
Die Wandlung.

Sag hundert Katholiken,
daß das wichtigste in
der Kirche die Wandlung ist.
Sie werden empört sein:
Nein, alles soll bleiben,
wie es ist!"[5]

Lothar Zenetti

♦ Ein Teufelskreis zwischen Theologie und Psychologie

Folgt man der christlichen Dogmatik, so hat das Opfer Christi – sein Tod am Kreuze – unserem gesamten Dasein ‚Rechtfertigung'

das Dankopfermahl des Neuen Bundes. H. Gese verweist zur Untermauerung seiner These auf einen rabbinischen Text: „In der kommenden (messianischen) Zeit werden alle Opfer aufhören, aber das Todaopfer wird in Ewigkeit nicht aufhören, und es werden auch alle (religiösen) Lieder aufhören, aber die Todalieder werden in Ewigkeit nicht aufhören" (S. 122). Zu den Todaliedern zählen die Psalmen 22; 40,1–12; 51; 69. Mit Recht schreibt Joseph Ratzinger (Das Fest des Glaubens. Einsiedeln 1981, 49f.), dass der Todapsalm 22 „für die Evangelisten zum Textbuch der Passion Christi geworden ist ... Jesu Passion und Auferweckung ist Toda: sie ist der reale Vollzug des Wortes dieser Psalmen".

[5] L. Zenetti, Texte der Zuversicht. München [6]1987, 207. Dieser Text trägt die Überschrift „Inkonsequent". Seine Pointe liegt in dem Wortspiel; denn er benutzt zwei verschiedene Bedeutungen des Wortes „Wandlung".

> und ‚Vergebung', ‚Sühne' und ‚Erlösung' geschenkt ...
> Die archetypischen Vorstellungsschemata von Opfer und Wiedergutmachung sind in der christlichen Theologie derart bestimmend geworden, daß sie als ihre Repräsentanten und Ideologen in Gestalt der beamteten Kleriker bevorzugt Menschen zulassen, deren Psyche selbst zutiefst von der frühkindlichen Erfahrung traumatischer Ambivalenzgefühle im Umkreis grausamer Opfervorstellungen und Wiedergutmachungsverpflichtungen geprägt worden ist ... Seit Jahrhunderten drängen und gelangen bevorzugt Leute in die kirchlichen Schlüsselpositionen, deren Mentalität zu der klerikalen Opfertheologie paßt wie der Schlüssel zum Schloß – ein Teufelskreis zwischen Theologie und Psychologie, zwischen rationalisiertem Überbau und verdrängten frühkindlichen Erlebnissen".[6]
>
> *Eugen Drewermann*

Jesus von Nazaret hat, wie es für ihn als Juden vom 12. Lebensjahr an Pflicht war, viele Paschafeste in Jerusalem erlebt und mitgefeiert. In seinem Letzten Abendmahl hat er nicht eine völlig neue Zeremonie gestaltet, sondern hat die auch den Aposteln vertraute häusliche Paschafeier in Jerusalem begangen. Materiefeindliche Gnostiker aller Zeiten hatten und haben gerade wegen des Rituals der materiellen Trennung von ungesäuerten Broten und Wein Schwierigkeiten, die durch den Wiederholungsauftrag Jesu nicht kleiner, sondern größer geworden sind. Sie stoßen sich nicht nur am situationsbedingten und situationsgebundenen Opferverständnis von „Damals", sondern insbesondere auch daran, daß daraus die bleibende und unkorrigierbare Opferstruktur der neutestamentlichen Dankopferfeiern in allen Kulturbereichen der Welt geworden ist, die als „Geheimnis des Glaubens" auch in Zukunft Bestand haben soll.

Alttestamentliches Opferverständnis

Im alttestamentlich-jüdischen Verständnis heisst „opfern" Fleisch vom Blut ganz und gar trennen. Dies war möglich durch das sogenannte Schächten, einer Art des Schlachtens, bei der das Blut möglichst bis auf den letzten Tropfen aus dem Fleisch des geschlachteten Opfertieres herausgeflossen ist. Genau an das

[6] E. Drewermann, Kleriker. Psychogramm eines Ideals. Olten – Freiburg i. Br. 1989, 280–281. Es darf sicherlich nachgefragt werden, ob der Autor die katholische Opfertheologie der Eucharistiefeier wie auch die religionspädagogischen und psychologischen Leitlinien des Zweiten Vatikanischen Konzils für die Priesteramtskandidaten „richtig" wiedergibt.

Vorbild dieser Schächtung des Opfertieres hält sich Jesus, wenn er die Umstiftung zum Opfer des Neuen Bundes und zwar unter der Doppelgestalt von Fleisch (Brot) und Blut (Wein) vornimmt.

Die fast tausendjährige Praxis des jüdischen Paschafestes regte, was zu wenig beachtet worden ist, aufgrund ihrer alljährlichen Wiederholung einen gewaltigen Prozess der spirituellen Vertiefung an. Das Ritual des Schächtens und der häuslichen Paschafeier wurde begleitet und geprägt durch die Aqetah, in der sich jahrhundertealte Meditationen über Abraham und Isaak (Gen 22,7.10.14) wie in einem Brennpunkt sammelten. Aqetah entstammt der Kombination des biblischen Textes über Abraham und Isaak (Gen 22,1–19) und des zu jeder Zeit immer neu antwortenden Rezeptionstextes.

Aqetah – Leidens- und Todesbereitschaft

Das Wort „Aqetah" entstammt dem Hebräischen. Es ist dem biblischen Text Gen 22,9 entnommen und steht für „aqetah Jishaq" = Fesselung Isaaks, d.h. „aqetah" = Fesselung. Aqetah war in der jüdischen Spiritualität eine Lebenshaltung, in der – wie einst zwischen dem Vater Abraham und dem Sohn Isaak – in jeder Situation zwischen dem Vater-Gott und jedem Gerechten eine Gesinnungsharmonie herrschte. Die Hingabebereitschaft des Isaak und die gerade in den Auseinandersetzungen der Makkabäerzeit notwendige Stärkung der Martyriumsbereitschaft sollten nicht bloß in Worten beschrieben und gepriesen, sondern im Alltag, vor allem angesichts religiöser Prüfungen – bis zur Todesbereitschaft – gelebt werden. Vor der alttestamentlichen Folie: Vater Abraham – Sohn Isaak, wird in deutlichen Konturen das Gegenüber: Abba-Vater – Sohn Gottes geradezu greifbar.

Das Stichwort „Lamm Gottes"

Bereits im Alten Testament ist das Stichwort „Lamm Gottes" über den Bezug zum Paschalamm (Ex 12,1–13,16) weit hinausgewachsen. In der Verkündigung der Propheten wird es bereits ganz selbstverständlich als messianisches Erkennungswort gebraucht: „Wie ein Lamm, das man zum Schlächter führt, und wie ein Schaf angesichts seiner Scherer, so tat auch er seinen Mund nicht auf" (Jes 53,7). Weil der Täufer Johannes von dem messianischen Lamm Gottes bereits früher gesprochen hatte, war für die beiden Jünger (Johannes und Andreas), die die Worte des Johannes über Jesus hörten, das alles entscheidende Signal gesetzt: „Als Jesus vorüberging, richtete Johannes seinen Blick auf ihn und sagte: Seht, das Lamm Gottes! Die beiden Jünger hörten, was er sagte, und folgten Jesus" (Joh 1,36–37).

Für den Apostel Paulus war es eine Selbstverständlichkeit, auch den heidenchristlichen Gemeinden zu schreiben: „Als unser Osterlamm ist Christus geopfert worden" (1 Kor 5,7). Dieser Gedanke wird auch im ersten Petrusbrief aufgegriffen: Ihr seid losgekauft worden „mit dem kostbaren Blut Christi, des Lammes ohne Fehl und Makel" (1 Petr 1,19). Die neutestamentliche Lamm-

Gottes-Theologie erreicht ihren Höhepunkt in der Geheimen Offenbarung: „Würdig ist das Lamm, das geschlachtet wurde, Macht zu empfangen, Reichtum und Weisheit, Kraft und Ehre, Herrlichkeit und Lob“ (Offb 5,12).

Die Leidens- und Todesbereitschaft „für andere“ und um des Heiles der Welt willen, von der bereits die Aqetah des religiösen Judentums gesprochen hat (und die verbunden ist mit der Toda-Frömmigkeit) bestimmt den theologischen Grundtenor der Johannes-Passion, in der Jesus nach dem Weggang des Verräters Judas Iskariot spricht: „Jetzt ist der Menschensohn verherrlicht, und Gott ist in ihm verherrlicht“ (Joh 13,31). Spätjüdische Spiritualität und göttliches Vorauswissen vereinen sich zu einem Leidens- und Todesverständnis, das nur als „Geheimnis des Glaubens“ angenommen, nicht aber definiert und ausgeleuchtet werden kann.

Literatur

R. Albertz, Religionsgeschichte Israels in alttestamentlicher Zeit. Göttingen 1992.
J. Beckmann, Quellen zur Geschichte des christlichen Gottesdienstes. Gütersloh 1956.
W. Bösen, Jesusmahl – Eucharistisches Mahl – Endzeitmahl. Ein Beitrag zur Theologie des Lukas. Stuttgart 1980.
W. Burkert, Homo necans. Berlin – New York 1972.
A. Dettwiler, Die Gegenwart des Erhöhten. Eine exegetische Studie zu den johanneischen Abschiedsreden (Joh 13,31–16,33) unter besonderer Berücksichtigung ihres Relecture-Charakters. Göttingen 1995.
H. Gese, Zur biblischen Theologie. München 1972 (S. 107–127: Die Herkunft des Herrenmahls).
K. Grünewaldt, Beschneidung, Passa und Sabbat in der Priesterschrift. Frankfurt/M. 1992.
H. Haag, Vom alten und neuen Pascha. Stuttgart 1971.
H.-J. Hermisson, Sprache und Ritus im altisraelitischen Kultus. Neukirchen-Vluyn 1965.
B. Janowski – M. Welker (Hg.), Opfer – theologische und kulturelle Kontexte. Frankfurt/M. 1997.
J. Jeremias, Die Paschafeier der Samaritaner. Göttingen 1932.
J. Jeremias, Die Abendmahlsworte Jesu. Göttingen [4]1967.
G. Klinzing, Die Umdeutung des Kultus in Qumran und im Neuen Testament. Göttingen 1971.
B. Pixner, Wege des Messias und Stätten der Urkirche. Gießen 1991.
B. Schwank, War das Letzte Abendmahl am Dienstag in der Karwoche? In: Benediktinische Monatsschrift 33 (1957) 268–278.
E. Stauffer, Jesus. Gestalt und Geschichte. Bern 1957.
I. Willi-Plein, Opfer und Kult im alten Israel. Stuttgart 1993.

20. Jesus und Pontius Pilatus

Bekannt ist die Frage: Wie (und warum) kommt der Pontius Pilatus ins Credo? Die Antwort ist keineswegs leicht, denn viele Personen, die im Umfeld Jesu lebten (z.B. Josef, Petrus, Johannes) bleiben im christlichen Glaubensbekenntnis unerwähnt. Warum wird nicht auch der jüdische Gerichtspräsident Kajaphas namentlich erwähnt, der doch mit dem jüdischen Hohen Rat (Synedrium) an der Verurteilung Jesu mitgewirkt hatte? Soll die Nennung des Pontius Pilatus den Richter als einzigen Schuldigen herausstellen?

Ausgerechnet der römische Richter, der Prokurator Judäas von 26 bis 36 n. Chr. war und während seiner Amtszeit Jesus von Nazaret zum Kreuzestod verurteilt hat, erhielt eine recht eigenartige, kaum verständliche „Ehrung" durch die Christen: Sein Name wird im Glaubensbekenntnis fast in jeder Eucharistiefeier genannt. Trotz aller theologischen und sprachlichen Neufassungen wird er im Glaubensbekenntnis bis zum Ende der Welt bleiben. In der gesamten Weltliteratur gibt es nichts Vergleichbares. Was würden wir sagen, wenn etwa bei politischen Feiern der Bundesrepublik Deutschland der Name Roland Freisler, des berüchtigten und blutbefleckten Präsidenten des Volksgerichtshofes im Dritten Reich, genannt würde?

Was Friedrich Schiller (1759–1805) im Prolog von „Wallensteins Lager" über Wallenstein geschrieben hat, kann noch viel berechtigter über Pontius Pilatus gesagt werden:

„Von der Parteien Gunst und Haß verwirrt,
Schwankt sein Charakterbild in der Geschichte".

Sehr früh schon wurden die sehr knappen Aussagen der neutestamentlichen Evangelien über Pontius Pilatus ergänzt und legendär ausgeschmückt. Die einen berichteten von seinem Lebensende durch Selbstmord, andere wiederum verbreiteten die Mär, Pilatus sei Christ geworden, als Märtyrer gestorben und würde sogar in der äthiopischen Kirche als Heiliger verehrt. Jüdische Geschichtsschreiber wie Philo von Alexandrien (13 v. – 50 n.Chr.) und Flavius Josephus (37–97 n.Chr.) bezeugen die zehnjährige Amtszeit des Pontius Pilatus als römischer Prokurator in Judäa (26–36 n.Chr.). Ihre Urteile über Pilatus sind von ihrer jüdischen Perspektive geprägt, die damals äußerst gereizt und antirömisch war. Bei unserer heutigen Betrachtung des Pilatus müssen wir sicherlich auch berücksichtigen, dass für einen römischen Landpfleger Palästina ein „äußerst schwieriges Pflaster" war und dass es bei Pilatus da und dort wohl auch zu Überreaktionen gekommen ist (Lk 13,1; Joh 6,4). Man höre, was der Spezialist der Prozess- und Leidensgeschichte Jesu, der Neutestamentler Josef Blinzler (Der Prozeß Jesu. Regensburg ^{4}1969, 267), dazu schreibt: „Was die beiden jüdischen Schriftsteller (Flavius Josephus und Philo von Alexandrien) betrifft, so steht außer Zweifel, dass sie ein recht einseitiges Bild von Pilatus geben. Wäre dieser Beamte so korrupt, gewissenlos und grausam gewesen, wie sie ihn schildern, dann hätte ihn (Kaiser) Tiberius nicht zehn Jahre in seinem Amt belassen."

Neugier und Erzählfreude (keineswegs absichtliches Verfälschen der geschichtlichen Wirklichkeit!) haben sich der Frau des Pilatus angenommen, die im Neuen Testament namenlos geblieben ist (Mt 27,19). Ihr wird in apokryphen Texten der Name „Claudia Prokla" gegeben. Sie habe sich – so die weitererzählende Legende – nach der Verurteilung Jesu von ihrem Mann getrennt, sei Christin geworden und habe den Apostel Paulus unterstützt. Im griechischen Heiligenkalender erscheint am 27. Oktober das Fest der heiligen Prokla, der Gattin des Pontius Pilatus.

Der Name des Pontius Pilatus ist nicht nur im christlichen Glaubensbekenntnis lebendig geblieben. Auch in der Geographie und Touristik lebt Pilatus weiter – im Mont Pilate bei Vienne und im 2132 m hohen Pilatus bei Luzern. (Vgl. dazu unten Anmerkung 6!) Die erstaunliche Vielzahl und auch die inhaltliche Bandbreite der Pilatus-Apokryphen sind einsehbar in C. Tischendorf, Evangelia apokrypha. Leipzig ^{2}1876; J. B. Aufhauser, Antike Jesus-Zeugnisse. Bonn ^{2}1925; E. Hennecke – W. Schneemelcher (Hg.), Neutestamentliche Apokryphen in deutscher Übersetzung. I. Band: Evangelien. Tübingen ^{4}1963.

♦ Erstes archäologisches Zeugnis

... S TIBERIUM
... PON)TIUS PILATUS
... PRAEFE)CTUS JUDA(EA)E.[1]

♦ Der Provokateur Pontius Pilatus

Als Pilatus von Tiberius nach Judäa gesandt worden war, ließ er die Kaiserbilder, die „Feldzeichen" genannt werden, nachts verhüllt nach Jerusalem hineinbringen. Am kommenden Tag rief dies bei den Juden eine sehr große Unruhe hervor; die in die Nähe der Zeichen kamen, wurden nämlich durch den Anblick zutiefst bestürzt, waren sie doch überzeugt, ihre Gesetze würden mit Füßen getreten, denn diese verbieten es, daß in der Stadt ein Bildnis aufgestellt wird. Auf die Erbitterung der Stadtbevölkerung hin strömte auch noch das Landvolk in großen Scharen zusammen. Man machte sich nun zu Pilatus nach Cäsarea auf und bat ihn inständig, die Zeichen aus Jerusalem zu entfernen und ihre väterlichen Gesetze unangetastet zu lassen. Pilatus weigerte sich; darauf warfen sie sich rings um seinen Palast auf ihr Angesicht und verharrten 5 Tage und ebensoviele Nächte in dieser Haltung, ohne von der Stelle zu weichen.
Tags darauf setzte sich Pilatus in der großen Rennbahn auf seinen Richtstuhl und ließ das Volk herbeirufen, als wolle er ihm dort Antwort geben; er gab aber den Soldaten verabredungsgemäß ein Zeichen, die Juden mit der Waffe in der Hand zu umzingeln. Der

[1] Bei Ausgrabungen in den Ruinen des Amphitheaters der Residenz der römischen Statthalter in Cäsarea am Meer wurde 1961 von dem Leiter einer italienischen Expedition ein 80 cm hoher, 60 cm breiter und 20 cm dicker Kalksteinblock gefunden, der die zitierte dreizeilige Inschrift trägt.
Der Stein, der aus den Steinbrüchen von Kabbara, nördlich von Cäsarea, gewonnen wurde, diente ursprünglich als Gebäudeinschrift. Er ist später im Zuschauerraum des Amphitheaters von Cäsarea am Meer als Stufe verbaut worden, wozu die linke Hälfte der ursprünglichen Inschriftenplatte abgeschlagen wurde.
Es handelt sich um die erste archäologische Bezeugung des Präfekten Pontius Pilatus, der in Cäsarea am Meer ein Gebäude zu Ehren des Kaisers Tiberius errichten ließ. Eine Abbildung dieses ersten archäologischen Zeugnisses für Pontius Pilatus findet sich in A. Läpple, Die Bibel – heute. Wenn Steine und Dokumente reden. München 1974, 184.

unerwartete Anblick der dreifachen Schlachtreihe, die sie umstellte, machte die Juden starr vor Entsetzen; Pilatus aber drohte, sie zusammenhauen zu lassen, wenn sie die Kaiserbilder nicht dulden wollten, und gab den Soldaten schon einen Wink, die Schwerter blank zu ziehen. Die Juden aber warfen sich wie auf Verabredung hin dichtgedrängt auf den Boden, boten ihren Nacken dar und schrieen, sie seien eher bereit zu sterben, als daß sie die väterlichen Gesetze überträten. Zutiefst erstaunt über die Glut ihrer Frömmigkeit gab Pilatus den Befehl, die Feldzeichen sofort aus Jerusalem zu entfernen.
Einige Zeit später gab er den Anlaß zu neuer Unruhe, da er den Tempelschatz, der Korban genannt wird, für eine Wasserleitung verbrauchte; man führte aber das Wasser aus einer Entfernung von 400 Stadien heran. Die Menge war darüber sehr erbost, und als Pilatus nach Jerusalem kam, drängte sie sich schreiend und schimpfend um seinen Richterstuhl. Pilatus hatte diese Unruhe der Juden im voraus vermutet und eine Anzahl von Soldaten, zwar bewaffnet, aber als Zivilisten verkleidet, unter die Menge gemischt und ihnen den Befehl gegeben, vom Schwert keinen Gebrauch zu machen, die Schreier aber mit Knüppeln zu bearbeiten. Nun gab er vom Richterstuhl her das verabredete Zeichen; als es aber plötzlich Schläge hagelte, gingen viele Juden unter den Streichen zugrunde, viele andere aber wurden auf der Flucht von ihren eigenen Landsleuten niedergetreten. Erschreckt über das Schicksal der Getöteten verstummte das Volk."[2]

Flavius Josephus (37–97)

Wissenswert ist es, daß auch Pilatus, der zur Zeit des Erlösers lebte … von solchem Unglück der Kaiserlichen Ungnade heimgesucht

[2] Flavius Josephus, De bello Judaico. Der jüdische Krieg. Griechisch und Deutsch. Herausgegeben und mit Anmerkungen versehen von Otto Michel und Otto Bauernfeind. Bd. I: Buch I – III. München ²1962, 215–217 (II. Buch, 9. Kapitel, Nr. 2–4; Flavius Josephus, Antiquitates Judaicae (Jüdische Altertümer). Übersetzt und mit Einleitung und Anmerkungen versehen von Heinrich Clementz. I. Bd: 18. Buch, 3. Kapitel, Nr. 1–3. Wiesbaden o. J., 514–516.
Vgl. dazu auch Philo von Alexandrien, Legatio ad Gaium II, 590.

wurde, daß er in der Not Hand an sich legte und zu seinem eigenen Richter wurde. Nicht lange ließ, wie es sich gehörte, die göttliche Gerechtigkeit ihm gegenüber auf sich warten."[3]

Eusebius von Cäsarea (265–339)

♦ Fiktiver Brief des Pilatus an Kaiser Claudius

Pontius Pilatus grüßt seinen Kaiser Claudius.
Kürzlich trug sich etwas zu, was ich selbst aufgedeckt habe. Die Juden haben aus Haß über sich und ihre Nachkommen ein grausames Strafgericht herabgezogen. Da nämlich ihre Väter die Verheißung hatten, Gott würde ihnen seinen Heiligen vom Himmel herabsenden, der mit Recht ihr König heißen würde und den Gott seinem Versprechen gemäß ihnen durch eine Jungfrau auf die Erde schicken würde, als dieser nun unter meiner Statthalterschaft nach Judäa gekommen war und sie sahen, daß er Blinden das Augenlicht wiedergab, Aussätzige reinigte, Gelähmte heilte, böse Geister aus den Menschen austrieb, sogar Tote auferweckte, den Winden gebot, trockenen Fußes über die Wogen des Meeres wandelte und viele andere Wunder vollbrachte, und als das ganze Judenvolk ihn als Gottessohn anerkannte, da wurden die Führer der Priesterschaft vom Haß gegen ihn ergriffen. Sie faßten ihn und übergaben ihn mir, und Lügen über Lügen vorbringend, beschuldigten sie ihn, er sei ein Magier und übertrete ihr Gesetz.
Ich aber glaubte, es sei so, ließ ihn geißeln und übergab ihn ihrer Willkür. Sie aber kreuzigten ihn und stellten Wächter an sein Grab. Er aber stand am dritten Tage, während meine Krieger Wache hielten, wieder auf.
Die Juden aber ließen sich in ihrer Schlechtigkeit so weit fortreißen,

[3] Eusebius, auch „Vater der Kirchengeschichte" genannt, hat in seinem griechisch geschriebenen Werk „Kirchengeschichte" (10 Bücher) eine große Fülle geschichtlichen Materials verarbeitet und gibt auch diesen von ihm vorgefundenen Bericht über den Selbstmord des Pontius Pilatus unter der Regierung des römischen Kaisers Caligula (34–41) in seiner „Kirchengeschichte" (II,7) wieder. Diese Selbstmord-These ist wohl erst im 3. nachchristlichen Jahrhundert entstanden.

daß sie meinen Kriegern Geld gaben und sprachen: Saget, seine Jünger hätten seinen Leichnam gestohlen. Aber obwohl diese das Geld annahmen, brachten sie es nicht fertig, das Geschehene zu verschweigen. Sie bezeugten nämlich, er sei auferstanden, und sie hätten es gesehen, und sie hätten von den Juden Geld bekommen. Dies habe ich deshalb vorgebracht, damit keiner den Sachverhalt falsch darstelle und du den Lügen der Juden glauben schenken zu müssen vermeinest."[4]

♦ Pilatus im Verhör vor Kaiser Claudius

In Gegenwart des gesamten Senats und des ganzen Heeres und all der Großen seines Reiches befahl der Kaiser dem Pilatus vorzutreten und sprach zu ihm: Wie konntest du dir derartiges herausnehmen, du verruchter Mensch, da du doch so gewaltige Wunder bei jenem Manne wahrnahmst? Durch dein ruchloses Vorgehen hast du die ganze Welt zugrunde gerichtet. Pilatus erwiderte: Allmächtiger Kaiser, ich bin unschuldig daran; der Anstifter und Schuldige ist die Masse der Juden. Der Kaiser fragte darauf: Wer gehört dazu? Pilatus: Herodes, Archelaos, Philippos, Annas und Kaiphas und die ganze Masse der Juden. Darauf der Kaiser: Weshalb hast du den Rat jener befolgt? Pilatus: Aufrührerisch und aufsässig ist dieses Volk; es ordnet sich deiner Herrschaft nicht unter. Der Kaiser erklärte darauf: Sobald sie ihn dir übergaben, mußtest du ihn in sicheren Gewahrsam nehmen und ihn zu mir senden, nicht durftest du ihnen folgen und einen solchen Mann kreuzigen lassen, der gerecht war

[4] In Schriften frühchristlicher Autoren (Justin, Tertullian, Eusebius, Epiphanius) wird wiederholt von Prozessakten Jesu vor Pilatus gesprochen. Eine Grundschrift dieser Texte gab es bereits Ende des 4. Jahrhunderts; die ältere Fassung (A) lag in lateinischer, koptischer, syrischer und armenischer Sprache vor. Eine spätere griechische Fassung (B) dürfte im 5. Jahrhundert niedergeschrieben worden sein. Diese „Pilatusakten" wurden durch einen zweiten Teil des apokryphen Nikodemus-Evangeliums erweitert, in dem vor allem die Höllenfahrt Christi geschildert wird. Siehe F. Scheidweiler, Nikodemusevangelium, Pilatusakten und Höllenfahrt Christi. In: E. Hennecke – W. Schneemelcher (Hg.), Neutestamentliche Apokryphen in deutscher Übersetzung. I. Bd.: Evangelien. Tübingen [4]1968, 330–358. Zitiert aus E. Weidinger, Die Apokryphen. Verborgene Bücher der Bibel. Augsburg 1988, 491.

und solche herrlichen Wunder gewirkt hatte, wie du sie in deinem Bericht erwähnt hast. Denn aus solchen Wundern ging klar hervor, daß Jesus der Christus war, der König der Juden. Als der Kaiser so sprach und den Namen Christus nannte, da fielen da, wo der Kaiser mit dem Senate saß, die ganzen Götter zusammen und wurden zu Staub. Alles Volk aber, das neben dem Kaiser stand, bekam das Zittern ob der Nennung des Namens und des Falles seiner Götter, und, von Furcht gepackt, gingen sie alle weg, ein jeder zu seinem Hause, staunend über das Geschehene. Der Kaiser aber befahl, den Pilatus in sicherem Gewahrsam zu halten, damit er die Wahrheit über Jesus erfahre …"[5]

Enthauptung des Pontius Pilatus

Und wiederum verhörte der Kaiser den Pilatus und befahl einem Amtsträger mit Namen Albinus, ihn zu enthaupten, indem er sprach: Wie dieser Hand anlegte an den Gerechten, der Christus genannt wurde, so soll er in gleicher Weise fallen und keine Rettung finden. Pilatus mußte also zur Richtstätte gehen und betete still: O Herr, vernichte mich nicht mit den bosheitsvollen Hebräern, weil ich unter dem Zwang des gesetzlosen Judenvolkes Hand an dich legte, da sie einen Aufruhr gegen mich anzettelten. Du weißt ja, daß ich in Unkenntnis handelte. Verdamme mich also nicht ob dieser Sünde, sondern verzeihe mir, Herr, und deiner Dienerin Prokla, die in dieser Stunde meines Todes neben mir steht, die du auch prophezeien ließest, daß du ans Kreuz geschlagen werden müßtest. Verurteile wegen meiner Sünde nicht auch sie, sondern sei uns gnä-

[5] Zitiert aus E. Weidinger, a. a. O. 492. Es ist möglich, dass Pontius Pilatus, der von 26 bis 36 n. Chr. kaiserlicher Statthalter (Prokurator) in Judäa war, über den Hochverratsprozess Jesu nach Rom zu berichten hatte. Christliche Schriftsteller wie Justin († 156) und Tertullian († 220) wissen zu berichten, es sei in den kaiserlichen Archiven Roms ein Aktenbericht des Pilatus an Kaiser Tiberius (14–37 n. Chr.) über Prozess und Hinrichtung Jesu aufbewahrt worden. Im Jahr 311 hat der christenfeindliche Kaiser Maximinus Daza († 313), wie Eusebius in seiner Kirchengeschichte (I 9,3f.; IX 5,1; IX 7,1ff.) berichtet, „Akten von Pilatus und Jesus" veröffentlichen lassen. Es ist übereinstimmende Auffassung heutiger Historiker, dass es sich dabei nicht um einen amtlichen Protokollbericht, sondern um ein antichristliches Machwerk gehandelt hat.

dig und reihe uns in die Zahl deiner Gerechten ein. Und siehe, als Pilatus sein Gebet beendet hatte, da erscholl eine Stimme vom Himmel: Selig preisen werden dich alle Generationen und Stämme der Völker, weil unter deiner Statthalterschaft all das in Erfüllung ging, was die Propheten von mir geweissagt hatten. Und du selbst wirst als mein Zeuge bei meinem zweiten Kommen erscheinen, wenn ich die zwölf Stämme Israels und die, welche meinen Namen nicht bekannt haben, richten werde. Und der Präfekt schlug Pilatus das Haupt ab."[6]

Nikodemus-Evangelium bzw. Pilatus-Akten (425)

♦ Pilatus – ein Heiliger?

Als Pilatus sein Gebet beendet hatte, erscholl vom Himmel eine Stimme: Selig werden dich preisen alle Geschlechter und Stämme der Völker, denn unter deiner Statthalterschaft ging all das in Erfüllung, was die Propheten von mir vorausgesagt hatten. Du selbst wirst als mein Zeuge bei meinem zweiten Kommen erscheinen, wenn ich zu Gericht sitze über die zwölf Stämme Israels, und über jene, die meinen Namen nicht bekannt haben.
Der römische Präfekt selbst schlug dem Pilatus das Haupt ab.
Und siehe, ein Engel des Herrn nahm es auf. Als seine Frau Prokla (= Frau des Pilatus) den Engel kommen und das Haupt aufnehmen sah, war sie von übergroßer Freude erfüllt. Im gleichen Augenblick

[6] Zitiert aus E. Weidinger, a.a.O. 493. Im Anschluss an die Pilatusakten und eine weitere apokryphe Schrift über den Tod des Pilatus (Mors Pilati), die vom Selbstmord des Pilatus berichtet, hat sich eine seltsame Geschichte um den Leichnam des Selbstmörders entfaltet (vgl. F. Scheidweiler, a.a.O. 358). Der Leichnam sei zunächst in den Tiber (Rom) geworfen worden, der aber diese Leiche immer wieder und unter mächtigen Gewittern ans Ufer schwemmte. Später versuchte man den Leichnam des Pilatus bei Vienne in der Rhone zu versenken. Die Wasser der Rhone seien aber sehr unruhig und gefährlich geworden. Die Bewohner von Vienne (der Name wird aus dem Lateinischen Via gehennae = Weg zur Hölle gedeutet) hätten dann den Pilatus-Leichnam endgültig wieder loswerden wollen, und dieser sei schließlich über Lausanne in die Zentralschweiz gebracht worden und in einem tiefen, von hohen Bergen umgebenen See (dem Vierwaldstättersee) endgültig versenkt worden. Die beiden Berge, der Mont Pilate bei Vienne und der Pilatus bei Luzern am Vierwaldstättersee, erinnern mit ihren Namen heute noch an die angebliche schauerliche Leichenfahrt des Selbstmörders Pilatus.

gab sie ihren Geist auf und wurde mit ihrem Mann (Pilatus) begraben.“[7]

Paradosis Pilati (um 450)

Während Pilatus das ungerechte Urteil sprach, sah ich, daß Claudia Procle, seine Frau, ihm sein Pfand zurücksandte und sich von ihm lossagte; ich sah auch, daß sie noch am heutigen Abend heimlich aus seinem Palaste zu den Freunden Jesu fliehen und in einem Gewölbe unter Lazari Haus in Jerusalem versteckt werden wird. Ich sah auch in bezug auf den schändlichen Urteilsspruch Pilati und auf die Trennung seines Weibes von ihm durch irgendeinen Freund Christi auf einen grünen Stein hinten an der Terrasse Gabbatha zwei Zeilen einkratzen, worin ich mich der Worte judex injustus und des Namens Claudia Procle erinnere. Jedoch weiß ich nicht mehr, ob dieses heute oder einige Zeit nachher geschehen, und entsinne mich nur, daß ein dichter Trupp Männer an dieser Stelle des Forums standen und miteinander sprachen, während jener Mann, von ihnen gedeckt, ohne bemerkt zu werden, diese Zeilen einkratzte, und ich sah, daß dieser Stein unkenntlich noch jetzt unten an einem Haus oder Kirchenfundament in Jerusalem befindlich ist, wo Gabbatha war. Claudia Procle suchte als Christin später Paulus auf und war dessen besondere Freundin.“[8]

Anna Katharina Emmerich (1774–1824)

---

[7] Der apokryphe Text „Paradosis Pilati“ (Die Auslieferung des Pilatus zur gerichtlichen Verhandlung) berichtet, Kaiser Tiberius (14–37 n. Chr.) habe Pilatus nach Rom zu einem gerichtlichen Verhör zitiert. Schließlich sei Pilatus wegen seiner juristischen Mitschuld am Tode Jesu selbst zum Tod verurteilt worden. Auf der Richtstätte habe Pilatus ein letztes Gebet gesprochen und darin Christus um Verzeihung gebeten. Die Erzählung ist geradezu glorifizierend – man fühlt sich erinnert an die Steinigung des Stephanus (Apg 7,54–60) – und lässt dem Pilatus gewissermassen eine Heiligsprechung zuteil werden. Dies erklärt, weshalb seit dem 6./7. Jahrhundert in der koptischen Kirche Pilatus als Heiliger verehrt wird.
Wie wenig präzise die apokryphen Berichte sind, ist daran ersichtlich, dass die Angaben, vor welchem Kaiser das Verhör stattfand – vor Kaiser Tiberius (14–37), vor Caligula (37–41) oder vor Claudius (41–54) – voneinander abweichen.

[8] Anna Katharina Emmerich, Das bittere Leiden unseres Herrn Jesu Christi. Augsburg [16]1989, 244 (Aus dem Kapitel: „Jesu zum Kreuztode verurteilt“).

♦ Unterschiedliche Beurteilung des Pilatus

Alle Nachrichten des Josephus und Philo über Pilatus schildern ihn als einen blutrünstigen und grausamen Tyrannen, für den die Hinrichtung eines galiläischen Juden nicht mehr bedeuten konnte als die Tötung einer Fliege und der geradezu seine Freude daran hatte, die Juden auf alle mögliche Weise zu kränken. Im Falle Jesu aber sollte er plötzlich ein sanftmütiger und friedliebender Mensch gewesen sein, der Blutvergießen vermeiden will und einen Gerechten zu retten versucht, der durch seine Gerechtigkeit zugrunde geht? All das ist höchst unwahrscheinlich … In Wahrheit sind alle Berichte über den Widerstand des Pilatus, Jesus kreuzigen zu lassen, völlig unhistorisch."[9]

Joseph Klausner

♦ … ein am Kreuz verendender Gott

Ist Gott der Gott des Pilatus, der Gott der römischen Staatsreligion oder der Gott, der sich in Jesus Christus gezeigt hat? Eines ist klar: Pilatus sind in der Begegnung mit diesem ‚Gott' die bisher vertrauten Gottesbilder fragwürdig geworden. Von diesem Jesus geht eine Bedrohung aus … der ‚Gott' Jesus Christus ist anders: ein leidender und gemarterter, ein geschundener am Kreuz verendender Gott. Ein Gott, an dem das Leid nicht abgleitet, sondern der durch das Leid hindurchgeht und gerade so – in paradoxer Umkehr – als der Ohnmächtige der Mächtige ist, als der Getötete der Sieger, als der Gekreuzigte der Auferweckte.
Pilatus muß erkennen: Hier ist in der Tat die Grenze zwischen Gott und Mensch aufgehoben und der Abgrund überwunden."[10]

Karl-Josef Kuschel

---

[9] J. Klausner, Jesus von Nazareth. Seine Zeit, sein Leben und seine Lehre. Berlin ^{2}1934, 481f.

[10] Diese einfühlenden Worte äußerte der Autor anlässlich einer Besprechung des Werkes von Friedrich Dürrenmatt „Pilatus". K.-J. Kuschel, Jesus in der deutschsprachigen Gegenwartsliteratur (Serie Piper 627). München – Zürich 1987, 98.

In diesem Kapitel „Jesus und Pontius Pilatus" geht es nicht darum, die Mitschuld oder die alleinige Schuld des Pilatus bei der Verurteilung Jesu zum Kreuzestod aufzuspüren (dies erfolgt erst im nächsten Kapitel). Es soll vielmehr Pontius Pilatus als Mensch, als Politiker, als offizieller Vertreter der römischen Justiz vorgestellt werden.

Es scheint, dass Pilatus 26 n. Chr. als kaiserlicher Statthalter deshalb nach Idumäa, Judäa und Samaria (Lk 3,1) kam, weil Kaiser Tiberius (14–37 n. Chr.) ihm ein politisch schwieriges und zugleich ein militärisch wichtiges Gebiet zutraute. Der römische Kaiser muss seine Qualitäten als Jurist und Beamter geschätzt haben. Der aus römischem Ritterstand abstammende Pontius Pilatus hat, wie später auch der Apostel Paulus (Apg 22,27–29), stolz und mit erhobenem Haupt gewusst: „Ich bin römischer Bürger!" (Civis Romanus sum). Er glaubte wie Julius Caesar daran, dass Rom einen geradezu göttlich-weltgeschichtlichen Auftrag habe, die Völker aus Unruhe und Not zu befreien und ihnen mit der Pax Romana, mit dem Römischen Frieden, Ruhe, Ordnung und Wohlergehen zu bringen.

Julius Caesar hat in seinem Werk „De bello gallico" (Über den gallischen Krieg) die unterjochten Völker schmeichelhaft „gentes paccátae" („die Völker, denen die Römer den Frieden gebracht haben") genannt. Kaum ein anderes Wort im Munde der alten Römer ist ideologieverdächtiger als das Wort Pax (Friede)! Von diesem cäsarischen, welthistorischen Heilsauftrag dürfte also auch Pontius Pilatus beseelt gewesen sein. Aber die politische Realität in Palästina war (sicherlich auch durch Fehlverhalten mancher seiner Vorgänger im Amt) schwieriger, als Pilatus es vermutet hatte.

Nicht alle seine politischen und militärischen Aktionen waren klug und notwendig. Sicherlich wollte er nicht provozieren. Aber bisweilen liess er sich zu Überreaktionen hinreissen, d.h. zu Handlungen, die im Laufe seiner durchaus langen Amtszeit das politische Klima zwischen Römern und Juden mehr und mehr verschlechterten. Hinzukam, dass die gleichen Juden, die ihm gute Ratschläge erteilten und um seine Freundschaft buhlten, ihn beim römischen Kaiser als politisch unfähig denunzierten. Nie war sich Pontius Pilatus sicher, was der römische Kaiser wirklich von ihm und seiner Amtsführung hielt. Er befand sich zwischen zwei Stühlen und war wohl auch ein schlechter Menschenkenner. War er judenfreundlich, musste er um die Gunst des Kaisers fürchten. Handelte er römerfreundlich, geriet er in Konflikte mit den freiheitliebenden Juden, die lieber heute als morgen die römische Besatzungstruppe und „Gewalthaber vom Thron stürzen" (Lk 1,52) wollten. Eine antirömische Revolte lag stets in der Luft!

Wie aber stand Jesus von Nazaret selbst der römischen Besatzungstruppe und dem römischen Statthalter Pontius Pilatus gegenüber? Greift man aus den neutestamentlichen Passionsberichten nur die Verhöre heraus, so ergibt sich eine sehr klare, aber viel zu wenig beachtete und bemerkenswerte Einstellung Jesu zur Autorität im religiösen Judentum wie auch in der damaligen politischen Besatzungssituation.

Gegenüber Personen, die nicht legitime Amtsträger waren, verweigerte Jesus jede Beantwortung der an ihn gestellten Fragen. Für Jesus waren sie nicht zuständig und daher zu offiziellen Verhören nicht legitimiert. Gegenüber dem früheren Hohenpriester Hannas (6–15 n. Chr.) verweist Jesus auf jene vielen Menschen, die seine Botschaft und sein Wirken erlebt hatten (Lk 3,2; Joh 18,13.19–24); König Herodes Antipas (4 v. – 39 n. Chr.) war zwar als Tetrarch von Galiläa und Peräa (Lk 23,6–12) Jesu Landesherr, aber er war in dem vorliegenden Verhör juristisch nicht zuständig. „Jesus gab ihm keine Antwort" (Lk 23,9).

Dort aber, wo Jesus in seinen Verhören den zuständigen Amtspersonen gegenüberstand – im religiösen Prozess dem Hohenpriester und Gerichtspräsidenten des Hohen Rates Kajaphas (18–36 n. Chr. – vgl. Lk 3,2; Mt 26,57ff.) –, hat Jesus gewiss auch in Respektierung der Amtsperson die an ihn gestellten Fragen klar beantwortet.

In Pontius Pilatus begegnete Jesus der römischen Welt, dem Römischen Reich. In Jesus von Nazaret begegnete Pontius Pilatus einem Reich, „das nicht von dieser Welt ist" (Joh 18,36). Friedrich Dürrenmatt (1921–1990) hat Pilatus – der nach dem Bericht des Johannes-Evangeliums die Frage gestellt hat: „Was ist Wahrheit? (Joh 18,38) – in seinem Prosastück „Pilatus" (1952) zur überzeitlichen Testfigur gemacht. Er wollte Pilatus gewiss nicht zu einem Fall der Philosophiegeschichte machen. Pilatus sollte vielmehr gesehen werden als „moderner Jedermann, als Spielfigur einer Fallstudie" (Karl-Josef Kuschel).

Pilatus wird zur existentiellen Anfrage, der sich jeder Menschen zu stellen hat: Wie hätte ich an Stelle des Pilatus entschieden? Hat es auch in meinem Leben Entscheidungssituationen gegeben, deren ich mich schäme, weil ich durch Schweigen, durch Feigheit Unheil angerichtet habe? Wie reagiere ich letztlich auf die Person des machtlosen, leidenden Gottes? Pilatus, eine Anfrage an uns, an jeden Einzelnen: Wo warst du, als es Dachau und Auschwitz gab? Wenn du damals schon gelebt hättest, wäre dir Karriere wichtiger gewesen als die ungebrochene Gewissensüberzeugung, wärest du in einer Diktatur zu einem Mitläufer geworden in dem Bewusstsein, dass man nichts machen könne?

Es ist bemerkenswert, dass nach den wortkargen Berichten der neutestamentlichen Evangelien über Pontius Pilatus ausgerechnet die apokryphen Schriften das Thema „Pilatus" aufgegriffen und (wie die reiche Pilatus-Literatur bestätigt) weitergeführt haben. Pilatus legte, so die apokryphen Schriften, die Vorkommnisse und das von ihm geführte Verhör Jesu nicht ad acta. Die Begegnung mit Jesus von Nazaret hat ihn innerlich beunruhigt, nachdenklich gemacht, nicht mehr losgelassen. Dieser Jesus hat ihn aus seinen bisherigen geistigen, religiösen und politischen Bastionen ausziehen lassen. Jesus wurde für ihn „Weg" eines neuen Suchens. Pilatus hat nicht nur nach der Wahrheit gefragt. Er hat die Wahrheit in Jesus, mit Jesus gefunden. Pilatus hat die Worte Jesu: „Wer die Wahrheit tut, kommt zum Licht" (Joh 3,21) in seinem Leben umgesetzt. Er wurde (nach den Apokryphen) Christ und ist als Märtyrer für Christus, seine Botschaft und sein Reich gestorben.

Eine erstaunliche Nähe zwischen der Darstellung der Apokryphen und den Intentionen des Schweizer Schriftstellers Friedrich Dürrenmatt! Jesus wurde für Pilatus zur Krisis, zur Scheidung und Entscheidung seines Lebens.

Abschließend noch die Antwort auf die anfangs gestellte Frage: Wie kommt Pontius Pilatus ins Credo? Die Gestalt des Pontius Pilatus ist der nachweisbare, gesicherte Pflock der Geschichte. Jesus von Nazaret ist keine erfundene Gestalt der frommen Legende, nicht Personifikation des kosmischen Mythos des Leidens und Sterbens. Jesus von Nazaret ist eine nachweisbare, überprüfbare Gestalt der Geschichte. „Er hat unter uns gewohnt" (Joh 1,14). „Was wir gehört haben, was wir mit unseren eigenen Augen gesehen, was wir geschaut und was unsere Hände angefasst haben, das verkünden wir" (1 Joh 1,1).

Literatur

Apokryphe Pilatus-Akten:
Nikodemus-Evangelium
Brief des Pilatus an Kaiser Tiberius
Brief des Kaisers Tiberius an Pilatus
Brief des Pilatus an Kaiser Claudius
Brief des Pilatus an Herodes
Brief des Herodes an Pilatus
Anaphora (= Berichterstattung) Pilati
Paradosis (= Auslieferung) Pilati
Mors (= Tod) Pilati
Vindicta Salvatoris
Cura sanitatis Tiberii
Brief des Jakobus an Kodratos
Klage Marias
Martyrium Pilati
(Nachzulesen in den oben, in Anmerkung 4 zitierten Werken.)

L. Blank, Die Verhandlung vor Pilatus Joh 18,28–19,16 im Lichte johanneischer Theologie. In: Biblische Zeitschrift NF 3 (1959) 60–81.

J. Blinzler, Der Bescheid des Pilatus – Exekutionsbefehl oder Todesurteil? In: Münchner Theologische Zeitschrift 5 (1954) 171–184.

J. Blinzler, Der Prozess Jesu. Regensburg [4]1969 (Pontius Pilatus: 260–283).

M. Dibelius, Herodes und Pilatus. In: Botschaft und Geschichte. Gesammelte Aufsätze. Bd. I. Tübingen 1953, 278–292.

F. Dürrenmatt, Pilatus. In: Die Stadt. Frühe Prosa. Zürich 1952, 169–193.
A. France, Der Statthalter von Judäa. Erzählungen. München o. J. (5–18).
E. Haenchen, Jesus vor Pilatus (Joh 18,28–19,15). In: Gesammelte Aufsätze. Bd. 1. Tübingen 1965, 144–156.
K. Kastner, Jesus vor Pilatus. Beitrag zur Leidensgeschichte des Herrn. Münster 1912.
K.-J. Kuschel, Jesus in der deutschsprachigen Gegenwartsliteratur. München – Zürich 1987.
G. von Le Fort, Die Frau des Pilatus. Novelle. Wiesbaden 1956.
A. Masser, Pilatus im Heliand. In: Niederdeutsches Jahrbuch 96 (1973) 9ff.
G. Menzel, Kehr wieder Morgenröte (Pilatus-Roman). Tübingen 1952.
B. Reicke, Neutestamentliche Zeitgeschichte. Die biblische Welt 500 v. – 100 n. Chr. Berlin 1965.
Th. Söding, Die Macht der Wahrheit und das Reich der Freiheit. Zur johanneischen Deutung des Pilatus-Prozesses (Joh 18,28–19,16). In: Zeitschrift für Theologie und Kirche 93 (1996) 35–58.
W. Waldstein, Römische Rechtsgeschichte. München 1995.

21. Der Prozess Jesu

Unter den berühmten Prozessen der Weltgeschichte nehmen zwei Prozesse eine Sonderstellung ein – der Prozess gegen Sokrates in Athen im Jahr 399 v. Chr. und der Prozess gegen Jesus in Jerusalem im Jahr 30 n. Chr. Beide Angeklagten, Sokrates wie Jesus, störten die herkömmliche politische und religiöse Ordnung. Sokrates wurde wegen Gottlosigkeit, wegen Verführung der Jugend und wegen mangelnden Respekts vor der politischen High Society der attischen Polis angeklagt und zum Schierlingsbecher verurteilt.

Jesus von Nazaret wurde angeklagt, weil er als „Ketzer“ die Frommen verwirrte, das religiöse Establishment sich von ihm lächerlich gemacht fühlte und weil er als antirömischer Revoluzzer Ruhe und Ordnung störte. Aufgrund dieser „Vergehen“ wurde er zum Kreuzestod verurteilt.

Beide, Sokrates wie Jesus, hatten den Mut zur radikalen Wahrhaftigkeit. Beide, Sokrates wie Jesus, sind für ihre Überzeugung in den Tod gegangen. Die verschiedenen Verhöre, die Anklagepunkte, die Argumente und Beschlüsse der beiden Prozesse wurden von Jüngern und Schülern der Angeklagten und Verurteilten später aufgezeichnet. Leben, Prozess und Tod des Sokrates (469–399) wurden mit durchaus unterschiedlichen Akzentuierungen beschrieben von Xenophon und Platon, von Aristoteles und Aristophanes. Leben, Wirken und Tod Jesu wurden zunächst von seinen Jüngern mündlich verkündet, später auch schriftlich von den vier Evangelisten aufgezeichnet.

Die Theologie des jeweiligen Evangelisten wie die Aufnahmesituation der unterschiedlichen judenchristlichen oder heidenchristlichen Adressaten, nicht zuletzt auch die unterschiedlichen Schwingungen und neuen Anfragen der Früh- oder der Spät-Epoche im apostolischen Zeitalter haben sich in durchaus unterschiedlichen Wertungen, Auslassungen oder Ergänzungen gerade in den vier Passionsberichten des Neuen Testaments niedergeschlagen.

Immer wieder wurde auf die nur schwer nachvollziehbare Komprimierung der Ereignisse der neutestamentlichen Leidensgeschichte aufmerksam gemacht. Es wurden schwere Bedenken an dieser Chronologie angemeldet, denn zwischen den beiden Eckdaten der Gefangennahme Jesu am Ölberg und seinen Tod am Kreuz auf Golgota um die neunte Stunde (Mt 15,33–37) liegen nur knapp 20 Stunden. Können die beiden Gerichtssitzungen des Hohen Rates wie auch die Verhöre durch Pontius Pilatus in diesem knappen Zeitraum stattgefunden haben und kann auch noch die Kreuzigung Jesu am Freitag, dem 7. April des Jahres 30 n. Chr., vollstreckt worden sein?

Vielleicht ist es möglich, auf Grund von Erkenntnissen der Qumran-Forschung die Chronologie der Ereignisse und – damit zusammenhängend – die alte Streitfrage des doppelten Paschamahles nach der synoptischen und nach der johanneischen Überlieferung (Joh 18,28) einer Klärung zuzuführen. Der sogenannte Kalendertext aus der Qumran-Höhle 4 spricht von einem Sonnenkalender eines Jahres mit 364 Tagen (mit 52 Sieben-Tage-Wochen). Dieser Sonnenkalender, der als gottgewollte Grundordnung der Schöpfung (Gen 2,1–3) angesehen wurde, war bis 167 v. Chr. der offizielle Kalender im Tempel von Jerusalem, nach dem auch die priesterliche Dienstordnung aufgestellt wurde. Der Hohepriester Menelaos (172–162 v. Chr.) hat 167 v. Chr. an Stelle des bis dahin geltenden Sonnenkalenders den Mondkalender mit 354 Tagen eingeführt. Die Qumran-Essener hielten im Protest gegen die Priesterschaft von Jerusalem am traditionellen Sonnenkalender fest. Auf Grund dieser kalendarischen Unterschiede könnten sich die Ereignisse der 20 Stunden also über mehrere Tage der Leidenswoche erstreckt haben. Es könnte daher an die Stelle der Zeitfixierung „des letzten Tages Jesu" eine mehrtägige Zeiteinteilung der turbulenten und auch zeitraubenden Ereignisse treten. Aber auch an diese zeitlich ausgedehnte Passionsgeschichte muss eine Anfrage gestellt werden: Warum haben sich die Gerichtsverhandlungen vom Dienstag bis Freitag, d.h. bis in die unmittelbare Nähe des jüdischen Paschafestes, hingezogen?

Herkömmliche Chronologie:	**Mehrtagechronologie**
Sonntag (2. April) Einzug in Jerusalem (Joh 12,12) von Betanien aus (Joh 12,1–8); abends Rückkehr nach Betanien (Mk 11,11)	**Sonntag (2. April)** Einzug in Jerusalem (Joh 12,12) von Betanien aus (Joh 12,1–8); abends Rückkehr nach Betanien (Mk 11,11)
Montag (3. April) Jesus in Jerusalem – Rückkehr nach Betanien (Mk 11,19)	**Montag (3. April)** Jesus in Jerusalem – Rückkehr nach Betanien (Mk 11,19)
Dienstag (4. April) Rückkehr nach Jerusalem (Mk 11,20) – Jesus verkündet den Untergang Jerusalems und das Letzte Gericht (Mt 24,1–25,46)	**Dienstag (4. April)** Rückkehr nach Jerusalem (Mk 11,20) – Feier des Letzten Abendmahls (Mk 14,17ff.) – Gang zum Ölberg (Mk 14,26ff.) – Gefangennahme Jesu (Mk 14,43ff.) – Vorverhör durch Hannas (Joh 18,19ff.) – Jesus wird zu Kajaphas geführt (Joh 18,21)
Mittwoch (5. April) Judas erbietet sich, Jesus zu verraten (Mt 26,14ff.; Mk 14,10f.; Lk 22,3ff.)	**Mittwoch (5. April)** Am Morgen erste Gerichtssitzung des Hohen Rates (Mk 14,55ff.)

Donnerstag (6. April) Feier des Letzten Abendmahls (Mt 26,20ff.) – Gang zum Ölberg (Mk 14,26ff.) – Gefangennahme Jesu (Mk 14,43–49) – Vorverhör durch Hannas (Joh 18,13–23)	**Donnerstag (6. April)** Am Frühmorgen zweite Gerichtssitzung des Hohen Rates und Todesurteil über Jesus (Mk 15,1) – Jesus wird zu Pilatus geführt (Mk 15,1ff.) – Jesus wird Herodes vorgeführt (Lk 23,7ff.)
Freitag (7. April) Gegen 2 Uhr nachts Verhör vor Kajaphas (Mk 14,53ff.), gegen 5 Uhr früh Gerichtssitzung des Hohen Rates und Todesurteil über Jesus (Mk 15,1; vgl. Lk 22,66) – Erstes Verhör Jesu vor Pilatus (Lk 23,1; vgl. Joh 18,28ff.) – Vorführung Jesu bei seinem Landesherrn Herodes (Lk 23,7ff.) und zweites Verhör vor Pilatus (Lk 23,13; vgl. Mt 27,17f.) – Geißelung, Dornenkrönung und Verurteilung Jesu (Mk 15,15ff.) – Kreuzigung Jesu zur 3. Stunde (Mk 15,25) – Tod Jesu um die 9. Stunde (Mk 15,34ff.) – Grablegung Jesu noch am Abend vor dem Sabbat (Mk 15,42; vgl. Joh 19,31)	**Freitag (7. April)** Zweites Verhör Jesu vor Pilatus (Lk 23,13; vgl. Mt 27,17) – Geißelung, Dornenkrönung und Verurteilung Jesu (Mk 15,15ff.) – Kreuzigung Jesu zur 3. Stunde (Mk 15,25) – Tod Jesu um die 9. Stunde (Mk 15,34ff.) – Grablegung Jesu noch am Abend vor dem Sabbat (Mk 15,42; vgl. Joh 19,31)
Samstag (8. April) Grabesruhe (Mk 16,1)	**Samstag (8. April)** Grabesruhe (Mk 16,1)
Sonntag (9. April) Auferstehung Jesu (Mk 16,2; vgl. Joh 20,1ff.)	**Sonntag (9. April)** Auferstehung Jesu (Mk 16,2; vgl. Joh 20,1ff.)

Die Zeitverknappung der Leidensgeschichte auf 20 Stunden ist gewiss auch einer der Gründe, warum im Laufe der geschichtlichen Deutungen die Frage der Schuld an der Verurteilung und am Tod Jesu überaus umstritten war und leidenschaftlich diskutiert wurde und immer noch wird. In den vier Passionsgeschichten des Neuen Testaments liegt ja alles andere als ein genaues juristisches Protokoll vor, sondern ein – sicherlich geschichtlicher – Grundtext, der entscheidende Akzente auf die Verkündigung und Werbung, bisweilen auch auf die Zurückweisung antichristlicher Aussagen und Polemiken besitzt. Man lese nach, wie unterschiedlich von den verschiedenen Fachleuten der Ruf des jüdischen Volkes (der übrigens nur im Mattäus-Evangelium steht!) ausgelegt wird: „Sein Blut komme über uns und unsere Kinder!" (Mt 27,25) Fast vor jedem Oberammergauer Passionsspieljahr steht gerade dieser Ruf im Zentrum heftigster Diskussionen, wird eine Streichung aus dem Textbuch gefordert.

Das Zweite Vatikanische Konzil hat zur Frage der jüdischen Beteiligung an der Kreuzigung folgendes geäußert: „Obgleich die jüdischen Behörden mit ihren Anhängern auf den Tod Christi gedrungen haben (vgl. Joh 19,6), kann man dennoch die Ereignisse seines Leidens weder allen damals lebenden Juden ohne Unterschied noch den heutigen Juden zur Last legen. Gewiß ist die Kirche das neue Volk Gottes, trotzdem darf man die Juden nicht als von Gott verworfen oder verflucht darstellen, als wäre dies aus der Heiligen Schrift zu folgern" (Erklärung über das Verhältnis der Kirche zu den nichtchristlichen Religionen vom 28. Oktober 1965, Art. 4).

Kaum bekannt ist übrigens, dass die Passionsgeschichte Jesu, wie sie in der mündlichen Verkündigung der Apostel und Jünger, in den vier Evangelien des Neuen Testaments und auch in den Liturgiefeiern im Glaubensbewusstsein der ur- und frühchristlichen Gemeinden so und nicht anders Gestalt angenommen hatte, nicht ohne Echo im zeitgenössischen rabbinischen Judentum geblieben ist. Es muss sehr früh schon, vielleicht bereits gegen Ende des ersten christlichen Jahrhunderts, eine Art „Entlastungs"-Information von jüdischer Seite gegeben haben um jeden Verdacht einer übereilten oder sogar einer rechtswidrigen Verurteilung Jesu zurückzuweisen. Ein Text, der einen solchen Rechtfertigungsversuch vorlegt und in seiner schriftlichen Fassung aus dem zweiten christlichen Jahrhundert stammt, findet sich im Babylonischen Talmud (Sanhedrin 43 a, Baraita; siehe unten Anmerkung 1).

♦ Vierzigtägiges Verfahren …

Am Vorabend des Paschafestes hängte man Jesus. Vierzig Tage vorher hatte bereits der Herold ausgerufen: Er (Jesus) wird zur Steinigung (aus der Stadt Jerusalem) geführt, weil er Zauberei getrieben, Israel verführt und abtrünnig (von seinem Bundesgott) gemacht hat. Wer zu seiner Verteidigung etwas zu sagen hat, der möge kommen und es sagen.
Da aber kein Argument zu seiner Verteidigung vorgebracht wurde, hängte man ihn (Jesus) am Vorabend des Paschafestes."[1]

Babylonischer Talmud (2. Jahrhundert n. Chr.)

♦ Feierliche Selbstverfluchung?

Sooft ich bei Betrachtungen des bitteren Leidens Christi diesen schauderhaften Schrei der Juden höre: „Sein Blut komme auf uns und unsre Kinder!" (Mt 27,25), wird mir die Wirkung dieser feierlichen Selbstverfluchung durch wunderbar entsetzliche Bilder vorgestellt und fühlbar gemacht. Ich sehe, als liege ein finsterer Himmel voll blutroter Wolken, feuriger Straftaten und Schwerter über dem rufenden Volk. Es ist, als wenn ich die Strahlen dieses Fluches durch all ihr Mark und Bein und bis auf die Kinder im Mutterleibe treffen sähe. Ich sehe nämlich das ganze Volk wie verfinstert und den schrecklichen Schrei mit einem trüben grimmen Feuer aus ihrem Munde stürzen, sich über ihnen vereinigen und wieder auf sie niederschießen."[2]

Anna Katharina Emmerich (1774–1828)

---

[1] Dieser Talmudtext gehört dem 2. nachchristlichen Jahrhundert an und bezieht sich auf Jesus. Der Text will offensichtlich den Vorwurf entkräften, man habe Jesus mit einem übereilten Schnellverfahren zum Tod verurteilt. Auffallend ist, dass die Schuld am Tode Jesu ausschließlich dem jüdischen Volk und seinem Hohen Rat zugemessen wird. Der Grund für diese Selbstbezichtigung dürfte darin zu erblicken sein, dass man unter keinen Umständen die Schmach der Römerherrschaft erwähnen wollte. Der zitierte Text aus dem Babylonischen Talmud, Sanhedrin 43 a, Baraita.

[2] A. K. Emmerich, Das bittere Leiden unseres Herrn Jesu Christi. Augsburg [16]1989, 236.

♦ Der Anklagepunkt der Gotteslästerung

Nach jüdischem Recht ist das Verbrechen der Gotteslästerung erst erwiesen und das Leben verwirkt, wenn der Angeklagte bei seiner Lästerung den allerheiligsten Namen Gottes ausdrücklich ausgesprochen hat. Dies ist bei Jesu nicht der Fall. Mithin kann er nicht wegen Gotteslästerung formell zum Tode verurteilt worden sein."[3]

Johannes Weiß (1863–1914)

♦ Das Interesse der Wissenschaft

Die Wissenschaft hat weder ein Interesse daran, die Juden hinsichtlich des Todes Jesu zu belasten und die Römer zu entlasten, noch umgekehrt die Römer zu belasten und die Juden zu entlasten. Was Pilatus tat, ist kein Grund, sämtliche Römer aller Zeiten dafür verantwortlich zu machen. Was Kaiaphas und die sonstigen jüdischen Oberen jener Zeit getan haben, ist kein Grund, das gesamte jüdische Volk jener Zeit oder gar späterer Zeiten bis zur Gegenwart dafür verantwortlich zu machen."[4]

Paul Fiebig

♦ Ein modernes Gericht hätte Jesus in eine psychiatrische Anstalt geschickt

Jesus wurde hingerichtet wegen der Blasphemie seiner Behauptung, ein Gott zu sein ... Daher behandelte er (Kaiaphas) Jesus als einen Betrüger und Gotteslästerer, wo wir ihn als einen Geisteskranken behandelt hätten ... Hätte Jesus vor einem modernen Gericht gestanden, so wäre er von Ärzten untersucht worden, man hätte entdeckt, daß er von einer fixen Idee besessen sei, er wäre für unzurechnungsfähig erklärt und in eine (psychiatrische) Anstalt geschickt worden."[5]

George Bernard Shaw (1856–1950)

---

[3] J. Weiß, Das älteste Evangelium. Göttingen ²1903, 315.

[4] P. Fiebig, Der Prozeß Jesu. In: Theologische Studien und Kritiken 104 (1932) 213–228.

[5] G. B. Shaw, Über die Aussichten des Christentums. In: Die Neue Rundschau 36 (1924) 484f.

♦ Die Kreuzigung des menschlichen Gewissens

„Als sie sich entschlossen, ihn zu kreuzigen, war es ein Entschluß, das menschliche Gewissen zu kreuzigen und sein Licht auszulöschen. Sie glaubten, daß ihr Verstand und ihre Religion ihnen Direktiven geben könnten, die höherwertiger seien als die des Gewissens. Sie begriffen nicht, daß Menschen, die das Gewissen verlieren, nicht darauf verzichten können; denn das menschliche Gewissen ist der Abglanz des göttlichen Lichtes“.[6]

Kamil Hussein

♦ Nicht der ungeschminkte, historische Pilatus, sondern ...

„Der Hauptverantwortliche für die Kreuzigung Jesu war der römische Statthalter Pontius Pilatus ... Man kann die Persönlichkeit und die politische Rolle des Pilatus aber nur einigermaßen erkennen, wenn man weiß, daß in den Passionsberichten nicht der ungeschminkte historische Pilatus aufscheint, sondern der ‚verkündigte' Pilatus. Um die jungen Christengemeinden im römischen Weltreich nicht unnötig zu gefährden, bzw. um den Gegensatz zwischen Römertum und Christentum nicht durch die Schilderung einer grausamen Pilatusfigur unnötig zu verschärfen, zeichneten die Evangelisten einen etwas gemilderten Pilatus. Die historische Wahrheit über diesen Mann, der wegen seiner Grausamkeit, Habgier und Judenfeindschaft berüchtigt war, blieb ohnehin im römischen Reich bekannt.“[7]

Clemens Thoma

---

[6] Der ägyptisch-islamische Theologe und Arzt Kamil Hussein deutet in seinem arabisch geschriebenen Buch „Sündige Stadt“ (Kairo 1954, 2) die Kreuzigung als fundamentalen Verstoß gegen das Gewissen mit unabsehbaren Folgen. Diese Deutung ist die Konsequenz seiner Sicht des Christentums, als dessen Kernstück er die Lehre des Gewissens ansieht.

[7] C. Thoma, Christliche Theologie des Judentums. Aschaffenburg 1978, 180–181. Er weist hin auf die antiken Berichte (LegGai 37–39; Bell 2,169–174; Ant 18,55-59; Lk 13,1). Vgl. G. Schwarz, Jesus und Judas. Aramaistische Untersuchungen zur Jesus-Judas-Überlieferung der Evangelien und der Apostelgeschichte. Stuttgart 1987; A. Läpple, Das Passionsspiel von Oberammergau 1990. Theologisches Konzept und katechetische Anregungen. In: Klerusblatt 68 (1989) 217–223.

♦ Das Kreuz – ein aggressives Symbol?

Daß Christus aufrecht am Kreuz starb, während Buddha liegend verschied – symbolisiert das nicht den fundamentalen Unterschied in mehr als einer Hinsicht zwischen Buddhismus und Christentum? „Aufrecht" bedeutet Aktion, Streitbarkeit, Ausschließlichkeit, indes „waagrecht" Frieden, Duldsamkeit und Weitherzigkeit meint. In seiner Aktivität hat das Christentum etwas, das aufreizt, erregt und beunruhigt. In seiner Streitbarkeit und Ausschließlichkeit neigt es dazu, eine selbstherrliche und manchmal herrische Gewalt über andere auszuüben – trotz des erklärten Zieles der Christenheit von Demokratie und allgemeiner Verbrüderung.
In dieser Hinsicht erweist der Buddhismus sich als das gerade Gegenteil des Christentums. Die horizontale Lage des Nirvana-Buddha mag manchmal den Eindruck von Indolenz, Indifferenz und Tatenlosigkeit erwecken, obwohl der Buddhismus in Wirklichkeit die Religion der Tapferkeit und einer unendlichen Geduld ist – eine Religion des Friedens, der Heiterkeit, des Gleichmuts und des Gleichgewichts. Er weigert sich, streitbar und exklusiv, ausschließlich sein zu wollen. Er tritt im Gegenteil ein für Weitherzigkeit, allumfassende Toleranz und Sichfernhalten von weltlichen Streitigkeiten. Aufrecht stehen bedeutet, daß man sich bereit hält zur Tat, zum Kampf, zur Überwältigung des anderen. Es setzt auch den Gegner, den Widersacher voraus, der bereit ist, einen selbst niederzuschlagen, wenn man ihn nicht zuerst niederschlägt. In dieser Bereitschaft liegt „das Selbst", das das Christentum kreuzigen will."[8]

Daisetz Teitaro Suzuki († 1966)

[8] D. T. Suzuki, einer der im Westen bekanntesten japanisch-buddhistischen Zen-Meister, legte in seinem Werk „Der westliche und der östliche Weg. Essay über christliche und buddhistische Mystik. Frankfurt/M. 1971, 128f. eine bemerkenswerte Gegenüberstellung der zentralen Symbole des Buddhismus und des Christentums vor, die beide mit der Idee des „Leidens" verknüpft sind. Ist das Kreuz Christi und der Christen in seiner Deutung als aggressives Symbol ein Missverständnis? Ähnliche Gedanken mögen in manchen esoterischen Veröffentlichungen anklingen, die vom Ende des Zeitalters der Fische (= Zeitalter des Christentums, der Religionskriege, der Kreuzzüge, der Inquisition, der Kirchenspaltung usw.) und vom Beginn des Wassermann-Zeitalters (= Zeitalter des Pluralismus, der Toleranz, Völkerfreundschaft usw.) sprechen. Vgl. P. Rabanne, Das Ende unserer Zeit. Aufbruch in das Wassermann-Zeitalter. München 1996.

Unter gegensätzlichen Aspekten ist der neutestamentliche Bericht über den Prozess Jesu von Juristen wie von Theologen untersucht und gedeutet worden. Neben der These, es habe überhaupt keinen Prozess gegen Jesus gegeben und die Kreuzigung Jesu sei nur ein Verwaltungsakt gewesen, haben andere 27 Verstöße gegen die jüdische Prozessordnung entdeckt, wenn der Prozess nach sadduzäischem Recht durchgeführt wurde. Damit ist aber das eigentliche und menschliche Geschehen an Jesus und in Jesus, dem menschgewordenen Sohn Gottes, nicht einmal gestreift! Eine Zusammenstellung der jüdischen Ketzergesetze bietet E. Stauffer, Jerusalem und Rom in Zeitalter Jesu Christi. Bern 1957, 123–127. Vgl. F. Mußner, Wege zum Selbstbewußtsein Jesu. In: Biblische Zeitschrift 12 (1968) 161-172.

Historische Wahrheit – religiöse Wahrheit

Eine ganz präzise historisch-kritische Auflistung geht an der Mitte des Geschehens und damit auch an der menschlich-persönlichen Begegnung mit diesen Ereignissen radikal vorbei. Es werden damit nur die Kulissen der damaligen Szene in Jerusalem rekonstruiert. Aber was in den Personen auf der damaligen Bühne der Geschichte – Kajaphas und Hannas, Herodes und Pontius Pilatus und vor allem Jesus von Nazaret – vor sich gegangen ist, kommt nicht in den Blick.

Der dänische Religionsphilosoph Sören Kierkegaard (1813–1855) hat eindringlich auf die fundamentale Unterscheidung zwischen historischer und religiöser Wahrheit aufmerksam gemacht, die absolut notwendig ist, wenn man nicht im Dorngestrüpp der Nebensächlichkeiten und Belanglosigkeiten hängen bleiben will. Plakativ lässt sich nach Kierkegaard sagen: Die historische Wahrheit zielt auf das Objektive, dem der Forscher gegenübersteht. Die religiöse Wahrheit trifft das Subjekt, will das Ich, das Herz des Menschen umgreifen, ergreifen. Durch die religiöse Wahrheit soll der Mensch in unmittelbarer Ergriffenheit ein „Gleichzeitiger" werden. Jetzt erst bricht die Frage auf: Auch „meine" Schuld hat an diesem Prozess mitgewirkt und mitentschieden. Aus dem Betrachter wird ein Beteiligter, ein Mitschuldiger!

In den neutestamentlichen Prozessbericht ist auch die Verleugnung durch Petrus eingefügt (Mk 14,66–72; Mt 26,69–75; Lk 22,54 b–61), die den heutigen Leser zum Nachdenken bringen kann. Wo verleugne ich mein Christsein durch Schweigen, durch Feigheit, um ja keinen persönlichen Schaden oder Nachteil zu erleiden?

Unterwerfung bis zum Tod am Kreuz

Ein ganz neuer Horizont des Sehens und des Deutens, der Unruhe, ja des Erschreckens tut sich auf, liest man nicht oberflächlich über die allzu bekannte Passionsgeschichte hinweg.

Dann können einzelne Worte, einzelne Sätze des Neuen Testaments zu schmerzlichen und quälenden Widerhaken in unserem Glauben werden.

Sagt nicht Jesus „er müsse nach Jerusalem gehen ... vieles erleiden ... und werde getötet werden" (Mt 16,21; Mk 8,31; Lk 9,22)? Ist nicht zu lesen, Jesus

> *„war gehorsam bis zum Tod,*
> *bis zum Tod am Kreuz"* (Phil 2,8),

so dass die gesamte Leidensgeschichte geradezu als ein göttlicher Regieplan erscheint, ein Regieplan, der so und nicht anders an sein Ende kommen muss! Angesichts dieses göttlichen Erlösungsplanes werden die geschichtlichen Gestalten eines Judas Iskariot, eines Kajaphas, eines Pontius Pilatus geradezu zu Statisten, zu Figuren auf dem Schachbrett der göttlichen Vorsehung, der göttlichen Vorherbestimmung. Immer wieder spricht die Bibel von der Erlösung „nach dem von Ewigkeit her gefaßten, unabänderlichen Ratschluß Gottes" (Ps 32,11; Apg 2,23; 20,27; Röm 9,11; Eph 1,11; 3,11; Hebr 6,17).

Wie ist eigentlich Jesus, der wahrer Mensch war, mit diesem innerlichen Druck fertig geworden, so und nicht anders leben und sterben zu müssen, in bedingungsloser Unterwerfung „gehorsam zu sein bis zum Tod am Kreuz"? Ist dies der Grund, warum sich keine einzige Zeile im Neuen Testament findet, in der zu lesen ist, Jesus habe gelacht? Ist Jesus durch diesen Druck des Sterbenmüssens „das Lachen vergangen"? Auch im Prozessverlauf ist die Wortkargkeit Jesu auffallend. Er redet nicht mehr als unbedingt notwendig. Er weiß, dass der Plan des Vater-Gottes unveränderlich ist. „Christus wurde vom Vater in voller Absicht dem Schicksal des Todes überlassen" (W. Popkes). Erschrickt man nicht über das absurde, sadistische Handeln, über den Masochismus des Vater-Gottes! Von welchen Themen war das Gebet Jesu geprägt, wenn er oft und oft in die Stille sich zurückzog und mit dem göttlichen Vater sprach?

Geht man den Worten und Gedanken nach, die man im Neuen Testament hart und kantig vorfindet, dann eröffnet sich – nur in Ansätzen erkennbar – ein trinitarisches Geschehen, mit dem verglichen das irdisch-geschichtliche Geschehen des Prozesses und der Kreuzigung Jesu an Brisanz gewaltig verliert. Und doch waren die geschichtlichen Personen nicht willenlose Figuren, über die „von oben" nur verfügt wurde. Diese Menschen waren mit ihrer Verantwortung und Entscheidung voll und ganz in den Heils- und Erlösungsplan Gottes, in den Skandal des Kreuzes integriert.

Literatur

H.-W. Bartsch, Wer verurteilte Jesus zum Tode? In: Novum Testamentum 7 (1964) 210–216.

J. Blinzler, Der Prozess Jesu. Regensburg [4]1969.

M. Dibelius, Herodes und Pilatus. In: Zeitschrift für die neutestamentliche Wissenschaft 16 (1915) 113–126.

W. P. Eckert – E. L. Ehrlich, Judenhass – Schuld der Christen? Essen 1964.

W. Fricke, Standrechtlich gekreuzigt. Person und Prozess des Jesus aus Galiläa. Frankfurt/M. [3]1987.

F. Hahn, Der Prozess Jesu nach dem Johannesevangelium. In: Evangelisch-Katholischer Kommentar zum Neuen Testament 2(1970) 23–96.

U. Holzmeister, Zur Frage der Blutgerichtsbarkeit des Synedriums. In: Biblica 19 (1938) 43–49, 151–174.

J. Jeremias, Zur Geschichtlichkeit des Verhörs Jesu vor dem Hohen Rat. In: Zeitschrift für die neutestamentliche Wissenschaft 43 (1950/51) 145ff.

K. Kertelge (Hg.) Der Prozess gegen Jesus. Historische Rückfrage und theologische Deutung (Quaestiones Disputatae 112). Freiburg 1988.

A. Läpple, Die Bibel – heute. Wenn Steine und Dokumente reden. München 1978.

P. Lapide, Wer war schuld an Jesu Tod? Gütersloh 1987.

P. Lippert, Der Mensch Job redet mit Gott. München 1934.

G. Lohfink, Der letzte Tag Jesu. Die Ereignisse der Passion. Freiburg – Basel – Wien 1981.

J. Moltmann, Der gekreuzigte Gott. Das Kreuz Christi als Grund und Kritik christlicher Theologie. München 1972.

F. Mußner, Wege zum Selbstbewußtsein Jesu. In: Biblische Zeitschrift NF 12 (1968) 161–172.

J. Oesterreicher, Auschwitz, der Christ und das Konzil. Meitingen 1964.

G. Schneider, Gab es eine vorsynoptische Szene „Jesus vor dem Synedrium“. In: Novum Testamentum 12 (1970) 22–39.

G. Schneider, Die Passion Jesu nach den drei älteren Evangelien. München 1973.

D. Sölle, Leiden. Stuttgart – Berlin [3]1976.

E. Stegemann (Hg.) Messias-Vorstellungen bei den Juden und Christen. Stuttgart 1963.

A. Strobel, Die Stunde der Wahrheit. Untersuchungen zum Strafverfahren gegen Jesus. Tübingen 1980.

C. Thoma, Das Messiasprojekt. Augsburg 1994.

22. Die Kreuzigung Jesu

In esoterisch orientierten Kreisen ist es in aller Munde: Das Zeitalter der Fische neigt sich seinem Ende zu. Heraufsteigt das Zeitalter des Wassermanns. Dieses Kapitel „Die Kreuzigung Jesu" hat insofern mit diesem Slogan zu tun, als das Zeitalter der Fische (der Fisch war schon in frühchristlicher Zeit Symbol Christi und Erkennungszeichen der Christen) weithin als Zeitalter des Christentums gedeutet wird. Dieses Zeitalter wird in Negativbilanz als Zeitalter des christlichen Glaubens mit seinen unschönen Begleiterscheinungen der Schwertmission, der politischen Spannungen zwischen Päpsten und Kaisern, der Inquisitionstribunale, Hexenprozesse und Scheiterhaufen, der Glaubensspaltung charakterisiert. Mit dem Ende des Zeitalters der Fische um die Wendemarke 2000 ist, so die esoterische Lehre, auch die Geschichte des Christentums, des Kreuzes, der Wirkungsmächtigkeit Jesu beendet.

Heraufzieht das neue Zeitalter des Wassermanns, von dem gesagt wird, es sei ein Zeitalter der Menschenrechte und Grundfreiheiten, des Völkerfriedens, der totalen Toleranz, der Solidarität, der wirtschaftlichen Blüte und des seelischen Wohlergehens. So hieß es bereits 1967 im Musical „Hair": „Harmonie und Recht und Klarheit, Sympathie und Licht und Wahrheit, niemand wird die Freiheit knebeln, niemand mehr den Geist umnebeln, Mystik wird uns Einsicht schenken, und der Mensch lernt wieder denken, dank dem Wassermann".

Neben den „einen Mittler zwischen Gott und Menschen, den Menschen Jesus Christus" (1 Tim 2,5; vgl. Hebr 8,6; 9,15; 12,24), werden andere Heilbringer, andere Erlöser, andere Tröster treten. Jesus wird seine alleinige Topstellung verlieren. Er ist nach der Wassermann-Lehre nur einer unter vielen Heilbringern – wie Gotama Buddha, Laotze, Konfuze, Zoroaster und viele Frauen und Männer auch unserer Epoche als charismatisch Berufene und Gesandte.

Es kann hier die wichtige Diskussion über „Christentum und die Weistümer und Religionen der Menschheit" nicht in Ausführlichkeit behandelt oder gar zu einer Lösung gebracht werden, wohl aber soll die Dringlichkeit und Aktualität dieser Zeitfrage ins geschärfte Bewusstsein gehoben werden. Wie vor fast zweitausend Jahren will auch heute die Frage beantwortet werden: Jesus von Nazaret, „bist du es, der kommen soll, oder müssen wir auf einen andern warten?" (Mt 11,13) Der Apostel Paulus hat diese Frage präzisiert und zugleich das Konzentrat seiner Verkündigung formuliert: „Das Wort vom Kreuz ist Gottes Kraft … Wir verkünden Christus als den Gekreuzigten: für Juden ein empörendes Ärgernis, für Heiden eine Torheit" (1 Kor 1,18.23).

Zunächst soll im Sinne eines Sören Kierkegaard „die historische Wahrheit“ in den Blick gebracht, sodann zaghaft auch „die religiöse Wahrheit“ in einigen Anregungen zum Weiterdenken vorgelegt werden. Erst einmal ist festzustellen: Viel zu wenig wird bedacht, dass der Kreuzestod Jesu „ein dreckiger Tod war, ein langsames, begafftes Sterben, ein Ende in Schande und Fluch“ (Gottfried Bachl). Zum jüdischen Glauben gehört der Satz: „Ein Gehenkter ist ein von Gott Verfluchter“ (Dtn 21,23). Wie konnte ausgerechnet ein Gehenkter zum Erlöser, Heiland, Retter der Menschheit von Schuld und Sünde werden? Wie konnte die Dimension des Negativen, des von Gott Verworfenen und Verfluchten zur Dimension des Positiven, des Heiles, des Friedens, der Zukunft werden? Und: „Wie konnte aus dem Kreuz ein ästhetisch problemloses Möbelstück werden?“ (so Gottfried Bachl).

Die Kreuzigung Jesu ist von Theologen und Mystikern, von Ärzten und Tuchfachleuten, von Physikern und Chemikern aus unterschiedlichen Positionen und mit unterschiedlichen Methoden gemessen und gerade in unserer Gegenwart schockierend neu interpretiert worden. Erinnert sei an das umfangreiche Schrifttum mit den widersprüchlichen Ergebnissen über das Grablinnen in Turin wie über das Schweißtuch Christi, aufbewahrt in der spanischen Stadt Oviedo!

Für enormen Zündstoff sorgen Veröffentlichungen der heute so beliebten Enthüllungsliteratur über den Kriminalfall Golgota: Jesus sei nicht am Kreuz gestorben – Jesus sei halbtot vom Kreuz abgenommen und gesundgepflegt worden – Jesus sei nach Indien ausgewandert und in hohem Alter auf einer Bambusmatte in Kaschmir gestorben! Ist jahrhundertelang ein falscher Jesus, eine Lüge über Jesus verbreitet worden? Tritt erst heute der andere, der wirkliche Jesus vor die Menschheit? Wird der hinter Schloss und Riegel gebrachte Jesus, wird die Verschlusssache Jesus zur weltweiten, christlichen Verdrusssache?

Ohne Übertreibung muss festgestellt werden: War die Verkündigung der christlichen Botschaft vom gekreuzigten Christus schon in der Spätantike, vor allem wegen der leib- und materiefeindlichen Strömungen der Gnosis und des Doketismus, überaus mühsam, so geht es in der heutigen Generaldebatte tatsächlich um Alles oder Nichts. Die Propagierung der Ansicht, Jesus sei nicht am Kreuz gestorben, sondern habe später in Indien gelebt und sei dort gestorben (vergleiche Kapitel 8 „Jesus in Indien“!), könnte den Glauben vieler Christen bis zur letzten Zerreißprobe belasten, Skeptiker, Zweifler und Atheisten hingegen in ihrer antichristlichen, antikirchlichen Einstellung rundum bestätigen.

♦ Der gekreuzigte Gerechte …

Der Gerechte wird gegeißelt, gefoltert, gebunden, mit Feuer geblendet und, wenn er alle Leiden erduldet hat, schließlich ans Kreuz geschlagen werden."[1]

Platon (427–347)

♦ Römische Kaiserliturgie

Er (Julius Caesar), der Vater des Vaterlandes, Er der Pontifex Maximus, der Unverletzliche, der Halbgott, der Gott, Er hat den Tod erlitten … geschlachtet im Senatssaal, waffenlos der siegreiche Kriegsherr, wehrlos der Friedenskaiser, im Gerichtssaal der Richter, … erschlagen von den eigenen Gefährten, Er, der sich immer wieder ihrer erbarmt hatte … Wehe um die blutgefärbten weißen Haare, o über die durchlöcherte Toga, die du nur umgelegt hast, so scheint es, um darin geschlachtet zu werden … Nun wollen wir den Heiligen geleiten in die Welt der seligen Geister mit Klageliedern und Hymnen."[2]

Marcus Antonius (82–30 v. Chr.)

♦ Ein Gekreuzigter überlebte!

Auf dem Wege von dort (= dem Dorf Thekoa) im Gebirge Juda (16 km südlich von Jerusalem, Heimat des Propheten Amos) sah ich

---

[1] Es mutet wie eine außerbiblische Heilserwartung an, was Platon, auf der Höhe seines Lebens und nach jahrelangen Vorbereitungen in seinem gewaltigsten Werk „Der Staat" (Politeia I–X) von einem unbekannten, gekreuzigten Gerechten (Staat 2,5,361 E) geschrieben hat. Vgl. Platon, Kommentierte Werkausgabe. Herausgegeben und eingeleitet von Elfi Huber. Augsburg 1990; Th. Haecker, Vergil, Vater des Abendlandes. München 1947.

[2] Aus der berühmten Leichenrede des Marcus Antonius (82–30 v. Chr.) für den an den Iden des März 44 v. Chr. (15. März) mit 23 Dolchstichen ermordeten Gaius Julius Caesar. Hauptquellen der Rede: Sueton (Divus Julius 84), Appian (Bellum Civile 2,145f.) und Dio Cassius (44,33ff.). Erinnert sei auch an William Shakespeares Julius Cesar (1601) mit der exzellenten Leichenrede (3. Akt, 2. Szene). E. Stauffer, Jerusalem und Rom im Zeitalter Jesu Christi. Bern 1957, 21 sieht im Beisetzungsritual der Passionsliturgie für Cäsar genau 75 Jahre vor dem Kreuzestod Jesu „gewisse Motive vorweggenommen, die später eine große Geschichte haben in der Karfreitagsliturgie der Römischen Messe".

wieder Gefangene, die am Kreuze hingen, und erkannte darunter drei meiner Freunde. Mit tiefem Schmerz und unter Tränen begab ich mich zu Titus und erzählte es ihm. Sogleich ließ er sie abnehmen und ihnen die sorgfältigste Behandlung angedeihen. Trotzdem starben zwei von ihnen während der Behandlung, der dritte aber ward gerettet."[3]

Flavius Josephus (37– um 100)

♦ Seltsame Frühbegegnung ...

Als sie von dort weiterzogen, gelangten sie in eine Einöde und erfuhren, daß diese Gegend unsicher sei. Josef und die allerseligste Maria beschlossen, sie während der Nacht zu durchqueren. Als sie weiterzogen, trafen sie auf zwei schlafende Räuber. Bei ihnen befand sich eine ganze Bande weiterer Räuber, ihre Gefährten, die gleichfalls schliefen. Die beiden Räuber, denen sie begegneten, waren Titus und Dumachus. Titus sprach zu Dumachus: ‚Gib diesen Leuten den Weg frei, damit sie vorbeiziehen können und unsere Gefährten sie nicht bemerken!' Dumachus wollte davon nichts wissen. Titus sprach zu ihm: ‚Ich gebe dir vierzig Drachmen, und nimm dies als Pfand!' Dann reichte er ihm den Gürtel, den er um seine Lenden trug, um ihn zu bewegen, zu schweigen und kein Wort zu sagen.
Als unsere liebe Frau, die allerseligste Maria, bemerkte, wie edel sich dieser Räuber ihnen gegenüber verhalten hatte, sprach sie zu ihm:

---

[3] Flavius Josephus schrieb in seiner „Selbstbiographie" (Vita 75) über die Erlebnisse während seiner Statthalterschaft in Galiläa. Vgl. dazu seine Ausführungen in seinem zwischen 75 und 79 n. Chr. geschriebenen Werk „Der Jüdische Krieg" (V. Buch 11,1), das als eines der wichtigsten antiken Quellen zur Geschichte des jüdisch-römischen Krieges (bis zum Jahr 73 n. Chr.) anzusehen ist. Während des jüdischen Aufstandes gegen Rom 66 n. Chr. war Josephus zunächst Befehlshaber der jüdischen Truppen in Galiläa. Er geriet bereits 67 in römische Gefangenschaft. Zwei Jahre später wurde er durch Kaiser Vespasian freigelassen. In dieser besatzungspolitisch äußerst schwierigen und gereizten Epoche versuchte Flavius Josephus als fairer Vermittler auszugleichen und Brücken des gegenseitigen Verstehens zu bauen.
Zum besseren Verständnis des Textes: Das Dorf Thekoa ist im Gebirge Juda, 16 km südlich von Jerusalem gelegen. Es ist die Heimat des Propheten Amos, dessen Grab heute noch dort gezeigt wird. Titus war der Feldherr, der Jerusalem 70 n. Chr. eroberte und den Tempel zerstörte. 79-81 war er römischer Kaiser.

‚Gott der Herr wird dich zu seiner Rechten behüten und dir die Verzeihung deiner Sünden gewähren.' Da ergriff der Herr Jesus das Wort und sprach zu seiner Mutter: ‚O Mutter, in dreißig Jahren werden die Juden in der Stadt Jerusalem mich ans Kreuz schlagen. Mit mir werden sie diese beiden Räuber kreuzigen, Titus zu meiner Rechten, Dumachus zu meiner Linken. Nach diesem Tage wird mir Titus ins Paradies vorausgehen.' Sie antwortete ihm: ‚Möge dir das erspart bleiben, mein Sohn!'" (23,1–2).[4]

Arabisches Kindheitsevangelium (6. Jahrhundert)

♦ Was sagt der Koran über die Kreuzigung Jesu?

Sie (die Juden) haben gesagt: Wir haben den Messias (Christus), den Jesus, den Sohn Maryam, den Gesandten Gottes (Allahs) getötet. Aber sie haben ihn (in Wirklichkeit) nicht getötet und (auch) nicht gekreuzigt. Vielmehr erschien ihnen ein anderer, der ihm ähnlich war (so daß sie ihn mit Jesus verwechselten und töteten). Und diejenigen, die über ihn uneins sind, sind im Zweifel über ihn.
Sie haben kein Wissen über ihn, gehen vielmehr Vermutungen nach. Und sie haben ihn nicht mit Gewißheit getötet. Nein, Gott hat ihn (Jesus) zu sich (in den Himmel) erhoben" (Sure 4,157–158).[5]

Koran (um 650)

---

[4] Das arabische Kindheitsevangelium, wohl eine Übersetzung aus dem Syrischen, vereint drei Zyklen (Geburt Jesu, Wunder in Ägypten, Wunder des Jesusknaben). Es zählt zu den jüngeren apokryphen Kindheitsevangelien. Zitiert aus A. Läpple, Außerbiblische Jesusgeschichten. Ein Plädoyer für die Apokryphen. München 1987, 83–84.
Es muss den Lesern dieses apokryphen Textes sicherlich in bleibender Erinnerung geblieben sein, dass ausgerechnet die beiden Räuber, die der Heiligen Familie auf der Flucht nach Ägypten begegneten, dreißig Jahre später mit Jesus auf Golgota gekreuzigt werden sollten. In einer koptischen Übersetzung des apokryphen Nikodemus-Evangeliums werden als Namen der beiden Schächer nicht Titus und Duchamus, sondern Dysmas und Gestas genannt.
Bereits in dieser Episode der apokryphen Kindheitsgeschichte Jesu wird erklärt, warum der gekreuzigte Jesus dem rechten Schächer das Paradies verheißen hat. Wie auch sonst in apokryphen Überlieferungen ist hier die Absicht unverkennbar, später auftretende Personen durch biographisches Hintergrundmaterial menschlich verständlicher und geschichtlich nachprüfbar zu machen.

♦ Das Kreuz – Zeichen des Trostes

O sei gegrüßet, du Kreuz Jesu!
Wer dich nicht glaubt, der findet keine Ruh!
Ich bitt dich, steh mir allzeit bei
wider das Blut, Fleisch und teuflisch Streit!
Und hilf mir in der letzten Not,
so mich scheide der bittre Tod."[6]

Albrecht Dürer (1471–1528)

♦ Meine Schuld am Kreuzestod Jesu?

Was du, Herr, hast erduldet,
ist alles meine Last;
ich, ich hab es verschuldet,
was du getragen hast.
Schau her, hier steh ich Armer,
der Zorn verdienet hat;
gib mir, o mein Erbarmer,
den Anblick deiner Gnad."[7]

Paul Gerhardt (1607–1678)

---

[5] Der Koran wurde nach dem Tod Mohammeds (570–632; Grab in Medina) aufgezeichnet. Endgültig redigiert und in 114 Suren eingeteilt wurde er vom 3. Kalifen Othman (646–656).
In diesem Text (Sure 4,157–158) kommt die islamische Vorstellung der Kreuzigung Jesu zur Darstellung, die sich deutlich abhebt von jüdischen Deutungen. Entscheidende Stichworte für die ungewohnte Deutung der Kreuzigung, in der der allmächtige Gott (Allah) seinem Getreuen Jesus von Nazaret beisteht, sind: „Er (Gott) übertrifft die Ränke seiner Feinde" (Sure 3,54) und: „Gott verlässt nicht seine Kämpfer" (Sure 22,40). Nach islamischer Tradition und Volksfrömmigkeit wurde Jesus durch das Eingreifen des Vater-Gottes durch einen Doppelgänger ersetzt – Simon von Kyrene oder Judas Iskariot. Hier ist auch der mögliche Ansatz- und Ausgangspunkt der von der Sekte der Ahmadiya vertretenen Auffassung zu sehen, der überlebende Jesus sei nach Indien ausgewandert.

[6] Albrecht Dürer blieb, obwohl seine Vaterstadt sich den reformatorischen Lehren anschloss, bis zu seinem Tod katholisch.

[7] Der Text von Paul Gerhardt ist eine Strophe aus dem Fastenlied „O Haupt voll Blut und Wunden" (1656), das von Katholiken und Protestanten gleichermassen gesungen wird.

♦ Der Tod Jesu und seine Konsequenzen

Ich gestehe dir, daß die Erhabenheit der heiligen Schriften mich in Erstaunen setzt, und daß die Heiligkeit des Evangeliums zu meinem Herzen spricht. Siehe die Bücher der Philosophen mit all ihrem Gepränge: wie klein sind sie neben diesem! Kann ein zugleich so erhabenes und so einfaches Buch das Werk der Menschen sein? Kann der, dessen Geschichte es enthält, ein bloßer Mensch sein? Ist das der Tod eines Schwärmers oder eines ehrgeizigen Sektenführers? Welche Sanftmut, welche Reinheit in den Sitten! Welch rührende Anmut in seinen Lehren! Welche Größe in seinem Sittengesetz! Welche tiefe Weisheit in seinen Reden, welche Geistesgegenwart, welche Feinheit und Richtigkeit in seinen Antworten! Welche Herrschaft über seine Leidenschaften! Wo ist der Mensch, wo der Weise, der ohne Schwäche und ohne Prahlen zu handeln, zu dulden und zu sterben versteht? – Ja, wenn Sokrates' Leben und Tod den Weisen zeigen, so zeigt Leben und Tod Jesu den Gott. Oder soll man annehmen, die Geschichte des Evangeliums sei nur so erfunden worden? Mein Freund, so erfindet man nicht; auch sind die Lebensumstände des Sokrates, an denen niemand zweifelt, weniger gut bezeugt als die Jesu Christi. Damit verschiebt man im Grund nur die Schwierigkeiten, ohne sie zu beseitigen; es wäre viel unbegreiflicher, dass mehrere Menschen dieses Buch im Einverständnis gemacht, als dass einer allein den Stoff dazu geliefert hätte. Niemals hätten jüdische Schriftsteller diesen Ton und diese Moral gefunden; das Evangelium hat so große, so schlagende, so unnachahmliche Kennzeichen der Wahrheit, daß der Erfinder noch mehr Staunen erregen müßte als der Held derselben. Bei allem dem ist dieses nämliche Evangelium voll unglaublicher, der Vernunft widerstreitender Dinge, die jeder vernünftige Mensch unmöglich begreifen oder annehmen kann. Was soll man tun inmitten aller dieser Widersprüche? Immer zurückhaltend und vorsichtig sein, mein Sohn; in der Stille achten, was man weder verwerfen noch begreifen kann, und sich demütigen vor dem großen Wesen, welches allein die Wahrheit weiß."[8]

Jean-Jacques Rousseau (1712–1778)

[8] Aus Rousseaus Hauptwerk „Emile" (1762), darin das „Glaubensbekenntnis des savoyischen Vikars".

♦ Wo ist Gott?

Starres, stummes Nichts! Kalte, ewige Notwendigkeit! Wahnsinniger Zufall! Kennt ihr das unter euch? Wann zerschlagt ihr das Gebäude und mich? – Zufall, weißt du selber, wenn du mit Orkanen durch das Sternen-Schneegestöber schreitest und eine Sonne um die andere auswehest, und wenn der funkelnde Tau der Gestirne ausblinkt, indem du vorübergehest? – Wie ist jeder so allein in der weiten Leichengruft des Alls! Ich bin nur neben mir – O Vater! O Vater! Wo ist deine unendliche Brust, daß ich an ihr ruhe? – Ach wenn jedes Ich sein eigner Vater und Schöpfer ist, warum kann es nicht auch sein eigner Würgeengel sein?“[9]

Jean Paul (1763–1825)

♦ Eine verdammungswürdige Frechheit?

Wir halten es für eine verdammungswürdige Frechheit, jenes Martergerüst und den daran leidenden Heiligen dem Anblick der Sonne auszusetzen, die ihr Angesicht verbarg, als eine ruchlose Welt ihr dieses Schauspiel aufdrang, mit diesen tiefen Geheimnissen, in welchen die göttliche Tiefe des Leidens verborgen liegt, zu spielen … wir ziehen einen Schleier über diese Leiden, eben weil wir sie so hoch verehren.“[10]

Johann Wolfgang von Goethe (1749–1832)

♦ Das schroffe Kreuz

Es steht das Kreuz mit Rosen dicht umschlungen.
Wer hat dem Kreuze Rosen zugesellt?

[9] Rede des toten Christus vom Weltgebäude herab, dass kein Gott sei (1795). In: Siebenkäs II. Erstes Blumenstück (1796/97).

[10] Wilhelm Meisters Wanderjahre, 2. Buch, 2. Kapitel.

Es schwillt der Kranz, um recht von allen Seiten
Das schroffe Kreuz mit Weichheit zu begleiten."[11]

Johann Wolfgang von Goethe (1749–1832)

♦ Die Höllenfahrt des triumphierenden Christus

Welch ungewöhnliches Getümmel!
Ein Jauchzen tönet durch die Himmel.
Ein großes Heer zieht herrlich fort.
Gefolgt, von tausend Millionen,
Steigt Gottes Sohn von seinen Thronen,
Und eilt an jenen finstern Ort.
Er eilt umgeben von Gewittern;
Als Richter kommt Er und als Held.
Er geht und alle Sterne zittern.
Die Sonne bebt. Es bebt die Welt.

. . .

Des Menschen Sohn steigt im Triumphe
Hinab zum schwarzen Höllen-Sumpfe,
Und zeigt dort seine Herrlichkeit.
Die Hölle kann den Glanz nicht tragen,
Seit ihren ersten Schöpfungstagen
Beherrschte sie die Dunkelheit.
Sie lag entfernt von allem Lichte,
Erfüllt von Qual im Chaos hier.
Den Strahl von Seinem Angesichte
Verwandte Gott auf stets von ihr.

. . .

Gott ward ein Mensch. Er kam auf Erden.
Auch dieser soll mein Opfer werden,
Sprach Satanas und freute sich.

---

[11] Die Geheimnisse. Ein Fragment.

Er suchte Christum zu verderben,
Der Welten Schöpfer sollte sterben.
Doch weh dir Satan, ewiglich!
Du glaubtest Ihn zu überwinden.
Du freutest dich bei Seiner Noth.
Doch, siegreich kommt Er dich zu binden.
Wo ist dein Stachel hin, o Tod?

...

Der Gott-Mensch schließt der Höllen Pforten,
Er schwingt Sich aus den dunklen Orten
In Seine Herrlichkeit zurück.
Er sitzet an des Vaters Seiten,
Er will noch immer für uns streiten.
Er wills! O Freunde! Welches Glück!
Der Engel feierliche Chöre,
Die jauchzen vor dem großen Gott,
Daß es die ganze Schöpfung höre:
Groß ist der Herr Gott Zebaoth!“[12]

Johann Wolfgang von Goethe (1749–1832)

---

[12] Poetische Gedanken über die Höllenfahrt Jesu Christi. Auf Verlangen entworfen (J. W. von Goethe, Werke. Bd. 37, Weimar 1896, 4–9). Dieses Gedicht hat der junge Goethe 1766 geschrieben. Es wurde im gleichen Jahr in der Frankfurter Zeitschrift „Die Sichtbaren“ gedruckt. Die im Titel festgehaltene Bemerkung „Auf Verlangen entworfen“ bezieht sich auf eine Anregung, ja auf ein „Verlangen“ des Fräulein von Klettenberg, einer religiös interessierten Freundin seiner Mutter.
Goethe paraphrasiert den Glaubensartikel „Abgestiegen zu der Hölle“ (heute neu formuliert „abgestiegen in das Reich des Todes“), der sich auf manche Stellen im Neuen Testament (1 Petr 3,19; 4,6; Eph 4,9; Röm 10,7; Mt 12,40; Apg 2,27.31; Hebr 9,8–9; 11,39–40) stützt. Auf der Synode von Sirmium 359 wurde der Satz „abgestiegen zu der Hölle“ auf Antrag des syrischen Theologen Markus von Arethusa in das kirchliche Glaubensbekenntnis aufgenommen. Während bis zum Ende des Mittelalters „Hölle“ als scheól (Vorhölle – Vorhimmel) verstanden wurde, d.h. als Ort, wo die Gerechten (bildlich ausgedrückt) nach der Kreuzigung Jesu die langersehnte Öffnung der himmlischen Herrlichkeit erwarten, ist im reformatorischen Verständnis der Abstieg zur Hölle stärker als Fahrt in die Teufelshölle akzentuiert worden. Goethe hat als evangelischer Christ in seinem Text mit keinem Wort von diesem Wartezustand der Gerechten gesprochen, sondern schildert ausschließlich die Höllenfahrt Jesu als Sieges- und Triumphzug über die Macht des Satans.

♦ Der Tod Christi – die ewige, göttliche Geschichte

In dem Tode Christi ist für das wahrhafte Bewußtsein des Geistes die Endlichkeit des Menschen getötet worden. Dieser Tod des Natürlichen hat auf diese Weise allgemeine Bedeutung; das Endliche, Böse überhaupt ist vernichtet. Die Welt ist so versöhnt worden; der Welt ist durch diesen Tod ihr Böses an sich abgenommen worden. In dem wahrhaften Verstehen des Todes tritt auf diese Weise die Beziehung des Subjektes als solches ein. Das bloße Betrachten der Geschichte hört hier auf; das Subjekt selbst wird in den Verlauf hineingezogen. Es fühlt den Schmerz des Bösen und seiner eigenen Entfremdung, welche Christus auf sich genommen, indem er die Menschlichkeit angezogen, aber durch seinen Tod vernichtet hat ... Christus ist für alle gestorben. Das ist nicht etwas Einzelnes, sondern die ewige göttliche Geschichte; in der Natur Gottes selbst ist dies ein Moment, es ist in Gott selbst vorgegangen. Es heißt ebenso: in ihm sind alle gestorben. An Christo ist diese Versöhnung für alle vorgestellt worden, wie der Apostel auch den Glauben an den Gekreuzigten mit dem Anschauen der ehernen Schlange vergleicht. Das ist die Darstellung der zweiten Idee, der Idee in der Erscheinung wie die ewige Idee für die unmittelbare Gewißheit des Menschen geworden, d. h. wie sie erschienen ist. Daß sie Gewißheit für den Menschen werde, dazu ist notwendig sinnliche Gewißheit, die aber zugleich in das geistige Bewußtsein übergeht und ebenso in unmittelbar Sinnliches verkehrt ist, so aber, daß man darin sieht die Bewegung, Geschichte Gottes, das Leben, das Gott selbst ist.“[13]

Georg Wilhelm Friedrich Hegel (1770–1831)

♦ Christus – des Herakles Bruder?

Darum, o Göttlicher! sei gegenwärtig,
Und schöner, wie sonst, o sei
Versöhnender nun versöhnt, daß wir des Abends

[13] Hegel, Ausgewählt und eingeleitet von Friedrich Heer: Der absolute Geist (3. Teil, 4. Kapitel): Der Gottmensch und die Versöhnung. Frankfurt/M. – Hamburg 1955, 218ff.

Mit den Freunden dich nennen, und singen
Von den Höhen, und neben dir noch andere sein."

„Denn zu sehr,
O Christus! häng' ich an dir,
Wiewohl Herakles Bruder.
Und kühn bekenn' ich, du
Bist Bruder auch des Eviers, der
An den Wagen spannte
Die Tyger …"[14]

Friedrich Hölderlin (1770–1843)

♦ Käme Jesus heute …

Käme Christus jetzt zur Welt, würde er doch vielleicht nicht totgeschlagen, sondern ausgelacht werden. Dies ist das Martyrium in der Zeit des Verstandes, in der Zeit des Gefühls und der Leidenschaft wird man totgeschlagen."[15]

Sören Kierkegaard (1813–1855)

♦ Das Kreuz – Bild der Unversöhnlichkeit?

Am Kreuz hing sein gequält Gebeine,
mit Blut besudelt und geschmäht;
dann hat die stets jungfräulich reine
Natur das Schreckensbild verweht.
Doch die sich seine Jünger nannten,
die formten es in Erz und Stein,

---

[14] Hölderlin, Sämtliche Werke. Historisch-kritische Ausgabe: Bd. 4. Berlin ³1943, 162, 186.

[15] Das Zitat, einer Tagebuchnotiz des Jahres 1848 entnommen, ist zu finden in S. Kierkegaard, Der Einzelne und die Kirche. Übersetzung und Vorwort von Wilhelm Kütemeyer. Berlin 1934, 83.
Einen sprachlich ähnlichen Satz hat Kierkegaard 1849 in seinem Tagebuch notiert: „Käme Christus heute in die Welt: so wahr ich lebe, er nähme sich zum Ziel nicht die Hohenpriester – sondern die Journalisten." Vgl. hierzu das Kapitel „Jesus, der Ketzer", S. 243, Anmerkung 3.

und stellten's in des Tempels Düster
und in die lichte Flur hinein.
So jedem Aug ein Schauder,
ragt es hinein in unsre Zeit;
verewigend den alten Frevel,
ein Bild der Unversöhnlichkeit."[16]

Theodor Storm (1817–1888)

♦ Zu früh starb jener Hebräer …

Zu früh starb jener Hebräer … Wäre er doch in der Wüste geblieben und ferne von den Guten und Gerechten! Vielleicht hätte er leben gelernt und die Erde lieben gelernt – und das Lachen dazu! Glaubt es mir, meine Brüder! Er starb zu früh: er selber hätte seine Lehre widerrufen, wäre er bis zu meinem Alter gekommen! Edel genug war er zum Widerrufen! Aber ungereift war er noch. Unreif liebt der Jüngling, und unreif haßt er auch Mensch und Erde. Angebunden und schwer ist ihm noch Gemüt und Geistesflügel."[17]

♦ Im Grunde gab es nur einen Christen …

Im Grunde gab es nur einen Christen, und der starb am Kreuz. Das Evangelium starb am Kreuz. Was von diesem Augenblick an ‚Evangelium' heißt, war bereits der Gegensatz dessen, was er gelebt: eine ‚schlimme Botschaft', ein Dysangelium."[18]

---

[16] Der aus Schleswig-Holstein stammende Dichter Theodor Storm hat 1865 in einem Gedicht „Crucifixus" seine Schwierigkeit ausgesprochen, im Kreuz nur „ein Bild der Unversöhnlichkeit" sehen zu können. Bekannt wurde er durch Werke, in denen sich realistische Darstellung mit tragischem Unterton verbindet: Immensee (1852), Pole Poppenspäler (1874), Aquis submersus (1877), Renate (1878), der Schimmelreiter (1888).

[17] Der evangelische Pastorensohn Friedrich Nietzsche stand während seines ganzen Lebens in Auseinandersetzung mit seiner Herkunft, wie er 1863 selbst eingestand: „Ich bin als Pflanze nahe dem Gottesacker, als Mensch in einem (evangelischen) Pfarrhause geboren." Der zitierte Text ist entnommen: „Also sprach Zarathustra", Erster Teil: Vom frühen Tode (1883).

[18] Aus: „Der Antichrist" Nr. 39 (1888).

♦ Hat man mich verstanden

Hat man mich verstanden? – Dionysos gegen den Gekreuzigten."[19]

Friedrich Nietzsche (1844–1900)

♦ Dieser Christus, der sich in alles hineinmischt

Wer, ja anders kann ich es jetzt nicht ausdrücken, wer ist denn dieser Christus, der sich in alles hineinmischt …
Ich will mich nicht schlecht machen lassen um Christi willen, sondern gut sein für Gott. Ich will nicht von vornherein als Sündiger angeredet werden, vielleicht bin ich es nicht … Ich könnte mit Gott reden, ich brauche niemand, der mir Briefe an ihn aufsetzen hilft."[20]

Rainer Maria Rilke (1875–1926)

♦ Der wahre Beweis der Göttlichkeit

Mein Gott, mein Gott, warum hast du mich verlassen? Hierin liegt der wahre Beweis von der Göttlichkeit des Christentums."[21]

Simone Weil (1909–1943)

---

[19] Aus: „Ecce homo. Wie man wird, was man ist" (1888 – letzter Satz).

[20] Aus: „Der Brief des jungen Arbeiters" (aus dem Anfang und Schluss – geschrieben 1921, veröffentlicht 1933).
Vgl. Rilke. Leben, Werk und Zeit in Texten und Bildern. Hg. von Horst Nalerski. Frankfurt – Leipzig 1992; Rainer Maria Rilke: Briefe zur Politik. Frankfurt – Leipzig 1992; J. Mühlberger, Rilke und Rußland. In: Digest des Ostens 16 (1973) Nr. 6 (Juni) 59–62; W. Leppman, Rilke. Sein Leben, seine Welt, sein Werk. München 1981.

[21] S. Weil, Schwerkraft und Gnade. München [3]1981, 124. Vgl. dazu H. Schützeichel, Der Todesschrei Jesu. Bemerkungen zu einer Theologie des Kreuzes. In: Trierer Theologische Zeitschrift 83 (1974) 1–16.

♦ Zweifel an der eigenen Sendung

… in Gethsemane (mischten sich) Zweifel an seiner Sendung mitten in die entsetzliche Angst vor dem Kommenden, und noch am Kreuz vernahm man den qualvollen Ruf, daß Gott ihn verlassen habe."[22]

Oswald Spengler (1880–1936)

♦ Unser aus Ägypten hergekommenes Kasperltheater …

Ja es kommt zuletzt noch … geradezu zu einer mythischen Travestie. In Ägypten schon gab es kalendarische Osirisspiele, die sich im hellenistischen und römischen Kulturkreis fortsetzten, wo in scherzhafter, man möchte sagen shakespearischer Tragik der Volksheld gegen Tod und Teufel ficht und sie unterkriegt: es ist unser aus Ägypten hergekommenes Kasperltheater. Dahinter stehen tiefe Mysterien. Der die Erlösung bringende, durchaus ernst religiös gemeinte Held des Lichtes erscheint vor der Welt geradezu als Narr, als Narrenkönig. Und eben dieses Spiel trieben die römischen Kriegsknechte mit dem zum Tod verurteilten Jesus. Und hier ist der Erlösermythos ganz drastische banale Wirklichkeit geworden. Auch hier gilt … im allerhöchsten Sinn: Menschentorheit – Gottesweisheit."[23]

♦ Das Sterben Christi ist täglich da

Das Sterben des Christ am Kreuz dieser Welt, in diesem wirklichen Dasein dieser wirklichen Natur, in der wir sind und die wir selber sind – das ist keine legendäre Sache von gestern, sondern ist täglich und stündlich da …, ist da als jenseitige und doch in das

---

[22] O. Spengler, Untergang des Abendlandes. Bd. II. München 1927, 261.

[23] E. Dacqué, Das verlorene Paradies. Zur Seelengeschichte des Menschen. Tübingen ^{3}1952, 324.

diesseitige Dasein gedrungene und es durchdringende und wendende Tatsache des Evangeliums."[24]

♦ Rettung durch die Selbstopferung Gottes

Der Urmythos der Menschheit und daher die Urwahrheit bis auf diesen Tag ist das Wissen um das einstige Paradies und den Sturz des Menschenwesens aus ihm …
(Es gab nur eine Rettung:) Wenn Gott sich selbst opferte, sich selbst hingab an die gefallene Welt, d. h. wenn er selbst in aller Wirklichkeit Mensch wurde, in das Menschenwesen einging mit allem Leid."[25]

Edgar Dacqué (1878–1945)

♦ Das Gesetz vom stellvertretenden Leiden

Ob die Überlieferung von Jesus geschichtlich erwiesen ist oder nicht, für mich ist sie wahrer selbst als die Geschichte, denn ich halte sie für möglich, weil sie ein ewiges Gesetz darstellt – das Gesetz vom stellvertretenden Leiden des Unschuldigen."[26]

Mohandas Karamchand Gandhi (1869–1948)

♦ Das größte Geschichtsereignis

Das große Geschichtsereignis ist keineswegs der monotone Aufstieg einer anderen, nichtreligiösen Kultur neben dem im Schoß der christlichen Kirche im Verlauf dieser letzten Jahrhunderte entstandenen Kulturen.

---

[24] E. Dacqué, Natur und Erlösung. München – Berlin – Zürich 1933, 93f.
[25] E. Dacqué, Das verlorene Paradies. Zur Seelengeschichte des Menschen. München – Berlin ²1940, 81, 378.
[26] M. Gandhi, Worte des Friedens. Freiburg – Basel – Wien 1984, 37.

Das große Ereignis ist und bleibt die Kreuzigung Christi mit ihren geistigen Konsequenzen. Und das ist wohl auch das merkwürdige Ergebnis unserer unermeßlichen, modernen wissenschaftlichen Entdeckung, ein Resultat, das mir oft übersehen zu werden scheint: Das größte Geschichtsereignis ist die Kreuzigung Christi.“[27]

Arnold Joseph Toynbee (1889–1975)

♦ Mit Nägeln an die Staffelei geschlagen …

Wie Christus bin ich gekreuzigt,
mit Nägeln an die Staffelei geschlagen.“[28]

Marc Chagall (1887–1985)

♦ Er schrie um die neunte Stunde …

Wann
wenn nicht
um die neunte Stunde
als er schrie
sind wir ihm
wie aus dem Gesicht geschnitten?

Nur seinen Schrei
nehmen wir ihm noch ab
und verstärken ihn
in aller Munde.“[29]

Eva Zeller

---

[27] Der englische Historiker Arnold Toynbee ging dem Werden und Vergehen der Kulturen nach und beschrieb in diesem Prozess vor allem die Impulse und Wirksamkeit der großen Religionen. Seine wichtigste Werke liegen auch in deutscher Übersetzung vor: Der Gang der Weltgeschichte (1949), Die Kultur am Scheideweg (1949), Wie stehen wir zur Religion? (1958), Das Christentum und die Religionen der Welt (1959).

[28] F. Meyer, Marc Chagall. Köln 1968, 492 (aus dem Gedicht „An Bella“).

[29] E. Zeller, Golgatha. In: Evangelische Kommentare 8 (1975) 173.

♦ Das Kreuz in jüdischer und christlicher Interpretation

Was unterscheidet nun Judentum und Christentum in der Interpretation der Passion? Das Christentum sieht nur und ausschließlich in der Passion Jesu das Regulativ der Welt. Dem Judentum aber erscheint hier jede Singularität als ein Verrat an den anderen Märtyrern. Es gibt für uns nicht nur einen Knecht Gottes, sondern viele. Wir können das Kreuz von Golgotha nicht isoliert sehen, sondern es steht für uns inmitten des furchtbaren Rauches, der aus den Krematorien von Auschwitz und Maidanek gen Himmel stieg, wo unschuldige jüdische Kinder vergast und verbrannt wurden ... Sie alle Knechte Gottes, die ein stellvertretendes Leiden tragen mußten."[30]

Schalom Ben-Chorin

♦ Ein Vater opfert seinen Sohn

Eine aus der Nazizeit überlieferte Geschichte eines Vaters, dessen Sohn im Widerstand arbeitete und verhaftet wurde. Die Nazis boten dem Vater die Freilassung des Sohnes an, wenn er zugleich eine Ergebenheitsadresse an das Regime veröffentlichte. Der Vater verhielt sich wie Abraham."[31]

Dorothee Sölle

Die Kreuzigung Jesu ist und bleibt ein interessantes Thema auch der Mediziner und Juristen, der Geologen, Topographen und Archäologen. Dabei steht eine erste Frage an: Warum kam es nicht zur Steinigung Jesu (wie etwa bei Stephanus: Apg 7,54–60), die bei den Juden die übliche Bestrafung für Gotteslästerer war?

---

[30] S. Ben-Chorin, Dialogische Theologie. Schnittpunkte des christlich-jüdischen Gesprächs. Trier 1975, 35f.

[31] D. Sölle, Leiden. Stuttgart [8]1989, 40 (dazu S. 219, Anmerkung 25). Der Vater ist der weltberühmte Physiker Max Planck (1858–1947), einer der Begründer der modernen Quantenphysik, dessen Sohn Erwin am 23. Januar 1945 von den Nazis hingerichtet wurde. Erwin Planck war Rittmeister außer Dienst, ehemaliger Staatssekretär der Reichskanzlei. Siehe H. Höhne, Der Orden unter dem Totenkopf. Die Geschichte der SS. Gütersloh o. J. (Buch-Nr. 1813/12), S. 122.

Die Kreuzigung in der römischen Justiz

Es gab den altisraelitischen Brauch, den Leichnam eines Hingerichteten für einige Stunden an einem Pfahl aufzuhängen. „Wenn jemand ein Verbrechen begangen hat, auf das die Todesstrafe steht, wenn er hingerichtet wird und du den Toten an einen Pfahl hängst, dann soll die Leiche nicht über Nacht am Pfahl hängen bleiben, sondern du sollst ihn noch am gleichen Tag begraben; denn ein Gehenkter ist ein von Gott Verfluchter" (Dtn 21,22–23; vgl. Jos 8,29; 10,26–27). Diese Form der Aufhängung eines bereits Toten kann mit der Strafe der Kreuzigung eines Lebenden, die von den Römern eingeführt und praktiziert wurde, nicht verglichen werden.

Bereits die Perser, etwa Darius I., der Große (522–486 v. Chr.), praktizierten die Hinrichtungsart der Kreuzigung, von der auch das alttestamentliche Buch Ester (2,23; 5,14; 6,4; 7,9–10; 8,7; 9,13–14.24) berichtet. König Alexander der Große (336–323) hat die Kreuzesstrafe von den Persern übernommen. In Qumran- Texten wird von den „Kittim" (= Römer) gesprochen, „die die Menschen lebendig aufhängen (was nie geschehen ist) zuvor in Israel" (thalah = aufhängen; zitiert nach E. Stauffer). Massenkreuzigungen von etwa 800 Pharisäern gab es unter dem sadduzäischen König Alexander Jannäus (103–76 v. Chr.), von denen Flavius Josephus (Ant 13,14,2; Bell 1,4,6,97) berichtet. Im Zeitalter Jesu war noch in schrecklicher Erinnerung die Kreuzigung von etwa zweitausend jüdischen Widerstandskämpfern rings um Jerusalem, die Quinctilius Varus im Jahr 4 v. Chr. durchführen ließ.

Die römischen Verwaltungschefs in Syrien und Palästina führten die Kreuzigungsstrafe für alle Widerstandskämpfer, antirömischen Partisanen und Revolutionäre als Abschreckung ein – „die infernalste Erfindung der antiken Justiz, die qualvollste Marter, die Menschen durch menschliche Teufeleien erleiden können" (Ethelbert Stauffer).

Erkenntnisse der Archäologie

Es gibt wohl keinen durch die Tradition wie durch die Forschung besser bezeugten Ort der Kreuzigung Jesu als jenen Felsen, der sich heute unter dem Altar (12. Station des Kreuzweges) der Grabeskirche von Jerusalem befindet. Trotz vieler Zerstörungen im Laufe der Jahrhunderte konnte bei Restaurierungsarbeiten des Jahres 1986 das von der griechischen Regierung beauftragte Institut für Byzantinische Angelegenheiten der Universität Saloniki über dem Golgota-Felsen eine weiße Kalkschicht von Ruinen- und Baumaterial und Verputz entdecken. Der Golgota-Felsen dürfte wohl schon vom 7. Jahrhundert an mit einer Schutzschicht versehen und verdeckt worden sein, um Pilger daran zu hindern, Steine aus dem Heiligen Felsen herauszubrechen und als Reliquie nach Hause mitzunehmen. Dass diese Schicht den Golgota-Felsen später vor den türkischen Eroberern verbarg, war sicherlich eine gute Nebenwirkung.

Erst nach der Abräumung diese Kalkschicht der verschiedenen Jahrhunderte stieß man auf den gewachsenen Felsen, in dem sich in einer Tiefe von 45 cm ein herausgeschlagenes Steinloch mit 11 cm Durchmesser befand. Dort könnte das Kreuz Jesu gestanden haben. Heute liegt genau über dieser Stelle des ursprünglichen Golgota-Felsens eine kugelsichere Kristallscheibe. Vgl. dazu die Aussagen des Architekten Theo Mitropulos, dem damaligen Restaurator der Golgota-Kapelle in der Grabeskirche von Jerusalem. In: Betendes Volk Gottes 1991 (Heft 1) Nr. 165, S. 3–5 .

Der Tod Jesu in der Sicht der Mediziner

Nicht wenige Mediziner hat das Leichentuch von Turin, dieses geheimnisvolle Relikt mit dem Abdruck eines gekreuzigen Leichnams, beschäftigt. Das Interesse stieg insbesondere an nach dem Bekanntwerden der ersten Fotoaufnahmen des Leichentuchs von Turin: Länge 4,36 m; durchschnittliche Breite: 1,10 m; Gesamtfläche ca. 48 000 Quadratzentimeter. (Einen Überblick über die durchgeführten mikroskopischen und röntgenologischen Untersuchungen und Carbontests (1988) bietet A. Läpple, Die Reliquien. Verehrung – Geschichte – Kunst. Augsburg 1990, 137–147.)

Inmitten der heißen Debatten der Gegenwart, in denen die These vom Scheintod Jesu und von seinem Leben und Tod in Indien auf hochgespanntes Interesse stößt, wird ein bisher kaum beachteter Bericht des jüdischen Geschichtsschreibers Flavius Josephus mit größter Aufmerksamkeit gelesen. Dort heißt es (Bell 5,11,1,449–451; Vit 75, 420f.): Drei Kriegsgefangene wurden lebend vom Kreuz genommen, aber nur einen von ihnen konnten die Ärzte noch retten. Es war nach diesem Josephus-Bericht möglich, die Kreuzigung zu überleben (s. Originaltext oben S. 298f.)!

In den grausamen Menschenexperimenten, die in Konzentrationslagern des Dritten Reiches durchgeführt wurden, sind Menschen „versuchsweise" gekreuzigt worden. (Vgl. dazu die von A. Mitscherlich und F. Miele herausgegebene Dokumentation im nachfolgenden Literaturverzeichnis!) Dem französischen Arzt Pierre Barbet, langjähriger Chefchirurg am Hospital Saint-Joseph in Paris, der sich selbst wissenschaftlich mit der Kreuzigungstechnik befasst hat, lag der Bericht von zwei Zeugen einer Kreuzigung im KZ Dachau vor. Er berichtet darüber in seinem Werk „Die Passion Jesu Christi in der Sicht des Chirurgen" (Badenia Verlag Karlsruhe 1953, 126–128):

„Wir können die Aussagen von zwei früheren Insassen des Lagers Dachau anführen, die mehrmals gesehen haben, wie diese Hinrichtungsart (die Kreuzigung) angewandt worden ist und die sie in schrecklicher Erinnerung bewahren. Ihre Aussagen wurden durch Antoine Legrand zu Protokoll genommen; ich selbst habe diesen Zeugen nicht begegnen können.

Der Verurteilte wurde an beiden Händen aufgehängt, die dabei zusammen – oder jede für sich angeseilt wurden. Die Füße blieben in einer gewissen Entfernung vom Boden.

Nach einiger Zeit wurde die Atmungsbehinderung unerträglich. Der Delinquent half dem ab, indem er mit den Armen ziehende Bewegungen ausführte, die es ihm erlaubten, wieder Luft zu schöpfen; er zog sich 30 bis 60 Sekunden lang hoch.

Nun wurden ihm Gewichte an den Füßen befestigt, um den Körper schwer zu machen und die Ziehbewegungen zu verhindern. Die Asphyxie wurde nun schnell, in drei bis vier Minuten, ausgelöst. Im letzten Augenblick wurden die Gewichte weggenommen, um ihn wieder zu sich kommen und neue Klimmzüge machen zu lassen … Nach einer Stunde des Hängens wurden die Klimmzüge immer häufiger, gleichzeitig aber auch immer schwächer. Die fortschreitende und endgültige Asphyxie begann. Der Zeuge beschreibt, dass der Brustkorb bis zur Höchstgrenze aufgebläht, die Magengrube tief eingesunken war. Die Beine hingen steif herab und bewegten sich nicht. Die Haut wurde violett. Schweiß brach im Übermaß aus dem ganzen Körper aus; er rann zur Erde und benetzte den Zementboden …

Nach dem Tode wies der Körper eine außerordentliche Starre auf. Der Kopf fiel in die Achse des Körpers nach vorn. Der Tod trat im Durchschnitt nach Ablauf von drei Stunden ein; ein wenig später, wenn die Hände ausgebreitet angeseilt waren … Der ganze Todeskampf bestand also aus einem abwechselnden Sichsenken und Sichheben, aus Atemnot und Atemschöpfen."

Die Todesursache bei Kreuzigungen und damit wohl auch beim gekreuzigten Jesus von Nazaret war Erschöpfung, Blutstockung, Schockgeschehen, Kollaps, Kreislaufzusammenbruch, Asphyxie, Erstickungstod. Genaue Schilderungen der Kreuzigung Jesu und seines fast sechsstündigen Hängens am Kreuz (von der dritten bis zur neunten Stunde = von 9 Uhr bis 15 Uhr) existieren ebensowenig wie eine Autopsie des Gekreuzigten. Es ist jedoch offensichtlich, dass mit einer längeren Zeit des Hängens und des Sterbens Jesu am Kreuz gerechnet worden ist, denn es heißt: „Pilatus wunderte sich, dass er (Jesus) schon tot war" (Mk 15,44).

Wäre beim gekreuzigten Jesus nach seiner Abnahme vom Kreuz eine Rettung möglich gewesen (Mt 27,57–61; Mk 15,42–47; Lk 23,50–56; Joh 19,38–42)? Um Klärung dieser Frage hat sich Pierre Barbet in einer Vielzahl von Kreuzigungsexperimenten mit Leichen (1932/33) bemüht. Er hat auch die Aussagen römischer Schriftsteller herangezogen. Ergänzt und bestätigt wurden seine veröffentlichten Ergebnisse von nicht wenigen medizinischen Kollegen.

Dr. med Pierre Barbet, der bewusst von der „Herzwunde" und nicht von der Seitenwunde Jesu spricht, schreibt: „Der Lanzenstich, der von der rechten Seite her geführt worden ist, hat den Herzbeutel (Pericard) durchbohrt und dann den rechten Herzvorhof getroffen" (S. 184). Er spricht vom „immer tödlichen Stoß von rechts ins Herz" (Hydroperikarditis serosa traumatica).

Dieser immer tödliche Lanzenstich von rechts ins Herz ersparte Jesus das Crurifragium (die Zertrümmerung des Körpers), das bei den mitgekreuzigten, aber noch nicht toten Schächern durchgeführt wurde. Es handelte sich dabei um eine militärische Dienstvorschrift, die das Exekutionskommando erfüllen musste, um dem zuständigen Richter Pontius Pilatus den sicheren Tod Jesu melden zu können. Erst nach der Erfüllung dieser vorgeschriebenen Modalität konnte der Leichnam Jesu freigegeben, vom Kreuz abgenommen und zur Bestattung vorbereitet werden.

Meditative Konfrontation mit dem Gekreuzigten

Die Kreuzigung Jesu (wohl am 7. April des Jahres 30 n. Chr.) ist seit Beginn und wohl auch in Zukunft für viele Menschen anstößig und skandalös (1 Kor 1,23), weil sie nach den Aussagen des Neuen Testaments und der christlichen Kirchen „um unseres Heiles willen" geschehen ist und Erlösung von Sünde und Schuld gebracht hat. Wer in diesem Sinne von der Kreuzigung spricht, wird unweigerlich mit den Gedanken „meine Schuld" und „mein Erlöser" konfrontiert.

Rainer Maria Rilke (siehe Text oben) hat für viele gesprochen, wenn er schreibt: „Ich will mich nicht schlecht machen lassen um Christi willen, sondern gut sein für Gott. Ich will nicht von vornherein als Sündiger angeredet werden." Gewiss könnte man eine erdrückende Fülle theologischer und mystischer Texte (beginnend mit den Aussagen des Neuen Testaments) anführen, in denen versucht worden ist, die Frage zu beantworten: Wie ist die Gegenüberstellung zu verstehen: Jesus, der Unschuldige, und ich, der Schuldige? Warum musste Jesus sterben? Welchen Sinn, welche Bedeutung hat ausgerechnet dieses ohnmächtige Sterben für mich, für jeden Menschen, für das ganze Universum? Wo ist in diesem schrecklichen Kreuzestod der Vater-Gott, der allmächtige Gott, der seinen menschgewordenen Sohn wahrhaftig zwischen Himmel und Erde hängen und sterben lässt?

Gibt es „Zeichen der Zeit", die jedoch so grausam und so blutverschmiert sind, dass sie nicht als Zeichen der Entzifferung und der Deutung der Kreuzigung Jesu erkannt werden? Sören Kierkegaard (1813–1855), der dänische Mystiker und Religionsphilosoph, hat an sich selbst erlebt, dass mit einer wissenschaftlich-kritisch noch so präzisen Auflistung der historischen Fakten die Frage nach dem Sinn und nach der Bedeutung der Kreuzigung Jesu nicht beantwortet werden kann. Das Ereignis der Kreuzigung Jesu ist kein Geschehen, das ein für allemal in die Vergangenheit der Weltgeschichte gehört wie etwa die Ermordung des Julius Caesar im Jahre 44 v. Chr. Das Pilatus-Wort: „Seht, da ist der Mensch!" (Joh 19,42) verweist auf die Gegenwart, auf die Gleichzeitigkeit des Gekreuzigten. Der Gekreuzigte ist Gegenwart, mein Gegenüber, meine Herausforderung.

Elie Wiesel, der das Golgota des Konzentrationslagers Birkenau–Auschwitz erleben musste und überlebte, berichtete von einer Szene, die sich unvergesslich in sein Denken und vielleicht auch in das Denken vieler seiner Leser eingegraben hat. Er schreibt:

„Die SS erhängte zwei jüdische Männer und einen Jungen vor der versammelten Lagermannschaft. Die Männer starben rasch, der Todeskampf des Jungen dauerte eine halbe Stunde. ‚Wo ist Gott? Wo ist er?' fragte einer hinter mir. Als nach langer Zeit der Junge sich immer noch am Strick quälte, hörte ich den Mann wieder rufen: ‚Wo ist Gott jetzt?' Und ich hörte eine Stimme in mir antworten: ‚Wo ist Er? Hier ist Er … Er hängt dort am Galgen …'"(Night. New York 1969, 71; in deutscher Übersetzung zitiert aus Jürgen Moltmann, Der gekreuzigte Gott. (KT 16). Chr. Kaiser/Gütersloher Verlagshaus. Gütersloh).

Literatur

A. Auer, Leidenstheologie des Mittelalters. Salzburg 1947.
P. Barbett, Die Passion Jesu Christi in der Sicht des Chirurgen. Karlsruhe 1953.
G. Baudler, Das Kreuz. Geschichte und Bedeutung. Düsseldorf 1997.
J. Becker, Das Heil Gottes. Heils- und Sündenbegriffe in den Qumrantexten und im Neuen Testament. Göttingen 1964.
A. Bodem, Leiden Gottes. In: Veritati Catholicae. (FS Leo Scheffczyk). Aschaffenburg 1985, 586–611.
Th. Boman, Das hebräische Denken im Vergleich mit dem griechischen. Göttingen [4]1965.
W. Bösen, Der letzte Tag des Jesus von Nazaret. Was wirklich geschah. Freiburg 1994.
W. Bulst, Betrug am Turiner Grabtuch. Der manipulierte Carbontest. Frankfurt/M. 1990.
J. Chéné, Unus de Trinitate passus est. In: Recherches de science religieuse 53 (1965) 545–588.
J. Dirnbeck, Die Jesusfälscher. Ein Original wird entstellt. Augsburg 1994.
R. Guardini, Der Tod des Sokrates. Eine Interpretation der platonischen Schriften Euthyphron, Apologie, Kriton und Phaido. Hamburg 1956.
K. Kitamori, Theologie des Schmerzes Gottes. Göttingen 1972.
P. Kuhn, Gottes Trauer und Klage in der rabbinischen Überlieferung (Talmud und Mischna). Leiden 1978.
A. Läpple, Das Kreuz, Zeichen des Widerspruchs und des Heils. Aschaffenburg 1983.
A. Läpple, Reliquien. Verehrung – Geschichte – Kunst. Augsburg 1990.
E. Lohse, Märtyrer und Gottesknecht. Göttingen [2]1963.
I. Maisch, Maria Magdalena. Zwischen Verachtung und Verehrung. Das Bild einer Frau im Spiegel der Jahrhunderte. Freiburg – Basel – Wien 1996.

A. L. Mayer, Das Grabtuch von Turin als typisches Beispiel spätmittelalterlicher Schaudevotion. In: Archiv für Liturgiewissenschaft 4 (1955/56) 348–364.
A. Mitscherlich – F. Miele (Hg.), Medizin ohne Menschlichkeit. Dokumente des Nürnberger Ärzteprozesses (Fischer Bücher 332).
J. Moltmann, Der gekreuzigte Gott. Das Kreuz Christi als Grund und Kritik christlicher Theologie. München 1972.
G. Schneider, Die Passion Jesu in den drei älteren Evangelien. München 1973.
D. Sölle, Leiden. Stuttgart – Berlin ³1976.
E. Stauffer, Jerusalem und Rom im Zeitalter Jesu Christi. Bern 1957.
M. Uhlmann, Das Motiv der Kreuzigung in der arabischen Poesie des Mittelalters. Wiesbaden 1995.
J. Werbick, Ein Leiden zur Versöhnung der zürnenden Gottheit? In: Bibel und Kirche 49 (1994) 144–149.
R. K. Wilcox, Das Turiner Grabtuch. Ein Beweis für die Auferstehung Jesu. Düsseldorf ³1984.
E. Wiesel, Night. New York 1969.
E. Wiesel, Macht Gebete aus meinen Geschichten. Freiburg 1986.

Und doch kein Ende …

23. Begegnungen mit dem Auferstandenen

Was wäre geschehen, wie wäre die Weltgeschichte verlaufen, wenn der am Kreuz gestorbene und in einem Felsengrab bestattete Jesus von Nazaret nicht auferstanden wäre?

Diese Frage wird nicht erst in unserer Zeit gestellt und lebhaft diskutiert. Sie war bereits eine Frage der ersten Stunde. In aller Offenheit gesteht der Apostel Paulus, dass die Auferstehung Fundament und Kriterium des christlichen Glaubens, der christlichen Kirche ist und dass mit der Auferstehung Jesu die Zukunft begonnen hat.

Wäre aber die Auferstehung Jesu nur eine Fiktion, eine raffinierte Propagandalüge, eine theologische Luftblase, dann ergäbe sich nach Paulus die peinliche Situation einer radikalen Entlarvung: „Ist Christus nicht auferweckt worden, dann ist unsere Verkündigung leer und euer Glaube sinnlos. Wir werden dann als falsche Zeugen Gottes entlarvt, weil wir im Widerspruch zu Gott das Zeugnis abgelegt haben: Er hat Christus auferweckt ... Wenn aber Christus nicht auferweckt worden ist, dann ist euer Glaube nutzlos ... Wenn wir unsere Hoffnung nur in diesem Leben auf Christus gesetzt haben, sind wir erbärmlicher als alle anderen Menschen" (1 Kor 15,14.15.17.19).

Ohne die Auferstehung Jesu wäre die europäische, ja die Weltgeschichte in ihrer religiösen, geistigen, kulturellen, politischen, sozialen und militärischen Entwicklung ohne Zweifel ganz anders verlaufen, als sie in den Folianten der Geschichtsschreiber nachzulesen ist. In der Weltgeschichte hätte es vielleicht eine kleine, heute ausgestorbene oder bedeutungslose christliche Sekte im palästinensischen Raum gegeben. Es hätte kein Christentum, keine christliche Kirche mit allen beglückenden und unseligen Ereignissen gegeben, die dem Wohl von Menschen und Völker dienten oder sie auch verletzt haben.

In unseren Tagen ist der christliche Glaube an die Auferstehung Jesu in eine neu entfachte und äußerst brisante Debatte geraten. Einerseits wird in Deutschland – aber auch in anderen christlich geprägten Ländern – auf Grund der Begegnung mit zunächst als „Gastarbeiter" gekommenen und heute als Mitbürger unter uns wohnenden Moslems mehr und mehr bekannt, dass im Koran (Sure 4,157–158) zu lesen ist, Gott (Allah) habe Jesus nicht sterben lassen, sondern habe Jesus durch einen Doppelgänger, der ihm ähnlich war, ersetzt (Simon von Kyrene oder Judas Iskariot). Andererseits ist immer häufiger die These anzutreffen, Jesus sei am Kreuz nicht gestorben, sondern er sei vielmehr – nur scheinbar tot – vom Kreuz abgenommen worden und nach seiner Genesung nach Indien ausgewandert. Weil in diesen beiden Auffassungen bzw. Überlieferungstraditionen ein Tod Jesu am Kreuz ausgeschlossen ist, ist die Verkündigung einer Auferstehung Jesu und vieler Erscheinungen vor einzelnen Aposteln sinnlos.

Eines muss an dieser Stelle offen und ehrlich gesagt werden, auch wenn dadurch die Beweisnot der Christen wächst und die Argumentation der Kritiker und Zweifler Stütze findet: Wer sein Denken und Glauben nur auf historische Fakten stützt, steht vor unlösbaren Problemen. Er vollzieht dadurch gewissermassen eine „geistige Selbstverriegelung“, die ihm den Zugang zum Glauben an die Auferstehung Jesu verschließt. Er muss sich von Eugen Drewermann, der sonst der traditionellen Bibelauslegung und der kirchlichen Glaubensverkündigung äußerst kritisch gegenübersteht, sagen lassen, dass die historisch-kritische Methode an die verkehrte Haustüre der Bibelauslegung und des Glaubens führt.

Es ist Tatsache: Kein Mensch hat die Auferstehung Jesu aus dem Felsengrab gesehen. Gesehen wurde von Maria von Mágdala (Mk 16,1–8; Lk 24,11; Joh 20,1) wie von den beiden Aposteln Petrus und Johannes (Joh 20,3–10) nur das leere Grab. Keine vor dem Felsengrab postierte Fernsehkamera hat das schwierige Wegwälzen des Rollsteins vor dem Grab oder das Heraustreten des auferstandenen Christus aufgenommen. Im Blick auf die Aussagen des Neuen Testaments muss eingestanden werden, daß es ganz und gar an Zeugen oder Beweisstücken fehlt (Mt 28,1–10; Mk 16,2–6; Lk 24,1–7). Niemand, nicht einmal die eigens bestellte Wache (Mt 27,62–66; 18,4.11–15) hat die Auferstehung Jesu aus dem „sicher bewachten“ (Mt 27,64) und „versiegelten“ (Mt 27,66) Grab gesehen. Nur das leere Grab haben verschiedene Zeitzeugen gesehen.

Dies muss man sich immer wieder vor Augen halten, wenn man die Darstellungen der Auferstehung Jesu in der christlichen Kunst betrachtet – so zum Beispiel das gewaltige Auferstehungsbild von Matthias Grünewald im Isenheimer Altar (Kolmar).

Neben dem Zweifel an der Auferstehung werden heute zunehmend auch Ansichten geäußert, die zwar der Auferstehung als solcher eine gewisse Anerkennung zollen, der christlichen Tradition aber dennoch fremd sind. Zu nennen ist hier einerseits die Miteinbeziehung der Reinkarnationslehre in den christlichen Glauben. Angesichts des Booms von Reinkarnationslehren (Reinkarnation = Wiedergeburt) in unserer Zeit verwundert es sicher nicht, dass die Auferstehung Jesu heute immer häufiger als zyklischer Fall der Reinkarnation interpretiert wird.

Andererseits ist die Auferstehung Jesu auch von Sprachwissenschaftlern zum Gegenstand ihrer Untersuchungen gemacht und durch recht seltsame Übersetzungsmanipulationen umgedeutet worden. Aus dem bisherigen Text: „Er ist auferstanden“ wurde die neue Übersetzung: „Er ist aufgewacht“. Die Aussage im Himmelfahrtsbericht: „Er schwebte hinauf“ wurde ersetzt durch: „Er entfernte sich“. Auferstehung Jesu wird interpretiert „aufgestanden als lebender, von seinen Verletzungen genesener Mensch“ (Siegfried Obermeier).

Es muss sich bei der Auferstehung Jesu wohl um eine fundamentale Aussage des christlichen Glaubens handeln, wenn gegen sie immer neu und mit immer kühneren Thesen und Hypothesen argumentiert und angekämpft wird!

♦ Das Entscheidende des christlichen Glaubens

Darin liegt nichts Besonderes, zu glauben, daß Jesus gestorben ist; das glauben auch die Heiden, die Juden und Sünder, das glauben alle … Der Glaube der Christen ist – die Auferstehung Christi. Das halten wir für das Entscheidende: daß wir an seine Auferstehung glauben!“[1]

Aurelius Augustinus (354–430)

♦ Die Botschaft hör ich wohl …

Christ ist erstanden!
Freude dem Sterblichen,
Den die verderblichen,
Schleichenden, erblichen,
Mängel umwanden.
…

Christ ist erstanden!
Selig der Liebende,
Der die betrübende,
Heilsam' und übende
Prüfung bestanden.

Was sucht ihr, mächtig und gelind,
Ihr Himmelstöne, mich im Staube?
Klingt dort umher, wo weiche Menschen sind,
Die Botschaft hör' ich wohl, allein mir fehlt der Glaube;
Das Wunder ist des Glaubens liebstes Kind,
Zu jenen Sphären wag' ich nicht zu streben,
woher die holde Nachricht tönt;

---

[1] Aurelius Augustinus wurde nicht müde, nachhaltig auf das alles entscheidende Fundament des christlichen Glaubens aufmerksam zu machen. Kreuzestheologie (theologia crucis) kann nicht von der Auferstehungstheologie (theologia gloriae) getrennt werden. Das Konzentrat christlichen Glaubens ist in dem paulinischen Bekenntnis zu sehen: Der Gekreuzigte ist auferstanden!

Und doch, an diesen Klang von Jugend auf gewöhnt,
Ruft er euch jetzt zurück mich in das Leben.“[2]

Johann Wolfgang von Goethe (1749–1832)

♦ Ein Denkzettel für die Apologeten

Das ist ein Denkzettel für die Apologeten, welche die Welt bereden möchten, ohne die Anerkennung, daß Jesus wirklich auferstanden, sei die Entstehung der christlichen Gemeinde nicht zu erklären. Nein, sagt der Historiker mit Recht, nur das muß anerkannt werden, daß die Jünger fest geglaubt haben, Jesus sei auferstanden; das reicht aber auch vollkommen hin, ihr weiteres Auftreten und Wirken begreiflich zu machen; worauf jener Glaube beruhte, was das Tatsächliche so oder so beantworten mag, ohne daß dadurch der Ursprung des Christentums schwerer oder leichter begreiflich würde.“[3]

Ferdinand Christian Baur (1792–1860)

♦ Nur der Sieger über Tod und Grab …

Ein halbtot aus dem Grabe Hervorgekrochener, siech Umherschleichender, der ärztlichen Pflege, des Verbandes, der Stärkung und Schonung Bedürftiger, und am Ende doch den Leiden Erliegender, konnte auf die Jünger unmöglich den Eindruck des Siegers über Tod und Grab, des Lebensfürsten machen, der ihrem späteren Leben zugrunde lag; ein solches Wiederaufleben hätte den Eindruck, den er im Leben und Tode auf sie machte, nur schwächen,

[2] Aus: „Faust. Der Tragödie erster Teil“ (Verse 737–770). Die ganze Palette der Faustdichtungen liegt vor in der Reclam-Universal-Bibliothek (UB 1; UB 2). Vgl. Th. Friedrich – L. J. Scheithauser, Kommentar zu Goethes Faust. Mit einem Faust-Wörterbuch und einer Faust-Bibliographie (UB 7177/5); M. Lackmann, Ich warne vor Goethe. Goethe und Lavater. Zwei Geistesgrößen ringen um Christus. Stein am Rhein 1984.

[3] Zitiert aus D. F. Strauß, Das Leben Jesu. Für das deutsche Volk bearbeitet. Bd. I. Bonn [11]1895, 366.

denselben höchstens elegisch ausklingen lassen, unmöglich aber ihre Trauer in Begeisterung verwandeln, ihre Verehrung zur Anbetung steigern können."[4]

David Friedrich Strauß (1808–1814)

♦ Der Osterglaube der Jünger

Das Ostereignis, sofern es als historisches Ereignis neben dem Kreuz genannt werden kann, ist ja nichts anderes als die Entstehung des Glaubens an den Auferstandenen, in dem die Verkündigung ihren Ursprung hat. Das Osterereignis als die Auferstehung Christi ist kein historisches Ereignis: als historisches Ereignis ist nur der Osterglaube der ersten Jünger faßbar … Der christliche Osterglaube ist an der historischen Frage nicht interessiert; für ihn bedeutet das historische Ereignis der Entstehung des Osterglaubens wie für die ersten Jünger die Selbstbekundung des Auferstandenen, die Tat Gottes, in der sich das Heilsgeschehen des Kreuzes vollendet".[5]

Rudolf Bultmann (1884–1976)

♦ Der Vorrang der paulinischen Osterbotschaft

Schon wegen ihres hohen Alters hat die einmütige und eindeutige Osterbotschaft der frühesten Christenheit, welche uns der Paulustext (1 Kor 15,1–11) vergegenwärtigt, vor den späteren, weit verzweigten Ostergeschichten auf alle Fälle den Vorrang zu beanspruchen. Die Ostergeschichten der Evangelien werden dadurch keines-

[4] Diese dem traditionellen christlichen Glaubensverständnis entsprechenden Worte entstammen dem Werk des evangelischen Theologen D. F. Strauß, der sonst die Meinung vertrat, die Evangelien seien „Mythen", das heißt „nichts Anderes als geschichtsartige Einkleidungen urchristlicher Ideen, gebildet in absichtslos dichtender Sage". Hauptwerke: Das Leben Jesu, kritisch bearbeitet. 2 Bde. Tübingen 1835; Das Leben Jesu für das deutsche Volk bearbeitet. Leipzig 1863; Der Christus des Glaubens und der Jesus der Geschichte. Berlin 1865; Der alte und der neue Glaube. Bonn 1872 (jeweils Erstauflagen!).

[5] R. Bultmann, Kerygma und Mythos I. Hamburg-Volksdorf [2]1951, 46f.

wegs entwertet oder bedeutungslos. Aber historisch betreten wir mit ihnen ohne Frage einen höchst unsicheren Boden".[6]

Günther Bornkamm (1905–1990)

♦ Die Antwort auf die schöpferische Tat Gottes

Für den ‚neutralen' Historiker ist allein der Osterglaube und das Osterzeugnis der ersten Jüngergemeinde greifbar. Das bleibt für die Geschichtswissenschaft das letzte, mit ihren Methoden noch erreichbare Faktum. Die feststellbaren Fakten sind freilich einem scharf konturierten Kraterrand vergleichbar, der eindeutig genug auf den Einschlag hinweist, der ihn hervorgebracht hat. Es entspricht wahrhaft wissenschaftlichem Denken, diesen Kraterrand stehen zu lassen und den Krater nicht eilfertig mit allerlei Abraum ausfüllen zu wollen. Das hat man immer wieder versucht, indem man den Osterglauben der Jünger psychologisch erklären wollte. Der Glaube der Gemeinde hat sich nicht selbst erschaffen. Er ist vielmehr die menschliche Antwort auf die schöpferische Tat Gottes, die mitten in der irdischen Geschichte geschehen ist. Gottes schöpferisches Handeln kann nur im Bekennen und Ausrufen erfahren werden … Der naive Positivismus wird immer versuchen müssen, den Innenraum des Kraters mit Verstehbarem aufzufüllen."[7]

Kurt Frör

♦ Jesus – die Hülle des Christus

Christus, durch den die Menschen die Wiederbelebung des ersterbenden Erdendaseins erlangen, ist zu diesem Gottwesen (ein allmäch-

---

[6] G. Bornkamm, Am dritten Tage wieder auferstanden von den Toten. In: G. Rein (Hg.), Das Glaubensbekenntnis. Aspekte für ein neues Verständnis. Stuttgart – Berlin 1967, 36–40 (Zitat 38).

[7] K. Frör, Wege zur Schriftauslegung. Biblische Hermeneutik für Unterricht und Predigt. Düsseldorf [3]1968, 350f. Vgl. L. Scheffczyk, Auferstehung. Prinzip christlichen Glaubens. Einsiedeln 1976; A. Läpple, Auferstehung. Tod und Ewiges Leben. Aschaffenburg 1985.

tiges geistig-physisches Gottwesen ist der Daseinsgrund der Himmel und der Erde) wie der in Ewigkeit geborene Sohn.
In Jesus trat der Christus als Mensch in die Erdenwelt. Jesu Geburt auf Erden ist eine Wirkung des Heiligen Geistes, der, um die Sündenkrankheit an dem Leiblichen der Menschheit geistig zu heilen, den Sohn der Maria zur Hülle des Christus bereitete.
Der Christus-Jesus hat unter Pontius Pilatus den Kreuzestod erlitten und ist in das Grab der Erde versenkt worden. Im Tode wurde er der Beistand der verstorbenen Seelen, die ihr göttliches Sein verloren hatten. Dann überwand er den Tod in dreien Tagen.
Er ist seit dieser Zeit der Herr der Himmelskräfte auf Erden und lebt als Vollführer der väterlichen Taten des Weltengrundes. Er wird sich einst einen zum Weltenfortgang mit denen, die er durch ihr Verhalten dem Tode der Materie entreißen kann".[8]

Rudolf Steiner (1861–1925)

Darüber sind sich Bejaher wie Verneiner des christlichen Osterglaubens einig: Das geschichtliche Faktum der Auferstehung Jesu aus dem Felsengrab (Mk 15,46) hat niemand gesehen. Es gibt keine Augenzeugen, keine Zeitzeugen dieses Geschehens. Auch die eigens abkommandierten Grabwächter haben nichts gesehen: Keine besonderen Vorkommnisse! Ihre Schlafmützigkeit, ihr Dienstvergehen und vor allem ihre Lügen, die Jünger Jesu hätten den Leichnam Jesu gestohlen (Mt 28,11–15), haben sie sich königlich mit Bestechungsgeldern bezahlen lassen.

Die Ostergeschichte in Ostergeschichten

Im Umfeld der Auferstehung Jesu muss es eine Vielzahl von Erzählungen und Deutungen gegeben haben, denn im Neuen Testament gibt es über die vier Evangelien hinaus eine Vielzahl von Ostergeschichten, vor allem im ersten Korintherbrief des Apostels Paulus (1 Kor 15,1–11) und in der Apostelgeschichte

---

[8] Das christologische Hauptstück der anthroposophischen Glaubenssätze ist zitiert aus K. Hutten, Seher – Grübler – Enthusiasten. Sekten und religiöse Sondergemeinschaften der Gegenwart. Stuttgart 1953, 288. Rudolf Steiner (1861–1925) hat 1913 die Anthroposophische Gesellschaft gegründet (Sitz in Stuttgart – geistiges Zentrum Goetheanum in Dornach bei Basel). Der Weg der neuen Erkenntnis (Gnosis) und Geheimwissenschaft ist nachzulesen in R. Steiner, Von Jesus zu Christus. Dornach 1958; vgl. dazu auch C.S. Picht, Das literarische Lebenswerk Rudolf Steiners. Dornach 1926.

(Apg 1,1–11). Es ist schwierig, die neutestamentlichen Ostergeschichten in einer verbindlichen Reihenfolge zu ordnen. Es lassen sich Doppelungen und Überschneidungen, aber auch Kürzungen und Ergänzungen der überlieferten Ostergeschichten feststellen. Wie ein erratischer Block steht in der neutestamentlichen Verkündigung der Auferstehung und der Erscheinungen des Auferstandenen in der großen und ältesten Zeugenliste der Hinweis, der auferstandene Jesus sei „mehr als fünfhundert Brüdern zugleich" erschienen (1 Kor 15,6). Hätte der Apostel Paulus davon nicht berichtet, wir wüssten nichts davon, obwohl gerade die Erscheinung vor „fünfhundert Brüdern" ein gewaltiger Trumpf in der Rechtfertigung des christlichen Glaubens gewesen wäre.

Die ohnehin schwierigen Fragen, die allein schon die Reihenfolge der Zeugenliste (1 Kor 15,1–11) aufwirft, werden dadurch noch über alle Maßen gesteigert, dass der Apostel Paulus seine etwa drei Jahre nach der Kreuzigung und Auferstehung Jesu erfolgte Christusbegegnung vor Damaskus (Apg 9,1–19) in kaum vorstellbarer Kühnheit den österlichen Begegnungen der Apostel mit dem auferstandenen Jesus zurechnet: „... zuletzt von allen, gleichsam als der Fehlgeburt, erschien er auch mir" (1 Kor 15,11).

Bemerkenswert ist die Vielgestaltigkeit und Buntheit, um nicht zu sagen Sperrigkeit, die uns in den neutestamentlichen Ostergeschichten begegnet. Sie bezeugen sehr alte Überlieferungen, die sich so tief bereits im Gedächtnis und in der Liturgie der urchristlichen Gemeinden Palästinas mit den beiden Schwerpunkten Jerusalem und Antiochien verankert hatten, dass sie von den später schreibenden Schriftstellern respektiert werden mussten und nicht mehr einer kirchlichen Vereinheitlichung unterworfen werden konnten. Gerade die erstaunliche Bandbreite der neutestamentlichen Ostergeschichten spricht für ihr Alter wie für ihre Echtheit und Glaubwürdigkeit.

Mehr als ein Sprachproblem!

Die Verkündigung und Niederschrift des neutestamentlichen Osterglaubens verwendete sehr diffizile Formulierungen, die meist übersehen werden und die doch eine theologiegeschichtlich bedeutsame Erschließungsfunktion haben. Es wird von Erscheinungen des Auferstandenen gesprochen. Der Apostel Paulus schreibt stolz: „Auch mir ist er erschienen" (1 Kor 15,8). „Erscheinen" könnte auch übersetzt werden: Gott (der Vater) hat sichtbar gemacht – Er (Jesus) ließ sich sehen – Er hat sich sichtbar gemacht, er hat sich gezeigt.

Auffallender sind jedoch die unterschiedlichen Bezeichnungen „Auferweckung" (Apg 2,23; 3,15; 5,30; Röm 4,25) – „Auferstehung" (Apg 2,31; 4,33; 1 Kor 15,4; 2 Kor 5,15). Oft werden die beiden Bezeichnungen „Auferweckung" und „Auferstehung" im gleichen neutestamentlichen Text und Kapitel gebraucht. Es fällt jedoch bei genauerem Hinsehen auf: In den ersten theologischen Sprachübungen der jungen Kirche ist die Formulierung „Auferweckung" häufiger anzutreffen. In den später geschriebenen Texten des Neuen Testaments liegt mehr der in den vergangenen Jahrzehnten ins Zentrum gerückte Ausdruck „Auferstehung" vor.

Beide Bezeichnungen „Auferweckung" wie „Auferstehung" sprechen von einem Handeln, einem Eingreifen Gottes, wobei der ältere Begriff, der noch stärker im jüdisch-monotheistischen Denken beheimatet ist, wesentlich deutlicher auf den Vater-Gott verweist. „Der Gott der Väter hat Jesus auferweckt" (Apg 5,30). Je tiefer aber die Apostel und mit ihnen die urchristlichen Gemeinden hineingewachsen sind in die Mitte und Tiefe des Gott-Menschen, des menschgewordenen Sohnes Gottes Jesus Christus, um so selbstverständlicher wird die Tat Gottes verstanden als eigenständiges Handeln des allmächtigen Gottessohnes: „Sohn Gottes in Macht" (Röm 1,4).

Im Neuen Testament und gerade in der österlichen Begriffssprache „Auferweckung" und „Auferstehung" lässt sich ein Reifungs- und Vertiefungsprozess des christlichen Glaubens verfolgen und zwar als Weg in das Christusgeheimnis, der dann auch zum Weg in die Trinität, in den Dreifaltigkeitsglauben geworden ist. Es handelt sich bei den Ausdrücken „Auferweckung" bzw. „Auferstehung" nicht um zufällige und beliebig austauschbare Vokabeln.

Die Erscheinung des auferstandenen Jesus

Der auferstandene Jesus von Nazaret ist nicht so in das Leben zurückgekehrt wie etwa Lazarus (Joh 11,1–44), dem das Leben wieder geschenkt wurde, der sein Leben dort fortsetzte, wo es aufgehört hatte und dem früher oder später ein neues Sterben bevorstand. Und doch, der Auferstandene war, wenn auch mit mancherlei Schwierigkeiten, als der vorösterlich-geschichtliche Jesus zu erkennen.

Maria von Mágdala glaubte einen Gärtner zu sehen (Joh 20,15). Das einzige Wort „Mirjam" (Maria) genügte, um Jesus in dem Unbekannten zu erkennen, denn so wie dieser sprach, hat nur Jesus ihren Namen ausgesprochen. Warum hat sie ihn aber nicht vorher erkannt? Stundenlang gingen zwei Jünger von Jerusalem nach Emmaus. Sie erkannten den anonymen Mitwanderer nicht, mit dem sie redeten, dem sie ins Gesicht schauten. War der Mitwanderer nicht zu erkennen? War sein Gesicht anders? „Sie waren wie mit Blindheit geschlagen, so dass sie ihn nicht erkannten „(Lk 24,16). Erst bei der sonst kaum beachtenswerten Geste des Brotbrechens (Lk 24,30.35) „gingen ihnen die Augen auf, und sie erkannten ihn" (Lk 24,31).

Nicht nur Einzelne, die Schar der Apostel und „fünfhundert Brüder auf einmal" (1 Kor 15,6) haben die geheimnisvolle Begegnung gehabt: Der am Kreuz Gestorbene war in Zeit und Raum als Lebender wieder da. Er konnte als Jesus erkannt, identifiziert werden.

Aber der Auferstandene war doch „ganz anders", als er den Menschen aus der vorösterlichen Zeit bekannt war. Die Verschüchterten, Verängstigten, auf die er zugeht, vermuten in ihm zunächst ein Gespenst (Lk 24,37). Er spricht mit ihnen und ruft ihnen immer wieder zu: „Fürchtet euch nicht!" (Mt 28,10; Mk 16,6; Lk 24,36). Er isst mit ihnen. Er lässt sich vom Skeptiker Thomas berühren und ruft auch den übrigen Aposteln zu: „Betastet mich und seht! Ein Geist hat nicht Fleisch und Bein, wie ihr es an mir seht" (Lk 24,39). Der Auferstandene ist für alle, die ihm begegnen oder – besser gesagt – für alle, denen er seine Begegnung schenkt, ein „Widerfahrnis", das den Menschen beglückend widerfährt, ein „Zukommnis", das wie eine unverdiente Gnade auf sie zukommt.

Das Anstößige, das Verwirrende und Unbegreifliche ist der Auferstandene, lebend und sprechend in zwei Dimensionen: in der Geschichte und im Raum Palästinas und gleichzeitig in der Ewigkeit und Herrlichkeit des Vater-Gottes. Man spürt förmlich das Stottern und Stammeln der Evangelisten, dieses „Rätsel" in irdischer Sprache beschreiben, umschreiben zu wollen. Wie sollen aber Menschen ein Wesen beschreiben und anderen als real existierende Gestalt verständlich machen, für das irdische Worte und Begriffe als unzulänglich, als untauglich sich erweisen?

Die Auferstehung Jesu ist gewiss primär ein Glaubensproblem. Sie ist zugleich ein unerhörtes Sprachproblem. Hier entlarvt sich die Armseligkeit und Not des menschlichen Sprechens. Wie vermag die menschliche Sprache Materie, Leiblichkeit zu beschreiben, die greifbar, berührbar ist wie ein Stein, eine Blume, die Hand eines Freundes, wenn die gleiche Materie keine Dichte und Schwerkraft mehr besitzt und durch verschlossene Türen wie Radio- oder Fernsehwellen hindurchgeht. Alles, was die neutestamentlichen Schriftsteller über die „Körperlichkeit" und „Handgreiflichkeit", über die „Materialität" des Auferstandenen aufgezeichnet haben (sicherlich auch in Auseinandersetzung mit der überaus gefährlichen Gnosis ihrer Epoche), war nicht mehr als ein hilfloser Versuch, der allzu leicht auf eine falsche Deutungsfährte führt.

Die Unmöglichkeit, den Auferstandenen zu begreifen, wird spürbar in der Spannung zwischen dem Berührungsverbot an Maria von Mágdala: „Halte mich nicht fest!" (Joh 20,17) und der Berührungsaufforderung an Thomas: „Streck deinen Finger aus – hier in meine Hände! Streck deine Hand aus und leg sie in meine Seite!" (Joh 20,27) Was war das für ein seltsames Essen Jesu mit einem solchen Auferstehungsleib, wenn es heißt: „Gebt mir etwas zu essen … Und er aß vor ihren Augen" (Lk 24,41.43).

Der christliche Verkündigungs- und Bekenntnisruf: Der Gekreuzigte ist auferstanden! sollte sehr genau gehört werden. Der Gekreuzigte ist nicht ohne Wunden auferstanden. Der Gekreuzigte ist mit den fünf Wunden auferstanden, die ihm bei der Kreuzigung und nach seinem Tod zugefügt worden sind. Die verklärten fünf Wundmale des Auferstandenen sind kostbare Identitätszeichen des vorösterlichen und des nachösterlichen Jesus. Noch mehr: Sie sind Motivationszeichen des christlichen Glaubens: Der Gekreuzigte ist wahrhaft auferstanden! Der mit den Wundmalen Gezeichnete ist auferstanden und bleibt gerade als solcher das Zeichen der Scheidung und der Entscheidung der Geister. Wer nach anderen Zeichen Ausschau hält, wartet vergebens!

Literatur

M. Brändle, Mußte das Grab Jesu leer sein? In: Orientierung 31 (1967) 108–112.

J. Broer, Zur heutigen Diskussion der Grabesgeschichte. In: Bibel und Leben 10 (1969) 40–52.

J. Broer, Die Urgemeinde und das leere Grab Jesu. Eine Analyse der Grablegungsgeschichte im Neuen Testament. München 1972.

B. Klappert, Diskussion um Kreuz und Auferstehung. Wuppertal 1967.

J. Kremer, Das älteste Zeugnis von der Auferstehung Christi. Stuttgart 1966.

K. Lehmann, Auferweckt am dritten Tag nach der Schrift (Quaestiones Disputatae 38). Freiburg 1968.

G. Lohfink, Die Auferstehung Jesu und die historische Kritik. In: Bibel und Leben 9 (1968) 37–57 .

I. Maisch, Maria Magdalena. Zwischen Verachtung und Verehrung. Das Bild einer Frau im Spiegel der Jahrhunderte. Freiburg – Basel – Wien 1966.

M. Marxsen, Die Auferstehung als historisches und als theologisches Problem. Gütersloh 1965.

F. Morison, Wer wälzt den Stein? Frankfurt – Hamburg 1961.

F. Mußner, Die Auferstehung Jesu. München 1969.

L. Schenke, Auferstehungsverkündigung und leeres Grab. Eine traditionsgeschichtliche Untersuchung zu Mk 16,1–8. Stuttgart 1968.

C. Schütz, Der Herr lebt. Auferstehungsgedanken. Freiburg – Basel – Wien 1988.

24. Jesus und Paulus

Es gibt viele Ursachen dafür, dass vom 19. Jahrhundert an die Figur des Saulus/Paulus in den Mittelpunkt des Interesses der theologischen Forschung wie auch der Literatur trat. Die theologische Forschungsgeschichte bestätigt, dass nach dem Verhältnis des Paulus zu Jesus erst dann gefragt werden konnte, nachdem zuvor zwischen dem historischen Jesus und dem dogmatischen Christus, zwischen dem Jesus der Geschichte und dem Christus des Glaubens unterschieden worden war.

Als wichtiges Ereignis ist hierfür das Jahr 1778 zu nennen, in dem Lessing die Schrift „Von dem Zwecke Jesu und seiner Jünger. Noch ein Fragment des Wolfenbüttelschen Ungenannten" veröffentlichte. Der ungenannte Verfasser war Hermann Samuel Reimarus (1694–1768), der Begründer der historischen Bibelkritik. Damals wurde die Frage aufgeworfen, die bis zum heutigen Tag leidenschaftlich diskutiert wird: Was hat Jesus in seinem Leben wirklich selbst gesagt? Welches ist der Bestand der originalen Urworte Jesu (verba ipsissima) im Neuen Testament?

Diese neuzeitliche Frage führte dazu, dass ein neues Forschungsinteresse entstand: Was haben die Evangelisten und die Schreiber der neutestamentlichen Briefliteratur aus dem Bestand der Originalreden Jesu ausgelassen, was haben sie ergänzt und neuakzentuiert? Damit rückte auch die Person und die Theologie des Apostels Paulus mit seinen Briefen ins Zentrum heftigster Debatten. Überaus bunt und gegensätzlich ist die Palette der Paulus-Bilder, die immer noch ergänzt und facettenreich vorgelegt werden: Frauen-Hasser, Juden-Bekämpfer, Petrus-Opponent, Verfälscher der Jesus-Intentionen, Machtmensch, selbsternannter Apostel, Überapostel, neuer Entwerfer der Geschichte, Neurotiker oder Epileptiker. Eine der Kernfragen, die heute stark in der Diskussion steht und weit über den Bereich der wissenschaftlichen Theologie viele in Spannung hält, lautet: War Paulus Apostel Jesu oder Stifter des Christentums?

Der historisch-kritische Ansatz, der über den wissenschaftlichen Bereich hinaus auch im christlichen Volksglauben mehr und mehr zu Verunsicherungen und zu einer immer weiter um sich greifenden Bibelskepsis geführt hat, hat unser Bild von der Persönlichkeit des Paulus, seiner Bedeutung im urchristlichen Umfeld und seiner Theologie und Pastoral bis heute maßgebend beeinflusst. Selbst Exegeten haben hinter die neutestamentliche Darstellung der Paulusberufung vor Damaskus und die gesamten Paulus-Aktivitäten, wie sie in der Apostelgeschichte geschildert werden, dicke Fragezeichen gesetzt. Was ist jesuanisch, was ist paulinisch?

Was man bei Jesus in historisch-kritischer Untersuchung begonnen hatte, das wurde auch bei Paulus getan: Welches sind die originalen Paulusbriefe und welche bisher dem Apostel Paulus zugeschriebenen Briefe sind als nachpaulinisch zu qualifizieren? Als authentisch werden heute von den meisten Forschern angesehen: erster Thessalonicherbrief (51/52 n.Chr.), Galaterbrief (54/57), Philipperbrief (um 55), Philemonbrief (um 55), erster Korintherbrief (57), zweiter Korintherbrief (57), Römerbrief (58). Die historische Bibelkritik hat nur sieben Briefe als originale Paulusbriefe anerkannt; die übrigen haben gewiss mit paulinischen Themen zu tun, werden aber der nachpaulinischen, ja der frühkatholischen Epoche zugerechnet.

Auch der heute oft zu hörende Slogan: Jesus Ja – Kirche Nein! hat mit der Frage nach dem Historisch-Echten zu tun. Dieser Slogan gibt in Kurzform folgende Einstellung wieder: Zu Jesus kann man durchaus Ja sagen, aber was andere, an ihrer Spitze Paulus, aus Jesus und seiner Botschaft gemacht haben, muss äußerst kritisch betrachtet werden. Mit der historisch-kritischen Methode wird ohne Zweifel die Gefahr und Verdächtigung heraufbeschworen, Paulus gegen Jesus und Jesus gegen Paulus auszuspielen.

Der Ansatzpunkt der neuzeitlichen historischen Bibelkritik, wie sie von Hermann Samuel Reimarus vertreten wurde, ist übrigens auch unerlässlich, wenn man den Standort und Wertungsmaßstab verstehen will, von dem aus ein Friedrich Nietzsche ebenso wie die Bibelkritiker William Wrede, Johannes Weiß und Johannes Windisch oder ganz anders wiederum Johannes Lehmann „ihren“ Jesus und „ihren“ Paulus gesehen und in ihr Vor-Verständnis, in ihr Vor-Urteil eingeordnet haben.

Ohne Zweifel hat „der jüdisch-hellenistische Akademiker“ Paulus der Botschaft Jesu in den Auseinandersetzungen sowohl mit dem Judentum wie vor allem mit dem griechisch-hellenistischen Geistes- und Kulturgut eine griffige Formulierung mit unverwechselbarem persönlichen Akzent gegeben. War er ein Querdenker oder doch ein mutiger und kühner Weiterdenker, der die Botschaft Jesu aus dem engen Raum Palästinas wie auch aus der Eingebundenheit in die hebräisch-aramäische Sprache herausführte, in griechischer Übersetzung auf die Bühne der Weltgeschichte versetzte und in den Dialog mit den Philosophien und Religionen der damaligen Epoche einband?

Hinter dem Slogan: Jesus Ja – Kirche Nein! steckt wohl auch eine Abwertung dessen, was Paulus aus Werk und Botschaft Jesu gemacht hat. Hinter dieser flapsigen Kurzformel verbirgt sich die ganz entscheidende Frage: War die geschichtlich notwendige Auseinandersetzung des christlichen Glaubens mit den Philosophien und Religionen der Spätantike durch Paulus eine im Geiste Jesu legitime Weiterentwicklung, die es ermöglichte, die christliche Botschaft bis an die Grenzen der Erde zu verkünden?

Es ist des redlichen Nachdenkens wert, ob die Jesus-Bewegung ohne Paulus eine kleine, auf Palästina und auf den hebräisch-aramäischen Sprachraum eingegrenzte Sekte geblieben wäre.

♦ Paulus, der Neuentdecker

Schrittweise tritt (Jesus durch Paulus) in den Typus des Erlösers hinein: die Lehre vom Gericht und von der Wiederkunft, die Lehre vom Tod als einem Opfertod, die Lehre von der Auferstehung, mit der der ganze Begriff ‚Seligkeit', die ganze und einzige Realität des Evangeliums, eskamotiert ist – zugunsten eines Zustandes nach dem Tode! … Paulus hat diese Auffassung, diese Unzucht von Auffassung mit jener rabbinerhaften Frechheit, die ihn in allen Stücken auszeichnet, dahin logisiert: ‚Wenn Christus nicht auferstanden ist von den Toten, so ist unser Glaube eitel' – und mit einem Male wurde aus dem Evangelium die verächtlichste aller unerfüllbaren Versprechungen, die unverschämte Lehre von der Personal-Unsterblichkeit".[1]

Friedrich Nietzsche (1844–1900)

♦ Da erschien Paulus …

Epikur hätte gesiegt, jeder achtbare Geist im römischen Reich war Epikureer: da erschien Paulus … Paulus, der Fleisch-, der Genie-gewordene Tschandala-Haß gegen Rom, gegen die ‚Welt', der Jude, der ewige Jude par excellence … Was er erriet, das war, wie man mit Hilfe der kleinen sektiererischen Christen-Bewegung abseits des Judentums einen ‚Weltbrand' entzünden könne, wie man mit dem Symbol ‚Gott am Kreuze' alles Unten-Liegende, alles Heimlich-Aufrührerische, die ganze Erbschaft anarchistischer Umtriebe im Reich, zu einer ungeheuren Macht aufsummieren könne. ‚Das Heil kommt von den Juden.' – Das Christentum als Formel, um die unterirdischen Kulte aller Art, die des Osiris, der großen Mutter, des Mithras zum Beispiel, zu überbieten – und zu summieren: in dieser Einsicht besteht das Genie des Paulus. Sein Instinkt war darin so sicher, daß er die Vorstellungen, mit denen jene Tschandala-Religionen faszinierten, mit schonungsloser Gewalttätigkeit an der

[1] F. Nietzsche in seinem im September 1888, unmittelbar vor seinem Zusammenbruch verfassten, 1894 zuerst veröffentlichten Spätwerk „Der Antichrist. Fluch auf das Christentum" (Aphorismus 42).

Wahrheit dem ‚Heilande' seiner Erfindung in den Mund legte, und nicht nur in den Mund – daß er aus ihm etwas machte, das auch ein Mithras-Priester verstehn konnte … Dies war sein Augenblick von Damaskus: er begriff, daß er den Unsterblichkeits-Glauben nötig hatte, um ‚die Welt' zu entwerten, daß der Begriff ‚Hölle' über Rom noch Herr wird, – daß man mit dem ‚Jenseits' das Leben tötet … Nihilist und Christ: das reimt sich, das reimt sich nicht bloß …"[2]

Friedrich Nietzsche (1844–1900)

♦ Das „andere" Christusbild

Wie entstand die paulinische Anschauung von Christus? …
Paulus glaubte bereits an ein solches Himmelswesen, an einen göttlichen Christus, ehe er an Jesus glaubte …
Aus dem Eindruck der Persönlichkeit Jesu ist dies Christusbild nicht entstanden. Man hat es oftmals behauptet, aber niemals bewiesen. Paulus hat Jesus vermutlich nie gesehen, jedenfalls einen persönlichen Eindruck von ihm nie empfangen; und hätte er ihn empfangen, so wäre er derartig gewesen, daß er zu seinem Verfolger wurde. Wieviel er von den Anhängern Jesu über sein Leben und seine Person erfahren hatte, ehe er zu seiner Christusanschauung gelangte, ist schwer zu sagen …
Wir brauchen es nicht zu wiederholen: das Lebenswerk und Lebensbild Jesu hat die paulinische Theologie eben nicht bestimmt. An dieser Tatsache läßt sich nicht rütteln, mag Paulus so viel von Jesus gewußt haben, als er will, mögen Erzählungen von ihm ihn tiefer bewegt haben, als wir wissen, mag er gelegentlich in der Missionspredigt auch dies oder das von Jesus berichtet haben … überdies war der, dessen Jünger und Diener er sein wollte, gar nicht eigentlich der geschichtliche Mensch Jesus, sondern ein anderer … (Paulus hat) das Christentum zur Erlösungsreligion gemacht."[3]

William Wrede (1859–1906)

---

[2] Aus Nietzsches Werk „Der Antichrist. Fluch auf das Christentum" (Aphorismus 58).
[3] W. Wrede, Paulus. In: Wege der Forschung 24 (1904) 1–97 (Zitate: 79ff.89.95).

♦ Jesus weiß nichts …

„Jesus weiß von dem, was für Paulus ein und alles ist – nichts.“[4]

William Wrede (1859–1906)

♦ Ein kühner Sprung

„Für Paulus ist Jesus selbst Gegenstand nicht nur des Glaubens, sondern religiöser Verehrung … Das ist etwas schlechterdings Neues gegenüber der Verkündigung Jesu … Ich sehe hier einen Sprung, den keine theologische Kunst heilen kann. Jesu Verkündigung war für Paulus – mindestens im wesentlichen – irrelevant.“[5]

Johannes Weiß (1863–1914)

♦ Jesus und Paulus – ein Vergleich

„Jesus war Gesandter, Paulus auch; Jesus ‚Knecht Gottes‘ im Dienst des Heilsevangeliums, Paulus auch; Jesus Geistträger, Paulus auch; Jesus ein Träger göttlicher Dynamik in Wort und Wunderwerk, Paulus desgleichen; Jesus ein über Menschen erhabener Gnostiker, dem umfassendes Wissen gegeben war. Paulus nicht viel weniger. Beide erfüllen auch das Werk des Ebed Jahwe (einschließlich des in Jes 53 vorgezeichneten Werkes und Schicksals). Beide sind Heilige, nicht in absoluter göttlicher Sündlosigkeit, aber voll Siegeskraft im Kampf wider alle Versuchung, in ringendem Glaubenseifer göttlicher Vollkommenheit entgegengehend. Jesus ist Christus geworden in Gehorsam seiner Passion, Christus und Soter für die Kirche, als solcher unvergleichlich, einzigartig. Aber Paulus leistet gleichfalls wahrhaftiges Christuswerk, als Missionar, als Gemeindeseelsorger,

---

[4] W. Wrede, Paulus. Tübingen ^{2}1907, 94.
[5] J. Weiß, Paulus und Jesus. 1909, 3.

als Märtyrer, der sich opfert, der durch ständige Passion der Gemeinde Heil und Leben erwirkt, ein Christus in Christo und durch Christus, ein Christus praesens im Dienst und in der Kraft des Christus im Himmel."[6]

Hans Windisch (1881–1935)

♦ Aus der palästinensische Enge in die internationale Weite

Die christliche, die alten Lebensformen aufwühlende Strömung erschien dem Pharisäer Saulus vielversprechend und ausnutzbar. Er schloß sich ihr mit plötzlichem Entschluß an, und, ausgerüstet mit einem unzähmbaren Fanatismus, predigte er die internationale Weltrevolution gegen das römische Kaiserreich. Seine Lehren bilden bis auf heute trotz aller Rettungsversuche den jüdischen geistigen Grundstock, gleichsam die talmudistisch-orientalische Seite der römischen, aber auch der lutherischen Kirche. Paulus hat, was man in kirchlichen Kreisen nie zugeben wird, dem unterdrückten national-jüdischen Aufstand die internationale Auswirkung gegeben und dem Rassenchaos der alten Welt den Weg noch weiter geebnet, und die Juden in Rom werden sehr wohl gewußt haben warum sie ihm ihre Synagoge für seine Propagandareden zur Verfügung stellten."[7]

Alfred Rosenberg (1893–1946)

♦ Paulus, ein Mischprodukt Palästinas und Kleinasiens

(In Paulus verflochten sich das) palästinensische Pharisäertum ... und der jüdische Hellenismus, ja bis zu gewissem Grade auch der

[6] H. Windisch, Paulus und Jesus. Ein biblisch-religionsgeschichtlicher Vergleich (Untersuchungen zum Neuen Testament 24). Leipzig 1934. Das Zitat stellt die Zusammenfassung des zweiten Hauptteiles „Paulus und Jesus als Gottesmänner biblischer Prägung" (115–286) dar (287ff.). Vgl. vom gleichen Verfasser: Paulus und das Judentum. Stuttgart 1935.

[7] So urteilte der Nazi-Ideologe Alfred Rosenberg über Paulus: A. Rosenberg, Der Mythos des 20. Jahrhunderts. München 1934, 172–175.

heidnische Hellenismus ... Diese Doppeltheit, die richtiger eine Halbheit war, sollte die Ursache für die Zertrümmerung des historischen, ungebrochenen, gefestigten Judentums werden, die eben von Paulus ausging, der weit entwurzelter und innerlich zerrissener war als Jesus ... Nur ein solcher Jude – ein Mischprodukt Palästinas und Kleinasiens, eines verdünnten Judentums und oberflächlichen Griechentums – hatte die Eignung, das Christentum als einen besonderen Glauben zu schaffen. Bestimmt hat er aber bis an sein Lebensende echtes Judentum darin gesehen, das auch den Heiden nur in einer neuen Fassung gegeben wurde.“ [8]

Joseph Klausner (1874–1958)

♦ Paulus und die Reformation

Die Reformation kämpfte und siegte im Namen des Paulus.“[9]

Albert Schweitzer (1875–1965)

♦ Der Triumph des Paulus

Der Triumph des Paulus bedeutete die endgültige Auslöschung des historischen Jesus; der historische Jesus ist auf uns gekommen, eingeschlossen im Christentum wie eine Mücke im Bernstein.“[10]

Johannes Lehmann

[8] J. Klausner, Von Jesus zu Paulus. Jerusalem 1950, 297. 433f.
[9] A. Schweitzer, Geschichte der paulinischen Forschung von der Reformation bis zur Gegenwart. Tübingen ²1933, 1; A. Schweitzer, Leben, Werk und Denken (1905–1965). Mitgeteilt in seinen Briefen. Heidelberg 1987.
[10] J. Lehmann, Jesus-Report. Protokoll einer Verfälschung. Düsseldorf 1970, 282.

♦ Paulus – Element lebendiger Unruhe

„Paulus ist stets ein Element lebendiger Unruhe in der Geschichte von Kirche und Theologie gewesen und er bleibt es auch."[11]

Otto Kuss (1905–1991)

♦ Paulinischer Impuls zum Weiterbuchstabieren

„Würde sich Paulus, der stets zu Anpassungen und Veränderungen bereite, nicht als erster dagegen wehren, daß der Glaube an Jesus für immer auf Formeln festgelegt wird, die er einmal in bestimmten Situationen geprägt hat? … Müssen wir heutigen Christen wirklich noch so denken, reden, empfinden und schreiben, wie Paulus es getan hat? Wie weit ist denn die literarische und theologische Form, die Paulus dem Evangelium gegeben hat, für spätere Zeiten verbindlich?"[12]

Franz Joseph Schierse

Will man Persönlichkeit und Theologie des Apostels Paulus erkunden, muss man viele ältere, jüngere und jüngste Schichten gutgemeinter wie böswilliger Übermalungen entfernen – andernfalls begegnet man lediglich einem ideologisch zubereiteten, geschminkten, veränderten und verfremdeten Paulus. Der Weg zum geschichtlichen Paulus ist zu finden in Texten des Neuen Testaments, vor allem in seinen authentischen Briefen.

---

[11] O. Kuss, Paulus, Die Rolle des Apostels in der theologischen Entwicklung der Urkirche. Regensburg 1971, 457.
Vgl. H. Detering, Paulusbrief ohne Paulus? Die Paulusbriefe in der holländischen Radikalkritik. Frankfurt/M. – Berlin – Bern – New York – Paris – Wien 1992; Chr. Burchard, Paulus in der Apostelgeschichte. In: Theologische Literaturzeitung 100 (1975) 881–895; K. Löning, Die Saulustradition in der Apostelgeschichte. Münster 1973; V. Stolle, Der Zeuge als Angeklagter. Untersuchungen zum Paulusbild des Lukas. Stuttgart –Berlin – Köln – Mainz 1973.

[12] F. J. Schierse, Abschied vom paulinischen Christentum? In: Stimmen der Zeit 97 (1972) 353.

Um ein echtes Paulusbild aus der Apostelgeschichte zu gewinnen, bedarf es jener differenzierten Einsichten, die gerade in den letzten Jahrzehnten durch eine sogenannte „Hermeneutik des Verdachts" erarbeitet worden sind. Dabei ist den Intentionen und der Redaktion des Verfassers Lukas der Apostelgeschichte nachgegangen worden, für die er auch Paulus eingesetzt hat. Heute wird die historische Glaubwürdigkeit sowohl der Paulusreisen wie auch der Paulusreden, wie sie in der Apostelgeschichte überliefert sind, ganz unterschiedlich und zum Teil äußerst kritisch und skeptisch beurteilt. Während die einen in den Paulusreden der Apostelgeschichte „typisch paulinische Züge" (Jacques Dupont) zu erkennen glauben, stellen andere lapidar fest: „Der Text stammt von Lukas".

Mit durchaus guten Gründen wird gefragt: Begegnet man wirklich dem historischen Paulus oder nur dem „lukanischen" Paulus? Ohne Zweifel ist für den neutestamentlichen, heidenchristlichen Schriftsteller Lukas der Apostel Paulus die große theologische Autorität und Leitfigur und zwar ebenso wegen der Legitimität seiner apostolischen Herkunft und Beauftragung wie vor allem wegen der Entwicklung, die die frühchristlichen Gemeinden am Ausgang des Apostolischen Zeitalters bereits gemacht hatten. Die Zukunft der Kirche und ihrer Verkündigung, das war bereits zu diesem Zeitpunkt deutlich, würde stärker heidenchristliche als judenchristliche Prägung haben.

Außergewöhnliche Apostelberufung

Sicher ist: Paulus war kein vom geschichtlichen, vorösterlichen Jesus berufener Apostel. Er erfüllte nicht jene Qualifikation, die bei der Apostelwahl des Matthias nach dem Ausscheiden des Judas Iskariot aufgestellt wurde: „Einer von den Männern, die die ganze Zeit mit uns zusammen waren, als Jesus, der Herr, bei uns ein und aus ging, angefangen von der Taufe durch Johannes bis zu dem Tag, an dem er von uns ging und (in den Himmel) aufgenommen wurde, – einer von diesen muß zusammen mit uns Zeuge seiner Auferstehung sein" (Apg 1,21–22).

Paulus selbst deutet an, er habe den historisch-vorösterlichen Jesus, den „Christus dem Fleische nach" (2 Kor 5,16), nicht gesehen. Dies kann durchaus heißen, er, der als Saulus im damaligen Jerusalem lebte und von Gamaliel (Apg 22,3) zum gesetzestreuen Pharisäer ausgebildet wurde (Apg 26,5; vgl. Phil 3,5), habe von einem gewissen Jesus gehört und ihn vielleicht auch flüchtig gesehen, aber er habe diesem Galiläer keine besondere Aufmerksamkeit geschenkt. Jesus, der Nazarener, war einer von vielen, die auf Saulus keinen nachhaltigen Eindruck gemacht haben.

Ein seltsames Ereignis um 33/34 n. Chr. (etwa drei Jahre nach der Kreuzigung Jesu!), das Paulus selbst als Christusepiphanie schildert „ … auch mir ist er (der auferstandene Christus) erschienen" (1 Kor 15,8), erlebte er vor Damaskus. In typisch alttestamentlicher Argumentation eines ganz sicheren Geschehens wird dieses Damaskusereignis dreimal in der Apostelgeschichte erwähnt: Apg 9,1–19; 22,6–23; 26,12–20.

Das Damaskusereignis ist nicht wie ein Blitz aus heiterem Himmel gekommen. Es hatte sicherlich Vorstufen, die den Weg von der wachsenden Verunsicherung des Saulus in seiner jüdisch-pharisäischen Einstellung zur wachsenden Offenheit für das Christus-Phänomen bereitet haben. Zweifelsohne hat der damals in Jerusalem lebende Pharisäerschüler Saulus auch einige der zu seiner Zeit in Jerusalem herumschwirrenden Berichte gehört: Berichte über den wiedergekehrten Jesus, über diese und jene Erscheinungen des Auferstandenen (in Jerusalem, in Emmaus, am See Gennesaret), vielleicht sogar die außerordentlich beeindruckende Erzählung, der auferstandene Jesus sei erschienen „vor mehr als fünfhundert Brüdern zugleich; die meisten von ihnen sind noch am Leben" (1 Kor 15,6). Vielleicht ist es gerade letzterer Bericht von der Erscheinung des Auferstanden „vor mehr als fünfhundert Brüdern" gewesen, den allein Paulus, aber keiner der vier Evangelisten wiedergibt, der ihn am meisten geschockt und verwirrt hat, d. h. aus der Mitte und Sicherheit seines bisherigen Glaubens und Denken geworfen hat.

Diese Berichte über Erscheinungen des auferstandenen Christus haben Paulus zweifelsohne tief beeindruckt. Wenn es wirklich wahr ist, dass der als Ketzer und Revolutionär verurteilte und am Kreuz gestorbene Jesus von Nazaret „wieder da ist", dann ist es dem Hohen Rat und Pontius Pilatus nicht gelungen, diesen lästigen Zeitgenossen mundtot zu machen. Saulus selbst wird von diesem immer noch gegenwärtigen und in die Geschichte hereinwirkenden Jesus angesprochen: „Saul, Saul, warum verfolgst du mich? ... Ich bin Jesus, den du verfolgst" (Apg 9,5). Es klingt wie eine Kapitulation, wenn Paulus antwortet: „Herr, was soll ich tun?" (Apg 22,10)

Die theologische Erstbegegnung in Antiochia

Der von Ananias in Damaskus getaufte Paulus (Apg 9,17–19) begegnete als aufgeschlossener Konvertit einer Gemeinde und einer Theologie, die dem antiochenisch geprägten Urchristentum angehörte. Paulus, der jüdische Hellenist, begegnete einer Christengemeinde, in der viele seiner Gedanken und Erwartungen lebendig waren und eine Antwort erhielten. Im antiochenischen Urchristentum fand er hellenistisch-jüdische Gleichgesinnte. Hier fand seine Einführung in den christlichen Glauben statt. Hier erlebte er die urchristliche Eucharistiefeier, von der er später schreiben konnte, „ich habe vom Herrn (von dem in der Eucharistiefeier gegenwärtigen und wirksamen Kyrios) empfangen, was ich euch überliefert habe" (1 Kor 11,23).

Was die heutige Pädagogik über die Langzeitwirkung gerade der Eingangserfahrung ausspricht, wird bestätigt durch die Langzeitwirkung der Erstbegegnung des Paulus mit der antiochenischen Theologie und Liturgie. Viel zu wenig wird gerade dieser überaus wichtige Aspekt bei der Wertung des Apostels

Paulus und seiner Theologie beachtet. Antiochias Situation einer aus Juden und Nichtjuden zusammengesetzten und gesetzeskritisch eingestellten Christengemeinde spiegelt sich wieder im Römerbrief (10,8–13).

Die neutestamentliche Forschung hat in jüngster Zeit intensiv und erfolgreich den urchristlichen Gesamtkomplex „Antiochia" untersucht, für den die Paulusbriefe wichtige Quellen darstellen. „In Antiochia gab man den Jüngern (Jesu) erstmals den Namen ‚Christen'" (Apg 11,26). Die neutestamentlichen Untersuchungen haben folgendes Ergebnis zutage gebracht: Die Christengemeinde von Antiochia (wie die umliegenden, im syrischen Raum gelegenen Christengemeinden) rekrutierte sich vornehmlich aus griechischsprechenden Heidenchristen, die wohl zuvor eigenständiger Teil der Jerusalemer Urgemeinde gewesen waren (Apg 6,8–8,4 a; 7,2–53; 11,19 b–21; 14,75–77) und grundsätzlich auf Beschneidung verzichteten (Apg 11,20). Übrigens berichtet auch der jüdische Geschichtsschreiber Flavius Josephus, dass von heidenchristlichen Proselyten nicht durchgehend die Beschneidung gefordert wurde (Ant 20,41 b).

Eine kühne Schlussfolgerung wurde bereits von Ulrich Mell gezogen: „Missionstheologisch bedeutet Antiochia das Scharnier zwischen Jesu exklusiver Israelverkündigung und der weltweiten Völkermission des Paulus" (U. Mell in: Theologische Literaturzeitung 121 (1996) 669).

Die Prägung der paulinischen Theologie

Antiochia war zum einen der häufige Ausgangs- und Rückkehrort des missionierenden Paulus. Zum anderen hat die antiochenische Theologie Paulus zeitlebens nicht mehr losgelassen. Sie hat bereits in den wichtigen Aktivitäten und Entscheidungen des sogenannten Apostelkonzils (Apg 15,1–35), in der paulinischen Missionsverkündung wie auch in seinen authentischen Briefen eine unverkennbare und bleibende Spur hinterlassen: eine gesetzeskritische Einstellung, wie sie überdeutlich bereits in der Rede des hellenistischen Christen und Diakons Stephanus (Apg 6,11–14; 7,2–53) sichtbar geworden war und die mit der strikten Ablehnung der Beschneidung einherging. Mit und durch Antiochia wurde Paulus zu einem leidenschaftlichen Vertreter und Verfechter eines gesetzeskritisch eingestellten Urchristentums.

In die paulinische Theologie ist darüber hinaus auch entscheidend Neues und Biographisches eingeflossen. Der Apostel Paulus benötigte keinen schwierigen Umdenkprozess vom geschichtlich-vorösterlichen Jesus zum auferstandenen Christus wie die übrigen Apostel. Seine Briefe bieten dementsprechend auch keine Rückblende auf das Wirken des vorösterlichen Jesus, auf seine Wunder, auf seine Reden. Nicht einmal der Name der Mutter Jesu „Maria" wird in seinen Briefen erwähnt. Mit der Auferstehung Jesu Christi hat für Paulus eine ganz neue, alles entscheidende Epoche der Heilsgeschichte begonnen. Die Mitte der paulinischen Frohbotschaft lautet: Der Gekreuzigte ist auferstanden!

So hat es Paulus selbst bei seinem Damaskus-Erlebnis erfahren: Der auferstandene Christus ist gewiss „drüben", zur Rechten des Vaters. Er hat aber auch sein Wort eingelöst: „Ich bin bei euch alle Tage bis zum Ende der Welt" (Mt 28,20). Wer Ja sagt zum auferstandenen Christus, kann nicht gleichzeitig Nein sagen zur Kirche. Nach Paulus gibt es – im Gegensatz zu nicht wenigen Auffassungen unserer Zeit – keine Christologie, die nicht gleichzeitig Ekklesiologie ist.

Was Paulus hinterlassen hat, ist alles andere als eine allseits ausgefeilte und abgerundete Systematik. Wir müssen uns mit „Bruchstücken einer großen Konfession" zufriedengeben. „Paulus ist stets ein Element lebendiger Unruhe in der Geschichte von Kirche und Theologie, und er bleibt es auch" (Otto Kuss). Paulus, der Kühne, ruft allen, dem Gläubigen wie dem Atheisten zu: Versuche es mit Christus! Jesus glaubt an dich. Glaubst du an ihn?

Literatur

R. Augstein, Paulus oder Jesus? In: Der Spiegel Nr. 23 vom 3.6.1996, S. 73-78.

M. Barth, Paulus und die Juden. Zürich 1967.

E. Biser, Der Zeuge. Eine Paulus-Befragung. Graz – Wien – Köln 1981.

J. Blank, Paulus und Jesus. Eine theologische Grundlegung. München 1968.

G. Bornkamm, Paulus. Eine Biographie. Stuttgart 1972.

C. Burchard, Paulus in der Apostelgeschichte. In: Theologische Literaturzeitung 100 (1975) 881–895.

E. Dassmann, Der Stachel im Fleisch. Paulus in der frühchristlichen Literatur bis Irenäus. Münster 1979.

W. Feneberg, Paulus der Weltbürger. Eine Biographie. München 1992.

J. Gnilka, Paulus von Tarsus. Zeuge und Apostel. Freiburg 1996.

D. Hildebrandt, Saulus/Paulus. Ein Doppelleben. München – Wien 1989.

E. Jüngel, Paulus und Jesus. Eine Untersuchung zur Präzisierung der Frage nach dem Ursprung der Christologie. Tübingen 1962.

S. Krahe, Das riskierte Ich. Paulus aus Tarsus. Ein biographischer Roman. München 1991.

O. Kuss, Paulus. Die Rolle des Apostels in der theologischen Entwicklung der Urkirche. Regensburg 1971.

G. Langenhorst, Neues und Altes vom „selbsternannten Apostel". Paulus als literarische Figur. In: Orientierung 56 (1992) 247–250.

J. Lehmann, Jesus-Report. Protokoll einer Fälschung. Düsseldorf 1970.

E. Lohse, Paulus. Eine Biographie. München 1996.

K. Löning, Saulustradition in der Apostelgeschichte. Münster 1937.

St. Meißner, Die Heimholung des Ketzers. Studien zur jüdischen Auseinandersetzung mit Paulus. Tübingen 1996.

J. Munk, Paulus und die Heilsgeschichte. Kopenhagen 1954.
K.-W. Niebuhr, Heidenapostel aus Israel. Die jüdische Identität des Paulus nach ihrer Darstellung in seinen Briefen. Tübingen 1992.
E. Rau, Von Jesus zu Paulus. Entwicklung und Rezeption der antiochenischen Theologie im Urchristentum. Stuttgart – Berlin – Köln 1994.
R. Rubinstein, Mein Bruder Paulus. New York 1972.
F. J. Schierse, Abschied vom paulinischen Christentum? In: Stimmen der Zeit 97 (1972) 353f.
F. J. Schierse, Paulus in der neueren theologischen Literatur. In: Religionsunterricht an höheren Schulen 23 (1980) 221–227.
H. Schlier, Grundzüge einer paulinischen Theologie. Freiburg 1978.
W. Schmithals, Paulus. Göttingen 1963.
A. Schweitzer, Geschichte der paulinischen Forschung von der Reformation bis zur Gegenwart. Tübingen ^{2}1933.
V. Stolle, Der Zeuge als Angeklagter. Untersuchungen zum Paulusbild des Lukas. Stuttgart – Berlin – Köln – Mainz 1973.
H. M. Storm, Die Paulusberufung nach Lukas und das Erbe der Propheten. Frankfurt/M.– Berlin – Bern – New York – Paris – Wien 1995.
L. Wehr, Petrus und Paulus – Kontrahenten und Partner. Die beiden Apostel im Spiegel des Neuen Testaments, der Apostolischen Väter und früher Zeugnisse ihrer Verehrung. Münster 1996.

25. *Von der Jesusbewegung zur Kirche*

In einer Epoche der Wende – und die Rede von einer Wendezeit, einer Zeit des Umbruchs ist heute in aller Munde – ist die Erforschung jener Phase, in der „die Kirche“ unter gewaltigen Zeichen und Wundern Gottes (siehe die ersten Kapitel der Apostelgeschichte) auf die Bühne der Weltgeschichte getreten ist, weit mehr als eines von vielen Projekten der Geschichtswissenschaft, speziell der Kirchengeschichte. Der Katechismussatz: „Jesus hat die Kirche gegründet“ kann leicht zu Fehldeutungen führen, und falsche Informationen über den Beginn der Kirche können angesichts der problematischen Lage der christlichen Kirchen heute bei vielen Christen zur Katastrophenstimmung führen: Die Kirche sei heute nicht mehr das, was sie am strahlenden und überzeugenden Anfang gewesen ist.

Christliche Glaubensgeschichte sei Geschichte des Abfalls, des Verfalls, des Verrats, der Anpassung.

Die „Kirche“ des Anfangs?

Unübersehbar ist, dass ein beachtliches Gefälle vorliegt, wie die Kirche des Anfangs im christlichen Volksbewusstsein einerseits und in der theologischen Wissenschaft andererseits gesehen und verstanden wird. Gerade ein realistischer Blick auf die Kirche des Anfangs könnte einen Weg zur Kirche der Zukunft, zur Zukunft der Kirche öffnen.

Die „Großkirchen“ und „Volkskirchen“ mit respektablem Einfluss in Politik und Gesellschaft werden in kurzer Zeit überholte und überflüssige Auslaufmodelle sein. Wie stand es damit wirklich am christlichen Anfang? Wir sollten uns von der so tiefsitzenden und gleichwohl irrigen Idee verabschieden, dass „die Kirche“ von Anfang an eine feste religiöse und gesellschaftliche Größe war.

Die „Kirche“ war in ihrem Anfang viel schlichter, einfacher, persönlicher und zugleich auch vielgestaltiger. Es gab keine Ordinariate und keine Nuntiatur, keine Domkapitel, keine Monsignore und Prälaten, keine Kardinäle, keinen Katholikenrat, keine Pfarrgemeinderäte – kein Kirchensteueramt! Die „Kirche“ lebte ohne diese Würdenträger und Einrichtungen. Sie waren für die damalige kleine und überschaubare Christenschar, in der jeder jeden kannte, nicht notwendig.

Aus kleinen Hausgemeinschaften, aus christlichen „Fan-Gruppen“ ist im Laufe vieler Jahrhunderte Kirche gewachsen. Gerade dort, wo der geschichtliche Jesus durch seine Wunder oder mit seiner Botschaft gewirkt hatte, erinnerte man sich in freudiger Dankbarkeit daran und gab dieses orts- und situationsgebundene „Patrozinium“ an Freunde, Verwandte und Bekannte weiter.

Die vielgestaltige Jesusbewegung

Die Entstehung solcher Haus- und Ortsgemeinschaften, die kaum voneinander wussten, geht auf eine ganz bestimmte Typik des Wirkens Jesu selbst zurück.

Das Wirken Jesu war – im Gegensatz zur Tätigkeit des Täufers Johannes – nicht standortgebunden. Charakteristisch für das öffentliche Wirken Jesu ist seine Wandertätigkeit. Und doch zeichneten sich nach dem Tode Jesu zwei Modelle christlichen Glaubens und Lebens ab. Während die christlichen Galiläer wie Jesus Wanderapostel waren und das dynamische, grenzüberschreitende Element repräsentierten, bildeten die Judäer in der Urgemeinde von Jerusalem eher eine statische Gruppe (vgl. Mk 13,14–16). Dadurch aber, dass viele Christen lange noch am Tempelbesuch in Jerusalem festhielten, wurde die Urgemeinde von Jerusalem nicht nur wegen der zentralen Jesusereignisse des Kreuzestodes und der Auferstehung Jesu zu einer zentralen Sammelstelle nicht weniger vorösterlicher und nachösterlicher Jesus-Ereignisse und Jesus-Worte, die außerhalb Jerusalems geschehen waren. Der „Urgemeinde von Jerusalem“, dem der Apostelkreis und auch Maria, die Mutter Jesu (Apg 1,14), angehörten, wuchs dadurch eine Führungsrolle, die Rolle der „Glaubenszentrale“ zu. Daß ihr auch eine einzigartige Entscheidungsfunktion zukam, bestätigt die Wahl des Matthias zum Apostel durch den „Kreis der Brüder, in dem etwa hundertzwanzig zusammengekommen waren“ (Apg 1,15–26). Diese Entscheidungsfunktion war selbstverständlich und unbestritten und musste nicht erst durch juristische Beschlüsse etabliert werden.

Nur sehr langsam ist jener Kirchenverbund entstanden, den wir als „Ur-Kirche“ bezeichnen und der uns in der neutestamentlichen Apostelgeschichte geschildert wird. Der Schriftsteller und Heidenchrist Lukas beschreibt die Jesusbewegung bereits in einem späteren soziologischen Stadium – und zwar aus der sehr engen Sicht des palästinensischen Urchristentums. Er spricht wohl von den Missionsreisen und nennt sein Werk „Apostelgeschichte“, aber dieses Werk erzählt in Wirklichkeit nur die Geschichte zweier Apostel, des Petrus wie des Paulus. Völlig ausgeblendet ist die Entwicklung der Jesusbewegung im vorderasiatischen, afrikanischen oder fernöstlich-indischen Raum, über die ihm keine Informationen zur Verfügung standen. Trotz seiner geringen Informationen vermochte der Schriftsteller Lukas es jedoch erstaunlicherweise, eine Weltperspektive „bis an die Grenzen der Erde“ (Apg 1,8) zu öffnen.

Die Berufung „der Zwölf“

Johannes der Täufer spendete ortsgebunden seine Bußtaufe, hat aber selbst nie angeregt, dass die von ihm Getauften sich zusammenschlossen, gar eine geschlossene Gruppe bildeten. Im Gegensatz zum Täufer Johannes lässt sich bei Jesus von Nazaret durch die Berufung „der Zwölf“ der deutliche Ansatz einer gegliederten Organisation mit unterschiedlichen Aufgaben erkennen. Sehr früh schon gibt es in den Evangelien die stereotype Formulierung „die Zwölf“ (Mt 10,5; Mk 3,14;

4,10; Lk 8,1; 9,2; Joh 8,68; vgl. IQS 8,1). In vier neutestamentlichen Listen sind die Namen und auch eine nicht unwichtige Reihenfolge „der Zwölf" festgehalten:

Matthäus (10,1–4)	Markus (3,13–19)	Lukas (6,12–16)	Apostelgeschichte (1,12–14)
Simon Petrus	Simon Petrus	Simon Petrus	Petrus
Andreas	Jakobus	Andreas	Johannes
Jakobus	Johannes	Jakobus	Jakobus
Johannes	Andreas	Johannes	Andreas
Philippus	Philippus	Philippus	Philippus
Bartholomäus	Bartholomäus	Bartholomäus	Thomas
Thomas	Matthäus	Matthäus	Bartholomäus
Matthäus	Thomas	Thomas	Matthäus
Jakobus, Sohn des Alphäus	Jakobus, Sohn des Alphäus	Jakobus, Sohn des Alphäus	Jakobus, Sohn des Alphäus
Thaddäus	Thaddäus	Simon	Simon
Simon von Kana	Simon von Kana	Judas (Thadd.)	Judas (Thadd.)
Judas Iskariot	Judas Iskariot	Judas Iskariot	(Matthias)

Jede Liste besteht aus drei Vierergruppen, und in allen Listen weisen diese Gruppen jeweils dieselben Namen auf, wenn auch in verschiedener Reihenfolge. Stets eröffnet Petrus die erste, Philippus die zweite, Jakobus (der Sohn des Alphäus) die dritte Gruppe. Unter den „Zwölfen" gelten „als Säulen Jakobus, Kephas und Johannes" (Gal 2,9), die in der ersten Vierergruppe aller Listen genannt werden, jedoch in einer anderen Reihung.

Übrigens waren zunächst „die Zwölf" nicht mit den „Aposteln" identisch; erst später hat sich die heute geläufige Formulierung „die zwölf Apostel" ergeben. Neben den Zwölfen und den Aposteln gab es auch noch eine große Anzahl von „Jüngern" Jesu.

„Die Zwölf" dürften wohl schon von Jesus selbst berufen worden sein, wie die Qualifikation bestätigt, die bei der Nachwahl für den ausgeschiedenen Judas Iskariot aufgestellt wurde: „Einer von den Männern, die die ganze Zeit mit uns zusammen waren, als Jesus, der Herr, bei uns ein und aus ging, angefangen von der Taufe durch Johannes bis zu dem Tag, an dem er von uns ging und (in den Himmel) aufgenommen wurde, – einer von diesen muß nun zusammen mit uns Zeuge seiner Auferstehung sein" (Apg 1,21–22).

„Die Zwölf" sollten also die ausgesuchten und bestinformierten Zeugen des vorösterlichen wie des österlichen Lebens und Wirkens Jesu sein. Typisch und nicht zu überlesen ist die zweimal geforderte Bedingung für die künftige Aufgabe: „... zusammen mit uns" (Apg 1,21–22). Deutlicher kann die gemeinsame

Verkündigungsautorität wie auch die Kollegialität „der Zwölf" kaum herausgestellt werden. Der „Neue Bund" (1 Kor 11,25) erinnert an den Alten Bund, aufgebaut auf den zwölf Stämmen Israels, die sich wiederum zurückführen lassen auf die zwölf Söhne Jakobs (Gen 35,22; Ex 24,4). Das neue Volk Gottes unter der von Jesus selbst aufgestellten Führung „der Zwölf" ist „das wahre Israel".

Nicht zu übersehen ist in allen Schriften des Neuen Testaments, vor allem in der lukanischen Apostelgeschichte, dass in der Anfangssituation der nachpfingstlichen Gemeinde von Jerusalem – vor allem in den anstehenden Entscheidungen – der Person des Simon Petrus, des Kephas, eine unbestrittene, allseits geachtete Position zukam. Aber auch Petrus war nicht vollkommen! Neben dem überlieferten Jesus-Wort: „Du bist Petrus, und auf diesen Felsen werde ich meine Kirche bauen" (Mt 16,18) findet sich ein weiteres Jesus-Wort zu Petrus: „Ich habe für dich gebetet, dass dein Glaube nicht erlischt. Und wenn du wieder dich bekehrt hast, dann stärke deine Brüder" (Lk 22,31).

Pfingsten – Durchbruch der Jesusbewegung zur Heilig-Geist-Gemeinschaft

Dass es auch heftige Kontroversen um den theologischen und missionstheologischen Grundkurs unter den „Zwölf", insbesondere auch mit dem „Dreizehnten" (Paulus), gegeben hat, belegt die Apostelgeschichte (Apg 15,1–29). Unverblümt spricht Paulus von der harten Konfrontation mit Petrus: „Als Kephas nach Antiochia gekommen war, bin ich ihm offen entgegengetreten, weil er sich ins Unrecht gesetzt hatte" (Gal 2,11). In der damaligen „Kirche" hat man nicht herumgeredet. Man hat Klartext gesprochen und hat von Mann zu Mann um die Entscheidungen gerungen und gestritten, so dass schließlich nach Streit und Gebet von den ursprünglichen Kontrahenten gemeinsam der Satz gesprochen werden konnte: „Der Heilige Geist und wir haben beschlossen ..." (Apg 15,28). Eine christliche Gemeinschaft – ohne muffige Amtsstuben, ohne Abstimmungstaktik, ohne heimliche Strategien der Stimmensammlung. Eine menschliche Kirche und gerade dadurch eine glaubwürdige Kirche, die ihr Leben und Wirken als zweifaches Wagnis verstand – als Wagnis Christi mit seinen Getreuen, aber auch als Wagnis seiner Getreuen mit Christus.

Allzu bald mussten die ur- und frühchristlichen Gemeinden jedoch lernen, mit der scheinbaren Abwesenheit Christi zu leben, als Märtyrergemeinschaft zu verbluten. Wo ist unser Gott? Warum lässt uns Gott hängen? Warum schweigt Gott bei der Verfolgung, Verhöhnung und Niederschlachtung seiner Getreuen? Düster und undurchschaubar fielen die tiefen Schatten des Kreuzes, Symbol für die Macht des Bösen und für die Ohnmacht den Guten, auf den Weg der Christen. Die gegenwärtige Christenheit steht wohl unter nicht minder großen Bedrängnissen und Nöten als ihre Vorfahren der ersten Jahrhunderte. Die Welt ist aus den Fugen geraten. Die Menschen greifen nach den Sternen.

♦ Verehrend beuge ich mich ...

Die echteste Humanität ist in den wenigen Reden enthalten, die wir von ihm (Jesus) haben. Humanität ist's, was er im Leben bewies und durch seinen Tod bekräftigte ... Als ein geistiger Erretter seines Geschlechts wollte er Menschen Gottes bilden, die, unter welchen Gesetzen es auch wäre, aus reinen Grundsätzen andrer Wohl beförderten, und, selbst duldend, im Reich der Wahrheit und Güte als Könige herrschten ..., denn was hätte der Mensch für ein andres Ideal seiner Vollkommenheit und Glückseligkeit auf Erden, wenn es nicht diese allgemein wirkende reine Humanität wäre? Verehrend beuge ich mich vor deiner edlen Gestalt, du Haupt und Stifter eines Reiches von so großen Zwecken ..., daß ihm die Sphäre dieses Erdenlebens selbst zu enge schien. Nirgend finde ich in der Geschichte eine Revolution, die in kurzer Zeit so stille veranlaßt, durch schwache Werkzeuge auf eine so sonderbare Art, zu einer noch unabsehlichen Wirkung allenthalben auf der Erde angepflanzt und in Gutem und Bösem bebauet worden ist, als die sich unter dem Namen nicht deiner Religion, d. i. deines lebendigen Entwurfs zum Wohl des Menschen, sondern größtenteils einer Religion an dich, d. i. einer gedankenlosen Anbetung deiner Person und deines Kreuzes, den Völkern mitgeteilt hat. Dein heller Geist sahe dies selbst voraus, und es wäre Entweihung deines Namens, wenn man ihn bei jedem trüben Abfluß deiner reinen Quelle zu nennen wagte."[1]

Johann Gottfried Herder (1744–1803)

♦ Ohne Christus keine Kirche

Der wesentliche Inhalt der Heiligen Schrift ist in der Kirche ewig gegenwärtig, weil er ihr Herzblut, ihr Odem, ihre Seele, ihr alles ist. Sie besteht nur durch Christus, und sollte diesen erst ausfindig machen! Wer je auch nur mit einigem Ernst darüber nachgedacht

---

[1] J. G. Herder, Ideen zur Philosophie der Geschichte der Menschheit. In: Horst Stephan, Herders Philosophie. 1906, 172ff.

hat, was es heißt, wenn Christus sagt: ‚Ich bin bei euch bis ans Ende der Welt', wird die Anschauung der katholischen Kirche von sich selbst wenigstens begreifen … Der bloße Besitz der Bibel macht noch keine Kirche … Ohne Christus haben wir keine Kirche und keine Heilige Schrift."[2]

Johann Adam Möhler (1796–1838)

♦ Kirche – das Gegenteil der Intention Jesu

Die Kirche ist exakt das,
wogegen Jesus gepredigt hat –
und wogegen er seine Jünger kämpfen lehrte."[3]

Friedrich Nietzsche (1844–1900)

♦ Eine Kirche, die ihren Stifter dinglich vergottet

Nicht Warten auf einen Erlöser von außen, nicht Empfang kapitalisierter Erlösungsgnaden durch eine Kirche, die ihren Stifter dinglich vergottet um den Preis echter persönlicher Akt-Gefolgschaft, sondern Selbstdeifizierung, und das heißt Mitverwirklichung der ewig nur ‚wesenden' Idee dcr gcistigen Gottheit".[4]

Max Scheler (1874–1928)

---

[2] J. A. Möhler, Symbolik oder Darstellung der dogmatischen Gegensätze der Katholiken und Protestanten nach ihren öffentlichen Bekenntnisschriften. Regensburg 1873, 356ff. Die beiden letzten Sätze sind entnommen: J. A. Möhler, Neue Untersuchungen der Lehrgegensätze zwischen den Katholiken und Protestanten. Regensburg 1881, 375.

[3] Aus dem umstrittensten Werk Nietzsches „Der Wille zur Macht. Versuch einer Umwertung aller Werte". Aus dem Nachlass reichlich fragwürdig zusammengestellt von Nietzsches Schwester Elisabeth Förster-Nietzsche und 1906 – sechs Jahre nach seinem Tod – veröffentlicht. Vgl. M. Pernet, Das Christentum im Leben des jungen Friedrich Nietzsche. Opladen 1989; G. Schank, „Dionysos gegen den Gekreuzigten". Eine philologische und philosophische Studie zu Nietzsches „Ecce homo". Bern – Berlin – Frankfurt/M. – New York – Wien 1993; G. K. Lehmann, Der Übermensch. Friedrich Nietzsche und das Scheitern der Utopie. Berlin – Bern – Frankfurt/M. – New York – Paris – Wien 1993.

[4] M. Scheler, Philosophische Weltanschauung. Bonn 1929.

♦ Wir sollten mehr von Christus reden

Streicht man im Christentum den Christus, so zerfällt die Lehre in ein Bündel moralischer Grundsätze, die wohl schön, aber nicht von einzigartiger Bedeutung sind. Wir sollten heute weniger vom Christentum und viel mehr von Christus reden, denn die Person des Christus ist der Mittelpunkt des Christentums; Christus selbst, nicht seine Lehre, ist das Kernstück des christlichen Glaubens ... Christus ist die ausgestreckte Hand Gottes, die sich aus dem Dunkel reckt, und die Gott dem Menschen in Christus hinhält, daß er einschlage und sich heimziehen lasse in die Gottesnähe, in das Vaterhaus, zu seinem Ursprung.“[5]

Gustav Adolf Gedat

♦ ... gekommen ist die Kirche

Jesus hat die Königsherrschaft Gottes verkündet, und gekommen ist – die Kirche.“[6]

Alfred Loisy (1857–1940)

♦ Die Zwölfzahl der Apostel – die Tierkreiszeichen

Auch sonst finden wir den astrologischen Einschlag in den Evangelien, so in der Zwölfzahl der Apostel, die den solaren Tierkreiszeichen entspricht. Wir sehen ja auch im Mittelalter den Aposteln astrale Tiere noch zugeschrieben. In der alten keltischen Sage vom König Artus mit seiner Tafelrunde ist die Tierkreiszahl veranschaulicht, und auch der Heiland wird in der Abendmahlsszene mit den Zwölfen tafelnd geschildert. So ist es auffallend, daß dieser Zwölferchor der Auserwählten auch im Neuen Testament den Mythus der zwölf Apostel erfüllt; einer scheidet aus, dafür kommt

---

[5] G. A. Gedat, Ein Christ erlebt die Probleme der Welt. Stuttgart [14]1935, 116f.

[6] A. Loisy, L' évangile et l' église. Paris 1902, 111. („Jesus annonçait le royaume, et c'est l'église qui est venue".)

später ein anderer hinzu, es wird Wert auf die Zwölfzahl gelegt, obwohl wir wissen, daß geschichtlich diese Zwölfzahl nicht gegeben war. Alle diese Zwölfer haben, wie Wohlbold von der Runde des König Artus sagt, als Ganzes ihre Berufung und sind Träger einer besonderen Mission, sie sollen die aus dem Weltzentrum ausstrahlenden Kräfte auf Erden verbreiten. Hier ist der Astralmythus, und zwar der astrologisch gedachte, unverkennbar."[7]

Edgar Dacqué (1878–1945)

♦ Heiliger Geist, du erster Atheist

Verirrte Kinder beten eine Taube an:
‚Komm, heiliger Geist, kehr bei uns ein!'
Komm, meine Taube, komm, Vernunft,
Komm, heiliger Geist, du erster Atheist,
scheu keine Treppen, nimm den Noteingang,
geh mich mit harten Requisiten an.
Ich, wissend, listig, kühl, allein,
war ein Gedicht lang fast dabei.
...
Es atmete der heilige Geist.
Ich hielt's für Zugluft,
rief: wer stört!"[8]

Günter Grass

♦ Der Heilige Geist – die große unheimliche Störung

Der Heilige Geist ist die große, unheimliche Störung aller persönlichen und erst recht kirchlichen Selbstsicherheit; er ist der Angriff Gottes auf unsere Unlebendigkeit und Selbstgenügsamkeit; er hat

---

[7] E. Dacqué, Das verlorene Paradies. Zur Seelengeschichte des Menschen. Tübingen ³1952, 322.

[8] Aus „Die Plebejer proben der Aufstand. Ein deutsches Trauerspiel" (1963 – Ende des dritten Aktes).

keinen Respekt vor aller verfestigten Institution, vor äußerer Ordnung, wenn sie zum Selbstzweck geworden ist."[9]

Wilhelm Stählin (1883–1975)

♦ Der Gekreuzigte – die Herausforderung der Kirche

Jesus, und zwar der Gekreuzigte, ist die wahre Herausforderung der christlichen Kirche, die sich nach seinem Namen zu nennen wagt, denn er ist die Herausforderung ihrer Wahrheit. Ob die Kirche heute mit den Herausforderungen der Gesellschaft fertig wird, entscheidet sich zuletzt daran, wie sie auf die Herausforderung antwortet, die von Jesus ausgeht."[10]

Jürgen Moltmann

♦ Privat ein „kommender Christ"

Mein Vater hat mir zwar immer wieder versichert, daß ich durch Taufe zum Christenvolk gehöre, aber ich habe nie an irgendeiner Art Religionsunterricht teilgenommen. Ich gelte beim Finanzamt, da ich keine Kirchensteuer zahle, als Atheist … So bezeichne ich mich gern privat als ‚kommender Christ', was mich in den unberechtigten Verdacht bringt, ich wäre Adventist. Ich bin, was die Konfession betrifft, ein unbeschriebenes Blatt, Anlaß zur Verzweiflung, den Atheisten ein Dorn im Auge, den Christen ein ‚ungeklärter Fall', bekenntnisunfreudig, unreif, zu höflich meiner verstorbenen Mutter gegenüber; schließlich ist – wie mir ein Diener Gottes neulich sagte – ‚Höflichkeit keine theologische Kategorie'. Schade, sonst wäre ich wohl ein sehr frommer Mann."[11]

Heinrich Böll (1917–1985)

---

[9] W. Stählin, Die Bitte um den Heiligen Geist. Stuttgart 1969, 115f.

[10] J. Moltmann, Jesus und die Kirche. In: W. Kasper – J. Moltmann, Jesus ja – Kirche nein? Zürich – Einsiedeln – Köln 1973, 40.

[11] Aus: H. Böll, Entfernung von der Truppe, veröffentlicht in Heinrich Böll, Erzählungen, Köln 1994. Der Versuch eines Soldaten, „dienstuntauglich zu werden", wird zur ehrlichen religiösen Selbstdiagnose.

♦ Es gibt Grund, die Hoffnung zu bewahren!

Anders als in der Konzilszeit bläst uns reformorientierten katholischen Theologen der amtskirchliche Wind heute bisweilen scharf ins Gesicht. Aber ist das ein Grund, im Engagement für eine Reform der Kirche nachzulassen? Ist das ein Grund, die Arbeit für die Kirche aufzugeben? Nein, es ist gerade jetzt die Stunde, die Hoffnung zu bewahren, die Hoffnung, daß die Reform der Kirche an Haupt und Gliedern weitergehen kann, weitergehen muß. Das ist der Grund, warum ich mich zur Publikation dieses Buches entschlossen habe. Es soll gerade den Enttäuschten und Resignierten signalisieren: Es gibt Grund, die Hoffnung zu bewahren!“[12]

Hans Küng

♦ Geschichte als Herkunft und Zukunft

Zeit ist nur möglich, weil Christus (seit seiner Auferstehung und Himmelfahrt) seine Auferstehungsherrlichkeit hintanhält ... Geschichte ist nicht das, was geschehen ist, sondern etwas, was in Gang gekommen ist und auf seinen Abschluß wartet. Alles Geschehene kann noch erfüllt, das heißt in einem höheren Sinnzusammenhang aufgehoben werden. Geschichte ist Herkunft und Zukunft in eins.“[13]

Erwin Iserloh (1915–1996)

♦ Nur durch Liebe und Gerechtigkeit ...

Eine Kultur muß nicht nach der Summe der Macht, sondern nach der Summe der Menschenliebe beurteilt und gewertet werden, die

[12] H. Küng, Die Hoffnung bewahren. Schriften zur Reform der Kirche. Zürich 1990, 9.

[13] Auf die Bedeutung der Kirchengeschichte als „Zwischenzeit“ zwischen der Himmelfahrt und der Wiederkunft des Herrn hat der Kirchenhistoriker Erwin Iserloh, Was ist Kirchengeschichte? In: R. Kottje (Hg.), Kirchengeschichte heute. Geschichtswissenschaft oder Theologie? Trier 1976, 16ff. aufmerksam gemacht.

sie entwickelt und in ihren Gesetzen und Einrichtungen zum Ausdruck bringt. … Allemal wenn eine Kultur in Verfall geriet und starb, geschah dies aus Ursachen, die das Herz gefühllos machten und den Wert des Menschen herabsetzten“.[14]

Rabindranath Tagore (1861–1941)

♦ Harmonie der Religionen

Seid Christen an Barmherzigkeit, Mohammedaner in der strikten Befolgung der gottesdienstlichen Verrichtungen und Hindus in eurer Mildtätigkeit gegen alle Lebewesen[15]“.

Râmakrishna (1836–1886)

Es ist auch unter Christen kaum bekannt und doch für das christlich-kirchliche Selbstverständnis überaus aufschlussreich, dass es in den Schriften des Neuen Testaments ein einziges Wort gibt, in dem Person und Werk, Botschaft, Sakrament und Caritas Jesu gebündelt zusammengefasst sind: „Weg“ (Mt 3,3; 21,32; Apg 2,28; 9,27; 16,17; 18,25–26; 19,23) – „neuer Lebensweg“ (Hebr 10,20). Zwei unterschiedliche Perspektiven sind in dem einen Wort „Weg“ eingebracht und zwar nicht in gegensätzliche Konfrontation gestellt, sondern in fruchtbarer

---

[14] Das Zitat ist entnommen R. Tagore, Sadhana. Der Weg zur Vollendung. München 1921, 153–154. In Europa und auch in Amerika hat Tagore (englische Übersetzung des indischen Namens „Thakur“) durch englische Übersetzungen indisches Dichten, Glauben und Denken, aber auch den Wunsch nach einem freien Indien verbreitet. 1913 erhielt er den Nobelpreis für Literatur. Gesamtwerk (in deutscher Übersetzung). 8 Bde. München 1921. Vgl. R. Tagore, Am Ufer der Stille. Ausgewählt, eingeleitet und aus dem Bengalischen übersetzt von Martin Kämpchen. Düsseldorf 1995.

[15] Râmakrishna (diesen Namen hat er erst später angenommen, sein ursprünglicher Name lautete „Gadâdhar Cattopâdhyaya“), einer armen bengalischen Familie entstammend, hat sich sehr früh schon eine umfassende Kenntnis des Islam wie des Christentums angeeignet. In seinen Meditationen will er Impulse geben zum Eingehen in das Brahma, das Absolute. Lebenserfahrung wie Meditation haben den Grundansatz seines Denkens und Glaubens über die Harmonie der Religionen mitgeprägt. Wie Jesus hat Râmakrishna keine Schriften hinterlassen. Seine Sinnsprüche und Erfahrungen wurden von seinen Schülern gesammelt und schriftlich festgehalten. Aus einer in englischer Sprache abgefaßten und systematisch geordneten Sammlung „Sayings of Sri Ramakrishna“ (Mylapore – Madras 1949) Nr. 480 ist der zitierte Text entnommen. Vgl. dazu H. von Glasenapp, Indische Geisteswelt. Bd. I: Glaube und Weisheit der Hindus. Baden-Baden 1958), S. Radhakrishnan, Die Bhagavadgita. Sanskrittext mit Einleitung und Kommentar. Baden-Baden 1958.

Bipolarität fest miteinander verknüpft: Die Perspektive der Vergangenheit mit Blick auf Jesus von Nazaret und seine frei- und frohmachende Lebensintention: „Ich bin der Weg, die Wahrheit und das Leben" (Joh 14,6) und die Perspektive der Zukunft, die der Blick auf Geschichte und Geschichtlichkeit öffnet und die nur als Weg der Treue, der Wahrheit und der Liebe im Geiste Jesu gelingen kann.

Das Stichwort „Weg" ist im übrigen auch in einem anderen Zusammenhang von größerer Bedeutung: Dass es zwischen Qumran bzw. der Essenergemeinschaft und der urchristlichen Jesusbewegung Kontakte gegeben hat, haben jüngste Ausgrabungen in Jerusalem (Essenertor) gezeigt. Eine zusätzliche Bestätigung essenisch-christlicher Begegnungen vermag der Begriff „der Weg" zu liefern. Im sogenannten „Grundgesetz einer Sekten-Gemeinschaft" (auch Sektenkanon genannt), einer der besterhaltenen Schriftrollen aus der Höhle 1 in Qumran (186 cm lang, 24 cm hoch), findet sich ebenfalls der Ausdruck „der Weg" und zwar als Selbstbezeichnung der Essener (1 QS 9,18).

In der Sicht der Essener war der „Weg" eine geschichtlich kurze Strecke, die mit dem Endkampf und Endsieg der „Söhne des Lichtes" enden würde. In jüngster Zeit hat die These für Unruhe gesorgt, auch Jesu, aus der Essenergemeinschaft kommend, sei ein Apokalyptiker gewesen, habe seine Verkündigung unter die Naherwartung gestellt und habe nach einer kurzen Zwischenzeit mit einem baldigen Weltende gerechnet. Diese Jesus-Deutung hat Hans Conzelmann zu der Aussage veranlasst: „Eine Kirchengründung passt nicht zu Jesu Geschichtsbewusstsein" (Stichwort „Jesus Christus" in: Religion in Geschichte und Gegenwart, Bd. 3, Sp. 646). Hat die Urgemeinde erst dann, als die Naherwartung sich nicht erfüllte, den Blick zum Himmel auf den Weg der Geschichte zurückgewendet und sich auf einen längeren Weg durch die Geschichte eingerichtet, beispielsweise durch den Aufbau einer Organisation?

Bedeutung der Weggefährten

Eine unerlässliche Grundhaltung ist Fundament und Kriterium christlichen Glaubens und Lebens: Gemeinschaftsfähigkeit – Gemeinschaftsverantwortung. Typisch für ursprüngliche christliche Berufung ist das Hineingenommen-Werden in die „heilige Versammlung" der Herrengemeinschaft (kyriaké) und die gleichzeitige und bleibende Verantwortung für diese „heilige Versammlung" in den kleinen Hausgemeinschaften und Ortskirchen. Die Emmauserzählung (Lk 24,13–35) sollte als Grundmodell des christlichen Weges erkannt und verwirklicht werden, auf dem zwei Jesusjünger von einem Unbekannten begleitet werden. Zunächst gelingt es nicht, dass die beiden Jünger sich gegenseitig trösten. Zu tief sind sie in der Dunkelheit ihrer Enttäuschung und Hoffnungslosigkeit befangen: „Sie waren wie mit Blindheit geschlagen" (Lk 24,16). Später aber, beim Brotbrechen, erkennen die Jünger Jesus als ihren Weggefährten.

Der Christ braucht in Zeiten der Freude wie vor allem in Zeiten der Trauer den Weggefährten, auf den er sich verlassen kann; mit dem er von seinem Leid sprechen kann; der schweigen kann, auch wenn später die Wege sich getrennt haben; der mit Mut und Gottvertrauen den gemeinsamen Weg in die Zukunft geht. „… wo zwei oder drei in meinem Namen versammelt sind, da bin ich mitten unter ihnen“ (Mt 18,20). Auch der Christ heute kann seinen Weg in die Zukunft auf die kühne Zusicherung Jesu gründen: „Seid gewiß: Ich bin bei euch alle Tage bis zum Ende der Welt“ (Mt 28,20).

Mit Recht wird heute konstatiert: „Die Balance zwischen Person und Institution hat sich in Richtung Person verschoben“ (Paul Zulehner). Für das binnenchristliche Klima bedeutet diese Diagnose: Es ist wichtig, mehr Zeit zu haben für den Einzelmenschen, sich seiner Sorgen und Ängste anzunehmen, seine Würde und Freiheit ernst zu nehmen, ihm den Weg zur persönlichen Entscheidung für eine gute Zukunft zu öffnen. Kirche – Gemeinschaft zuverlässiger und glaubwürdiger Weggefährten, die nicht für jeden Rat und jeden Handgriff der Hilfe Lohn erwarten. Heute gilt mehr denn je: Du hast nicht nur eine Botschaft! Du selbst bist die Botschaft!

Verantwortung für „den Anderen“

Das neutestamentliche Gleichnis vom barmherzigen Samariter (Lk 10,30–37) aufgreifend kann gesagt werden: Die Zeiten der Priester sind vorbei. Die Zeiten der Leviten sind vorbei. Die Stunde der Gegenwart ist die Stunde des Samariters, der zugleich Priester und Levit ist!

Immer mehr wird es uns heutigen Menschen bewusst: Die schönste und sorgloseste Zeit haben wir hinter uns! Der „unter die Räuber Gefallene“ (Lk 10,30) ist Repräsentant unzähliger Menschen, die Schmerzliches erfahren haben, die „unter die Räuber“ weltanschaulich in vielerlei Gewand auftretender Gauner und Ganoven und politischer Raubritter gefallen sind. Angesichts des allgemeinen Glückstrebens kann eine solche Erfahrung niederschmettern, in steigendem Maß politische, gesellschaftliche, berufliche und auch religiöse Verdrossenheit und Entfremdung bewirken.

Ist jeder, der sich mit der „Kirche“, beispielsweise mit ihrer Sexualmoral (um nur ein einziges „heißes Eisen“ zu nennen) schwer tut, bereits ein Ungläubiger, ein Kirchengegner? Angesichts des gesteigerten, vielleicht sogar übersteigerten Bewusstseins der Selbstverantwortung, das bei vielen Mitmenschen vorhanden ist, kann nicht jede Spannung mit christlich-kirchlichen Lehren und Entscheidungen als „verwerflicher Individualismus“ geahndet werden. Hinter der Motivation der Selbstbeglückung ist allerdings überdeutlich die Abwertung institutioneller, normativer und autoritätsgestützter Vorhaben zu erkennen.

Nicht nur Christen, viele Menschen unserer Epoche befinden sich in einem ungewohnten und schwierigen „Balanceakt zwischen Selbststeuerung der Person und Fremdsteuerung durch die Institution“ (Paul Zulehner). Es wird viel zu schnell und viel zu heftig ausgegrenzt, wo suchende Menschen sich keineswegs der Botschaft Jesu versperrt haben. Ein entscheidendes Signum künftiger Seelsorge und Menschenbegegnung wird sein, sich in den Anderen hineinzudenken, dem Anderen ein glaubwürdiger, verlässlicher Weggefährte zu sein.

Zeichen des Widerspruchs

Die schwierige Aufgabe der gegenwärtigen Kirche wird sichtbar in der mit schwärmerischer Feierlichkeit zelebrierten Forderung (auch des Kirchenvolksbegehrens): Frohbotschaft statt Drohbotschaft! Hinter diesem einprägsamen Wortspiel verbirgt sich ein anderer, bereits erwähnter Slogan: Jesus – Ja, Kirche – Nein! Mit Jesus wird die Frohbotschaft, mit der Kirche die Drohbotschaft verbunden. Während Jesus alles und jedes verziehen habe, habe die Kirche kalte Mauern der Gesetze, Verordnungen, der Kasuistik errichtet, die den Blick auf Jesus erschweren, versperren. Jesus wird gegen die Kirche ausgespielt. Die Kirche – literarisch typisiert in der Gestalt des versteinerten Großinquisitors! – habe sich, so wird argumentiert, von Jesus und seinen Intentionen entfernt. Käme Jesus wieder, er würde in der heutigen Kirche nicht mehr seine Gründung, sein Werk, seine Botschaft erkennen.

Gewünscht wird heute von mancher Seite eine flexible, eine demokratisch-geschwisterliche, auf den Puls der Zeit achtende und anpassungsfähige Christengemeinschaft, die ihre Lehren und ethisch-religiösen Orientierungen mit den Wünschen der heutigen Menschen, der jungen wie der alten Generation, abstimmt; ein gerade noch ethisches Programm, das in Zeitabständen nach durchgeführten Repräsentativbefragungen korrigiert und auf den gewünschten Level gebracht wird: Wie wollt ihr es haben?

Jeder, der diesen Tendenzen des Zeitgeists die Rückfrage nach dem geschichtlichen und biblischen Jesus gegenüberstellt, setzt sich der Gefahr aus, als unbelehrbarer Störer und konservativer Fundamentalist abqualifiziert zu werden. Aber ist es nicht die Aufgabe des Christen, für die Wahrheit zu streiten? Waren frühere Zeiten, als auf Konzilien und an Universitäten um die Glaubenswahrheiten mit leidenschaftlichem Zorn gestritten wurde, nur Epochen der Streitsüchtigen, der Unaufgeklärten, der engbrüstigen Fanatiker, der Besserwisser?

Wer das Neue Testament nicht einäugig liest, wird dort gewiss Jesus als Vergeber von Sünde und Schuld, als Freund der Kinder, als Tröster der Betrübten, als Leib- und Seelsorger aller körperlichen und geistigen Behinderungen entdecken. Er entdeckt immer auch einen Jesus, von dem geschrieben steht: „Dieser ist dazu bestimmt, dass in Israel viele durch ihn zu Fall kommen und viele aufgerichtet werden, und er wird ein Zeichen sein, dem widersprochen wird“ (Lk 2,34). Viele Juden der damaligen Zeit erblickten in Jesus einen politischen Befreier-Messias, der am Tag X die verhassten Römer aus Palästina hinauswerfen würde:

*„Er vollbringt mit seinem Arm machtvolle Taten;
er stürzt die Mächtigen (= Römer) vom Thron
und erhöht die Niedrigen" (Lk 1,51-52).*

Ein Jesus, der selbst ohnmächtig am Kreuz stirbt, war für die meisten Juden ein abgrundtiefes Enttäuschungserlebnis. Auf nicht wenige Worte Jesu gab es die klare Ablehnung: „Was er sagt, ist unerträglich. Wer kann das anhören?" (Joh 6,60). Als Jesus die damalige korrupte, vom Mann her konzipierte Ehe- und Scheidungsmoral als gröbste Missachtung der Schöpfungsordnung wie auch als eklatantes Zeichen der Frauenfeindlichkeit brandmarkte, waren selbst seine Jünger so erschüttert und betroffen, dass sie sagten: „Wenn es zwischen Mann und Frau so steht, dann ist es besser, nicht zu heiraten" (Mt 19,10).

Die Botschaft Jesu bietet kein Auswahlprogramm, aus dem man heute das herausnimmt und bejaht, was man morgen verwirft. Die Wahrheit ist wie die Liebe unteilbar. Jesu Wort kann nicht zur Disposition gestellt werden und zur Beliebigkeit verkommen. Man muss sich der Einladung, aber auch der Wucht und den Konsequenzen der Jesusverkündigung stellen und die Wahrheit nicht nur erkennen, sondern sie anerkennen und (nach den Worten Jesu) „die Wahrheit tun" (Joh 3,21).

Wer sich nicht selbst unter das Wort Gottes, sondern vielmehr Gottes Wort unter seine Kritik stellt, verrät die Botschaft Jesu. Er verschleudert die Kostbarkeit der Wahrheit zu billigen Bankrottpreisen und muss durch Paulus erinnert werden: „Ihr seid um einen teuren Preis erkauft" (1 Kor 6,20).

Eine Kirche, die sich den Wünschen und Forderungen der Welt angepasst hat, ist selbst ein Stück verfügbarer, manipulierbarer Welt geworden. Sie ist nicht einmal wert, verhöhnt, verspottet, lächerlich gemacht zu werden. Sie ist so gleichgeschaltet und nivelliert, dass sie nicht mehr auffällt. Es gibt an ihr keine Reibungsflächen mehr, von denen bisher so mancher Journalist lebte, mit Hilfe derer so manches Wochenmagazin seine Abonnentenzahl steigerte und so manches Rundfunk- oder Fernsehprogramm die Quotenzahl erhöhen konnte. Sie hat ein entscheidendes Signum ihrer irdischen Pilgerfahrt und ihrer Christuspräsenz verloren – Zeichen des Widerspruchs zu sein, sei es gelegen oder ungelegen. „Denn es kommt die Zeit, da man die gesunde Lehre unerträglich findet und sich nach eigenem Sinn Lehrer über Lehrer sucht" (2 Tim 4,3). Dann wird – wie es Heinrich Böll ausgesprochen hat – jene Stunde kommen, in der die Atheisten zu Adventisten werden, die mit hochgereckten Armen hinaufschreien:

*„Tauet, Himmel, den Gerechten,
Wolken, regnet ihn herab!"*

Man höre aber sehr genau hin! Nichts wäre tragischer, als wenn die Kirche das Nein, das ihr entgegenschlägt (oder manchmal auch entgegengeschwiegen wird), zu einem Nein gegen Jesus, den Christus, ummünzte und sich aus der

Rolle des Angesprochenen und Angeklagten herausmogeln wollte. Kirche wäre dann wirklich mit Blindheit geschlagen. Die aus der urchristlichen Jesusbewegung hervorgegangene Kirche mit ihren weltweiten Kontakten, mit ihrer in Jahrhunderten gereiften Organisation muss sich selbst schonungslos auf den Prüfstand stellen, stellen lassen. Kirche muss hörfähig werden für die vielfachen Schwingungen der Antipathie, ja schon der leisesten Sorge und Beunruhigung. Auch hinter der abgefeimtesten und blasphemischen Kritik kann ein verletzter Glaube, ein betroffener Mensch stehen.

Letztlich ist der Gekreuzigte die dauernde Herausforderung der christlichen Kirche. Da und dort wird heute auch unter Theologen und Kirchenmännern das Wort vom „Gesundschrumpfen" gebraucht, um sich mit diesem scheintherapeutischen Wort eine Bestätigung auszustellen, auf dem rechten Weg des Herrn zu sein und im Geiste Jesu zu handeln. Das Wort „Gesundschrumpfen" ist eine verbergende Schminke, eine elegante Sprachkosmetik, die den drohenden Zusammenbruch noch als hoffnungsvollen Frühling verkaufen möchte. Es ist nicht erst fünf vor Zwölf.

Der sich in Europa vollziehende Abschied von der traditionellen Volkskirche, von den großen und jährlich wachsenden Ordensgemeinschaften, von den überfüllten Noviziaten und Priesterseminaren ist nicht mehr zu verheimlichen. Die Kirche, die aus der Jesusbewegung der Haus- und Familienkirchen hervorgegangen ist, wird wieder Jesusbewegung, kleine Schar der Getreuen und Glaubwürdigen werden, die auf viele Strukturen, die sich eine Volkskirche im Laufe der Jahrhunderte geleistet hat, als lästige Hypotheken verzichtet. Aber: „Wenn wir in einer atheistischen Umwelt leben, stellt sie uns vor die Wahl: zu missionieren oder zu demissionieren", wie Madeleine Delbrêl (1904–1964) schreibt. Eine „gesundschrumpfende" Kirche ohne missionarischen Elan würde ihrem Grab entgegengehen.

Die alles entscheidende Frage ist eine Anfrage an Gott und zugleich eine Anfrage Gottes an uns: Will Gott mit uns überhaupt die Zukunft der Kirche bauen? Findet Gott in unserer Generation noch jene einsatzbereiten und glaubwürdigen Menschen, die unter der Freude und Last der Berufung Weggefährten der Zweifler, der Enttäuschten, der Irrenden sein können? Wird Gott etwa ohne uns Europäer, ohne uns Bewohner des „christlichen Abendlandes" die Kirche der Zukunft errichten – in anderen Kontinenten, mit anderen Völkern? Wenn wir nur auf unsere Finanzen, auf unser Organisationstalent, auf unsere Kommunikationsstrategen und Motivationspsychologen bauen (so richtig und wichtig Änderungen der Struktur und Verbesserung der Kommunikation auch sind!), haben wir „auf Sand gebaut" (Mt 7,26).

Die Alternativen der Zukunft sind bereits im Alten Testament angeklungen. Erfüllt sich auch an der Kirche, an den Menschen unserer Zeit, was bereits bei Jesaja zu lesen ist?

„Das Herz dieses Volkes ist hart geworden,
und mit ihren Ohren hören sie nur schwer …

> *damit sie nicht zur Einsicht kommen*
> *und sich nicht bekehren" (Jes 6,9–10 = Mt 13,14–15).*

Das andere Wort ist ebenfalls bei Jesaja zu lesen – ein Wort der Hoffnung, der Zukunftsperspektive:

> *„Das geknickte Rohr wird er nicht zerbrechen*
> *und den glimmenden Docht nicht auslöschen …*
> *auf seinen Namen werden die Völker*
> *ihre Hoffnung setzen" (Jes 42, 1–4 = Mt 12,19-21).*

In dem heute oft zu hörenden Wort: Ist das alles? sprechen sich überdeutlich Unbehagen und Enttäuschung aus. Kündigt sich ein Morgenrot der Hoffnung an, eine Sehnsucht nach Mehr, nach Hintergründigem und Gültigem, eine Sehnsucht nach Sinn, nach Ewigkeit, nach Gott?

Literatur

M.E. Arminger, Die verratene Päpstin. Maria Magdalena – Freundin und Geliebte Jesu. München 1997.

K. Backhaus, Kult und Kreuz. In: Theologie und Glaube 86 (1996) 453–457.

W. Bauer, Das Leben Jesu im Zeitalter der neutestamentlichen Apokryphen. Tübingen 1909.

W. Beinert (Hg.), Kirchenbilder – Kirchenvisionen. Variationen über eine Wirklichkeit. Regensburg 1995.

H. Dembowski – W. Greive (Hg.), Der andere Christus. Christologie in Zeugnissen aus aller Welt. Erlangen 1991.

J. Gnilka, Das Gemeinschaftsmahl der Essener. In: Biblische Zeitschrift NF 5 (1961) 39–55.

M. Hengel, Jakobus, der Herrenbruder – der erste Papst? In: E. Grässer – O. Merk, Glaube und Eschatologie (FS für W. G. Kümmel). Tübingen 1985.

H. Hernegger, Macht ohne Auftrag. Die Entstehung der Staats- und Volkskirche. Olten – Freiburg 1963.

P.K. Kurz, Gott in der modernen Literatur. München 1996.

G. Lohfink, Die Sammlung Israels. Eine Untersuchung der lukanischen Ekklesiologie. München 1975.

G. Lüdemann, Ketzer. Die andere Seite des frühen Christentums. Stuttgart 1995.

H. Maier (Hg.), Totalitarismus und Politische Religionen. Konzepte des Diktaturenvergleichs. Paderborn 1996.

J. Moltmann, Kirche in der Kraft des Geistes. Ein Beitrag zur missionarischen Ekklesiologie. München 1975.

K. H. Müller (Hg.), Die Aktion Jesu und die Re-Aktion der Kirche. Jesus von Nazareth und die Anfänge der Kirche. Würzburg – Gütersloh – Innsbruck 1972.

J. Ratzinger, Das neue Volk Gottes. München 1971.

J. Ratzinger, Salz der Erde. Christentum und katholische Kirche an der Jahrtausendwende. Ein Gespräch mit P. Seewald. Stuttgart 1996.

W. Reinhardt, Das Wachstum des Gottesvolkes. Untersuchungen zum Gemeindewachstum im lukanischen Doppelwerk auf dem Hintergrund des Alten Testaments. Göttingen 1995.

B. Rigaux, Der Apostel Petrus in der heutigen Exegese. In: Concilium 3 (1967) 583–500.

G. Schille, Übergang von Jesus zur Kirche. Linz 1987.

G. Schille, Entstand die Jesus-Bewegung vor Ostern? Berlin 1989.

G. Schille, Die Jesusbewegung und die Entstehung der Kirche. In: Theologische Literaturzeitung 119 (1994) 99–112.

A. Schleinzer, Die Liebe ist unsere einzige Aufgabe. Das Lebenszeugnis von Madeleine Delbrêl. Ostfildern 1994.

W. Schmidthals, Theologiegeschichte des Urchristentums. Eine problemgeschichtliche Darstellung. Stuttgart – Berlin – Köln 1994.

H. Schürmann, Der Jüngerkreis Jesu als Zeichen für Israel. In: Ders., Das Geheimnis Jesu. Leipzig 1972, 126–154.

W. Trilling, Zur Entstehung des Zwölferkreises. Eine geschichtskritische Überlegung. In: Die Kirche des Anfangs (FS H. Schürmann). Leipzig 1977, 201–222.

Chr. Zettner, Amt, Gemeinde und kirchliche Einheit in der Apostelgeschichte des Lukas. Frankfurt/M. – Bern – New York – Paris 1991.

H.-G. Ziebertz, Hierarchie und Demokratie in der Kirche. In: Zeitschrift für katholische Theologie 118 (1996) 441–467.

Anhang

Abkürzungen

a.a.O.	am angegebenen Ort
Adv. haer.	Adversus haereses
Ant	Antiquitates
Bell	Bellum Iudaicum
Ecl.	Ekloge
EKD	Evangelische Kirche Deutschlands
Epist.	Epistula
f.	folgende Seite
ff.	folgende Seiten
Frag.	Fragment
FS	Festschrift
Hennecke – Schneemelcher	E. Hennecke – W. Schneemelcher (Hg.), Neutestamentliche Apokryphen in deutscher Übersetzung. 2 Bde. Tübingen ^{5}1978/^{5}/1971.
Kap.	Kapitel
LegGai	Legatio ad Gaium
NF	Neue Folge
PG	Patrologia Graeca (Migne-Quellensammlung, griechische Reihe)
PL	Patrologia Latina (Migne-Quellensammlung, lateinische Reihe)
v.	Vers
vgl.	vergleiche
Vit	Vita
WA	Weimarer Ausgabe der Werke Martin Luthers
WA TR	Weimarer Ausgabe der Werke Martin Luthers, Tischreden

Personenregister

Quellennachweis

Wir danken für die erteilten Abdruckgenehmigungen:

© Auer Verlag GmbH: Günter Rohrmoser, Politik und Religion am Ende der Aufklärung. In: Christen bauen Europa. Pastorale Initiativen zur Einigung Europas. Festgabe zum 20. Bischofsjubiläum für Bischof Dr. Josef Stimpfle. Donauwörth 1983, 135-140.
© Badenia Verlag: Dr. med. Pierre Barbet, Die Passion Jesu Christi in der Sicht des Chirurgen. Karlsruhe 1953.
© Benziger Verlag AG: Notker Füglister, Alttestamentliche Grundlagen der neutestamentlichen Christologie. In: Mysterium Salutis. Bd. III/1. Einsiedeln – Zürich – Köln 1970, 105-225. Herbert Haag, Abschied vom Teufel. Einsiedeln 1969. Hans Küng, Die Hoffnung bewahren. Schriften zur Reform der Kirche. Zürich 1990. Karl-Josef Kuschel, Jesus in der deutschsprachigen Gegenwartsliteratur. München – Zürich 1978. Jürgen Moltmann, Jesus und die Kirche. In: W. Kasper – J. Moltmann, Jesus ja – Kirche nein? Zürich – Einsiedeln – Köln 1973.
© Beuroner Kunstverlag: Benedikt Schwank, Die „Verschlußsache Jesus". Die Qumranrolle und ihr „Geheimnis". In: Erbe und Auftrag 68 (1992) 481–493.
© 1993 Diogenes Verlag AG Zürich: Walter Nigg, Das Buch der Ketzer. Zürich
© 1989 Droemer Knaur Verlag, München: Gerald Messadié, Ein Mensch namens Jesus. München.
© Heinz Flügel, Religiöse Unruhe durch den Ketzer. In: H. J. Schultz (Hg.), Die Wahrheit der Ketzer. Stuttgart – Berlin 1968.
© A. Francke Verlag GmbH: Ethelbert Stauffer, Die Botschaft Jesu. Damals und heute. Bern – München 1959. Ethelbert Stauffer, Jesus. Gestalt und Geschichte. Bern 1957.
© Chr. Kaiser/Gütersloher Verlagshaus, Gütersloh: Rudolf Bultmann, Neues Testament und Mythologie (hier: Der Osterglaube der Jünger); Jürgen Moltmann, Der gekreuzigte Gott. (KT 16).
© Breitkopf & Härtel, August Hartmann, Judas-Monolog aus: Das Oberammergauer Passionsspiel 1990.
© Verlag Herder: Manfred Bieler, Mein kleines Evangelium. Freiburg ^{5}1978. Hans-Josef Klauck, Judas – ein Jünger des Herrn. Freiburg 1987.
© Johannes Verlag Einsiedeln: Hans Urs von Balthasar, Theologik. Zweiter Band: Wahrheit Gottes. Einsiedeln 1985.
© Erich Kästner Erben München, Gesammelte Schriften für Erwachsene, Atrium Verlag Zürich, 1969
© Katholische Akademie in Bayern: Romano Guardini, Das Bild von Jesus dem Christus im Neuen Testament. Werkbund-Verlag Würzburg ^{3}1953.
© 1994 by Verlag Kiepenheuer & Witsch, Köln: Heinrich Böll. Erzählungen.
© Kösel Verlag: Georg Baudler, Wahrer Gott als wahrer Mensch. Entwürfe zu einer narrativen Christologie. München 1977. Josef Blank, Das politische Element in der historisch-kritischen Methode. In: P. Neuenzeit (Hg.), Die Funktion der Theologie in Kirche und Gesellschaft. München 1969.
© Kreuz-Verlag: Dorothee Sölle, Leiden. Stuttgart ^{8}1989, 40. Dorothee Sölle, Stellvertretung. Stuttgart 1982, 160. Dorothee Sölle, Phantasie und Gehorsam. Stuttgart-Berlin ^{12}1988, 61ff. Walter Jens, Der Fall Judas. Stuttgart ^{7}1995, 8-9.

Kurt Marti, Werkauswahl in fünf Bänden. Aus: Namenszug mit Mond, Gedichte („und maria" gekürzte Fassung) © 1996 Verlag Nagel & Kimche AG, Zürich/Frauenfeld.
© Albert Langen / Georg Müller Verlag in der F.A. Herbig Verlagsbuchhandlung GmbH, München: Holger Kersten, Jesus lebte in Indien. München 1984.
© Paul List Verlag: Schalom Ben-Chorin: Bruder Jesus. Der Nazarener in jüdischer Sicht. München 1992.
© J.C.B. Mohr (Paul Siebeck): Albert Schweitzer, Geschichte der Leben-Jesu-Forschung. München – Hamburg 1966. Albert Schweitzer, Geschichte der paulinischen Forschung von der Reformation bis zur Gegenwart. Tübingen ²1933. Albert Schweitzer, Von Reimarus zu Wrede. Eine Geschichte der Leben-Jesu-Forschung. Tübingen 1906.
© Franz Mußner: Durch Jesus von Nazareth wird die Welt „jüdisch". In: Anzeiger für die Seelsorge 101 (1992) 145-150.
© R. Oldenbourg Verlag: Edgar Dacqué, Das verlorene Paradies. Zur Seelengeschichte des Menschen. München 1938.
© Paulinus Verlag der Paulinusdruckerei GmbH: Erwin Iserloh. In: R. Kottje, Kirchengeschichte heute. Geschichtswissenschaft oder Theologie? Trier 1976, 16 ff.; Schalom Ben-Chorin, Dialogische Theologie. Schnittpunkte des christlich-jüdischen Gesprächs. Trier 1975.
© Piper Verlag GmbH, München 1948, Karl Jaspers, Der philosophische Glaube der Offenbarung, 86.
© Piper Verlag GmbH, München 1962, Karl Jaspers, Der philosophische Glaube angesichts der Offenbarung, 22.
© Arno Schmidt Stiftung: Arno Schmidt, Atheist? Allerdings! In: K. Deschner, Was halten Sie vom Christentum? München 1959, 67ff.
© Waltraut Schmitz-Bunse, Jesus. In: H. J. Schultz (Hg.), Die Wahrheit der Ketzer. Stuttgart – Berlin 1968, 25.
© Rudolf Schnackenburg: Rudolf Schnackenburg, Die sittliche Botschaft des Neuen Testaments. München 1954.
© Societäts-Verlag: Robert Aron, Die verborgenen Jahre Jesu. Frankfurt/M. 1962.
© Spee-Buchverlag GmbH: Georg Koepgen, Die Gnosis des Christentums. Trier 1978.
© Steidl Verlag: Günter Grass: „Theaterspiele" (Studienausgabe Bd. 12). Göttingen 1994.
© Theologischer Verlag Zürich: Karl Barth, Dogmatik im Grundriss im Anschluß an das Apostolische Glaubensbekenntnis. München 1947.
© Ullstein Buchverlage GmbH: Daisetz Teitaro Suzuki, Der westliche und der östliche Weg. Essay über christliche und buddhistische Mystik. Frankfurt/M. 1971.
© Walter Verlag AG: Eugen Drewermann, Kleriker. Psychogramm eines Ideals. Olten 1989. Eugen Drewermann, Tiefenpsychologie und Exegese. Bd. 1. Olten 1984.
© Heinz Zahrnt, Gott kann nicht sterben. Wider die falschen Alternativen in Theologie und Gesellschaft, München 1970.
© Lothar Zenetti, Texte der Zuversicht. München ⁶1987.

Auch wenn Verlag und Autor sich bemüht haben, alle Urheberrechte zu beachten: Irren ist menschlich. Sollten wir etwas übersehen haben, so geschah dies ohne böse Absicht und wird selbstverständlich nachhonoriert.

Die Zitate in diesem Werk sind unter Verwendung der alten Rechtschreibung zitiert, während die Texte des Verfassers der neuen Rechtschreibung folgen.